货币银行学

(第五版)

姚长辉 吕随启 ◎ 著

图书在版编目(CIP)数据

货币银行学/姚长辉,吕随启著. —5版. —北京:北京大学出版社,2018.9
(光华思想力书系·教材领航)
ISBN 978-7-301-29680-6

Ⅰ.①货… Ⅱ.①姚…②吕… Ⅲ.①货币银行学—高等学校—教材 Ⅳ.①F820

中国版本图书馆 CIP 数据核字(2018)第 148937 号

书　　名	货币银行学(第五版) HUOBI YINHANG XUE(DI-WU BAN)
著作责任者	姚长辉　吕随启　著
责任编辑	贾米娜
标准书号	ISBN 978-7-301-29680-6
出版发行	北京大学出版社
地　　址	北京市海淀区成府路 205 号　100871
网　　址	http://www.pup.cn
电子信箱	em@pup.cn　　QQ:552063295
微信公众号	北京大学经管书苑(pupembook)
电　　话	邮购部 62752015　发行部 62750672　编辑部 62752926
印　刷　者	涿州市星河印刷有限公司
经　销　者	新华书店
	730 毫米×1020 毫米　16 开本　27 印张　558 千字
	1998 年 9 月第 1 版　2002 年 9 月第 2 版　2005 年 8 月第 3 版 2012 年 9 月第 4 版　2018 年 9 月第 5 版　2020 年 12 月第 2 次印刷
定　　价	59.00 元

未经许可,不得以任何方式复制或抄袭本书之部分或全部内容。
版权所有,侵权必究

举报电话:010-62752024　电子信箱:fd@pup.pku.edu.cn
图书如有印装质量问题,请与出版部联系,电话:010-62756370

丛书编委会

顾 问

厉以宁

主 编

刘俏

编 委(以姓氏笔画排列)

王 辉	王汉生	刘晓蕾	李 其	李怡宗
吴联生	张圣平	张志学	张 影	金 李
周黎安	徐 菁	龚六堂	黄 涛	路江涌
		滕 飞		

丛书序言一

很高兴看到"光华思想力书系"的出版问世,这将成为外界更加全面了解北京大学光华管理学院的一个重要窗口。北京大学光华管理学院从1985年北京大学经济管理系成立,以"创造管理知识,培养商界领袖,推动社会进步"为使命,到现在已经有三十余年了。这三十余年来,光华文化、光华精神一直体现在学院的方方面面,而这套"光华思想力书系"则是学院各方面工作的集中展示,同时也是北京大学光华管理学院的智库平台,旨在立足新时代,贡献中国方案。

作为经济管理学科的研究机构,北京大学光华管理学院的科研实力一直在国内处于领先位置。光华管理学院有一支优秀的教师队伍,这支队伍的学术影响在国内首屈一指,在国际上也发挥着越来越重要的作用,它推动着中国经济管理学科在国际前沿的研究和探索。与此同时,学院一直都在积极努力地将科研力量转变为推动社会进步的动力。从当年股份制的探索、证券市场的设计、《证券法》的起草,到现在贵州毕节实验区的扶贫开发和生态建设、教育经费在国民收入中的合理比例、自然资源定价体系、国家高新技术开发区的规划,等等,都体现着光华管理学院的教师团队对中国经济改革与发展的贡献。

多年来,北京大学光华管理学院始终处于中国经济改革研究与企业管理研究的前沿,致力于促进中国乃至全球管理研究的发展,培养与国际接轨的优秀学生和研究人员,帮助国有企业实现管理国际化,帮助民营企业实现管理现代化,同时,为跨国公司管理本地化提供咨询服务,从而做到"创造管理知识,培养商界领袖,推动社会进步"。北京大学光华管理学院的几届领导人都把这看作自己的使命。

作为人才培养的重地,多年来,北京大学光华管理学院培养了相当多的优秀学生,他们在各自的岗位上作出贡献,是光华管理学院最宝贵的财富。光华管理学院这个平台的最大优势,也正是能够吸引一届又一届优秀的人才的到来。世界一流商学院的发展很重要的一点就是靠它们强大的校友资源,这一点,也与北京大学光华管理学院的努力目标完全一致。

今天,"光华思想力书系"的出版正是北京大学光华管理学院全体师生和全体校友共同努力的成果。希望这套丛书能够向社会展示光华文化和精神的全貌,并为中国管理学教育的发展提供宝贵的经验。

北京大学光华管理学院名誉院长

丛书序言二

"因思想而光华。"正如改革开放走过的40年,得益于思想解放所释放出的动人心魄的力量,我们经历了波澜壮阔的伟大变迁。中国经济的崛起深刻地影响着世界经济重心与产业格局的改变;作为重要的新兴经济体之一,中国也越来越多地承担起国际责任,在重塑开放型世界经济、推动全球治理改革等方面发挥着重要作用。作为北京大学商学教育的主体,光华管理学院过去三十余年的发展几乎与中国改革开放同步,积极为国家政策制定与社会经济研究源源不断地贡献着思想与智慧,并以此反哺商学教育,培养出一大批在各自领域取得卓越成就的杰出人才,引领时代不断向上前行。

以打造中国的世界级商学院为目标,光华管理学院历来倡导以科学的理性精神治学,锐意创新,去解构时代赋予我们的新问题;我们胸怀使命,顽强地去拓展知识的边界,探索推动人类进化的源动力。2017年,学院推出"光华思想力"研究平台,旨在立足新时代的中国,遵循规范的学术标准与前沿的科学方法,做世界水平的中国学问。"光华思想力"扎根中国大地,紧紧围绕中国经济和商业实践开展研究;凭借学科与人才优势,提供具有指导性、战略性、针对性和可操作性的战略思路、政策建议,服务经济社会发展;研究市场规律和趋势,服务企业前沿实践;讲好中国故事,提升商学教育,支撑中国实践,贡献中国方案。

为了有效传播这些高质量的学术成果,使更多人因阅读而受益,2018年年初,在和北京大学出版社的同志讨论后,我们决定推出"光华思想力书系"。通过整合原有"光华书系"所涵盖的理论研究、教学实践、学术交流等内容,融合光华未来的研究与教学成果,以类别多样的出版物形式,打造更具品质与更为多元的学术传播平台。我们希望通过此平台将"光华学派"所创造的一系列具有国际水准的立足中国、辐射世界的学术成果分享到更广的范围,以理性、科学的研究去开启智慧,启迪读者对事物本质更为深刻的理解,从而构建对世界的认知。正如光华管理学院所倡导的"因学术而思想,因思想而光华",在中国经济迈向高质量发展的新阶段,在中华民族实现伟大复兴的道路上,"光华思想力"将充分发挥其智库作用,利用独创的思想与知识产品在人才培养、学术传播与政策建言等方面作出贡献,并以此致敬这个不凡的时代与时代中的每一份变革力量。

北京大学光华管理学院院长

目 录

第一篇　信用、利率与金融市场　1

第一章　信用与现代经济 ········· 3
第一节　信用的特征与种类 ········· 3
第二节　高利贷信用 ········· 5
第三节　商业信用 ········· 7
第四节　银行信用 ········· 10
第五节　国家信用 ········· 11
第六节　消费信用 ········· 17
第七节　其他信用形式 ········· 21
思考题 ········· 24

第二章　利率 ········· 26
第一节　利息的实质与利率的种类 ········· 26
第二节　利息的计算 ········· 32
第三节　利率的决定 ········· 38
第四节　利率的作用 ········· 45
第五节　我国的利率市场化改革 ········· 46
第六节　利率的风险结构与期限结构 ········· 50
思考题 ········· 60

第三章　金融市场 ········· 61
第一节　金融市场概述 ········· 61
第二节　短期金融工具 ········· 63
第三节　债券种类 ········· 66
第四节　债券收益的衡量指标 ········· 72
第五节　债券投资风险的指标 ········· 76

第六节　股票价值与价格 ………………………………………… 78
　　第七节　投资基金 ………………………………………………… 87
　　第八节　证券发行与交易 ………………………………………… 89
　　思考题 ……………………………………………………………… 98

第二篇　金融体系与银行　101

第四章　金融体系与管理 …………………………………………… 103
　　第一节　市场经济体制下的金融机构体系 ……………………… 103
　　第二节　我国的金融机构体系 …………………………………… 109
　　第三节　金融机构管理 …………………………………………… 113
　　思考题 …………………………………………………………… 118

第五章　商业银行的职能与组织制度 ……………………………… 119
　　第一节　商业银行的职能 ………………………………………… 119
　　第二节　商业银行与信用创造 …………………………………… 121
　　第三节　商业银行的组织制度 …………………………………… 127
　　思考题 …………………………………………………………… 133

第六章　商业银行的资本 …………………………………………… 134
　　第一节　商业银行资本的作用 …………………………………… 134
　　第二节　银行资本的内涵 ………………………………………… 137
　　第三节　《巴塞尔协议》与银行资本比率 ………………………… 144
　　第四节　信用风险与内部评级法 ………………………………… 156
　　第五节　市场风险与操作风险 …………………………………… 160
　　第六节　监管者审核与市场约束 ………………………………… 165
　　第七节　《巴塞尔协议Ⅲ》的出台与国际银行业监管
　　　　　　标准改革 ………………………………………………… 168
　　第八节　我国对商业银行资本充足率的管理 …………………… 170
　　思考题 …………………………………………………………… 171

第七章　商业银行业务与管理 ……………………………………… 173
　　第一节　商业银行负债的种类 …………………………………… 173
　　第二节　负债成本 ………………………………………………… 179
　　第三节　商业银行信贷种类 ……………………………………… 186
　　第四节　贷款的信用风险分析 …………………………………… 191

第五节　信用定价 …………………………………………………… 196
　　第六节　商业银行的流动性管理 …………………………………… 200
　　第七节　商业银行的资产负债管理 ………………………………… 204
　　第八节　融资租赁 …………………………………………………… 210
　　第九节　商业银行的中间业务 ……………………………………… 212
　　第十节　影子银行 …………………………………………………… 218
　　思考题 ………………………………………………………………… 221

第八章　中央银行 …………………………………………………… 222
　　第一节　中央银行的产生与发展 …………………………………… 222
　　第二节　中央银行体制 ……………………………………………… 226
　　第三节　中央银行的职能 …………………………………………… 229
　　第四节　中央银行的货币创造与资产负债业务 …………………… 234
　　思考题 ………………………………………………………………… 240

第三篇　货币供求与货币政策　241

第九章　货币供给 …………………………………………………… 243
　　第一节　货币与货币供给层次 ……………………………………… 243
　　第二节　货币供给模型 ……………………………………………… 254
　　第三节　财政收支与货币供给 ……………………………………… 261
　　第四节　国际收支与货币供给 ……………………………………… 266
　　思考题 ………………………………………………………………… 269

第十章　货币需求 …………………………………………………… 270
　　第一节　宏观货币需求理论 ………………………………………… 270
　　第二节　微观货币需求理论 ………………………………………… 275
　　思考题 ………………………………………………………………… 290

第十一章　货币政策 ………………………………………………… 291
　　第一节　货币政策的目标 …………………………………………… 291
　　第二节　货币政策传导机制与中介目标 …………………………… 294
　　第三节　货币政策的工具 …………………………………………… 300
　　第四节　金融发展与金融政策选择 ………………………………… 307
　　第五节　我国货币政策的实践 ……………………………………… 310
　　思考题 ………………………………………………………………… 314

第十二章 通货膨胀 ······ 315
第一节 通货膨胀概述 ······ 315
第二节 通货膨胀的成因 ······ 317
第三节 通货膨胀效应 ······ 325
第四节 通货膨胀的治理 ······ 330
第五节 我国的通货膨胀 ······ 334
第六节 我国的通货紧缩 ······ 341
思考题 ······ 343

第四篇 涉外金融 345

第十三章 外汇与汇率 ······ 347
第一节 外汇的基本概念 ······ 347
第二节 汇率 ······ 358
第三节 汇率决定理论 ······ 370
第四节 汇率的作用 ······ 384
第五节 我国的汇率制度 ······ 387
思考题 ······ 393

第十四章 国际收支与利用外资 ······ 395
第一节 国际收支 ······ 395
第二节 利用外资 ······ 405
思考题 ······ 417

第一篇

信用、利率与金融市场

第一章　信用与现代经济

第一节　信用的特征与种类

信用是现代金融的基石,现代社会中多种多样的金融交易都是以信用为纽带而展开的。本书就是从分析现代金融的基石——信用开始的。

一　信用的定义与特征

信用是以偿还本金和支付利息为条件的借贷行为。信用具有以下特征:

第一,信用是以偿还本金和支付利息为条件的。信用这种经济行为是以收回本金为条件的付出,或以偿还为义务的取得;是以取得利息为条件的贷出,或以支付利息为前提的借入。经济行为不是一般的社会行为。在社会行为中,借贷行为是很普遍的,无利息的借贷也是司空见惯的。但无利息的借贷一般不是信用关系,而是互助友爱、互通有无的社会关系。有些无息借贷也是信用关系,例如,一些西方国家的银行对企业的活期存款不付利息,这虽然使企业损失了一定的经济利益,但银行却给予了这些企业相应的服务和获得贷款的权利。因此,这些企业的银行存款实际上也是有息的。可以这样讲,在市场经济条件下,借贷行为也受等价交换原则的约束,即借贷必须偿还和支付利息。

第二,信用是价值运动的特殊形式。价值运动的一般形式是通过商品的买卖关系来实现的。在买卖过程中,卖者让渡商品的所有权和使用权,并取得货币的所有权和使用权;而买者则刚好相反。这种买卖关系所形成的等价交换在买卖双方交割之后即宣告完成,即双方同时获得等价。

而信用关系所引起的价值运动是通过一系列借贷、偿还、支付过程来实现的。货币或实物被贷出,其所有权并没有发生转移,只是使用权发生了变化。贷出者只是暂时让渡商品或货币的使用权,而所有权并没有发生变化。在信用关系中,等价交换的对象是商品或货币的使用权。

二　信用在现代经济中的作用

(一)信用的作用主要表现在其调剂资源余缺,从而实现资源优化配置上

经济主体可以简单划分为个人、企业、政府、金融机构和国外部门。国民收入从收入

形态上可以包括这五个部门的收入;而从支出形态上又可以包括这五个部门的支出。国民收入从收入角度计算与从支出角度计算的结果是相等的。但每个具体部门的总收入与总支出却总是不等的,因此,就必然表现为有些部门所占有的社会收入大于其支出,而有些部门却相反。多余的收入暂时让渡给支出过大的部门来使用,但这是有条件的,这一条件就是信用关系所具有的条件。

我们用资金流量分析的方法来解释信用关系对社会资源的配置作用。

一国的国民收入在开放经济条件下,可以写成:

$$Y = C + I + X - M$$

或

$$Y - C - I - X + M = 0$$

这里,Y 为国民收入,C 为消费,I 为投资,X 为出口,M 为进口。

如前面所分析的,经济生活主体包括个人、企业、政府、金融机构和国外部门。每个部门的收入和支出以及该部门的净资金差额可以用表1-1来表示。

表1-1 简化的社会资金流量分析

部门	收入	消费	投资	进出口	资金差额 盈余(+)或赤字(-)
1. 个 人	Y_1	$-C_1$	$-I_1$		$=F_1$
2. 企 业	Y_2		$-I_2$		$=F_2$
3. 政 府	Y_3	$-C_3$	$-I_3$		$=F_3$
4. 金融机构	Y_4		$-I_4$		$=F_4$
5. 国外部门				$-X+M$	$=F_5$
合 计	Y	$-C$	$-I$	$-X+M$	$=0$

表1-1中,F 指资金的盈余或赤字,是从通过信用关系所调剂的资金流动角度所考察的差额,通称为金融盈余或金融赤字。经常大量出现金融赤字的部门是企业和政府,经常出现金融盈余的部门是个人,而国外部门和金融机构的资金差额则有正有负。在信用关系条件下,金融盈余意味着债权,金融赤字意味着债务。也就是说,一个部门的债权,必然表现为另一个或另几个部门的债务,且数额相等。

如果没有信用关系,社会资金——实际为社会资源,就无法得到合理的流动和利用。这种债权债务关系普遍存在的现代经济,也被称为信用经济。如果没有信用,现代经济规模就会大大萎缩。

(二)信用调剂社会资源独特作用的表现

第一,信用调剂资源具有广泛性。通过信用关系参与调剂资源余缺的主体具有广泛性。无论是个人还是工商企业、政府部门、国外部门等都可以通过信用关系,让渡或取得商品和货币的使用权。金融机构则更是利用信用关系实现资源优化配置的主体。不仅主体具有广泛性,调剂的对象(客体)和调剂方式更具广泛性。调剂的对象包括商品、货币和资本——一切的社会资源；调剂的方式则包括直接和间接方式。具体而言，信用关系包括商业信用关系、银行信用关系、国家信用关系、消费信用关系、资本信用关系和国际信用关系等。主体、客体及方式的广泛性，意味着信用关系对社会经济的作用是不可替代的。

第二，信用关系可以把众多分散的小额货币变成庞大的社会资本，提高一国的储蓄水平，从而对经济增长产生有力的推动。信用关系在资金流量分析中表现的是对社会资源余缺的调剂，而从规模经济、收益与风险等方面的分析中，我们可以看到，信用关系在动员储蓄、降低投资风险、实现规模经济，从而提高投资效果等方面有巨大作用。信用关系之所以能够动员储蓄，在于信用关系动员资金具有自愿性和有偿性；而之所以能够降低风险，实现规模经济，则在于投资者对风险和效益的评估水平要大大高于储蓄者——资金贷出者的评估水平。

第三，信用关系对国际经济的交往发挥着重要作用。国际经济关系是以经济利益为前提的，而信用关系正具备了这一前提。在经济发展过程中，我国需要引进国外的先进技术、设备和利用国外资金，这都离不开我国与外国的信用关系；我国对外贸易的关系，也需要国内信用与国际信用的支持。虽然在国际关系中，会有些无偿援助等非信用关系，但这不是经济学中的关系，而是国际政治学中的关系；不是信用关系，而是国家间的政治关系。

三 信用的种类

信用可以有不同的划分标准。这些标准包括期限、地域、信用主体等。

以期限为标准，可以将信用划分为长期信用与短期信用；以地域为标准，可以将信用划分为国内信用和国际信用；以信用主体为标准，可以将信用划分为商业信用、银行信用、消费信用、国家信用、合作信用。信用还有其特殊形式，如高利贷信用和资本信用。

本书将重点介绍以信用主体为标准而划分的信用形式，并同时介绍高利贷信用与资本信用。

第二节 高利贷信用

一 高利贷产生的环境

高利贷的字面意思很好理解，即利率过高的信用关系。然而，如何理解利率过高，却是不容易的。在西方中世纪时期，认为只要收取利息就是高利贷；在现代社会中，多高的利率算过高，则完全由各国的法律所规定。例如，在美国，各州都规定了利率的上限，超过这一上限的，则被视为高利贷，而这一上限在美国各州分别为年息6%至30%不等。在中华人民共和国成立之前，借贷习惯上按月息计算，并且一般认为月息3分，即3%，是"最公道"的。月息3%,按单利计算也相当于年息36%,比现在的银行利率水平高好几倍。而过去的月息往往大大高于3%。至于高到什么程度,很难说出其上限。现代中国,也存在高利贷现象,因此,国家法律予以约束。我国有这样的规定,高于银行同期贷款利率4倍,就被视为高利贷,放高利贷者的超额利息不受法律保护。

高利贷是前资本主义社会中占统治地位的信用形式,这是由当时的社会环境所决定的。那时的阶级构成为:上层为奴隶主或封建主;下层为农民及手工业者。农民和手工业者之所以借高利贷,是由于不借不足以维持正常的简单再生产或维持正常的生活;奴隶主、封建主之所以借高利贷,是为了维持其统治地位或维持其奢侈的生活。从经济学上解释,要是负债经营,就要对负债经营所产生的收益与负债成本进行比较,如果无利可图就不会借债经营。可是,前面两类人都不是在这样的情况下借债的。

在前资本主义社会中,自然经济占统治地位,那是金属货币流通的天下,货币数量有限,从而货币的供给是有限的。而贷款需求,无论是农民和小生产者的需求,还是统治阶级的需求,相对于供给而言,都较大。这种供求状况,决定了较高的利率水平。

高利贷既然是前资本主义社会主要的信用形式,为什么在现代信用形式繁多而且发达的今天,还存在高利贷信用呢?这有三条理由:

第一,在现代廉价的货币商品无力到达的地方,必然存在高利贷信用。现代经济的典型特征是产品生产和销售专业化、社会化。社会化的生产提高了生产效率,扩大了商品供给能力。与此相适应,货币作为特殊商品,其供给也是社会化了的。廉价的货币商品,是产品生产和销售社会化的条件。但现代的货币商品还没有完全占领全部经济领域,有些领域或地方是廉价货币商品无力到达或不愿到达的,在这些领域或地方,存在产生高利贷的条件。例如,在我国,银行信用作为主要的信用形式,还无法满足某些地区或某些阶层的贷款需求,因此,各种形式的高利贷信用就"应运而生"。如果银行信用,进而廉价的货币商品,随时可以满足各阶层的货币需求,那么,高利贷信用是不会有生存之地的。

第二,在现代经济中,世俗关系也还起着较大的作用,而有些世俗关系包含关于借贷条件的内容。这些地域的信用活动,要受当地借贷条件的限制,其中有些条件正是古老的高利贷信用的条件。例如,前面提到的月息3分被认为是最公道的利率,如果现代经济中的利率为月息1分,那么前面被认为最为公道的3分利,就有了高利贷的性质。

第三,见利忘义。这不是高利贷存在的普遍原因。这与第二个原因,即世俗约定而形成的高利贷刚好相反,这是由于某些人违反了世俗规则,人为提高利率并达到一定水平而形成的高利贷。

二 高利贷的作用

高利贷的作用既包括其对经济发展的积极作用,也包括消极作用。

首先,高利贷有积极作用。这表现在两个方面:一是高利贷为其使用者解了燃眉之急;二是为某些正当经济活动提供便捷的资金来源,从而保证了经济活动的完成。

高利贷的积极作用,意味着高利贷存在的合理性,这也是在现代经济中高利贷继续存在的理由。由于某些经济活动的风险较大,银行等融资机构拒绝提供贷款,而高利贷就可能为该项活动提供资金来源。我们用下面的式子来说明高利贷信用存在的合理性。

假设银行贷款的无风险的利率为 r,高利贷利率为 r_u,高利贷中无法收回的本金比率为 q, q=本金损失/本金。假定货币市场是均衡的,即相同期限的贷款的收益率是相等的,因此有:

$$1+r=(1-q)(1+r_u)$$

$$r_u=\frac{1+r}{1-q}-1$$

很明显,当 $0<q<1$ 时, $r_u>r$,本金损失率越大,高利贷的利率就越高。

其次,高利贷对经济有破坏作用。在中国,可以说历朝历代都有高利贷,但那时的高利贷几乎都与工商业不相关,都是一个家庭或一个家族有了燃眉之急的大事,才迫不得已借高利贷。而中国的今天以各种名目出现的高利贷,几乎都与工商业相连,过高的利率增大了负债成本,不利于社会化的商品生产和销售;过高的利率会使众多借债者倾家荡产,从而给社会带来不安和动荡;高利贷的追债方式,往往与暴力有关,甚至与黑社会相连,这会对社会稳定造成极大的破坏。

市场经济越发达,高利贷的相对规模也就越小,提高现代金融的辐射范围是降低高利贷信用的最好选择。

第三节 商业信用

一 商业信用的定义与形式

商业信用是工商企业间以赊销或预付货款等形式相互提供的信用。赊销和预付货款是商业信用的两种基本形式。工业企业所生产的产品需要商业企业进行销售,当销售者缺乏购买这部分产品所需的资金时,工业企业可以采取赊销方式,即约定经过一定期限,比如3个月,由该销售者归还赊销的货款。如果工业企业所生产的是很畅销的产品,但由于自己的资金实力有限而又无法向银行等金融机构筹集资金,该工业企业就可以向产品的销售者申请信用——要求其预付货款来壮大其生产实力,扩大生产规模。在现实生活中,赊销和预付货款是极为普遍的。

二 商业信用是现代经济中最基本的信用形式

在现代经济中,信用种类繁多,而在众多信用形式中,商业信用是最基本的信用,理

由有以下两个:

第一,商品交易最基本的形式不是农贸市场式的现金现货交易,即不是在同一时点上货款两清,而是预付货款或延迟支付。预付与延迟支付就必然伴随着信用关系。例如,商品销售者在销售商品时自然希望购买者立即支付,但购买者由于种种原因而倾向于延迟支付。销售者因此就会向购买者展示两种价格:即付价格和延迟支付价格。延迟支付的价格要高于即付价格,超过的部分实际上是销售者向购买者提供商业信用的条件——借贷期间的利息。例如,在商业信用中,通常有 $(2/10, n/30)$ 的标准,意思是说,如果货款在 10 天之内付清,那么就可以有 2% 的折扣;如果超过 10 天,就没有折扣的优惠。因此,折扣优惠是销售产品的一种激励手段,它相当于购买企业节省了购买成本——少付了借贷利息。那么,上例中少付的利息相当于年利率是多少呢? 20 天的利率为 2%,一年按 360 天计算,按单利法,年利率相当于 36%,即 $2\% \times 360/20 = 36\%$。

第二,商业信用的主体是社会经济生活中最基本的主体——工商企业。工商企业是社会经济的主体,其交易行为构成了社会经济行为的主要内容。工商企业间的信用行为是分散的,具有社会普遍性。

三 商业信用的作用

(一) 商业信用对经济的润滑以及促使其增长的作用

在市场经济中,工商企业之间存在种种联系:原材料工业与加工工业发生联系,工业企业与商业企业发生联系,批发企业与零售企业发生联系,国内企业通过贸易与国外企业发生联系,等等。在激烈的竞争中,工商企业间的联系因各自寻求有利的条件而不断发生变化;同时,为了竞争的需要,工商企业也会力争稳定彼此间的联系。对于经济稳定和发展而言,这种顺畅的联系是必要的。但在实际活动中,无论是商品供给方还是需求方,都可能缺乏必要的资金,从而使双方间的联系发生阻滞。而商业信用的存在会保证生产和流通过程的顺畅,并为经济的增长提供信用支持。

虽然银行信用在经济生活中起着主要作用,但银行信用的间接性使得银行调剂资金的速度较慢。而社会经济的联系是在以万计、亿计的点上发生的,银行信用不可能在如此分散的买卖决策中完全介入。商业信用的直接性适应了企业决策的分散性。正是这种可以分散决策的商业信用活动,润滑着整个生产和流通领域,促进了经济的发展。

由于商业信用是最基本的信用形式,因此,商业信用的发育程度和运行状况直接影响到一国经济的运行状况。在一国的商业信用体系中,中小企业是弱者。为了建立稳定的信用关系,发达国家通常都有"大企业支付法"来约束大企业的支付行为。在我国,由于中小企业正常的应收账款无法得到清偿,大大影响了中小企业的再生产能力。如果我国的商业信用得以较大幅度的提升,我国的经济就会以更快的速度增长。

(二) 商业信用合同化,使分散、自发的商业信用有序可循

市场经济是法制的经济,商业信用是工商企业之间的信用关系,分散性和自发性是

其主要特征。但商业信用的票据化可以使分散的商业信用统一起来。票据化的结果是法律化,用法律手段约束商业信用,保证商业信用的健康发展。票据化的另一结果是银行信用可以参与商业信用,从而强化商业信用的信用度。银行信用参与商业信用的途径主要是票据承兑和贴现。可见,商业信用的发展不是弱化而是强化市场经济秩序;不是弱化而是强化银行信用。

四 商业信用的中介工具

商业信用是通过商业票据来完成的。所谓商业票据,是工商企业之间因信用关系而形成的短期无担保债务凭证的总称。具体而言,商业票据是随着商品和劳务交易而签发的一种借债凭证。它以商品和劳务的买方为债务人,签发许诺在一定时间后,由买方向卖方支付一定的金额。商品和劳务的卖方凭票在到期日向买方收取现款或在到期之前向金融机构贴现。在金融市场不断发展的今天,原来同商品和劳务交易相联系的商业票据,逐渐演变成一些信誉好的大企业在市场上筹集短期资金的借款凭证。

商业票据有以下三个特性:

第一,虽然商业票据产生于商品交易中,即它有商品交易的背景,但商业票据只反映由此而产生的货币债权与债务关系,而不反映交易的内容,因为交易行为已经完结,商品已经过户。这一特性被称为商业票据的抽象性。

第二,只要商业票据不是伪造的,应该根据票据所载条件付款的人就无权以任何理由拒绝履行义务。这一特性被称为商业票据的不可争辩性。

第三,商业票据的签发不需要提供其他保证,只靠签发人的信用即可。这一特性被称为商业票据的无担保性。

商业票据的产生和发展有利于按期结算款项,防止无休止地拖欠款项;有利于银行信用参与商业信用,从而提高了商业信用的信用度;有利于企业疏通商品渠道,扩大销售;允许背书或票据转让,简化了交易手续,也减少了企业对资金的占用;有利于确立企业双方的权利和义务,使双方的权责受到法律保护。

五 贴现

贴现是银行贷款的一种,是银行参与商业信用的一种形式。贴现是票据持有者为取得现金,用未到期票据向银行融通资金的行为。银行按一定的贴现率扣除自贴现日至票据到期日的利息之后,将票据余额付给贴现人,票据到期时,银行持有票据并据以向出票人、背书人或票据承兑银行兑取现金。

例:某人持有一张 3 个月后到期的面值为 1 000 元的银行承兑汇票,要求另一家银行贴现。贴现银行决定给这张票据贴现,则票据持有者在向银行支付贴现利息后,就可以得到现金。假设贴现银行的贴现率为年 10%,则贴现利息等于 25(= 1 000 × 10% × 3/12)

元。则票据持有人可得 975 元。

一般情况下,贴现利息可以通过下面的公式计算:

$$R = Prn$$

这里,R 为贴现利息;P 为票据面额;r 为贴现率;n 为自贴现日至到期日的时间长度,其单位应与贴现率的时间单位保持一致。

贴现率是贴现利息与票面金额的比率,它与利息率相似,但也有微弱的差别,我们将在"利率"一章(第二章)中加以说明。

第四节 银行信用

银行信用是指以银行或其他金融机构为媒介、以货币为对象向其他单位或个人提供的信用。

银行信用具有广泛性、间接性和综合性三个特征。

(一) 银行信用具有广泛性

银行借贷的对象主要是货币,而货币则是流通和支付手段。在银行信用下,居民个人分散的小额货币可以积聚成巨额的资金,从而满足经济发展对大额资金的需求。在银行信用下,银行或其他金融机构可以把短期货币集中起来,并维持一个稳定的余额,从而满足较长时期的资金需求,较长时期的可贷货币也可以满足短期的货币需求。信用的灵活性可以使货币资金得到充分的利用。由于银行信用是以银行为中介,而参与银行信用的主体具有广泛性,信用方式也是多样的,因此,银行信用具有广泛性。

(二) 银行信用具有间接性

在银行信用中,银行和其他金融机构是信用活动的中间环节,是媒介。从筹集资金的角度,银行是货币资金供给者的债务人;从贷放资金的角度,银行又是货币资金需求者的债权人。至于货币资金的所有者同货币资金的需求者,两者之间并不发生直接的债权债务关系。所以,这种资金筹集的方式被称为间接融资。

与间接融资相对的是直接融资。这是指公司、企业、政府从金融市场上直接融通货币资金,其方式是发行股票或债券。股票或债券的发行者,售出股票或债券,取得货币资金;资金的供给者买进股票或债券,两者之间直接建立了金融联系,而不需要中介者既扮演债务人又扮演债权人这一中间角色。

银行信用的间接性并不是绝对的,银行信用的直接性特征也是存在的。例如,银行通过发行债券直接从金融市场筹集资金;银行不是把资金贷给其他单位,而是自己从事证券投资。我们所说的银行信用的间接性是指其以间接性为主要特性。正因为如此,我们称以商业银行为中介而形成的金融活动为间接金融,以投资银行、证券公司为中介而实现的金融活动为直接金融。银行信用的间接性,降低了资金供给者的风险,也使得资金的利用效率得到提高,从而保证银行信用不断扩大。

(三) 银行信用具有综合性

银行是国民经济的中枢。通过银行业务,可以反映国民经济的情况,也可以通过银行灵活地调度资金,促进经济的发展。银行信用的综合性使得银行对国民经济既具有反映和监督作用,又具有调节和管理作用。这里的管理作用不是商业银行所具有的,而是中央银行所具有的。

正是由于银行信用具有以上特征,它才成为现代经济中的主要信用形式。在我国,银行信用作为主要信用形式表现得尤为突出。以 2016 年为例,在社会融资总增量 17.8 万亿元中,人民币贷款为 12.4 万亿元,占 70%。

第五节　国家信用

一　国家信用的定义与种类

国家信用是国家作为主体而形成的借贷行为。国家作为信用主体,既包括债务人主体,也包括债权人主体。在现代经济中,国家作为债务人而形成的借贷活动极为普遍。本书在此以美国为例介绍国家信用的种类。

美国国家信用包括美国财政债券、政府机构债券和市政债券三类。

(一) 美国财政债券

美国财政债券是美国财政部发行的,其信誉是以美国政府的信誉作支撑的。

财政债券从利息支付方式来划分,包括贴现债券和附息债券两种。而附息债券又分为固定利率债券和浮动利率债券两种。

美国国库券(Treasury Bills)属于贴现债券,没有利息,到期按面值偿还。美国国库券是按照固定间隔来发行的,国库券的偿还期分别为 91 天、182 天和 364 天。习惯上,人们称这些国库券为 3 个月、6 个月和 1 年期国库券。

美国国库票(Treasury Notes)和国库债(Treasury Bonds),都属于附息债券。国库票和国库债只是偿还期上有所不同,其中,国库票的期限是 1 年以上 10 年以下,而国库债的期限是 10 年以上。美国财政附息债券发行时的偿还期分别为 2 年、5 年、10 年和 30 年。

目前美国财政附息债券都不是可回购的,因此都属于纯粹债券。在 1984 年以前,美国 30 年期债券都是可回购债券,而自 1984 年 11 月起,新发行的财政债券的回购条款被取消了。

美国国债交易是通过柜台交易市场(Over the Counter)来实现的。做市商们各自提出国债的买入价和卖出价,投资者很容易参与国债的买卖。美国国债交易市场几乎是 24 小时交易市场,三个主要交易地点是纽约、伦敦和东京。国债的清算日为交易日的第二天。

美国财政部于1997年1月开始发行一种抵御通货膨胀的债券(Treasury Inflation Protection Securities, TIPS)。该债券的票面利率被称为真实利率(Real Rate)，通货膨胀率的计算标准是城市消费物价指数(CPI-U)。由于票面利率是真实利率，因此，必须根据物价变动状况调整名义票面利率。

(二) 政府机构债券

政府机构债券可以划分为政府资助企业债券和联邦政府机构债券。政府资助企业债券是为降低某些行业在资本市场上的融资成本而由美国国会创立的企业所发行的债券。这些企业尽管是私人所有的，却受到政府政策的优待。

政府资助的企业发行的债券得到政府信用的某种支持，其中，联邦农场信贷银行系统(Federal Farm Credit Bank System)发行的债券得到的是联邦政府的全额保证，其他机构发行的债券则不是，因此，这些机构发行的债券存在一定的信用风险。

政府机构债券主要有两类：一类是信用债券(Debentures)，另一类是住房抵押贷款支撑证券(Mortgage Backed Securities, MBS)。信用债券，顾名思义是没有任何担保品来保证债券本息偿还的，其偿还能力依赖于发行企业创造收入的能力。

(三) 市政债券

市政债券(Municipal Securities)是地方政府为了筹措建设资金而发行的债券。市政债券通常享受税收优惠，这类债券可以免缴联邦所得税，也叫"免税债券"(Tax-exempt)。具体而言，免税债券免掉的是利息税，而不是资本利得税。资本利得照样缴税。州所得税和地方所得税是否免缴，则依照美国各州的法律。少量的市政债券也没有税收优惠，不过在美国，绝大部分的市政债券都是免税的。市政债券的交易是通过柜台交易市场来完成的。市政债券有信用风险，不同的市政债券信用风险不同。

美国市政债券包括四类：税收支持债券、收益债券、特殊债券、市政衍生证券。

1. 税收支持债券

税收支持债券是美国的各州、县、市、镇等地方政府和校区等发行的，以发行者的某种税收和其他收入作为偿还保证的债券。这类债券包括以下三类：

(1) 一般义务债券。一般义务债券是税收支持债券中最主要的种类。又可以划分为两类：一类是无限义务债，由发行者的全部资信，即其无限的税收能力来保证，税收收入包括公司所得税、个人所得税、销售税、财产税等；另一类是有限义务债券，因为对这类债券本息偿还来源的税收，有法定税率的限制。有些一般义务债券的偿还来源，除税收收入之外，还包括其他收入来源，如各种费用征集、赠予等。

(2) 拨款支持债券。这类债券在发行时，规定在本息偿还来源不足时，可以动用政府的拨款。不过，是否拨款取决于立法机构能否批准。因此，是"可以"拨款而不是"一定"拨款，拨款本身只是道义上的，而不是法定义务。之所以设置这一条款，目的是提升发行者的信用水平，但投资者必须了解，能否实现拨款，却仅仅依赖于政府的尽力而为。

（3）政府担保的市政债券。由于拨款支持债券的信用,仅仅依赖于政府的努力,因此投资者自然担心该债券的信用。为了增强市政债券的信用,可以采取由州或者联邦机构担保的方法。这种担保是有法律约束力的。由州政府来担保可以采取许多形式,其中一种是授予州长在债券偿还发生困难时,动用援助基金。在美国,市政债券中有一些属于学校发行的债券,为了提升这些债券的资信水平,设置政府担保条款是必要的。如果学校无力偿还债务,法律会要求州长或者州财政长官动用援助基金。

2. 收益债券

收益债券是为了某一特定工程或事业而发行的,并以该项工程或事业的收益作为偿还保证的债券。收益债券可以根据融资类型划分成不同的种类,包括公用设施收益债券、交通收益债券、住房收益债券、高等教育收益债券、医疗收益债券、体育设施收益债券、会议中心收益债券、港口收益债券等。

收益债券的资信主要依赖于项目本身的现金收入状况。

3. 特殊债券

特殊债券主要包括被保险债券和被保障债券。

被保险债券是指债券的偿还保障除了来自发行者的收入能力,还来自保险公司的保险。保险公司通过给予偿还保险提升了市政债券的信用水平。如果发行者的收入不足以满足债券本息的偿还,保险公司就要履行职责,替发行者补足。而且一旦保险,保险期就要自动延长至债券的整个期限,保险公司不能中间退保。

被保障债券的含义是,无论是税收支持债券,还是收益债券,如果发行者手里有了美国国债或者其他债券,而且国债产生的现金流入刚好满足市政债券的现金流出,那么,就相当于市政债券提前找到了还款来源,因此这样的债券也被称为提前找到钱了的债券（Prerefunded Municipal Bond）,本书称之为被保障债券。

4. 市政衍生证券

市政衍生证券是由分割市政债券的现金流量而形成的。被分割的市政债券可以是新发行的,也可以是过去发行的。现金流量分割后会形成多种层次的债券,这些债券的到期收益率会有很大的差别,而价格风险状况也存在很大的不同。

二　国家信用的作用

（一）积极作用

国家信用的作用主要表现在对货币流通和对经济增长的作用两个方面。

首先,国家信用最主要的作用是平衡财政赤字,从而缓解货币流通,保持物价稳定。政府的财政支出大于财政收入时,就会表现为财政赤字。财政赤字有五种弥补方法:发行货币、动用历年财政结余、向银行透支、举借外债和举借内债。一般情况下,发行货币和向银行透支,都不可避免地会使社会需求成为现实,并且增大货币流通量,从而造成物价上涨。而动用历年财政结余的条件是社会总供给大于总需求，并且可动用的上限是总需求缺口。发行外债可以增加政府的收入，但进口会因外债的借入而增加，而当出口没有相应增长时，国际收支中的贸易收支就会变得不平衡了。因此，举借外债弥补赤字是用贸易收支的不平衡取代财政收支的不平衡。弥补财政赤字的最好方法是举借内债。政府举借内债可以通过两条途径缓解总供求的矛盾。其一，由于内债来源于国内投资和消费，因此，举借内债势必减少国内投资和消费的数量。其二，由于本年财政收入因债务收入而增加，财政赤字得以减少或消除，因此，举借内债弥补财政赤字不会改变一国的货币流通量，因而从总体上并不影响一国的物价水平。

其次，举借内债影响经济增长。这一影响通过两个途径起作用：一是投资总量，二是投资效率。投资总量和投资效率是影响经济增长的两个决定性因素。举借内债可以改变一国的投资总量。由于社会可以划分为居民个人、企业、金融机构、政府四个部门，举借内债就是政府通过发行债券从其他三个主体中筹集资金，而这三个主体的边际投资倾向与政府的边际投资倾向是不同的，因此，举借内债之后，会改变一国的投资总量。例如，假定政府向居民个人发行债券，而居民个人的边际消费倾向为40%，又假定政府的举债收入全部用于投资，那么，举债的结果是使举债国的投资总量增加。举债导致投资总量增加还有一条更重要的途径：国债拉动其他投资。由于国债投资是政府行为，政府通过国债投资产生信号传递效应，从而引起银行贷款、民间投资的增加。这一点在我国的现实生活中表现得非常明显。改革开放以来我国政府通过发行国债，大搞国债投资项目，进而带动银行贷款和民间投资增加，有效地刺激了经济增长。举借内债又可以改变一国的投资效率。投资主体间的投资效率是不同的，举债改变了投资的主体结构，因此，投资效率也会发生变化。如果政府的投资效率高于居民、企业的投资效率，而且由于政府可以向存在瓶颈的基础产业进行投资，从而投资的乘数作用大于居民、企业投资的乘数作用，那么，政府举借内债并从事投资，无疑会提高全社会的投资效率。

最后，国家信用的发展，为宏观金融政策建立了发挥作用的机制。国债市场发行与交易市场的发展为整个金融市场提供了基准利率——到期收益率曲线。该曲线为商业银行等金融机构确定自己的贷款利率提供了参考标准。金融机构在这一标准之上，再考虑违约风险溢价、流动性溢价等因素，以此来确定自己的贷款利率；国债到期收益率曲线也为其他债券的定价建立了标准。国债到期收益率曲线至关重要，没有它就不可能有真正的利率市场化。除了国债的到期收益率曲线，国债的回购利率也十分重要，这也是基准利率的一种。没有发达的债券市场，特别是国债的发行与交易市场，就很难产生准确可靠的基准利率。

国债市场的存在和发展，为一国的利率政策的有效发挥提供了场所。在利率市场化的情况下，中央银行只能通过调整短期基准利率，主要是再贴现率，来影响整个市场的利率水平。而对整个市场利率的影响程度则依赖于全社会利率机制的效率。而国债市场的发展,提升了利率传导的效率,通过迅速影响到期收益率曲线,进而影响全社会的利率水平,实现中央银行利率政策的意图。

国债市场的存在和发展,为一国货币政策中的公开市场业务提供了发挥效力的场所。通常情况下,中央银行公开市场业务买卖的证券是高级别的短期债券。这是因为中央银行为了调控基础货币,没有必要承担违约风险。之所以主要购买短期债券,是因为短期债券的利率风险低,中央银行购买短期债券不必承担过多的利率风险。正因为如此,国债市场的发展,还意外产生了重要作用,即有助于实现国家的金融与货币政策。

(二) 消极作用

国债的发行与交易,除了具备上述积极作用,也有不少消极作用,特别是在国债规模过大的情况下。

不少发达国家的债务率(债务余额/国内生产总值)已经非常高了。美国在2007年为62%,到2016年增至75%。日本在2016年的债务率已经超过250%。2016年,欧盟国家中希腊的债务率为177%,葡萄牙为133%,意大利为132%。过高的国债规模导致如下的消极后果:

1. 主权违约风险增大,伤害融资环境

债务规模过大,还本付息压力沉重,导致利率水平攀升,进而影响一国的经济增长。欧盟国家中,已经发生了希腊、爱尔兰、西班牙、葡萄牙等国的债务偿还危机,也引起了这些国家的社会不稳定。

当债务危机来临时,并非提高利率就能顺利融到资金,有时要被迫进行债务重组,因此不得不寻求金融援助。债务重组必然导致重大资本损失,这会引起信贷紧缩,进一步威胁经济增长。

债务违约发生时,违约者想筹措长期资金是不容易的,其会被迫筹措短期资金,因此债务结构的脆弱性更明显。

2. 伤害经济增长

前面提到,债务违约时,利率提高,银根紧缩,债务结构变得更加脆弱,这无疑会影响经济增长。不仅如此,影响经济增长的因素还包括:偿债规模的加大,会牺牲更高投资效率的投入,如教育、科技、卫生以及基础设施等;经济波动加剧,损害资本积累,甚至部分资金逃往国外。

3. 伤害金融和社会的稳定

持续恶化的财政状况,会影响中央银行的独立性。本来以维持价格水平稳定为主要目标的中央银行货币政策,会受到很大的干扰。一国为了降低债务的实际价值,会有意识地提高物价水平,尤其在债券投资者是外国人时。但这种通过货币贬值带来的利益是短暂的,而代价却是长期的,因为高通货膨胀会导致资源的不合理配置。

前面指出,债务危机导致利率水平提高,而利率水平提高会引起债务偿还负担加重,最终会引起政府增发货币。

为了缓解债务危机,一国政府就会被迫紧缩财政支出,有些行业就会被迫裁员降薪,这必然导致受害群体的不满,游行示威、罢工甚至骚乱就会接踵而至。一旦社会稳定受到破坏,就需要相当长的时间和巨大的努力才能恢复稳定。

三 我国国家信用的发展

(一) 国债发行与交易市场

新中国成立时,国民经济处于极端困难的境地。为了弥补赤字、稳定物价,我国于1950年、1954—1958年分别发行了国债。但从1959年起,停止发行国债。到1968年,我国成为"一无内债,二无外债"的国家。1981年1月,我国开始发行国库券。在1988年以前,我国国债的发行基本上依靠行政摊派。

1991年,财政部第一次组织国债发行的承购包销,这标志着国债一级市场初步建立起来。1993年,我国第一次引入一级自营商制度。1996年,国债实现全面招标方式,包括价格招标、收益率招标。

经过30多年的发展,中国国债发行已经实现市场化,国债市场规模庞大,期限结构丰富。

我国国债分为记账式国债和储蓄国债。其中,记账式国债通过中央结算公司招标发行,在银行间债券市场、交易所债券市场交易,在中央结算公司总托管。目前贴现国债有91天、182天、273天三个品种,附息国债有1年、3年、5年、7年、10年、15年、20年、30年、50年期等品种。储蓄国债通过商业银行柜台面向个人投资者发行,分为凭证式和电子式,其中,电子式储蓄国债在中央结算公司总托管。

除了财政部发行的债券,中国人民银行还发行央行票据。央行票据是为调节货币供应量面向商业银行发行的债务凭证。期限以不超过1年的为主,但也有长至3年的。央行票据通过央行公开市场操作系统发行,在银行间债券市场交易,在中央结算公司托管。

我国债券交易市场形成了统一分层的市场体系,主要包括银行间市场、交易所市场和商业银行柜台市场三个子市场。银行间市场是中国债券市场的主体,债券存量约占全市场的90%以上。交易所市场,由各类社会投资者参与,属于集中撮合交易的零售市场。商业银行柜台市场是银行间市场的延伸,也属于零售市场。债券交易方式包括现券交易和回购交易。

现券交易的双方在交易达成当日或者次日,以约定的品种、数量、价格转让债券所有权。

回购交易一直是债券市场最主要的交易品种,在货币调控及商业银行等机构流动性管理中发挥重要作用。回购交易有质押式回购、买断式回购等形式。质押式回购的交易双方以债券为权利质押进行短期资金融通,资金融入方(正回购方)再将债券出质给资金融出方(逆回购方),同时双方约定在未来某一指定日期由正回购方按约定的回购利率计算的资金额向逆回购方返还资金,逆回购方向正回购方解押出质债券。回购期内正回购方出质的债券,回购双方均不得动用,质押冻结期间债券利息归出质方所有。

买断式回购与质押式回购不同,买断式回购期间逆回购方不仅可获得回购期间融出资金的利息收入,亦可获得回购期间债券的所有权和使用权,只要到期有足够的同种债券返还给正回购方即可。

除了上述交易市场,我国的债券市场也推出了债券衍生品交易,包括债券远期交易与国债期货交易。

债券远期交易,是交易双方约定在未来某一日期,以约定价格和数量买卖标的债券。债券远期的交易标的为在银行间债券市场进行现券交易的券种。债券远期从成交日至结算日的期限最长不超过365天。

国债期货交易,是由国债交易双方订立的标准化契约,约定在未来某一日期以成交价交收一定数量的国债凭证。国债期货合约目前有5年期和10年期两个品种。

(二) 地方政府债券

地方政府债券的发行主体是地方政府,分为一般债券和专项债券。通过中央结算公司招标或定向承销发行,在银行间债券市场、交易所债券市场交易,在中央结算公司总托管。目前一般债券有1年、3年、5年、7年、10年五个品种,专项债券有1年、2年、3年、5年、7年、10年六个品种。

我国地方政府债券在2015年和2016年获得了空前的发展,发行的规模远远超过中央政府债券。这其中的主要原因是为了解决地方政府融资平台债务规模过大、期限过短、利率过高的问题,我国选择了用地方政府债券置换政府融资平台高企的银行债务。这一举措对降低地方政府的融资成本、延长融资期限、降低违约风险都起到了至关重要的作用。

(三) 政府支持机构债券

我国政府支持机构债券主要包括铁道债券和中央汇金债券。铁道债券的发行主体为中国铁路总公司(前身为铁道部)。中央汇金债券的发行主体为中央汇金投资有限责任公司。

第六节 消费信用

一 消费信用的定义与形式

消费信用是企业和金融机构向个人提供的,用以满足其消费需求的信用。古老的高利贷有一部分是为了满足消费需求的,因此也有一部分是消费信用。现代经济生活中的消费信用则是与商品特别是耐用消费品的销售紧密联系在一起的。

消费信用的形式多种多样：商业企业直接以赊销的方式，特别是以分期付款的方式，对顾客提供信用；银行和其他金融机构直接贷给消费者货币用以购买住房、耐用消费品等；银行和其他金融机构对个人提供信用卡，客户凭借信用卡，可以在接受该种信用卡的商店购买商品，等等。

二 消费信用的中介工具——信用卡

（一）信用卡的起源

信用卡是银行或信用卡公司对个人提供的，可以凭其向指定商店或其他服务性企业购买商品或享受其他服务的凭证。

消费者持有信用卡，在特定的商店或服务部门购买商品或享受服务时，不必支付现金，只需将卡片交商店在签购单上打印卡号，填写金额，然后消费者签字，商店或服务部门就可将签购单送银行办理收款。这种结算方法具有先消费后付款、避免携带大量现金、方便灵活的特点。

最早的信用卡于1915年诞生在美国。当时，美国的一些百货商店和饮食企业，为了招揽生意，就在一定范围内发给顾客信用筹码，顾客可以在这些发行筹码的商店及其分号赊购商品，分期付款。这种做法起到了笼络顾客、方便购物、扩大销售的效果。在美国，一些汽油公司也发行类似信用卡的"优待券"，让顾客到所属的加油站加油，定期结账。这种单纯用于赊购商品的信用卡，被称为零售信用卡，它是信用卡的雏形，后来出现了用于旅游业的信用卡。

从1915年至20世纪50年代，信用卡所提供的信用实际上属于商业信用范畴，信用卡所涉及的只是发卡人和持卡人的双边关系。赊欠的款项在接到通知后，要及时归还。由于信用卡的发行者的经营范围有限，信用卡的使用也受到一定的限制。

由于世界经济的迅速发展，个人消费水平有了很大的提高，银行的经营范围不断扩大，银行为个人消费提供了一种比较灵活、方便、安全的信贷服务，这就是信用卡服务。1950年，美国的荻纳斯俱乐部在全国组织联营，各地参加联营的旅店、餐馆所发行的信用卡可以通用，结算则通过银行办理。这使信用卡的作用有了明显的扩大，由简单的方便购物发展到成为商业赊销的信用凭证。

1952年，美国加州富兰克林国民银行作为金融机构首先进入信用卡领域。从此之后信用卡业务得到了空前发展。银行作为买卖双方之外的第三者发行信用卡，使信用卡由过去仅限于买卖双方之间的信用工具，发展成为一种银行信用形式。银行发行的信用卡，允许持卡人先消费后付款，付款可一次，也可多次付清，从而使买卖双方更加便利。

（二）信用卡的发展

银行发行信用卡初期，基本上是分散作业，各自独立发行，很难使信用卡的功能得到最大限度的发挥。事实上,银行信用卡要得以发展,必须具备两个条件:第一,要有足够多的客户愿意使用这种信用卡,使特约商户有利可图;第二,要有足够多的特约商户愿意接受这种信用卡,使持卡人使用信用卡变得十分方便。这两个条件是相辅相成的。由于在信用卡发展的初期,发行信用卡的银行多而分散,因此特约商户必须同较多的银行打交道,清算手续变得复杂了;而众多的银行发行信用卡,持卡人必须持有多家银行发行的信用卡,否则,他的消费就会受到一定的限制,而持有多家银行信用卡,消费者的消费便利性也就无法实现了。

正因为前面所指出的,信用卡发展必须具备两个条件,而发卡银行也意识到了这个问题,因此信用卡机构的兼并和联合就成为必然。信用卡的联营使得信用卡成为国际通用的支付方式,联营大大提高了信用卡的效率。概括起来,联合经营信用卡有以下四个优点:

第一,方便持卡人消费。由于若干家发卡银行联营,各家发卡银行的特约商户可相互受理参与联营的各家发卡银行所发行的信用卡,使持卡人能方便地购物消费。而且由于发卡银行的自动提款机联结成网,持卡人可在各联营银行的提款机上取款,持卡人持卡的便利性大大提高了。

第二,产生规模经济,提高了效益。信用卡业务投资大、收益慢,小银行难以承受。而联营为加快发展信用卡业务提供了最经济的途径。由一家主要银行提供清算网络,参与联营的银行通过支付一定比例的费用就可以利用,避免了网络重复建设,提高了网络的利用效率,增加了效益。

第三,方便特约商户清算款项。信用卡联营之后,各家发卡银行可相互受理特约商户递交的签单,便于商户及时向银行收取款项。

第四,有利于发卡银行加强管理,避免风险。参加联营的发卡银行定期召开联席会,就一定时期业务中出现的问题相互磋商,寻找对策,对于降低风险、拓展业务、提高管理水平是非常有利的。

在美国,1966年,吸收中小银行参加联营而形成了信用卡公司,后来发展成为现在的维萨(VISA)集团。另一家主要的信用卡公司是万事达(Master Card)。20世纪50年代到60年代初,信用卡分散发行并缺乏合作限制了其业务的发展。为了解决信用卡发行分散这一问题,美国加州的一些银行组成银行卡协会,共同订立规定,方便持卡人跨地区购物消费。1969年,银行卡协会买下了Master Charge的控制权,统一了各会员银行所发行的信用卡名称和款式。10年后,银行卡协会将Master Charge改变为Master Card,即万事达卡。

(三) 信用卡的运作过程

图1-1显示了现代信用卡的运作流程,主要包括信用卡国际组织、发卡单位和代理/收单单位、特约商户和持卡人四个主体,因而称为四方作业结构。

图 1-1 信用卡作业流程——四方作业结构

1. 交易交换中心

主要的信用卡国际组织有维萨、万事达、美国运通(American Express)、大来卡(Diners Club)、日本国际信用卡公司(JCB)、中国银联等。它们的职能是,授权会员(银行)使用商标办理业务,制定组织所属的各项业务的规章及程序,执行各项作业规范,研究开发新的金融支付产品,构建并营运全球支付作业网络及系统,协调及仲裁会员间的各项作业,以及通过其全球服务中心延伸会员银行支付产品的服务范围。

2. 发卡单位和代理/收单单位

发卡单位和代理/收单单位一般是商业银行,它们通常是交易交换中心(国际组织和银联)的会员。银行通常同时扮演两个角色:作为发卡行接受申请者的申请,审核该申请者的材料,合格后将信用卡发放给持卡人;还作为收单行负责招徕特约商户,在特约商户那里放置 POS 机,授权特约商户使用并对特约商户的请款给予回应。

3. 特约商户

特约商户与银行合作,为持卡人提供刷卡及其他服务,同时享有一定的权利和义务。

4. 持卡人

一个自然人在成功申请一张信用卡后就成为持卡人。持卡人可以使用他的信用卡在任何有 POS 机的商户那里消费,并可以在信用额度内透支。持卡人的信用记录也被发卡行记录在案。

以上四方的持续活动使得信用卡成为电子货币,取代了一部分现金的职能,并且它的方便和易于防伪,使它成为现代经济活动中越来越重要的"血液"。

(四) 我国信用卡的发展

信用卡进入我国,与改革开放基本同步。

1979 年 8 月,中国银行广东省分行与香港东亚银行签订了代理国外信用卡协议。外国信用卡进入我国以后,不仅使来华经商和旅游的外国机构、企业和个人,享受到了方便、快捷的服务,也使现代金融意识、消费观念和支付方式深入到了长期封闭的我国社会,使国人对信用卡有了初步的了解。

1985 年 6 月,中国银行珠海分行发行了我国首张具有购物消费、存取现金和透支功能的信用卡。随后各商业银行一直发行这种准贷记卡。直到2000年5月,广东发展银行才推出国内第一张贷记卡,从而开创了我国全功能信用卡的先河。

自从我国本土银行信用卡推出以来,得益于明晰有效的产业政策以及中国银联的成功运作,信用卡业务在中国得到迅猛发展。到2017年年初,信用卡及借贷合一卡发行数量约5亿张,信用卡授信总额超过8万亿元,信用卡应偿余额超过3.6万亿元。

在我国,早期的信用卡业务中,持卡人使用循环信用的很少,透支客户基本上都在免息期到来之前全额还款,因此银行信用卡业务收入以商户回佣收入为主。当信用卡业务发展到一定阶段之后,信用卡业务中的透支余额不断增加,银行的利息收入不断上升。2016年,从全国的数据来看,利息收入包括有些银行自称的分期手续费占信用卡总收入的70%左右。与美国的银行业中,信用卡利息收入占总收入的2/3以上基本一致。

商户回佣是信用卡收入的重要构成部分。所谓商户回佣,就是持卡人选择使用信用卡结算时,特效商户支付给发卡银行及其清算组织的结算手续费。随着刷卡交易量的快速上升,商户回佣也快速增长,这给信用卡的发卡银行带来了巨大利益,也给商户带来了成本压力。近几年,商户回佣的费率在国家的管控之下得到了大幅度的降低。

年费收入也是国外银行卡的重要收入来源,但在我国,由于信用卡业务竞争激烈,银行一般都有达到一定条件即可免年费的优惠,因此在我国信用卡的年费收入微乎其微。

取现收入。取现手续费是指银行为信用卡持有人提供境内外小额现金支取服务收取的费用,境内取现一般按取现金额的1%或2%收取。各家银行对上下限的规定有所不同,一般最低2元,最高100元。境外取现手续费一般是取现金额的3%。

信用卡业务属于消费信用,是有风险的。如果银行为抢占市场份额,过分强调数量扩张,最终信用卡透支不良率将上升,甚至会成为银行的沉重包袱。美国信用卡贷款的不良率在2016年大致为3.5%,拖欠率在2%左右。2015年我国银行业中信用卡不良率最高的是中国银行,为3.37%;最低的是建设银行,为1.08%。

第七节 其他信用形式

一 资本信用

(一) 资本信用的定义与作用

资本信用实际上就是资本市场信用,也就是通过资本市场实现的资金借贷或转移。具体而言,资本信用包括股票信用和公司债券信用,这些信用所包含的"有条件的借贷行为"都与前面几节所说的信用不同。股票作为股份公司筹措资本的工具,其信用体现在公司的盈利水平和整个股票市场的状况上。股票虽不能退股,但股票收益源于股息和资本利得,股票的"偿还本金和支付利息"是通过股票流通和股份公司盈利来实现的,这一

"偿还"的信用度与整个资本市场状况密不可分,因此属于资本市场信用。

公司债券是股份公司发行的有制约性偿还义务的信用工具。由于公司债券有流通市场,其偿还的保证程度,或者说公司债券的信用程度既与发行公司的经营水平有关,也与整个债券市场状况有关。例如,哪种债券可以被允许发行,要经过证券市场主管部门的批准,其资信级别要经过市场权威机构的评定,其上市流通也要遵守约定的规则。所有这些,都在很大程度上保证了债券投资者的权益。而这种保证是以债券市场健康运转为前提的。因此,公司债券也属于资本市场信用。

本书将在第三章重点介绍股票和公司债券这两种信用工具。在这里,主要阐述如何看待资本信用的作用,以及如何分析资本信用的运行是健康的。

第一,一国的经济增长依赖于产业投资的增加、人力资源的使用和技术进步,这是最基本的经济增长理论所揭示的基本结论。因此,评价资本信用,包括评价其他信用形式,都要看该种信用对产业投资、人力资源和技术进步的作用。

第二,产业投资是人作用于自然,或者人服务人的过程。产业投资都是由单个项目实现的。一个项目都需要最低的投资额才能建成,只有建成的项目才能形成生产力,并最终创造出财富。在没有信用的情况下,人们实现产业投资只能靠自身的力量去攒钱,而攒够了钱再来做项目,会大大推迟投资,最终影响经济增长。在有信用的情况下,人们可以通过信用,帮助产业投资达到那个必要的投资规模,而帮助的过程也就是金融投资的过程。由于信用种类很多,因此帮助产业投资达到必要投资规模的选择也很多。其中,银行信用可划分为存款人到银行存款和银行贷款给企业两个阶段。银行信用属于间接金融。另外,资本信用也是一个非常重要的选择,甚至比银行信用更为重要。

第三,资本信用包括股权融资、债券融资等。股权投资的特点是承担较大的风险,但最终获取剩余权益。仅有股权投资的一级市场是不够的,因为投资者不仅需要投资的收益性,也需要市场的流动性,以满足投资者自己对流动性的需要。由于需要流动性,因此证券的二级市场就是必要的。二级市场包括证券交易所、场外交易等。因此,二级市场的存在是为了一级市场的融资。

第四,由于有了证券交易,证券价格就发生了波动,因此,证券投资的风险也就产生了。为了回避风险,投资者需要对证券进行分析,而一般人没有这方面的能力,很多人也没有分析证券的时间,因此,有人需要别人替他投资,这样证券投资基金也就产生了。封闭式投资对投资基金管理人的激励较弱,开放式基金的激励较强,因此,开放基金后来成为基金市场的主体。为了进一步吸引资金进入股票市场,合格的外国机构投资者(QFII)被允许入市,沪港通、深港通等也被创立,这样一部分国外资金也被允许进入中国股票市场。另外,为了回避风险,需要有回避风险的金融工具。这样,指数期货就产生了,股票期权也产生了。

第五,公司债券也属于资本信用,而且在国外,公司债券在很大程度上替代了银行贷款。其中一个重要的理由是公司债券的资本信用性质,要求债券发行者接受资本市场监管者的审核、承销商的评判、评级者的考核、投资者的认可等。随着公司债券的大量发行,公司债券的交易市场也建立了起来。而债券投资有多种风险,为了让更多投资者在债券市场投资,各种避险工具和市场方式被创造了出来。

第六,为了实现一个国家的技术进步,需要在技术研究、技术开发等方面进行投资,而技术研究与开发有很大的风险,传统的银行信贷不可能参与。但有一种资本叫风险资本(Venture Capital)。风险资本承担了风险,也得到获取巨额收益的机会,因此风险投资产生并逐渐发展壮大。

总之,资本市场演进的主要逻辑是让投资者敢于、愿意并且能够在股票市场和债券市场上进行投资。

(二) 如何看待我国资本信用健康与否

前面是把资本信用放入一个国家的大环境中来分析其作用的。那么,如何分析一个国家的资本信用是否健康呢？本书有以下观点：

第一,上市公司的融资能力。上市公司通过新股发行、定向增发等再融资途径从资本市场获取资本的能力,决定了其未来在产业投资中成长与壮大的潜力。如果上市公司再融资的能力有限,再高的股价指数也不能说明股票市场健康。

第二,上市公司"务正业"的程度。如果上市公司通过股票市场获得资金后并没有从事自己的产业投资,而是通过多种方式将资金用于股票投资等非主营业务,那么其即便获得更多的营业外收入,也不能说资本市场健康,因为炒作股票这样的金融投资不是社会财富创造的源泉。

第三,上市公司从事产业投资的效率。上市公司通过资本市场获得资金,而且是长期资金,可以谋划长远,不断增强自己在行业中以及国际上的竞争力,通过更有效地提供产品和服务创造社会财富。如果上市公司只是一味地投资于低水平、高污染、高耗能的产业及产品,是无法长期支撑其较高的股价的,对股票市场的健康也不利。

(三) 我国资本信用发展中的制约因素

有许多因素制约着我国资本信用的发展,本书主要分析如下：

第一,诚信意识与诚信制度的建立。无论是股票市场,还是公司债券市场,都是重要的融资与投资的场所,没有信用的存在是不可能实现融资与投资的。我国股票市场发生了多起欺骗上市、披露虚假信息乃至上市公司老总携款外逃的事件。投资者从事股票与债券的投资,前提是信用关系的存在,而信用关系的维护需要法律的、制度的支持,但在这方面我国还很欠缺。

第二,公司质量是资本信用存在的基石。上市公司通过发行股票和债券实现了融资,但融资并不是目的,投资并且最终产生收益才是最终的目的。公司质量不好,或者公司质量好三年坏三年,无法在投资者心目中建立信任感。为此,需要监管当局、中介服务机构、投资者等多方面的努力,既不能让质量低劣的公司去资本市场融资,又要阻止实现融资的公司的质量下滑。

第三,公司治理水平还有待提高。尽管我国上市公司的治理水平在不断提高,但我国上市公司还大量存在权力制衡不到位、高管持股比例偏低等问题。由于长期性的制度问题没有得到解决,上市公司短期行为比较突出,这使得公司绩效受到影响,股票投资者没有得到应得的回报。

第四,中介机构的自律意识及服务水平有待提高。股票及债券发行中的中介机构,包括投资银行、会计师事务所、律师事务所等,还需要提高自律意识及服务水准。我国曾发生过若干起上市违规事件,这与某些中介机构的行为有着密切的关系。

二 合作信用

合作信用是指在一定范围内由出资人相互提供信用的方式,包括信用合作社和互助储金会等。我国过去的城市信用社大多数已被整合为城市商业银行,2017年前后大量的农村信用社被整合为农村商业银行或农村合作银行。这样一来,我国的合作信用就更不发达了。我国合作信用不发达的原因有以下几个方面:

第一,合作信用的产权不清,这从根本上伤害了良性循环的基础。

第二,县域资金大量外流,经营环境不良。国有商业银行的退出,使得资金也随国有银行一起流向城市。再加上邮政储蓄的吸存,就形成了县域经济资金大量外流的局面。

第三,管理水平低,员工素质难以适应业务发展的需要。

第四,规模小,创新能力差,服务落后。

许多发达国家,合作金融仍然是各国金融业中不可或缺的重要组成部分。合作金融的优势在于满足弱势群体的金融需求。弱势群体可以通过团体合作、资金联合的方式,实现互助。

三 国际信用

国际信用是国家间相互提供的信用,是国际经济发展过程中资本运动的主要形式。国际信用包括政府贷款、国际金融机构贷款、商业贷款、补偿贸易、出口信贷等多种形式,本书将在最后一篇进行充分的阐述。

思考题

1. 信用在经济生活中发挥着怎样的作用?
2. 如何理解高利贷信用的存在?中国的地下钱庄等为什么有生存的土壤?
3. 商业信用通常有哪些工具?银行信用如何参与商业信用?

4. 美国国债有哪些种类?
5. 中国国债市场发展的进程如何？主要成就与主要问题都是什么?
6. 消费信用主要有哪些信用形式？我国信用卡发展呈现什么特点?
7. 如何看待我国资本市场是否健康,给出你的识别标准与分析结论。

第二章 利　　率

第一节　利息的实质与利率的种类

一　利息的实质

现代社会将贷出货币收取利息视为正常的事情,货币因贷放而增值也深深植根于现代经济观念中。我国历史上,对利息也一直采取肯定的态度。但在西方中世纪时期,利息被认为是不合理的,因此有偿借贷都被视为高利贷而受到禁止。17世纪,英国古典政治经济学创始人威廉·配第指出,利息同地租一样公道、合理,符合自然规律。威廉·配第认为:"假如一个人在不论自己如何需要,在到期之前也不得要求偿还的条件下,借出自己的货币,则他对自己所受到的不方便可以索取补偿,这是不成问题的。这种补偿,我们通常叫作利息。"[①]

利息的存在,使人们产生了这样一种观念,即货币可以自我增值。如何解释利息的来源或者说利息的实质,成为理解利息的首要问题。关于利息的学说很多,这里只介绍庞巴维克的时差利息学说和马克思的剩余价值利息学说。

庞巴维克是奥地利的经济学家,他最早提出时差利息论。

庞巴维克认为,利息是由现在物品与未来物品之间在价值上的差别所产生的。一般情况下,对于现在时间点上具有一定质量、一定数量的商品而言,消费者可以作出两种选择,一种是现在消费,另一种是推迟消费。如果现在消费,可以给消费者带来消费这一商品所产生的享受;而如果现在不消费,消费者只能推迟其享受。对于一般消费者而言,消费时间点越是提前,越能给自己带来消费的满足感。而对于同样的商品而言,消费者作出的两种选择是不对等的,即消费者不可能推迟消费。那么,他现在作出了推迟消费的决策,说明推迟了的消费与现在的消费所带来的享受是不同的,这就必须使他在未来消费中除了消费前面的商品,还要有贴水,即还要有额外的消费。否则,这两种选择就无法对等。这一额外的消费,就成为消费者暂时让渡某一商品或某一货币给自己带来的利息。所以,利息是时间偏好的产物。

[①] 威廉·配第:《赋税论》,商务印书馆1963年版,第45页。

马克思对利息有深刻的分析。马克思针对资本主义经济中的利息指出:"贷出者和借入者双方都是把同一货币额作为资本支出的。但它只有在后者手中才执行资本的职能。同一货币额作为资本对两个人来说取得了双重的存在,这并不会使利润增加一倍。它所以能对双方都作为资本执行职能,只是由于利润的分割。其中归贷出者的部分叫作利息。"[1]所以马克思认为,利息的实质是利润的一部分,是剩余价值的特殊转化形式。

马克思的利息学说来源于古典经济学理论。亚当·斯密在《国民财富的性质和原因的研究》中指出:"以资本贷出取息,实无异由出借人以一定的年产物让与借用人。但作为报答这种让与,借用人须在借用期内,每年以较小部分的年产物,让与出借人,称作利息;在借期满后,又以相等于原来由出借人让给他的那部分年产物,让与出借人,称作还本。"[2]

利息是信用关系成立的条件,利息的存在使信用关系得以产生、发展、壮大,从而促进了社会经济的发展。

二 利率的种类

利率就是利息率,是指借贷期间所形成的利息额与本金的比率。

现实生活中的利率都是以某种具体形式存在的,如6个月的贷款利率,2年期的存款利率、贴现利率,等等。金融市场不断发展,新的融资工具不断被创造出来,利率的种类不断增加。正是这些繁多的利率构成了一个庞大的利率体系,在这个体系中,按照不同的标准可以划分出多种利率类别,其中主要有以下几种。

(一) 市场平均利率与基准利率

从理论上讲,市场平均利率只是用于理论分析,而不是有某种具体的统计意义的指标。有时,为了说明利率的作用及利率趋势,又为了避免众多利率给分析者带来的麻烦,分析者一般用市场平均利率一词来代表市场利率的整体水平。

基准利率是在众多利率中起决定作用的利率。由于基准利率的变动,其他各种利率都会发生相应的变化。基准利率一般是指西方国家中央银行的再贴现率或国库券的收益率。基准利率决定了市场利率的变化趋势。

(二) 固定利率与浮动利率

固定利率是指在借贷期内不作调整的利率。实行固定利率对于借贷双方准确计算成本和收益比较方便。但在通货膨胀情况下,债权人要承担较大的损失。为了减少债权人的风险,浮动利率应运而生。

浮动利率是指借贷期间可以调整的利率。一般情况下,借贷利率与一个基准利率挂

---

[1] 马克思、恩格斯:《马克思恩格斯全集》(第25卷),人民出版社1974年版,第396页。
[2] 亚当·斯密:《国民财富的性质和原因的研究》(上卷),商务印书馆1979年版,第324页。

钩,并在基准利率之上加上一个贴水,即

$$\text{利率} = \text{基准利率} + \text{贴水}$$

基准利率可以是1个月的伦敦同业拆借利率(1-month LIBOR),3个月的伦敦同业拆借利率(3-month LIBOR),1年期的美国国债到期收益率,等等。贴水的大小取决于借贷的违约风险和流动性风险的大小。很明显,风险越高,贴水越大。

举例说明浮动利率。有一种债券期限为3年,利息按月支付,其中第一个月的利率为6%(按年计算),以后月份的利率则按照下面的式子确定:

$$\text{利率} = 1\text{个月的 LIBOR} + 2\%$$

第一个月的利率为0.5%(月利率)。如果在1个月之后,1个月的LIBOR为3.5%,那么该债券第二个月的利率就是年5.5%,相当于月0.4583%。

有时浮动利率的确定是在基准利率的某一个倍数 b 之上,再加上一个贴水,从而产生了杠杆化的浮动利率,即

$$\text{利率} = b \times \text{参考利率} + \text{贴水}$$

举例说明杠杆化的浮动利率债券。与上面的例子相似,债券期限为3年,利息按月支付,其中第一个月的利率为6%(按年计算),以后月份的利率则按照下面的式子确定:

$$\text{利率} = 1.5 \times 1\text{个月的 LIBOR} + 1\%$$

如果在1个月之后,1个月的LIBOR为3.5%,那么该债券第二个月的利率就是年6.25%,相当于月0.5208%。

由于固定利率可以分解为浮动利率和逆浮动利率,因此相应地,有了浮动利率,也就自然会出现逆浮动利率。逆浮动利率确定则是在一个最高利率的基础上减去基准利率,即

$$\text{利率} = \text{固定值} - 1\text{个月的 LIBOR}$$

基准利率越高,逆浮动利率就越低;相反,基准利率越低,则逆浮动利率就越高。

举例说明逆浮动利率。债券期限为3年,利息按月支付,其中第一个月的利率为6%(按年计算),以后月份的利率则按照下面的式子确定:

$$\text{利率} = 12\% - 1\text{个月的 LIBOR}$$

该债券第一个月的利率为年6%,相当于月0.5%。假如1个月之后,1个月的LIBOR为3.5%,那么该债券第二个月的利率就是年8.5%,相当于月0.7083%。

有时,逆浮动利率的确定是在固定值之上,减去基准利率的某一个倍数,从而产生杠杆化的逆浮动利率,即

$$\text{利率} = \text{固定值} - m \times 1\text{个月的 LIBOR}$$

对于一些投资者而言,浮动利率和逆浮动利率更受欢迎。比如,商业银行的负债基本上是短期的,为了降低利率风险,商业银行希望自己的资产不是固定利率的,而是利率敏感的,或者说是浮动利率的。这样一来,不管利率发生怎样的变化,商业银行资产的收

益总能与其负债成本相匹配,并且能够提供稳定的利差。正因为如此,浮动利率贷款受到商业银行等金融机构的欢迎。

逆浮动利率的风险要比浮动利率的风险高得多。一般来说,当市场利率降低之后,债券的价格将上升,但浮动利率债券价格上升不会太大,因为浮动利率确定的时间间隔很短。同样,在市场利率上升时,债券价格会下降,但浮动利率债券价格下降的幅度很小。而逆浮动利率就不同了。在市场利率下降时,债券价格会上升,而逆浮动利率债券价格会上升得更快,这是因为一般债券的价格变化会受到两股相反力量的影响。由于市场利率下降,债券未来现金流会变得更为值钱,这使得债券价格上升。但一般债券再投资收益能力下降了,原因是市场利率下降了。逆浮动利率债券受到两个方向一致的力量的共同影响,除了未来现金流变得更值钱,逆浮动利率本身使得债券利息逆潮流而上,这样逆浮动利率债券价格上升得更快。在市场利率上升后,逆浮动利率债券价格下降的幅度会更大,因为一方面最低收益要求上升,驱使价格下降;另一方面,市场利率上升,逆浮动利率债券利息却在下降。逆浮动利率的风险特殊性,使得逆浮动利率债券可以用来平衡债券组合的整体风险。

(三) 市场利率与官定利率

市场利率是指利率的变化由市场的供求关系来决定的利率。发达国家的利率大多是市场利率。这些国家的市场利率也分为完全不受限制的利率和有上下限约束的利率。随着西方国家金融自由化的发展,对市场利率变化的限制也越来越少。

官定利率是政府或中央银行确定的利率。官定利率是国家实现宏观调控的一个政策手段。我国的利率属于官定利率。利率由中国人民银行统一制定并管理。1981年后,我国实行了差别利率和浮动利率的政策。

(四) 一般利率与优惠利率

优惠利率(Prime Interest Rate)是指国家通过金融机构对于认为需要重点扶植或照顾的企业、行业所提供的低于一般贷款利率水平的利率。我国所实行的贴息贷款,本质上就是优惠利率。所谓贴息贷款,是指接受贷款的单位支付低于一般利率水平的利息,发放这种贷款的银行因此而少收的利息由批准贴息贷款的地方或中央政府部门支付。我国在技术改造、重点基本建设项目、贫困地区经济建设、出口贸易、黄金生产等方面都执行着优惠利率政策。

之所以有优惠利率,是国家为了发挥利率的杠杆作用,促进落后部门、落后地区或重点产业的发展。优惠利率政策在发展中国家应用得很普遍。由于发达国家各家商业银行为争取顾客在利率方面展开了激烈的竞争,银行纷纷对客户提供优惠利率,因此优惠利率也就不再优惠了。真正优惠的利率是有折扣的优惠利率(Discounted Prime Interest Rate)。

(五) 名义利率与实际利率

名义利率是指不考虑物价上涨对利息收入的影响时的利率。在信用关系中，债权人不仅要承担到期无法收回本金的风险，而且要承担购买力风险，即由于通货膨胀而使得债权人的真实收益下降的风险。实际利率或真实利率就是从这一角度产生的。

实际利率是指当物价不变时的利率，例如，假定某年度物价没有发生变化，某人从其他人那里取得一年期的 100 万元贷款，年利息额为 5 万元，则名义利率与实际利率相同，都是 5%。

物价变动是普遍的。在现实生活中，物价不发生变化的情况是极为少见的。如果某一年的通货膨胀率为 10%，这一年年初的 100 万元就相当于当年年底的 110 万元，或者年底的 100 万元就相当于年初的 90.91 万元。为了避免通货膨胀给本金带来的损失，假设债权人依然要获得 5% 的真实利率收益，那么，该债权人要以多高的名义利率贷出他手中的货币呢？

乍一看，债权人应以 15% 的名义利率贷出货币，即名义利率成为真实利率与通货膨胀率的和，即

$$r = i + p$$

这里，r 为名义利率，i 为真实利率，p 为通货膨胀率。

按照上述公式，假设最初真实利率等于名义利率，即 $r = i$，则

$$p > 0, r > i$$

$$p < 0, r < i$$

实际上，$r < i$ 是无法成立的，这不是说物价不可以回落，而是说名义利率不可为负。一旦通货的升值率大于实际利率，债权人就可以因货币升值而获得收益，但债权人不会向债务人倒付利息。因为利息不仅包含对通货膨胀风险的补偿，而且包含对机会成本和信用风险的补偿。在现实生活中，名义利率只能大于或等于真实利率，即 $r \geq i$。

前面的公式 $r = i + p$，是一个不很精确的等式。在这一等式中，债权人并没有完全免除通货膨胀的侵蚀。更具体地讲，只是本金部分免除了通货膨胀的侵蚀，而其利息部分没有免除通货膨胀的风险。

正确的公式应为

$$(1 + r) = (1 + i)(1 + p)$$

这里，r、i 与 p 的定义同前，则

$$i = (1 + r)/(1 + p) - 1$$

前例中，名义利率为 15%，通货膨胀率为 10%，真实利率为 4.55%，而不是 5%。

如果债权人贷放货币的期限为 n 年，名义利率为 r，真实利率为 i，通货膨胀率分别为 $p_1, p_2, \cdots, p_n$，则名义利率与真实利率的关系为

当利率计算采用单利方法时,

$$(1+nr)=(1+ni)(1+p_1)(1+p_2)\cdots(1+p_n)$$

$$i=[(1+nr)/(1+p_1)\cdots(1+p_n)-1]\frac{1}{n}$$

当利率计算采用复利方法时,

$$(1+r)^n=(1+i)^n(1+p_1)\cdots(1+p_n)$$

$$i=(1+r)/[(1+p_1)\cdots(1+p_n)]^{1/n}-1$$

例:一笔贷款的期限为3年,名义利率为年15%,三年的通货膨胀率分别为10%、11%和12%,则按单利方法计算的真实利率为2%。因为,

$$(1+3\times15\%)=(1+3i)\times(1+10\%)\times(1+11\%)\times(1+12\%)$$

所以, $i=\left(\dfrac{1.45}{1.1\times1.11\times1.12}-1\right)\times\dfrac{1}{3}$

$=2\%$

如果名义利率与真实利率均按复利计算,则真实利率为3.6%:

$i=(1+15\%)/(1.1\times1.11\times1.12)^{1/3}-1$

$=3.6\%$

名义利率与通货膨胀之间存在很复杂的关系,原因是通货膨胀的变化非常复杂。一般情况下,名义利率会因物价上涨而上涨,又会因物价的回落而回落,但由于通货膨胀发生在前,因此,名义利率与通货膨胀之间的关系就会变得更加令人困惑。

对债权人而言,他所关心的应该是真实收益而不应该是名义收益。但从众多的研究成果中,人们发现在相当长的时间内,真实利率的水平很低,甚至为负。我国的情况更是如此,改革开放的40年时间内,真实利率在绝大多数年份内是负的,为正的年份很少,并且正值不大。

(六) 利率与贴现率

利率通常是利息相对于本金的比例。本金发生的时间在前,利息发生的时间在后。而贴现则不然,贴现的本金(面值)与贴现利息发生的时间是相同的,因此,如果利率与贴现率相等,比如,都是10%,那么,贴现率要高一些。因为100元面值的票据,如果到期日还有1年的时间,持有者贴现可以得到90元(=100-10%×100×1),实际利率相当于11.11%(=10/90)。因此,如果期限相同的话,贴现率要稍低于利率。

(七) 利率的顶、底和箍

利率的顶(Cap)是借款人支付的最高利率。利率的底(Floor)是借款人支付的最低利率,利率的箍(Collar)是借款人支付利率的最高与最低限。

例:某一债券,固定利率为8%,面值为600万元,期限为5年。将债券本金分割为200万元浮动利率债和400万元逆浮动利率债券。浮动利率的确定公式为

$$C_{浮} = \text{LIBOR}_月 + 1\%$$

这里，$C_{浮}$为浮动利率债券的票面利率。问：如何确定逆浮动利率债券的利率？如何确定二者的顶和底？

由于固定利率债券的票面利率为8%，因此，浮动利率债券与逆浮动利率债券票面利率的加权平均也一定是8%。这里的权数是两种债券的面值。因此有

$$8\% = \frac{1}{3}C_{浮} + \frac{2}{3}C_{逆浮}$$

即

$$8\% = \frac{1}{3}(\text{LIBOR}_月 + 1\%) + \frac{2}{3}C_{逆浮}$$

$$C_{逆浮} = 11.5\% - 0.5 \times \text{LIBOR}$$

这里，$C_{逆浮}$为逆浮动利率债券的票面利率。

由于LIBOR的最低值为0，不可能为负值，因此，逆浮动利率债券的最高利率就是LIBOR为0时的利率，在本例中为11.5%。这一最高利率被定义为"顶"。当逆浮动利率的顶得到之后，浮动利率的最低值也就得到了，此时LIBOR为0，浮动利率则为1%。这一利率的最低值也被称为底。

逆浮动利率债券的利率的最低值——"底"为0，此时LIBOR为23%，则浮动利率的最高值——"顶"立即可以得到，为24%。

我们得到了浮动利率的顶和底，也得到了逆浮动利率的顶和底。有时一个浮动利率债券或者逆浮动利率债券只有一个顶或者只有一个底，但有时既有顶又有底，那么顶和底就构成最高利率与最低利率，这被称为箍（Collar）。

第二节 利息的计算

一 单利与复利

利息的计算分单利与复利。单利就是不管贷款期限的长短，仅按本金计算利息，本金所产生的利息不加入本金重复计算。单利的现金流量如图2-1所示。

我们以本金1 000元、利率10%（年）、期限3年为例，三年后的本息和为1 300元，即（1 000 + 1 000 × 10% × 3），亦即

```
                        1 000      1 000      1 000
                                    100        100
                                               100
            1 000        100        100        100
            ┼──────────┼──────────┼──────────┼
            0           1          2          3
```

图2-1 单例的现金流量举例

从图中可以看出,这 1 000 元贷款到第一年年底时的现金流量为 1 100 元,第二年年底时为 1 200 元,第三年年底时为 1 300 元。

单利计算公式为

$$R = Prn$$

这里,R 为利息,P 为本金,r 为利率,n 为与利率指标相对应的期限。

单利的本息额为 F,则

$$F = P(1 + rn)$$

复利就是经过一定时间(通常为 1 年)将所生利息加入本金,逐年计算利息的方法。我们仍以上例作复利的现金流量图,见图 2-2。

```
                  1 000     1 000              1 000
                             100                100
                                             100×(1+10%)
 1 000    100   100×(1+10%)  100×(1+10%)×(1+10%)
───┼───────┼────────┼─────────────┼───
   0       1        2             3
```

图 2-2 复利的现金流量图举例

如图 2-2,到第一年年底,现金流量总额为 1 100 元,即本金 1 000 元和当年利息 100 元;到第二年年底时,现金流量总额为 1 210 元,即本金 1 000 元和 1 000 元从时点 1 到时点 2 的利息 100 元,再加上时点 1 的 100 元到时点 2 的本息和 110 元;到第三年年底,现金流量总和为 1 331 元,包括本金 1 000 元和本金从时点 2 到时点 3 的利息 100 元,加上时点 2 的 210 元到时点 3 的本息和 231 元。

复利的一般计算公式为

$$F = P(1 + r)^n$$

$$R = P[(1 + r)^n - 1]$$

这里,F、P、R、r、n 的含义与前面相同,只是 r 为复利。

二 复利反映利息的本质

在我国,相当长的一段时间内,存在一个令人啼笑皆非的现象:我国承认利息的客观存在,因为我国实在无法取消利息,但我国却不承认复利,认为单利与社会主义、与公有制相容,而复利是罪恶,是剥削,是资本主义的东西。其实,利息就是利息,它只是信用关系赖以存在的条件。利率既是债权人的一项收入来源,也是债权人舍弃流动性、舍去赚钱机会的补偿。利率是重要的经济杠杆,市场经济无法离开利率的调节作用。

为什么复利反映利息的本质呢?理由很简单。在一个国家只有单利存在时,债权人会通过计算而在单利与复利方面作出选择。他可以尽量缩短货币贷放的时期,当贷放期结束时,他完全可以把当期的本息收入一并贷放给其他债务人,而当下一个贷放期结束时,他又可以将这一期的本息收入再重新贷放。这时,他所获得的利息就是复利利息。这是任何人都无权干涉的。

三 零存整取与整存零取

在存款业务中,银行为适应存款者的各种需要,推出了众多的存款种类,其中包括活期和各种定期存款,也包括两个特殊的存款种类——零存整取与整存零取。

零存整取是每月、每周或每年按同一个金额存入,到约定的期限将本息一并取出。例如,存款者每月存入100元,连续存10年,零存整取10年期的利率为年12%,那么,10年后,他共得多少本息呢?

当按单利计算时,10年的利息应该是7 260元,即

$$
\begin{aligned}
&100 \times 120 \times 1\% + 100 \times 119 \times 1\% + \cdots + 100 \times 1 \times 1\% \\
&= 100 \times 1\% \times (1 + 2 + \cdots + 120) \\
&= 100 \times 1\% \times \left[\frac{(1+120) \times 120}{2}\right] \\
&= 100 \times 1\% \times 121 \times 60 \\
&= 7\,260(元)
\end{aligned}
$$

本金共计 $100 \times 120 = 12\,000(元)$,本息和为19 260元。

也就是说,按单利方法计算的零存整取利息的计算公式为

$$R = Pr\frac{n(n+1)}{2}$$

这里,R 为全部利息,P 为零存整取每次存入的金额,r 为利率,n 为与利率相适应的期限。

我国目前所执行的零存整取就是按单利法计算利息的。

如果按复利方法计算利息,必须先了解复利是如何计算的,即是按年来计算,还是按月来计算。我们以按年计算复利为例。

例:某存款者每年年初都存入1 000元,连续存10年,零存整取的利息为年12%,并为复利,那么,该存款者在第10年年底共得多少本息?

其本息和为 F,则

$$
\begin{aligned}
F &= P[(1+12\%)^{10} + (1+12\%)^9 + \cdots + (1+12\%)^1] \\
&= 1\,000 \times \frac{(1+12\%)^{11} - 1 - 12\%}{12\%} \\
&= 1\,000 \times \frac{3.479 - 1.12}{12\%} \\
&= 19\,658(元)
\end{aligned}
$$

按复利方法计算的零存整取的本息和的计算公式为

$$F = P\frac{(1+r)^{n+1} - 1 - r}{r}$$

这里，F 为本息和，P 为每次存入的金额，r 为零存整取的复利利率，n 为存期。

整存零取是一次存入一定的金额，在以后的预定期限内每月或每年提取相等的货币，并在最后一次提取中将本利全部取清。

在采用复利计算法时，每次所取的金额相当于年金，因此可用投资回收系数来计算。有下面的公式

$$A = P\frac{r(1+r)^n}{(1+r)^n - 1}$$

这里，A 为每次所提取的金额，P 为一次性存入的金额，r 为复利利率，n 为整存零取的期限。

例：三年期的整存零取的年利率为年复利 15%，一存款者存入 10 000 元，问此人每年年底零取的数额是多少？

$$A = 10\,000 \times \frac{15\% \times (1+15\%)^3}{(1+15\%)^3 - 1}$$
$$= 4\,379.8(元)$$

四 现值与终值

现值是指投资期期初的价值，终值是指投资期期末的价值。现值与终值是相对而言的，现值相对于其前面的价值而言就是终值，而终值相对于其后面的价值而言又成为现值。

现值与终值是可以相互换算的，但换算是通过复利方法来完成的。例如，一笔价值为 100 万元的货币存入银行 10 年，银行存款利率为 15%，则 100 万元的现值相当于 10 年后的 404.6 万元。或者颠倒过来，10 年后的 404.6 万元的价值只相当于现在的 100 万元。

现值与终值在投资方案选择时是非常有用的工具。例如，一建设项目建设期为三年，有两种方案投资：一是第一年年初投资 500 万元，第二年年初与第三年年初各投资 200 万元；二是第一年年初投资 100 万元，第二年年初投资 300 万元，第四年年初投资 600 万元。从静态的角度，第一方案共投资 900 万元，第二方案共投资 1 000 万元，看上去同一个项目应该采用第一个方案。但是按现值或终值法会得出与前面不同的结论。如果市场投资收益率为 15%，则第一种方案的投资现值为

$$I_1 = 500 + \frac{200}{1+15\%} + \frac{200}{(1+15\%)^2} = 825(万元)$$

第二种方案的现值为

$$I_2 = 100 + \frac{300}{1+15\%} + \frac{600}{(1+15\%)^2} = 815(万元)$$

结果是方案二优于方案一。值得一提的是，在投资决策中，应以现值法为决策依据。

现值的观念有悠久的历史。现代银行收买票据的业务，其收买价格就是根据票据金额和利率倒算出来的现值。只是在贴现业务中，贴现期小于一年，因此没有复利问题。

五 连续复利

所谓连续复利,就是在按单利方法计算的年利率不变的条件下,不断缩短计算复利的时间间隔,所得到的按复利方法计算的利息。例如,假定按单利计算的年利率为 7.75%,则这一利率是不允许提高的。如果某银行提出按半年复利计算一次利息,则半年支付的利率为

$$\frac{7.75\%}{2} = 3.875\%$$

按复利方法计算,年利率为

$$(1 + 3.875\%)^2 - 1 = 7.9\% > 7.75\%$$

而另一家银行又提出按季计算复利,季度利率为

$$\frac{3.875\%}{2} = 1.938\%$$

则按复利计算的年利率为

$$(1 + 1.938\%)^4 - 1 = 7.978\% > 7.9\%$$

又有银行提出按月计算复利,月利率为

$$\frac{7.75\%}{12} = 0.646\%$$

此时,按复利方法计算的年利率为

$$(1 + 0.646\%)^{12} - 1 = 8.031\% > 7.978\%$$

很明显,随着计算复利的时间间隔的缩短,按复利方法计算的年利率不断增大,但到底能大到什么程度呢?

假定 r 为年利率(单利),n 是 1 年内计算复利的次数,则用复利计算的年利率 r_e 为

$$\left(1 + \frac{r}{n}\right)^n = 1 + r_e$$

半年复利一次,$\left(1 + \frac{7.75}{2}\%\right)^2 = 1.079$

季度复利一次,$\left(1 + \frac{7.75}{4}\%\right)^4 = 1.07978$

月度复利一次,$\left(1 + \frac{7.75}{12}\%\right)^{12} = 1.08031$

计算复利的时间间隔越短,1 年内复利的次数也就越多,按复利法计算的利率就越大。当计算复利的时间间隔为无穷小时,即 1 年内复利次数为无穷大时,则

$$\lim_{n \to \infty} \left(1 + \frac{r}{n}\right)^n = e^r, \quad e = 2.71828$$

上例中,$\left(1 + \frac{7.75}{n}\%\right)^n$ 的极值为 $e^{0.0775} = 1.806$,即按复利法计算的利率的极值为

8.06%。

如果年利率为 r,期限为 t 年,初始本金为 P,期末本息和为 F,在 t 年内连续复利,则

$$F = P\left(1 + \frac{rt}{n}\right)^n$$

$$\lim_{n \to \infty} \left(1 + \frac{rt}{n}\right)^n = e^{r \cdot t}$$

有了连续复利,那么如何将连续复利转换成其他频率的利率呢?

例:连续复利为10%,相当于半年复利情况下年利率是多少?

因为连续复利为10%,这相当于年单利为

$$e^{0.1} - 1 = 0.10517$$

相当于半年复利为

$$(1 + r_\mathrm{半})^2 = 1 + 0.10517$$

$$r_\mathrm{半} = 5.127\%$$

转化单利的年利率为10.254%。

六 平均利率的计算

假定我们知道今天投资 1 年后的收益率为 $r_{0,1}$,下一年的收益率为 $r_{1,2}$,可以计算 2 年内平均的年复利利率。

因为

$$F = (1 + r_{0,1})(1 + r_{1,2})$$

而 2 年期投资收益相当于

$$F = (1 + r_{0,2})^2$$

所以

$$(1 + r_{0,2})^2 = (1 + r_{0,1})(1 + r_{1,2})$$

$$r_{0,2} = [(1 + r_{0,1})(1 + r_{1,2})]^{1/2} - 1$$

也就是说,在使用年复利的情况下,平均收益率是几何平均数。

由于有了连续复利,计算平均利率就非常简单。在连续复利情况下,平均利率就是单个利率的简单算术平均。

因为 $F = e^{r_{0,1}(\infty)} e^{r_{1,2}(\infty)} = e^{r_{0,1}(\infty) + r_{1,2}(\infty)}$

而 $F = (e^{r_{0,2}(\infty)})^2 = e^{2r_{0,2}(\infty)}$

所以 $F = e^{r_{0,1}(\infty) + r_{1,2}(\infty)} = e^{2r_{0,2}(\infty)}$

所以 $r_{0,2}(\infty) = \dfrac{r_{0,1}(\infty) + r_{1,2}(\infty)}{2}$

第三节 利率的决定

一 古典的利率理论

古典的利率理论认为,利率取决于储蓄与投资相均衡的那一点。投资是利率的递减函数,即利率提高,投资额下降;利率降低,投资额上升。储蓄是利率的递增函数,即储蓄额与利率成正相关关系。古典的利率理论可以用图2-3来表示。

图 2-3 古典利率决定理论

图2-3中(1)是投资曲线,即投资与利率的函数关系。投资曲线的移动是由什么原因引起的呢?古典利率理论认为,投资曲线的移动,是由投资的边际收益率发生变动造成的。图2-3(1)中,投资曲线由 I 上升到 I',是由投资的边际收益上升造成的。由于投资边际收益上升,单位投资可以承担较高的利息成本,因此利率一定时,投资量将增加。反之,当投资的边际收益下降而利率一定时,投资量将减少,否则,增加的投资将产生亏损。

图2-3(2)是储蓄曲线,即储蓄与利率的函数关系。储蓄曲线的移动是由什么原因引起的呢?古典的利率理论认为,储蓄曲线的移动,是由边际储蓄倾向发生变动造成的。图2-3(2)中,储蓄曲线由 S 移到 S',是由于边际储蓄倾向提高引起的。由于边际储蓄倾向提高,在收入与利率一定时,储蓄总量增加;相反,若边际储蓄倾向下降,在收入与利率

一定时,储蓄总量将减少。

图 2-3(3)是利率决定图。市场的均衡利率是由投资与储蓄两条曲线相交的那一点决定的,图中的 A 点是 I 与 S 的相交点,在这一点上储蓄与投资相等,即 $S_0 = I_0$,并且均衡利率 r_0 也被决定了。

二 新古典的利率理论

新古典的利率理论,也被称为借贷资金学说(Theory of Loanable Funds),是对古典利率理论的补充,也是为了批判凯恩斯的流动偏好理论而提出的。新古典利率理论的首倡者是剑桥学派的 D. H. 罗伯森(D. H. Robertson),后来由其他经济学家完善,最后由 A. P. 勒纳(A. P. Lerner)公式化。

新古典的利率理论认为,市场利率不是由投资与储蓄决定的,而是由可贷资金的供给和需求来决定的。可贷资金的需求包括两个部分:一是投资需求,二是货币贮藏的需求。这里影响市场利率的货币贮藏需求不是货币贮藏的总额,而是当年货币贮藏的增加额。用公式来表示,即

$$D_L = I + \Delta H$$

这里,D_L 为可贷资金的需求,I 为投资,ΔH 为货币贮藏的增加额。

可贷资金的供给也由两部分组成:一是储蓄,二是货币当局新增发的货币数量。用公式来表示,即

$$S_L = S + \Delta M$$

这里,S_L 为可贷资金的供给,S 为储蓄,ΔM 为货币当局的货币增发额。

可贷资金学说认为,ΔH 与 I 一样,也是利率的递减函数;ΔM 却不同于 S,ΔM 是货币当局调节货币流通的工具,是关于利率的外生变量,与利率无关。

可贷资金学说认为,储蓄与投资决定自然利率,即 r_0 取决于 $I = S$;而市场利率则由可贷资金的供求关系来决定,用 r_1 代表市场利率,则 r_1 取决于 $D_L = S_L$,即 $I + \Delta H = S + \Delta M$。

均衡利率由 $I = S, \Delta H = \Delta M$ 同时成立来决定,此时自然利率与市场利率相等,即 $r_0 = r_1$。

但当自然利率与市场利率不均衡时,二者又通过什么机制达到均衡呢?

可贷资金学说认为,当 $r_0 > r_1$,即自然利率大于市场利率时,由于市场利率 r_1 决定了投资与储蓄,因此有 $I > S$,如图 2-4 所示,在市场利率为 r_1 时,A 点对应的为储蓄 OC,B 点对应的是投资 OD,很明显 $OD > OC$,即 $I > S$。这说明市场存在超额投资。而超额投资在非充分就业的情况下,会带动产量的增加,从而使收入增加。而收入增加将使储蓄和贮藏货币都增加。储蓄曲线向右移至 S';贮藏曲线的右移将带动可贷资金需求曲线 $I + \Delta H$ 右移至 $I + \Delta H'$。储蓄曲线的右移将降低自然利率至 r_0'。由于可贷资金的供给曲线 $S + \Delta M$ 右移至 $S' + \Delta M$,市场利率将由 $I + \Delta H'$ 与 $S' + \Delta M$ 两条曲线决定。市场利率将由 E 点决定,这一市场利率可能大于也可能小于自然利率,如果这样,市场利率又会通过收入的改

图 2-4 新古典利率决定理论

变继续影响可贷资金的供求。直到下面的情况即

$$\begin{cases} I = S \\ \Delta H = \Delta M \end{cases}$$

同时成立时,自然利率与市场利率相等,即

$$r_0 = r_1$$

可贷资金理论从流量的角度研究借贷资金的供求和利率的决定,可以直接用于金融市场的利率分析,特别是资金流量分析方法和资金流量统计建立之后,用可贷资金理论对利率决定做实证研究有实用价值。

三 流动偏好利率理论

该理论是凯恩斯的利率理论。凯恩斯认为,人们对收入有两个抉择:一是在总收入中确定消费与储蓄的比例,即现在消费还是未来消费的选择;二是在储蓄总量确定后,具体储蓄形成的选择,即流动偏好的选择。

凯恩斯认为,人们可以用其收入购买债券,从而获得利息;也可以手持现金,从而满足其交易的需求、谨慎的需求和投机的需求。凯恩斯认为,流动偏好即手持现金是利息的递减函数,而利息则是放弃流动偏好的报酬。

凯恩斯认为,人们持有现金从而满足其交易和谨慎货币需求的量与其收入正相关,与利率无关。用 L_1 代表交易和谨慎货币需求,Y 代表总收入,则

$$L_1 = L_1(Y)$$

$$\frac{\mathrm{d}L_1}{\mathrm{d}Y} > 0$$

投机需求是利率的递减函数,而与收入无关。用 L_2 代表投机货币需求,r 代表利率,则

$$L_2 = L_2(Y)$$

$$\frac{dL_2}{dr}<0$$

因此,货币总需求 $L=L_1+L_2=L_1(Y)+L_2(r)$

$$dL/dY>0; \quad dL/dr<0$$

货币供给量为 M,其中 M_1 满足 L_1,M_2 满足 L_2。利率取决于货币的供求关系,是人们保持货币的欲望与现有货币数量间的均衡价格,是存量间的平衡,即

$$M=M_1+M_2=L_1(Y)+L_2(r)$$

四 IS-LM 模型的利率决定

IS-LM 模型是希克斯、汉森对凯恩斯利率理论的修正。希克斯认为,凯恩斯强调利率取决于货币的供求关系是对的,但将生产率、储蓄的古典因素撇而不顾则是错误的。希克斯认为,货币的与实物的因素对收入和利率同时起作用,即收入与利率在投资、储蓄、流动偏好、货币供给四个因素相互影响下被同时决定。

IS 曲线是产品市场均衡时利率与收入相互影响的曲线。由于

$$Y=S+C=I+C$$

因此,$S=I$ 是产品市场均衡的条件。这里 C 为消费。

储蓄 S 是收入 Y 的递增函数,投资 I 是利率的递减函数,因此

$$S(Y)=I(r)$$

$$dS/dY>0; \quad dI/dr<0$$

IS 曲线的形成如图 2-5 所示。

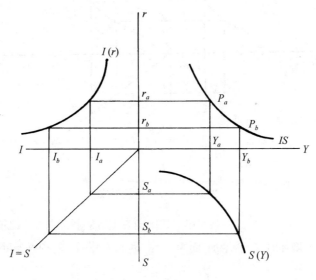

图 2-5　IS 曲线的形成

IS 曲线的位置取决于两条曲线的位置,即 $S(Y)$ 与 $I(r)$ 的位置。当边际储蓄倾向 dS/dY 增大时,IS 曲线将向左下方移动;当 dS/dY 降低时,IS 曲线将向右上方移动。当投资的边际收益增大时,$I(r)$ 向左上方移动,从而 IS 曲线将向右上方移动;当投资的边际收益下降时,$I(r)$ 向右下方移动,从而 IS 曲线将向左下方移动。

从 IS 曲线反映的收入与利率的关系来看,利率较低,则投资较大,从而收入增加,储蓄也将增大。

LM 是在货币市场均衡时反映利率与收入的对应关系的曲线。

货币需求包括交易谨慎需求和投机需求,即

$$L(PY, r) = L_1(PY) + L_2(r)$$

这里,L 为货币需求,L_1 为交易和谨慎的货币需求,L_2 为投机货币需求,Y 为收入,P 为物价指数,r 为利率。

当货币供给等于货币需求时,

$$M = L_1(PY) + L_2(r)$$

这里,M 为货币供给。

在物价指数 P 与货币供给 M 一定时,可以推导出满足货币市场均衡时的国民收入与利率即 Y 与 r 的对应关系,见图 2-6。

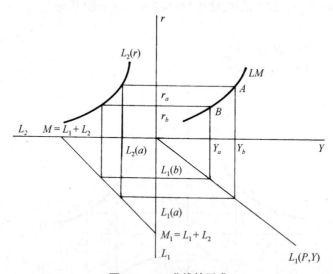

图 2-6 LM 曲线的形成

从图 2-6 可以看出,LM 是一条在第一象限向右上方倾斜的曲线。之所以向右上方倾斜,是因为当收入增加时,L_1 将增加,而 M 一定,因此 L_2 将下降,利率 r 与 L_2 是递减函数关系,因此 r 将上升。

LM 曲线的位置受以下四个因素的影响:货币供给 M,货币需求的两个部分 L_1 与 L_2,

物价。当货币供给增加时，L_1 不变（因为收入不变），而 L_2 将增大，因此利率将下降，故 LM 曲线将向下移动。当函数 $L_1(PY)$ 的斜率增大即流动偏好增强，即相同的收入对应的 L_1 增大时，L_2 将减小，从而利率将上升，因此 LM 曲线将向上移动。当投机需求曲线发生变动，比如投机需求曲线向上移动时，说明相对于同样的投机需求，利率却上升了，此时 LM 曲线也将向上移动。当物价指数提高时，L_1 将增大，L_2 将下降，利率将上升，此时 LM 曲线亦将向上移动。

市场均衡利率是产品市场与货币市场同时达到均衡时决定的，见图 2-7。

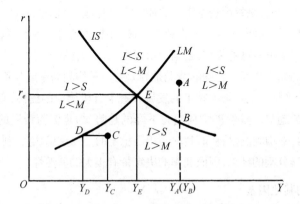

图 2-7　IS-LM 模型中的收入与利率的对应关系

均衡利率与均衡收入是由 IS 曲线与 LM 曲线相交的点 E 决定的。

在图 2-7 中，IS 曲线的右上方是产品市场中投资小于储蓄的情况，即 $I<S$。因为任意一点 A 在 IS 曲线的上方，由 A 向横轴作垂直线，与 IS 相交于 B 点，在 B 点 $I=S$，而 A 点对应的收入 Y_A 与 B 点对应的收入 Y_B 相等，但 A 点对应的利率却高于 B 点对应的利率，因此 A 点的投资将小于 B 点的投资，因此 $I<S$。同理，在 IS 曲线之下，$I>S$。

在 LM 曲线之下的任意一点，都是货币需求大于货币供给，即 $L>M$，原因是有任意一点 C，从 C 点向纵轴画一条垂直线，与 LM 交于 D 点。由于 C 与 D 的利率相等，故两者的 L_2 相等，但由于 $Y_C>Y_D$，因此 $L_{1C}>L_{1D}$，因此 $L_C>L_D$，而在 D 点 $L=M$，故在 C 点的货币需求 L_C 大于此时的货币供给 M。同理，在 LM 曲线之上的任意一点，都是 $L<M$。

I 与 S、L 与 M 的关系在 IS 与 LM 相交而成的四个部分的关系如图 2-7 所示。

从 IS-LM 模型我们可得以下结论：利率大小取决于投资需求函数、储蓄函数、流动偏好即货币需求函数、货币供给量。当资本投资的边际效率提高时，IS 曲线将向上移动，利率将上升；当边际储蓄倾向提高时，IS 曲线将向下移动，利率将下降；当交易与谨慎的货币需求增强，即流动偏好增强时，LM 曲线将向上移动，因此利率将上升；当货币供给增加时，LM 曲线将向下移动，利率将下降；当物价指数上升时，LM 曲线将向上移动，利率将上升。

IS-LM 模型是揭示利率决定的比较系统的理论,该模型成为分析利率变动趋势的一个较好的工具。本书所介绍的是最基本的 *IS-LM* 模型,把其他变量引入会产生更为复杂的 *IS-LM* 模型,这些模型解释宏观经济的作用也更大些。

五　其他的利率理论

(一) 马克思的利率决定理论

　　马克思的利率决定理论是以剩余价值在货币资本家与职能资本家之间分割作为起点的。马克思认为,利息是货币资本家从职能资本家那里分割来的一部分利润,而利润是剩余价值的转化形式。利润本身就成为利息的最高限,达到这个界限,职能资本家能获得的利润即为零。利息也不可能为零,否则货币资本家就不会贷出资本。因此,利率的变化范围是零与平均利润率之间。特殊的情况是利率超出平均利润率或为负。

　　马克思认为,平均利润率随着技术的发展和资本有机构成的提高,有下降的趋势,因此利率也有下降的趋势。虽然平均利润有下降的趋势,却是极为缓慢的过程,在一个阶段,在一个国家内,平均利润率,从而利率是相当稳定的。马克思认为,利率的高低取决于两类资本家对利润分割的结果,因而利率的决定带有很大的偶然性。

(二) 影响利率的其他因素

　　影响利率变化的因素是多种多样的,前面所述的关于利率决定的理论反映了影响利率的主要因素。除了前面的理论所揭示的因素,经济周期、财政政策、国际经济政治关系等对利率都有不同程度的影响。

　　在一些经济不发达地区,或者发达国家的非常时期,利率管制也是直接影响利率的重要因素。利率管制的基本特征是由政府有关部门直接制定利率或规定利率变动的上下界限。由于利率管制具有高度行政干预的力量,因此利率决定的经济因素就被排斥了。为什么对利率进行管制呢?理由主要有:

　　第一,由于经济不发达,资金供给严重不足,因此政府对利率进行管制,目的是促进经济发展以及防止利率过高给经济带来不利影响。很明显,利率上升会增大企业特别是那些负债比率较高的国有企业的负担。为减轻利息负担,政府执行低利率政策,但本质上低利率不一定能增加企业的活力,原因是企业活力的关键在于投资的边际效率,靠对储蓄者的掠夺也许会在短期内对投资者有利,但在长期内,世界各国还没有一个一直靠低利率政策成功发展经济的例子。

　　第二,实行利率管制以控制通货膨胀,或者控制通货紧缩。

　　第三,不发达的金融市场和银行信用的垄断经营造成利率的垄断,并发展为利率管制。

　　第四,外汇汇率的高低。外汇汇率与利率有密切的关系,有时为了抑制本国汇率的下降,就需要提升本国利率。这里存在利率与汇率的平价关系。

建立市场经济,取消利率管制,依赖于利率机制的形成,在完善的利率机制形成之前,对利率的管制也是迫不得已的。

第四节　利率的作用

利率由众多经济与非经济因素决定,反过来,利率也对众多经济变量起作用。一般情况下,利率在以下几方面发挥作用:

1. 利率影响货币需求

在流动偏好理论中,利率对交易和谨慎的货币需求没有作用,而只对投机性货币需求起作用。也就是说,利率越高,投机性货币需求的机会成本越高,因而该种货币需求就越低。在其他货币需求理论中,利率不仅是作为机会成本出现的,利率本身就是债务人要支付的一种成本。因此,利率的高低与其借贷资金的成本正相关。只要利率上升,借款人的支出就会增大,其借款需求或投资需求就会下降。利率与货币需求的递减函数关系是明确的,但利率变动对货币需求量的影响程度取决于一国的利率环境——利率弹性的大小。

2. 利率对货币供给的影响

在借贷资金学说中,利率对货币供给没有影响,因为货币供给是一国金融管理机关的政策工具,金融管理机关不是根据利率而是根据货币需求来改变货币供给量的。在其他的货币供给理论中,利率与货币供给也没有直接的相关关系。例如,货币供给量取决于一国的基础货币与货币乘数的大小,而基础货币是中央银行发行的现金以及对商业银行的负债总和,很明显,基础货币与利率没有直接的关系。但二者之间存在间接的关系。这一关系是指由于利率提高,社会存款总额会增大,现金量会缩小,也就是信用回笼使基础货币中的现金量减少。

利率与货币乘数也不存在直接的关系,因为影响货币乘数的直接因素包括现金漏出率、存款准备金率、超额准备金率等。但利率与现金漏出率有间接关系,主要是利率上升,现金回笼将增加,从而现金漏出率会下降。利率提高后商业银行的超额准备的机会成本增大,因此超额准备金率也会下降。总之,利率上升会使货币乘数因现金漏出率和超额准备金率下降而增大,从而加大货币供给。

利率上升使货币供求在两个相反的方向同时产生影响,因此可以缓解货币需求过大的矛盾。同货币需求一样,利率对货币供给的影响也依赖于货币供给弹性的大小。

3. 利率与中央银行的货币政策

中央银行的经济手段包括存款准备金率、再贴现率和公开市场业务。再贴现率政策实际上是中央银行的利率政策。由于在市场经济国家中,货币供给的渠道有较大部分是通过再贴现完成的,因此再贴现率的高低直接影响商业银行向中央银行申请再贴现的成本,因而会影响企业向商业银行贴现的成本。当经济萧条时,中央银行可以降低再贴现率,从而刺激需求;当经济处于通货膨胀时,中央银行可以提高再贴现率,增大投资成本,从而抑制过度的货币需求。

4. 利率与汇率有密切关系

利率和汇率都是经济生活中敏感的经济变量,二者也存在较密切的关系。一般情况下,在货币可以自由兑换的环境中,一国货币的利率高,对该国货币的需求就比较旺盛,因此会提高该国货币的即期汇率,但在外汇市场上该国货币的远期汇率会下降。利率与汇率存在一定的平价关系。

5. 利率与金融资产的价格密切相关

当利率上升时,股票价格、债券价格都将下降;当利率下降时,二者的价格都将上升。但不同种类的股票和债券的利率风险是不同的。

第五节　我国的利率市场化改革

我国的利率具有行政管制性质。过去存款和贷款利率都是严格管制的,经过不断的改革,我国的利率制度已经有了很大变化。本节主要针对利率市场化进行阐述,以帮助读者了解我国利率市场化的目标与进程。

一　利率市场化的意义

在我国,随着社会主义市场经济的发展,一般商品价格的市场化进程已经有了非常大的发展,但生产要素价格的市场化还比较滞后。资金是重要的生产要素,资金价格——利率的市场化远远落后于一般商品价格的市场化。利率市场化有以下重要意义:

第一,利率市场化有助于利率反映并且覆盖借款人的风险。贷款风险溢价直接关系到贷款利率的高低。不同信用级别的企业,违约风险不同,资金价格自然有所差别。而没有区别的贷款利率,使得商业银行根本不愿意向中小企业和民营企业提供融资,因为这类企业经营状况不稳,社会诚信体系不健全,对小企业的贷款风险相对较大。利率市场化将鼓励商业银行更多地为中小企业和民营企业提供金融服务。

第二,利率市场化有助于培养并且增强我国商业银行的产品定价能力。我国金融业的竞争不断加剧,由于我国利率长期处于管制状态,商业银行的自主定价能力薄弱,而且没有积累这方面的数据和经验,因此利率市场化可以培养商业银行的自主定价能力,提高其管理资产负债的能力,提升其国际竞争力。

第三,利率市场化有助于疏通货币政策的传导渠道。利率市场化包括三个层面的内容:一是由市场供求关系决定利率;二是中央银行要引导、调控市场利率;三是货币政策工具是中央银行引导、调控市场利率的手段。为实现这一目标,要不断完善中央银行的利率体系,进一步理顺货币政策的传导机制,逐步将利率作为宏观调控的重要经济杠杆之一。

第四,利率市场化有助于协调直接融资和间接融资的关系。从整体上看,我国企业的负债率过高,权益资本比重过低,这伤害了企业产业升级和技术创新的能力,也增大了银行的贷款风险。利率市场化后,存款利率不是整齐划一的,存款利率下降,有助于存款流出银行体系,转入资本市场,这为资本市场发展提供了机会,也为优化直接融资与间接融资结构提供了条件。

二 我国利率市场化的进程

1993年,中国共产党十四大《关于金融体制改革的决定》提出了利率改革的长期目标:建立以市场资金供求为基础,以中央银行基准利率为调控核心,由市场资金供求决定各种利率水平的管理体系。这一目标在历经22年风雨后的2015年10月得以实现。

1996年,中国人民银行启动利率市场化改革。

2003年,中国人民银行公布了我国利率市场化改革的总体思路:先外币,后本币;先贷款,后存款;先长期,后短期;先大额,后小额。我国近年来的利率市场化进程中,充分体现了上述总体思路。

(一) 基准利率的市场化改革

实现利率的市场化先要解决基准利率的市场化问题。基准利率有很多,包括中央银行能够控制的再贷款利率、再贴现利率,也包括金融市场形成的某些关键利率,包括同业拆借利率、国债回购利率、国债的到期收益率等。基准利率的有效生成,为利率市场化奠定了基础。

1. 银行间同业拆借市场利率先行放开

1986年1月,我国允许专业银行相互拆借资金,拆借期限和利率由借贷双方协商议定。

1990年3月,确定了拆借利率实行上限管理的原则。

自1996年1月1日起,所有同业拆借业务均通过全国统一的同业拆借市场网络办理,形成了中国的银行间拆借市场利率(CHIBOR)。

2007年1月,上海银行间拆借利率(SHIBOR)正式上线运行。银行间同业拆借利率正式放开,标志着利率市场化迈出了具有开创意义的一步,为此后的利率市场化改革奠定了基础。

2. 放开国债、金融债发行利率

1996年,国债发行采取了利率招标、收益率招标等方式。这是我国债券发行利率市场化的开端。

1998年,鉴于银行间资金拆借利率、债券回购利率和现券交易利率已实现市场化,政策性银行金融债券市场化发行的条件已经成熟。国家开发银行首次通过人民银行债券发行系统以公开招标方式发行了金融债券,随后中国进出口银行也以市场化方式发行了金融债券。1999年9月,财政部首次在银行间债券市场实现以利率招标的方式发行国债。

3. 放开银行间债券交易的利率

1997年6月,人民银行开始利用全国统一的同业拆借市场开办银行间债券回购业务。银行间债券回购利率和现券交易价格同步放开,由交易双方协商确定。这一改革措施,提高了金融机构的资金使用效率,增强了金融机构主动调整资产、负债结构的积极性。随着银行间市场债券回购、现券交易规模的不断扩大,其短期头寸融资的特性日益明显。回购市场成为中央银行开展公开市场操作的重要场所,也为国债和政策性金融债的发行创造了条件。

4. 放开贴现率

1999年,我国改革了贴现率和转贴现利率的生成机制。贴现率和转贴现率在人民银行再贴现率基础上加点生成,点数由商业银行自定。

(二) 我国境内外币的利率市场化改革

从道理上讲,外币利率主要由外币主权国和国际金融市场决定。但我国在改革开放之初,外汇紧缺,为了吸引外币拥有者把外币存入国内的银行,金融管理当局给外币规定利率也符合当时的国情。

随着我国经济的快速发展,其与国际经济的接轨越来越紧密,外币利率自然有向国际市场利率水平靠拢的趋势。而且我国的各商业银行普遍建立了外币利率的定价制度,加之境内外币资金供求相对宽松,外币利率市场化的时机日渐成熟。

2000年9月,我国放开外币贷款利率,同时放开300万以上(含300万)美元或等额其他外币的大额外币存款利率。

2002年3月,人民银行将境内外资金融机构对境内中国居民的小额外币存款,统一纳入境内小额外币存款利率管理范围。

2003年7月,境内英镑、瑞士法郎、加拿大元的小额存款利率放开,由各商业银行自行确定并公布。

2003年11月,小额外币存款利率下限放开。商业银行可根据国际金融市场利率变化,在不超过人民银行公布的利率上限的前提下,自主确定小额外币存款利率。

2004年11月,人民银行在调整境内小额外币存款利率的同时,决定放开1年期以上小额外币存款利率。至此,外币利率已实现市场化。

(三) 人民币贷款利率的市场化改革

1987年1月,我国开始下放贷款利率浮动权。规定以流动资金贷款利率为基准上浮贷款利率,上浮幅度不超过20%。从那时起直到2004年,我国的贷款利率一直在上浮幅度内调整,时而高一些,时而低一些,但大趋势是扩大浮动区间。

2004年,人民银行不再设定金融机构人民币贷款利率上限,但城乡信用社贷款利率仍然设定贷款利率上限。所有金融机构贷款利率下浮幅度保持不变,仍为基准利率的0.9倍。至2004年,我国金融机构人民币贷款利率已基本过渡到上限放开,实行下限管理的阶段。

在贷款利率下限管理方面,贷款利率浮动基本在0.7倍至0.85倍之间。2013年,我国取消了贷款利率下限的限制,也取消了贴现利率在再贴现率基础上加点确定的方式,而是由金融机构自主决定。至此,人民币贷款利率实现市场化。

(四)人民币存款利率的市场化改革

改革开放初期,我国曾进行过存款利率浮动的试点,这是我国存款利率市场化的初次尝试。但这种尝试产生了一些问题,主要是金融机构缺乏财务约束,高息揽存的现象突出,产生了不少利率违规的事件。正因为如此,存款利率浮动被全部取消了。

1999年10月,中国人民银行批准中资商业银行对中资保险公司试办五年期以上(不含五年期)、3 000万元以上的长期大额协议存款业务,利率水平由双方协商确定。这是存款利率市场化的有益尝试。

2004年10月,人民银行决定允许金融机构人民币存款利率下浮。人民币存款利率实行下浮制度,实现了"放开下限,管住上限"的既定目标。

2012年6月,人民银行允许金融机构上浮存款利率至基准利率的1.1倍;2014年11月,继续放开存款利率上浮倍数,达到1.2倍;2015年3月,再次调整存款利率上浮倍数,扩大至1.3倍;2015年5月,扩大至1.5倍。

2015年10月,人民币存款利率完全放开。至此,我国实现了利率的市场化。

三 关于利率市场化的思考

(一)利率市场化不可一蹴而就

利率市场化需要很多条件,当这些条件准备充分后,实现利率市场化就是水到渠成的事情。但如果没有准备充分,仓促推进利率市场化,就会给金融环境,乃至社会稳定带来消极影响。阿根廷曾两度进行利率市场化改革,但由于准备不充分,都以失败告终。

美国的利率市场化从1978年到1986年,用了八年时间,是货币市场不断发展,资金不断流出银行体系,最终市场向政府"倒逼"的结果;日本也是大额资金利率先市场化,而后小额资金利率才市场化的,并且也是以日本国债的发行与交易作为突破口的。

我国的利率市场化进展稳健,是完全按既定的战略实施的。我国的利率市场化除了战略制定合理,必要条件的准备也是成功实现利率市场化不可或缺的条件。这些条件包括:

第一,金融市场的发展。同业拆借、债券回购市场不断发展壮大,交易活跃,生成了重要的基准利率,这成为日后利率市场化利率制定的参照基准。

第二,银行体系稳健。各项监管严格高效。银行改制上市成功,公司治理能力不断提高,风险控制能力和水平得到空前的提升。正是银行监管水平的提升和自我约束能力的提高,才换来存贷款利率的自由定价。

第三,存款保险制度建立。我国于 2015 年 5 月开始实施存款保险制度,对储户的本息总额最高 50 万元给予保险,存款保险覆盖面超过 99%。这一制度的实施有助于维护未来银行经营改善而倒闭所引发的社会震荡。

第四,我国企业的公司治理水平不断得到提升,企业的激励、约束制定不断完善,国内外的竞争力大大提升,应对市场化的利率的能力已今非昔比。

(二) 利率市场化不是一劳永逸

利率市场化绝不意味着利率自由化。市场经济中需要政府的有形之手发挥作用。中央银行在利率政策上应该具备强有力的调控手段。在美国,联邦基金利率(Fed Fund Rate),即商业银行隔夜拆借利率,由美联储来决定。在欧洲,三大关键利率即欧元区主导再融资利率(Main Refinan Cing Rate)、隔夜贷款利率与隔夜存款利率,也都由欧洲央行决定。其他市场经济国家也大都如此。而在中国,无论是银行间拆借利率(CHIBOR)还是上海银行间拆借利率(SHIBOR)都是市场交易出来的利率,缺乏中国人民银行能够一锤定音的最短期的基准利率。这将影响央行未来的利率调控。因此,如何让我国的短期基准利率既符合央行意志,又能有效传导到其他期限的利率上,是未来值得思考的重要问题。

利率市场化是把双刃剑。在有效的市场环境中,市场竞争会降低商业银行的净利差。这会促进融资者——产业公司降低融资成本。但银行之间的过度竞争也会抬升全社会的融资成本,最终给实体经济带来负担,损害其竞争力。另外,利率风险与其他风险特别是信用风险相连,并且会互相转化。金融机构在利率市场化后会更加关注利差收入与利率风险,将有动力把利率风险转移到融资者身上,但过度地转移风险,会弱化债务人的竞争力,最终增大金融机构的不良资产。因此,利率市场化后,如何让资金真正高效地流向实体经济,是不容忽视的问题。

第六节 利率的风险结构与期限结构

一 利率的风险结构

相同期限的金融资产因风险差异而产生的不同利率,被称为利率的风险结构。有很多风险因素影响利率的大小,其中主要有违约风险、流动性风险、税收风险和购买力风险。

(一) 违约风险

1. 违约风险溢价

违约风险,也叫信用风险或者倒账风险。不同债券的违约风险有很大的不同。

一般来讲,中央政府发行的债券是没有信用风险的,而地方政府债券由于其偿还来源不同,违约风险有很大的区别。例如,地方政府发行的一般义务债券是以其税收作为偿还来源的,信用风险很低;而地方政府发行的收益债券,是以某一投资项目所产生的收益或者说净现金流量作为偿还来源的,风险较高。

一般情况下,公司债券是有信用风险的,而信用风险的大小可以用该公司的信用级别来反映。高级别债券信用风险低,而低级别债券信用风险高。通常来讲,金融债券的信用风险较低,原因是金融债券的发行者是商业银行、投资银行、证券公司等,这些金融机构的资信水平相对较高。

资产支撑证券(ABS),或者住房抵押贷款支撑证券(MBS)也有信用风险,原因是抵押贷款的使用者——房屋的购买者,由于某些情况的发生,可能无力支付贷款的本息。

为了吸引投资者,必须适度降低信用风险以提高债券收益的固定性。同时,提高信用级别、降低违约风险也是降低发行成本的必要条件,因为违约风险高,就必须向投资者支付高的违约风险溢价。通常情况下,有下式

$$y - (y + \lambda)P_d = r_f$$

这里,y 为承诺的到期收益率,P_d 为每年发生违约的概率,λ 为证券每年发生违约后价格损失的程度,r_f 为无风险利率。

上式说明,债券的实际收益率应该为无风险利率,实际收益为承诺收益率与期望损失之差。承诺到期收益率为

$$y = \frac{r_f + \lambda P_d}{1 - P_d}$$

2. 债券级别

实际上,由于债券存在违约风险,因此应该有违约风险溢价;又由于存在其他风险如流动性风险等,因此还应该有其他风险溢价。如果把违约风险溢价定义为 α,将其他风险溢价定义为 β,则有

$$y - (y + \lambda)P_d = r_f + \alpha + \beta$$

$$y = \frac{r_f + \alpha + \beta + \lambda P_d}{1 - P_d}$$

违约风险是非常难以计量的,而它又是极为重要的风险,因此,需要对债券进行级别的评定,用级别表示违约风险的大小。表 2-1 是穆迪(Moody's)、标准普尔(Standard & Poor's, S&P)、惠誉国际(Fitch)关于债券级别的标准。

表 2-1 国际著名信用评级公司设定的信用级别

Moody's	S&P	Fitch	说明
投资级别——高信用级别			
Aaa	AAA	AAA	金边债券,最安全

(续表)

Moody's	S&P	Fitch	说明
Aa1	AA+	AA+	
Aa2	AA	AA	高级别,信用好
Aa3	AA−	AA−	
A1	A+	A+	
A2	A	A	中高级别
A3	A−	A−	
投资级别——高信用级别			
Baa1	BBB+	BBB+	
Baa2	BBB	BBB	中低级别
Baa3	BBB−	BBB−	
投机级别——低信用级别			
Ba1	BB+	BB+	
Ba2	BB	BB	低级别,投机性
Ba3	BB−	BB−	
B1		B+	
B2	B	B	高投机性
B3		B−	
高度投机性级别——风险极高,或者处于违约当中			
Caa	CCC+	CCC+	风险很高,处境不妙
	CCC	CCC	
Ca	CC	CC	很容易违约,非常高的投机性
C	C	C	极度的投机性
	CI		收益性债券——已经不支付利息
	D	DDD	
		DD	已经违约
		D	

违约风险除了包括债券违约可能性大小,还包括两个方面:一是信用风险溢价发生变化,二是信用级别发生变化。

即使债券不会发生违约,但投资者关心债券的市场价值,而债券的市场价值则与一般债券的到期收益率与无风险债券到期收益率之间的差额有关系。这一差额的一部分来自违约风险,这部分溢价被称为违约风险溢价。如果违约风险溢价增大,债券的市场价值将变小。违约风险溢价与经济环境有关。在萧条时,投资者担心债权人用于偿还债券本息的现金流量会下降。这样,违约风险溢价会扩大,因为投资者更愿意购买低风险的债券。

债券信用级别不是一成不变的,而是由评级公司随时监控和调整的。债券级别可能提高,也可能下降。如果债券本身或者发行公司的信用级别发生出乎意料的下调,将扩大违约风险溢价,从而降低债券价格。

(二) 流动性风险

流动性是指证券的可交易性。流动性风险是指债券因其流动性不足而在交易证券时可能遭受的损失。流动性的强弱有多种衡量方法,主要是指证券转让过程中所产生的交易成本,既包括各种税费支出,也包括价格的折让。

流动性强的证券,需求就会增加,价格就会上升;而流动性弱的证券,需求就会下降,价格就会下降。例如,如图2-8所示,有两种证券A和B,在初始状态时,二者的到期收益率相等。

图2-8 违约风险与利率的高低

假定A证券由于某种原因使得其交易活跃程度下降,因此证券需求下降,从D_{0A}下降到D_{1A},从而证券A的价格下降,到期收益率从y_{0A}上升到y_{1A};而证券B的交易活跃程度提高,需求增加,从D_{0B}扩大到D_{1B},从而证券B的价格上升,到期收益率从y_{0B}下降到y_{1B}。证券A和B初始的到期收益率相等,而由于二者流动性发生变化,它们的到期收益率发生变化,流动性差的证券A的到期收益率y_{1A},超过了流动性好的债券B的到期收益率y_{1B},这一差别被称为流动性溢价。

流动性溢价说明了一个十分重要的问题:建立债券市场,并增大证券的流动性,可以适度降低证券的到期收益率。而收益要求的下降,是市场创造者的功劳,其中的利益理应归市场的创造者分享。

在证券业中,通常用做市商买入价(Bid Price)与卖出价(Ask Price)之间的差额来表示流动性的大小。如果做市商买卖差价小,说明证券的流动性好;而买卖差价大,则说明证券的流动性不好。表2-2反映的是美国债券市场的流动性。[1]

---

[1] Frank Fabozzi(ed.), *Managing Fixed Income Portfolios*, New Hope, PA, p.279.

表 2-2 美国不同债券不同经济情况下的买卖价差

证券	Bid-ask Spread（价格的百分比,%）	
	一般情况下	经济萧条
国库券	0.002	0.005
A 级金融公司债券	0.120	0.500
B 级产业公司债	0.500	5.000
MBS	0.060	0.250
长期 Aa 级市政债券	0.250	0.750

流动性风险的大小,与证券自身的特点有很大的关系。如果证券符合大多数投资者的需求,那么投资者购买和持有的积极性就高。

流动性风险的大小,与债券交易场所能够吸引的投资者数量有关。如果债券在集中的交易所交易,由于投资者或潜在投资者分散而且为数众多,交易必然活跃,流动性风险就低。而如果债券由某一证券自营商,比如某一投资银行来做市,这种证券交易的活跃程度就取决于该做市商的实力和声誉。如果做市商实力强大,覆盖面广,服务柜台分布密集,该做市商的做市能力就强,其经营的证券的流动性就强。

流动性风险的大小,与该种证券的发行规模有很大的关系。比如,国库券发行量大,发行周期固定而且规律性强,投资者众多,流动性自然强。再比如,美国住房抵押支撑证券由于发行规模大,投资者也相当广泛,因此尽管其交易不在交易所进行,而是在场外市场进行,但其买卖仍然非常活跃。相比之下,某些公司发行的证券由于发行量小,投资者人数少,其流动性自然受到影响。

(三) 购买力风险

债券的一个比较明显的特征是,有明确或比较明确的现金流入量,但债券很难回避物价上涨带来的影响,而股票回避物价上涨的能力要强得多。

股票的收益主要来自股价的变动。尽管影响股票价格的因素数不胜数,但股价最终是股票价值的反映。股票价格一方面取决于公司的收益,另一方面取决于投资的机会成本——股票资本成本的大小。公司的收益通常与经济环境密切相关,其中也与物价水平相关。上市公司通常有多种手段回避通货膨胀风险。而由于债券的利息收益是固定的,因此,不管发行者有多大的能力来回避通货膨胀的风险,购买者只能获得名义上固定的利息。这就给投资者带来了很高的风险。

由于存在物价的上升,也就产生了名义利率与实际利率两个概念。本书在本章前面介绍过这两个概念。

(四) 税收风险

一般来讲,不同的投资者有不同的边际税率,不同的债券也有不同的税收待遇。不同时期,投资者的税收环境和债券的税收环境也会发生变化。这种影响就是税收风险。

举一个简单的例子:1999年下半年,我国开始对存款利息征收20%的税。这样,存款利息的税收待遇就与过去一直执行的企业债券利息、股票股息的税收待遇拉平了。这种变化刺激了对债券的投资。

税收的变化会影响证券的定价。莫顿·米勒阐述过税收与债券均衡定价的问题。本书在这一基础上展开更进一步的分析。

从税收待遇来讲,投资者可以划分为完全免税的个人和机构投资者,以及不完全免税的个人和机构投资者。图2-9中,y_0为债券需求曲线与纵轴的交点,为完全免税债券的均衡市场利率。由于这些债券是免税的,因此任何投资者购买这种债券都不必缴税。所有投资者在购买相同的债券时,都得到相同的税前收益率。在投资者购买的债券属于完全免税债券时,投资者的税后收益率也相同。因此,债券需求曲线从 y_0 开始有一段是水平状的。这就是对完全免税债券的需求。

图2-9 税率与债券定价

为了吸引足够多的投资者购买债券,必须逐步提高债券的收益率,以使得那些边际税率为正的投资者,购买证券也能获得 y_0 的税后收益。同时,社会上有更多的债券都不是免税的,为了让这些证券也能投入市场,并为投资者所认购,必须也让其边际投资者获得 y_0 的税后收益。那么,在不考虑其他各种风险和费用的情况下,证券的承诺收益率为

$$y_d = \frac{y_0}{1 - T_p}$$

这里,y_d为债券承诺收益率,T_p为投资者的边际税率。

为了让足够多的投资者购买债券,必须不断地提高承诺收益率。因此,债券需求曲线向右上方倾斜,其上升趋势与边际税率的变化有关。如果边际税率为快速累进的,那么曲线形状将表现得更为弯曲,说明承诺收益率的递增速度在加快。如果边际税率按一定的比例递增,那么债券需求曲线就变成一条直线。达到最高边际税率后,该曲线又将变成一条水平的直线。当承诺收益率 y_d 等于证券发行者税前所能支付的最大收益率时,市场达到均衡,即当 $y_d = y_s$ 时,则有

$$y_s = \frac{y_0}{1 - T_c}$$

这里，T_c 为债券发行公司的所得税税率。

如果债券承诺收益率高于 y_s，那么发行公司就要遭受损失。实际上，此时公司完全有理由购买其他公司发行的高承诺收益率的债券。如果此时债券承诺收益率低于 y_s，那么会有别的公司——低负债企业加入发债的行列，因此在均衡时，公司负债成本一定有

$$y_0\left(\frac{1}{1-T_c}\right) \times (1-T_c) = y_0$$

该公式说明，公司税前债务成本再乘以 $(1-T_c)$ 就变成了税后债务成本。

税收的大小及其变化会明显改变债务市场的均衡状况。当债券享受较优惠的税收待遇时，需求曲线将向右推移，均衡的承诺收益率会相应下降。在债券承诺收益率不变时，就会有更多的公司愿意发行债券，这样就可以实现政府希望发展债券市场的目标。

有些证券是免税的，有些则必须纳税；有些投资者是免税的，更多的则必须纳税；有些投资者收入多而税率高，有些投资者收入少而税率低。税收问题很复杂，但分析利差时，不得不考虑税收对收益率的影响。为了分析税收待遇不同对利率高低的影响，需要建立两个概念：税后收益率与等税收益率。

税后收益率是指相同投资者购买不同证券纳税之后的收益率，税后收益率的计算公式为

税后收益率 = 税前收益率(1 - 边际税率)

例如，投资国债的利息是免税的，而一般公司债券的利息税为 20%，这样，投资公司债券的税后收益率就是

公司债券税后收益率 = 税前收益率(1 - 20%) = 税前收益率 × 0.8

与税后收益率相近的概念是等税收益率，即把免税债券收益率还原为纳税前的收益率，计算公式为

等税收益率 = 免税收益率/(1 - 边际税率)

例如，在我国，购买国债的利息免税。假定国债的到期收益率为 5%，由于一般债券的利息税为 20%，那么国债的等税收益率就等于 6.25%。

二　利率的期限结构

利率的期限结构是指在某一时点上，不同期限资金的收益率与到期期限之间的关系。而由各种不同期限证券的到期收益率(Yield)所构成的曲线为到期收益率曲线，如图 2-10 所示。

严格地讲，各种期限证券是指不同期限的零息债券，因为零息债券的到期收益率不受再投资收益率变化的影响。

在图 2-10 中有三条到期收益率曲线。这三条曲线的形状是大不相同的，那么为什么会有不同形状的到期收益率曲线呢？解释这一问题，涉及利率期限结构理论。

图 2-10 到期收益率曲线

利率期限结构理论分为传统和现代两种。传统的利率期限结构理论主要研究收益率曲线的形状及成因,现代利率期限结构理论着重研究利率的动态过程。本书只介绍传统的利率期限结构理论,其中包括预期理论、风险溢价理论、市场分割理论。

(一) 预期理论

1. 到期收益率曲线与远期利率的关系

预期理论的出发点是,长期证券到期收益率等于即期短期利率和未来预期短期利率的几何平均。

预期理论有以下假定:

(1) 市场上的各种证券没有违约风险;
(2) 全部投资者都是风险中立者,其服从于利润最大化原则;
(3) 证券买卖没有交易成本;
(4) 投资者都能准确预测未来的利率;
(5) 投资者对证券不存在期限偏好。

由于长期证券的收益率是短期收益率的几何平均,则

$$(1+R_n)^n = (1+i_1)(1+i_2^e)\cdots(1+i_n^e)$$

$$(1+R_{n-1})^{n-1} = (1+i_1)(1+i_2^e)\cdots(1+i_{n-1}^e)$$

这里,R_n 为期限为 n 年的证券的收益率,i_1 为即期短期利率(如 1 年或半年的利率),i_2^e 为第 2 期的单期远期利率,i_n^e 为第 n 期的单期预期利率。

当期限为 n 时,

$$i_n^e = \frac{(1+R_n)^n}{(1+R_{n-1})^{n-1}} - 1$$

也就是说,只要知道相邻两期零息债券的到期收益率,就可以计算出单期远期利率,即投资者如果知道各种期限的即期收益率 $R_n(n=1,2,\cdots,n)$,他就可以知道未来远期利率。

如果收益率曲线下降，那么单期远期利率也将下降。我们可以证明如下：

$$1+i_n^e = \frac{(1+R_n)^n}{(1+R_{n-1})^{n-1}} = \frac{(1+R_n)^{n-1}}{(1+R_{n-1})^{n-1}}(1+R_n)$$

所以

$$\frac{1+i_n^e}{1+R_n} = \frac{(1+R_n)^{n-1}}{(1+R_{n-1})^{n-1}}$$

如果收益曲线向右上方倾斜，即

$$R_n > R_{n-1}$$

则

$$(1+R_n)^{n-1} > (1+R_{n-1})^{n-1}$$

则

$$\frac{1+i_n^e}{1+R_n} > 1$$

$$i_n^e > R_n > R_{n-1}$$

如果到期收益率曲线向右上方倾斜，则预期短期利率上升，不要理解为未来预期短期利率不断提高。预期短期利率有时会低于前一期的预期短期利率。

到期收益率曲线与远期利率的关系示例

2. 预期理论的应用

在经济运行中，人们经常观察到在经济扩张的初期，到期收益曲线的斜率趋于增大，而在经济扩张的末期，到期收益曲线斜率趋于降低。从理论上可以解释这一现象。

从需求方的角度来看，在经济的扩张期，投资加大，货币需求的期望值增大，这些都促使真实利率抬高；而如果预期经济走向低谷，预期远期利率就会下降，因为投资需求将趋缓。

从供给方的角度来看，人们更愿意均衡消费。如果预期经济衰退，人们将更不愿意花钱，这也促使利率走低。

有不少经济学家用到期收益率曲线的斜率来解释或预测现在或者未来的经济增长，通常解释能力还比较强。

（二）风险溢价理论

由于不同期限证券的利率风险是不同的，投资者也不完全是风险中立者，有些是风险规避者,而有些则是风险偏好者,投资者为了降低利率风险,往往会舍弃预期收益。在这种情况下,收益率曲线会反映如下内容:第一,投资者对未来短期利率的预期;第二,对利率风险低的债券的需求较大;第三,债券发行者为节省兑现债券的麻烦而愿意增加长期债券的发行,即长期债券的供给较大,价格低,收益率高。

因此,从风险的角度来考虑,短期债券的利率风险较低,长期债券的利率风险较高,为鼓励投资者购买长期债券,必须给投资者以贴水,这实际上是风险溢价,属于流动性和再投资收益率双重风险的溢价。如果长期债券的收益率为 R_n^*,是在 R_n 之上加上了风险溢价,那么,随着期限的延长,风险溢价 L_n 也会随之增大,即

$$0 < L_1 < L_2 < \cdots < L_n$$

因此,虽然 $R_n > R_{n-1}$,即收益率曲线上升,但并没有说明未来短期利率必然上升,未来短期利率也许根本不变。

正因为如此,风险溢价理论认为,收益曲线的关系,应该修正为

$$(1 + (R_n^* - L_n))^n = (1 + i_1)(1 + i_2^e) \cdots (1 + i_n^e)$$

所以有

$$(1 + R_n)^n > (1 + i_1)(1 + i_2^e) \cdots (1 + i_n^e)$$

尽管风险溢价理论认为,收益率曲线是上升、下降还是水平的,并不是由投资者对未来短期利率预期所造成的,风险溢价在收益率曲线形成过程中起着非常大的作用,但是当收益率曲线出现转折点时(即由上升转变为下降,或者相反),还是由投资者对短期利率的预期所造成的。

(三) 市场分割理论

市场分割理论又被称为期限偏好理论。该理论强调了交易成本在投资中的重要性。该理论认为,长期证券的投资者在不久的将来需要资金时,因证券不能兑现,只能变卖,就必须承担交易成本。为降低交易成本,投资者就要在投资之前考虑资金的使用。一般情况下,消费者持有证券到偿还期末,与他们的消费需求发生的时间相配合,例如与他们的退休时间相配合;厂商购买证券的期限一般与机器购买的时间相配合;商业银行持有证券的期限一般与其对第二准备金的需求相配合,因此证券期限较短。保险公司、退休基金购买证券的期限一般很长,原因是其资金多为长期性资金。证券发行者在发行证券时一般要考虑交易成本,因而倾向于发行期限较长的证券。

无论是投资者还是发行者都有期限方面的偏好。如果发行者更愿意发行长期债券,而投资者更喜欢购买短期债券,那么短期债券的价格将上升,收益率将下降,就会出现收益率曲线向上倾斜的情况;反之,如果发行者愿意发行短期债券,而投资者愿意购买长期债券,长期债券的价格将上升,收益率将下降,就会出现收益率曲线向下倾斜的情况,如图2-11所示。

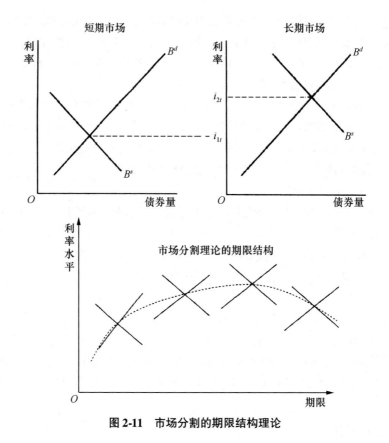

图 2-11 市场分割的期限结构理论

思考题

1. 阐述新古典的利率理论。
2. 利用 *IS-LM* 模型,分析决定利率的因素有哪些,分别通过什么机制决定。
3. 利率在经济生活中的哪些方面会发挥作用?
4. 我国利率为什么要进行市场化改革?目前的进展如何?障碍主要体现在哪些方面?
5. 根据预期理论,未来短期利率上升,那么收益率曲线就向右上方倾斜,请举例说明,并用数学公式来解释一般情况。

第三章 金融市场

第一节 金融市场概述

一 金融市场的定义

金融市场是指融通资金的场所。在金融市场中实现资金的集中与配置。

金融市场有广义和狭义之分。广义的金融市场是指能够从事资金集中与分配的一切场所,其中包括银行对资金的集中与贷放。广义的金融市场包括银行信用与狭义的金融市场两个部分。狭义的金融市场是指通过金融工具的买卖而实现资金的集中与配置的场所。它不包括银行通过存款和放款所形成的那部分交易。

金融市场一般有以下三个特征:

第一,金融市场是以货币和资本为交易对象,通过短期与长期金融工具的买卖所形成的。这一特征有别于市场经济中其他的市场种类,如商品市场、劳务市场、技术市场、信息市场等。

第二,金融市场并不一定是一个具体的市场。现代的金融交易既包括有具体交易场所的交易,也包括在无形交易场所内的交易。由于现代金融市场的主体非常广泛,再加上现代通信设施的日益完善,交易双方可以在相距千里之外的两地参与金融交易,因此,交易市场的无形化是现代金融市场的一个明显的特征。互联网技术的发展,拓展了金融交易的时间与空间,网上交易已越来越普及,因此金融市场的无形化特征越来越明显。

第三,金融市场是以直接融通资金为主要特征的。在市场经济的初始阶段,资金的借贷主要以民间口头协议的方式进行,其特点是,范围小,数额少,众多小金融市场并存。随着市场经济的发展,银行系统发展起来了,金融交易主要通过银行来进行,表现为通过银行集中实现的借贷量占全社会借贷量的绝大部分,银行信用成为主要的信用形式。但由于现代金融业的发展,金融交易相当大的部分是以证券交易的方式来进行的,表现为各种金融工具的发行与买卖。因此,若不考虑银行信用,金融市场是以金融工具的买卖,即资金需求者与投资者直接发生关系为主要特征的。

二　金融市场的基本要素

金融市场与其他市场一样，基本要素包括交易主体、交易工具和交易价格。

首先，金融市场的交易主体包括任何参与交易的个人、企业、金融机构以及政府。这些主体之间的融资行为属于直接融资，是通过金融工具的买卖来完成的；而通过银行等金融机构的借贷行为完成的金融交易则属于间接融资。

其次，金融市场的交易对象是金融工具。金融工具有以下基本特征：

(1) 偿还性。金融工具到期时，融资方要承担偿还责任，因而金融工具一般都要标明到期偿还的时间。

(2) 权益性。金融工具是资金供给者获取利益的工具。

(3) 流动性。流动性是指金融工具转变为货币的能力。流动性是通过金融工具的买卖来实现的，买卖差价或交易成本以及交易规模是衡量流动性的重要指标。

(4) 风险性。风险有多种内涵，主要包括市场风险和信用风险。市场风险属于系统风险，主要是指金融工具的价格波动。信用风险是指债务人无法履约或不履约的可能性增大给债权人带来损失的可能性。

最后，金融市场的交易活动受交易价格的支配，投资者与融资者根据金融工具的价格参与交易。

三　金融市场的分类

金融市场是一个大系统，包括许许多多相互独立又相互关联的市场。不同的划分标准，将划分出不同类别的金融市场。

第一，按金融工具的成熟期限来划分，可以划分为货币市场和资本市场。货币市场是交易期限在一年以内的短期金融工具的市场，其作用是满足交易者对资金的流动性需求。货币市场包括短期借贷市场、银行同业拆借市场、短期债券市场、贴现市场、外汇市场等。资本市场是指金融工具成熟期在1年以上的长期金融市场，其作用是满足中长期的投资需求和政府弥补财政长期赤字的资金需要。资本市场包括银行长期借贷市场和证券市场。

第二，按交易的区域来划分，可以将金融市场划分为国内金融市场与国际金融市场。国内金融市场的活动范围限于本国领土之内，双方当事人都为本国的自然人和法人。国际金融市场的活动范围则超越了国界，其范围可以是某一区域性的，如中东、东南亚、欧洲等，也可以是世界性的。国际金融市场的交易主体可以是不同国家和地区的自然人与法人。

第三，按具体的交易内容来划分，可以将金融市场划分为多个具体市场，如贴现市场、短期债券市场、外汇市场、黄金市场、股票市场等。

第四,按金融工具的交割期来划分,可以将金融市场划分为现货市场和期货市场。现货市场一般是指在成交后 1—3 日内立即付款交割的市场。期货市场的交割期则是按成交时所规定的日期如几周、几月之后来交割。金融工具采用期货交易的种类越来越多,如债券期货、股票期货、股价指数期货、期权期货、外汇期货和黄金期货等。

第五,按金融工具进入市场的时间来划分,金融市场可以划分为初级市场和次级市场。初级市场是指需要资金的单位在金融市场上发行新的金融工具,这是金融工具发行者与原始购买者之间的交易。次级市场是指已发行的金融工具流通与转让的市场。初级市场也称为一级市场和发行市场。次级市场也称为二级市场和交易市场。

第二节 短期金融工具

短期金融工具的到期时间一般短于一年,主要包括商业票据、银行票据、大额可转让定期存单、支票、信用证、信用卡、短期债券等。本书在此之前已经介绍过商业票据和信用卡,因此,这里只介绍其他短期金融工具。

一 银行票据

银行票据是指由银行直接签发或由银行承诺由其承担付款义务的票据。其种类包括本票和银行汇票。银行承兑汇票是商业汇票的一种,但由于银行信用参与到商业信用之中,因此银行承兑汇票也具有银行票据的特点,有些工具书或教科书中将它列为银行票据。由于银行票据建立在银行信用的基础上,信用关系牢靠,因此在市场上银行票据较商业票据更易于流通,特别是大银行的银行票据,流通范围很广。

银行本票是由银行签发的,承诺在到期日由自己无条件地向收款人或其指定人支付一定款项的票据。银行本票既能适应各种商品和劳务的交易以及债权债务的结算,又可以背书转让,所以是十分重要的金融工具。

二 大额可转让定期存单

大额可转让定期存单是指银行发行的不记名的、金额固定且较大的存款单。大额可转让定期存单是金融创新的产物。20 世纪 50 年代末和 60 年代初,由于美国对银行利率采用"Q 条例"进行限制,使市场利率高于银行利率,因此银行信用受到冲击,原因是企业把资金投向证券市场和其他金融市场之中。银行为了把资金重新吸引过来,又必须遵守"Q 条例",为此大额可转让定期存单应运而生。1961 年,大额可转让定期存单由美国花旗银行首先发行,并迅速为其他银行所效仿。

大额可转让定期存单的利率高于同期银行定期存款,但由于存单金额一般较大,且银行不必担心提前兑取,因此交易成本低,银行运用这笔资金也比较放心。由于大额可转让定期存单不可以提前支取,而定期存款是可以的,因此尽管储户要损失一部分存款利息,但对银行而言,发行大额可转让定期存单有很大的好处。另外,由于大额可转让定期存单不能提前支取,因此就需要有转让市场,这对投资者而言也是有吸引力的。

我国曾允许银行发行大额可转让定期存单,由于1993年前后,有些银行按很大的折扣发行,因此致使利率过高。为了制止无序发行,中国人民银行取消了大额可转让定期存单的发行。

我国自2013年起重新允许商业银行发行针对同业机构的存单,2015年又允许银行发行针对个人投资者的大额存单。个人投资者的认购门槛是30万元,2016年调整为20万元,机构投资者门槛为1 000万元;大额存单包括期限为1个月、3个月、6个月、9个月、1年、18个月、2年、3年和5年的共9个品种;大额存单可以转让,也可以抵押。

我国同业存单发行量增长迅速,是中小银行融资的重要渠道。2013年12月发行了首批同业存单,规模340亿元,2015年同业存单发行量6.4万亿元,2016年发行量达到13.2万亿元。

同业存单迅速扩容,主要是股份制银行和城商行缺资金,其对同业存单的需求量巨大,而同业存单的较高利率对资金富裕的国有银行有很大的吸引力。

三 支票

支票是发票人委托银行于见票时向收款人或持票人无条件支付一定金额的有价证券。在我国,支票是票据的一种,与其他国家把支票与汇票、本票分开的情形不同。多年来,我国只在机关企业中使用支票,个人不能使用支票。机关使用的支票也以转账支票为主。这样,我国的支票已经不再具有流通的职能,而是以支付和结算为主。

支票与汇票有以下主要区别:

第一,发行支票时,发票人与付款人之间有资金关系。无资金关系而发行的支票,虽然也有支票的效力,但其发票人要受到处罚。发行汇票时,发票人与付款人不一定有资金关系。

第二,汇票应记载特定的收款人,而支票不一定记载特定的收款人。

第三,有关法规对支票的付款人身份有限制性的规定,而汇票的付款人没有身份限制。

第四,汇票转让时,应作转让背书,支票的转让一般采取交付方式。

支票是许多国家普遍采用的一种票据,具有多种形式。支票以存款人在银行有足够的存款额或透支额为基础,是一种支付凭证。它虽有银行信用作为基础,但不是信用工具,而是支付工具。支票经过背书可以流通转让,具有通货作用。因此称支票为典型的信用货币。

四　信用证

信用证是开证银行根据申请人(付款方)的要求向收款人开立的一定金额、一定期限,并根据一定条件进行付款的一种保证书。

商业信用证是商品交易中货款结算的一种凭证,它广泛应用于国内和国际贸易中。以国际贸易为例:国际贸易中的信用证是根据买卖合同的要求开立的,其种类、金额、开证日期和有效期等内容都在买卖合同中规定。在进口商和出口商签订了买卖合同后,首先由进口商向其开户银行开出商业信用证。开证时,应预缴一部分或全部货款作为保证金。然后由开证行将信用证寄给外国的出口商或它的代理银行,出口商接到信用证后立即发货。

信用证的本质是银行保证替客户付款,因此银行发放信用证当然要特别慎重,因为这是一种严肃而庄重的承诺。如果是不可撤销的信用证,那么这种保证付款的承诺是必须履行的。

五　短期债券

短期债券是指期限不超过一年的债券。由政府发行的短期债券也叫国库券。国库券的流动性非常强,交易成本很低,而且交易规模巨大,是重要的短期金融工具。

政府发行短期债券,有以下作用:

第一,满足政府对短期资金的需要。在资金短缺时,政府通常要利用发行长期金融工具——公债的办法来弥补财政赤字。即使在财政收支平衡时,为了应付财政收支的季节性波动,政府也要发行短期金融工具——国库券以补充政府的短期资金。

第二,在长期金融工具的收益率不稳定时,国库券可以起到弥补财政赤字,等待发行长期金融工具——公债的合适时机的作用。如果预期的收益率上升,公债的价格将下跌,从而影响公债的发行和认购;如果预期的收益率下降,此时发行,政府将负担较高的利息。在这种情况下,政府不宜发行公债,而应先发行短期债券,弥补财政收入的不足。等到长期金融工具的收益率稳定时再发行公债。

第三,一般情况下,国库券是中央银行进行公开市场活动的主要工具。中央银行通过国库券的买卖调节社会上的货币供应量。

第四,短期国债的收益率可以成为金融市场的基准利率,从而成为其他短期金融工具的定价标准。

第三节 债券种类

根据不同的标准,债券可以划分为很多种类。分类的标准主要有发行主体、有无担保、暗含选择权等。

一 按发行主体来划分的债券

(一) 政府债券

第一章阐述国家信用时,探讨了政府债券,其中包括中央政府债券、地方政府债券、政府机构债券等。这里不再赘述。

(二) 公司债券

1. 公司债券的特征

公司债券有广义和狭义之分。广义公司债券包括各类公司发行的债券,而狭义的公司债券则单指上市公司发行的债券。

公司债券根据其发行者的不同可以划分为四个类别:公用事业债、交通通信债、产业公司债、金融机构债。当然,在这些类别的下面还可以细化。本质上,金融债是金融机构发行的,而金融机构也是公司组织,因此金融债券也属于公司债券。

公司债券的特征是比较简单的,就是保证按规定的时间和条件向债券持有人支付利息和偿还本金的凭证。债券上载有发行单位、面额、利率、利息支付方式、偿还期等内容。如果债券的发行者到期不能支付利息或偿还本金,那么就会构成法律上的违约,投资者可以依据法律的裁决获得利益补偿。债券持有人的权益要优先于优先股和普通股股东的权益。由于公司债券有违约风险,因此如何评定违约风险就成为一个非常重要的内容。

2. 发行公司债券的目的

公司债券发行的目的主要有:① 减轻公司的利息负担;② 偿还已到期的债务;③ 购回公司已发行的债券;④ 扩大投资规模。当某一公司因为已发行的债券或银行贷款的利息负担过于沉重,公司经营状况恶化时,为减轻利息负担,挽救公司危机,就可以发行债券,这种债券也被称为重整债券。在公司原来发行的债券已经到期,而公司的偿还资金又不充足的情况下,公司可以发行新的债券,用以偿还旧的债务。当公司原来发行的债券的收益率过高,公司希望用收益率比较低的债券来替代原来发行的债券时,也可以通过发行新的债券来筹措资金。当公司因业务需要希望扩大投资规模,而资金来源有限时,可以通过发行债券来解决发展资金不足的问题。

(三) 金融债券

国外金融机构发行的金融债券是为了弥补资金来源的不足,主要是用于中长期贷款。

在美国,金融债券的发行者大多是商业银行和财务公司。商业银行和财务公司发行的债券一般由证券公司承销。证券公司的资金来源除了自有资金,主要来自银行的短期贷款、证券回购协议贷款等,同时也发行少量金融债券。而证券公司发行的金融债券有长期的,也有短期的,并且通常由自己承销,或者由以自己为主承销商的银团来承销。

在我国,金融债券由金融机构发行,在银行间债券市场交易,在中央结算公司托管。包括政策性金融债券、商业银行债券、非银行金融债券。

政策性金融债券的发行主体为开发性金融机构(国家开发银行)和政策性银行(中国进出口银行、中国农业发展银行)。

商业银行债券。发行主体为境内设立的商业银行法人,分为一般金融债券、小微企业贷款专项债、次级债券、二级资本工具等品种。一般金融债券是商业银行为了筹集负债来源而发行的债券,目前很少对公众发行,对同业发行的同业存单本质上也是商业银行债券。小微企业贷款专项债是为了鼓励商业银行向小微企业发放贷款而允许商业银行发行的债券,这种债券包含了一定程度的政策优惠。次级债券和二级资本工具都与商业银行资本补充有关,2014 年我国银监会[①]对次级债的二级资本属性给予了重新界定,导致许多过去发行的次级债无法被认定为次级资本,于是在 2014 年二级资本债发行数量剧增。

非银行金融债券。发行主体为境内设立的非银行金融机构法人,包括财务公司、金融租赁公司等银行业金融机构、证券公司、保险机构等。这些机构发行债券的目的,既是为了筹措资金来源,也是为了筹措二级资本。

(四) 国际债券

国际债券的含义是指在国际债券市场上发行与交易的债券。国际债券主要分为三个类别:外国债券、欧洲债券、全球债券。

1. 外国债券

外国债券是指一个国家在另一个国家发行且在这个国家交易的债券。如中国在美国发行债券,且该债券在美国债券市场中交易,那么中国发行的这一债券就是外国债券。在债券市场中,有几个关于外国债券的诨号,其中在美国发行并交易的外国债券叫 Yankee Bonds(扬基债券),在日本发行并交易的外国债券叫 Samurai Bonds,在英国发行并交易的外国债券叫 Bulldog Bonds,在中国发行并交易的债券叫熊猫债券。

外国债券的发行者主要是外国政府和外国公司,也包括一些国际金融机构。外国债券的计价可以是发行国的货币,可以是市场所在国的货币,也可以是第三国的货币。

2. 欧洲债券

欧洲债券有自己特殊的含义,具体而言,包括以下几个特征:① 由国际辛迪加承销;② 同时在多个国家发行;③ 债券发行不受任何一个国家司法的控制;④ 债券发行无须

[①] 2018 年 3 月,根据国务院机构改革方案,将中国银监会和中国保监会的职责整合,组建中国银保监会。

注册。

欧洲债券的发行不受任何一个国家司法的控制,是指如果按一国货币来计价并偿还本息,该国对债券的发行与交易不进行约束。但实际上,只有美国和加拿大两个国家对在美国和加拿大之外发行的以美元或加元发行的债券,不施加限制。其他国家对在欧洲发行的以本国货币计价并偿还本息的债券都严格进行监控,但监控的方法只能是金融当局通过汇率和资本流动等方面来施加影响。

3. 全球债券

全球债券是指既在美国又在欧洲发行的债券。全球债券的发行,需要发行者有很高的信用级别,同时发行者对资金有持续性的需求,而且需求量巨大。

二 按附息方式来划分的债券

(一) 附息债券

债券利息通常也被称为票面利息,是与票面利率和票面价值密切相关的。例如,一个证券的面值为1 000元,票面利率为8%,那么该证券每年所支付的利息就是80元。

票面利率一般是指按单利方法计算的年利率,但利息的支付频率会有很大的差别。例如,美国国库券和公司债券的利息通常是半年支付一次,欧洲债券的利息是一年支付一次,而住房抵押贷款支撑证券的利息则是每个月支付一次。

利息支付频率不同,会引起最终实际利率水平的差别。例如,票面利率8%,一年支付一次,那么最终的年利率也是8%。而如果是半年支付一次,那么投资者每半年就可以获得4%的利息,而利息又可以投资获利,那么相当于年利率就是8.16%(设利息获利能力也是半年4%)。住房抵押贷款支撑证券的利息是按月来支付的,如果票面利率也是8%,那么就相当于年利率为8.3%。

(二) 零息债券

零息债券是票面利率为零的债券。由于票面利率为零,债券价格一定低于面值,因此投资者获利的途径就只能是资本利得。

如果一种证券规定了所谓的利率,但规定投资者只能到期一次性获得本息,那么这样的利息只是表面上的利息。本质上,这种利息属于资本利得,即证券买卖的差价。我国过去发行的绝大部分债券都属于零息债券,只是给人的感觉是附息债券。例如,我国2000年4月发行期限为5年的国债,票面利率为3.14%,但规定到期一次性获得本息,并且单利计息。这种债券就是零息债券。具体而言,如果在发行日该债券的价格为100元,那么该债券到期日的价值就为115.7元。这是典型的零息债券。

有时,有些债券规定了票面利率,也规定了按照复利计息,但规定到期日一次偿还本息,这类债券也是零息债券,只是与上面的零息债券略有一点不同罢了。假定前面的例子变成期限同样为5年,票面利率同样为3.14%,也是到期一次性获得本息,只是按年复利。

具体而言,如果在发行日该债券的价格为 100 元,那么该债券到期日的价值为 116.72 元。

零息债券有很多独特之处,其中之一就是再投资收益率风险低,而利率风险高。有些投资者喜欢零息债券,就是因为零息债券再投资收益率风险低。尽管零息债券的价格风险高,但只要投资者持有至偿还期,就可以获得确定的收益率。另外,由各种期限的零息国债到期收益率构成的到期收益率曲线,是金融中重要的基准利率。零息债券尽管很简单,但十分重要,特别是给其他债券定价时,是重要的参照。

在市场中零息债券并不是很多,为了让投资者买到无风险的零息债券,债券中介机构把附息国债分拆为零息债券。例如,把 30 年的附息国债分拆为 30 种零息债券,期限分别为 0.5 年、1 年并直到 30 年。这样的债券被称为 STRIPS(Separate Trading of Registered interest and Principal Securities)。

三 按偿还有无担保来划分的债券

(一) 无担保债券

无担保债券也称信用债券,是指不提供任何形式的担保,仅凭筹资人信用所发行的债券。最典型的无担保债券是政府债券。公司债券中也有无担保债券。例如,美国电话电报公司和美孚石油公司等信誉卓著的大公司发行的债券大部分为无担保债券。信用债券的期限较短,利率较高。

(二) 有担保债券

有担保债券是以抵押、质押或保证等形式作为担保而发行的债券。因担保形式的不同,担保债券可以细分为抵押债券、质押债券、保证债券。

抵押债券是指筹资人以土地、房屋、设备等不动产作为抵押担保物而发行的债券。如果筹资者到期不能还本付息,债券持有人或其受托人有权处理抵押担保物作为抵偿。一般情况下,担保物的现行价值要大于债券发行总额。抵押债券是现代公司债券中比例最大的。

质押债券是指用公司的其他有价证券作为担保而发行的债券。发行质押债券的公司通常要将作为担保品的有价证券委托其他机构保管,当公司到期不能偿债时,由信托机构处理质押证券并代为偿债。

保证债券是指由第三者担保偿还本息的债券。担保人一般是政府、银行或公司。政府担保债券是由政府所属企业或与政府有关的部门发行,由政府来担保的债券。这种债券由于有政府保证,因此其信用与政府债券相同,利率也与政府债券相差无几,但政府担保债券不享受利息免税的待遇。背书公司债是保证债券的一种,一般由母公司为子公司发行的债券提供担保,即由母公司在子公司发行的债券上背书来保证子公司债券的本息偿还。

四 按募集方式来划分的债券

(一) 公募债券

公募债券是指按法定手续,经证券主管机关批准在市场上公开发行的债券。这种债券的购买者可以是社会上的任何人。发行者一般有较高的资信水平,而发行公募债券又有助于提高发行者的信用度。由于发行对象是不特定的广泛而分散的投资者,因而发行者必须遵守信息公开制度,向投资者提供各种财务报表,并向证券主管部门提交申请书。发行公募债券必须经过公认的资信评级机构评定资信级别,而不同的资信级别的债券有不同的发行条件。公募债券可以在二级市场上公开买卖。

(二) 私募债券

私募债券是指在特定范围内,向特定的对象发行的债券。该债券的发行范围小,一般不上市交易,发行者无须公布其财务状况。私募债券的转让受到许多限制,流动性较差,因此利率较高。

五 附权债券

(一) 可回购债券

可回购债券(Callable Bond)是含权债券中最为常见的一种,长期债券通常都有可回购的条款,即债券的发行者可以在债券到期之前按事先约定的价格买回债券。一般情况下,回购价格高于债券面值。可回购债券的回购价格不是固定的,而是变动的,通常会随着偿还日期的靠近不断下降。可回购债券在发行之后的一段时间内是不许回购的,这被称为回购保护。在保护期内,回购选择权与欧式期权相似,因为在回购保护期期末,发行者有权按事先规定的价格回购债券。从那一时点起,发行者可以按事先约定的价格在任何时点上回购债券。

(二) 可回卖债券

与可回购债券相似,可回卖债券(Puttable Bond)赋予债券投资者一种权利,一种按事先规定的价格回卖给债券发行者的权利。这种债券无疑增加了债券的价值。例如,发行者发行了期限为 4 年的债券,票面利率为 4%,面值为 100 元。回卖保护期为第 1 年,在 1 年后即时点 1,债券购买者可以按 91 元的价格卖给发行者;在时点 2,投资者回卖的价格为 94 元;在时点 3,投资者回卖的价格为 97 元。这种债券的价值相当于无选择权债券的价值再加上卖出期权的价值。尽管可回卖债券不如可回购债券多见,但毕竟是存在的。

(三) 可转换债券

可转换债券是指可以兑换成股票或其他债券的债券。这种债券在发行时就附有专门的条款,规定债权人可选择于己有利的时机,请求将债券兑换成公司股票或其他债券。

不希望转换时,也可继续持有直到期满收回本息。可转换股票的债券具有公司债券和股票的双重性质。在未转换之前,公司债券是纯粹的债券,债权人到期获得利息并收回本金。在转换之后,原债券持有人就变成公司的股东,参与公司红利的分配,其收益就是波动的。当股利收入高于债券利息时,债权人就可以行使权利。可转换债券可以流通转让,其价格受股票价格的影响并与之成正相关关系。我国证券市场可转换成股票的债券很常见,如丝绸转债、南宁化工转债等。

(四) 附新股认购权债券

附新股认购权债券是指赋予债券持有者购买公司新增股份权利的债券。这种债券在发行时就对购买者购买股票的时间、购买价格及购买数量等方面作出规定。持有债券的人购买股票后就成为拥有双重身份的人,即他是公司的股东,也是公司的债权人。附新股认购权债券分为分离型与非分离型两种。分离型的附新股认购权是在债券之外另有一张权证,非分离型的附新股认购权债券只有一张债券,但这张债券是含权的。

六 资产支撑证券

资产支撑证券在狭义上是指以资产为依托而发行的证券。这些资产包括住房按揭贷款、消费贷款、商业贷款、各类应收账款、信用卡余额等。

一个简单而又直接的问题是,公司为什么不向银行借款,或者发行公司债券,而是把资产证券化?其中的原因比较简单。

首先,对于低信用级别的公司而言,由于负债率很高,申请银行贷款的路很难走得通。

其次,由于公司的信用级别低,也许根本没有办法在市场中发行债券,或者发行债券的代价太高。例如,某公司的信用级别是 BB,如果发行公司债券,债券的级别假如也是BB,那么发行债券也许办不到。有些国家可以发行高收益债券,也就是低信用级别的债券,但债券的到期收益率要在相同期限国债的到期收益率之上加上很高的违约风险溢价。不仅如此,还要加上流动性风险溢价等。这样,公司筹措资金的成本就会很高。但如果以公司的某项资产为依托,把资产生成的现金流证券化,那么不是公司的信用高低起作用,而是现金流的好坏决定了资产支撑证券的级别。如果资产的现金流稳定,由这一现金流支撑的证券的信用级别就高,因此融资成本就低。这样一来,原来不可能筹措到资金,现在则可以了;原来筹措资金的成本高,现在融资成本下降了。

最后,由于证券的流动性要比一般资产的流动性强得多,也因为存在证券的交易市场,因此,流动性风险的降低也使得证券的到期收益率下降,这又进一步降低了融资成本。

由于资产证券化后,证券的级别可以脱离原公司的级别,那么就必须割断公司与被证券化资产之间的联系。具体而言,需要设立一个专门的公司单独负责证券化资产的现金流。这一专门的公司就是为资产证券化而特设的,因此也被称为特定目的载体。由于这一特定机构没有实际运营,而资产的现金流应该完全属于证券投资者,因此这一特设机构就不应有税收义务。

又由于资产的现金流应该完全属于证券投资者,因此,这一资产就不能被企业用于抵押或质押。也就是说,一旦企业破产,被证券化了的资产就不能被其他债权人追索。这一资产完全属于证券投资者。正因为如此,这一特设机构是不能破产的,或者被称为"破产隔离"。

由于证券化需要先解决现金流的稳定性,也就是证券的信用级别问题,因此,如何提升信用水平就成为资产证券化的一个重要问题。提升信用水平有两类方法:一类是外部信用提升,另一类是内部信用提升。

外部信用提升的途径主要有:① 公司担保;② 银行信用证支持;③ 债券保险。外部信用提升的效果,依赖于两个因素,一是保证程度的高低,即担保或保险的额度有多大。全额保险或者全额担保的保证程度,要高于部分保险或担保。另一个因素是保证人或者保险人的信用水平。一般情况下,外部信用提升会给投资者带来事件风险,即保证人的信用级别下降,会直接导致资产支撑证券的信用级别下降。

内部信用提升主要包括以下办法:① 设立准备基金;② 超额抵押;③ 设置高低两个或多个层次等。

第四节 债券收益的衡量指标

一 到期收益率

(一) 一般债券的到期收益率

对于一般的固定收益证券而言,如果利息是一年支付一次,那么到期收益率可以这样计算:

$$P_0 = \sum_{t=1}^{n} \frac{C_t}{(1+y)^t} + \frac{F}{(1+y)^n}$$

这里,y 为到期收益率,C_t 为一年所获得的利息,P_0 为当期价格,F 为期末偿还价格,n 表示偿还期。

例:一个债券期限为 5 年,票面利率为 5%,面值为 100 元,一年支付一次利息,目前的价格为 95.787 元。求该债券的到期收益率。

$$95.787 = \sum_{t=1}^{5} \frac{100 \times 5\%}{(1+y)^t} + \frac{100}{(1+y)^5}$$

$$y = 6\%$$

(二) 约当收益率

如果债券不是一年支付一次利息,而是更为普遍的一年支付两次利息,那么到期收

益率的计算公式为

$$P_0 = \sum_{t=1}^{n} \frac{C_t}{(1+y/2)^t} + \frac{F}{(1+y/2)^n}$$

这里,y 为到期收益率,C_t 为半年所获得的利息,t 为附息日距 0 时点的时间间隔(多少个半年),P_0 为当期价格,F 为期末偿还价格,n 表示距 0 时点有多少个半年。

此时得到的到期收益率 y,属于约当收益率(Equivalent Yield)。很明显,约当收益率是按照单利方法计算出来的年收益率。

例:一个债券期限为 5 年,票面利率为 5%,面值为 100 元,一年支付两次利息,目前的价格为 104.4913 元。求该债券的到期收益率。

$$104.4913 = \sum_{t=1}^{10} \frac{100 \times 2.5\%}{(1+y/2)^t} + \frac{100}{(1+y/2)^{10}}$$

$y/2 = 2\%$

$y = 4\%$

约当收益率是债券价格最普通的表示方式。如果约当收益率为 4%,那么在半年付息一次的情况下,半年到期收益率就是 2%。如果约当收益率是 6%,在按月付息的情况下,月到期收益率就是 0.5%。

(三) 年实际收益率

年实际收益率(Effective Annual Yield)是指考虑到各种复利情况下,债券一年内的收益率。如果半年的收益率为 2%,那么一年的时间收益率是多少呢? 应该是 4.04%。

$(1+2\%)^2 - 1 = 4.04\%$

如果月收益率为 1%,那么年约当收益率是多少? 实际收益率又是多少呢?

年约当收益率为 12%,即

$1\% \times 12 = 12\%$

年实际收益率为 12.6825%,即

$(1+1\%)^{12} - 1 = 12.6825\%$

(四) 到期收益率指标的缺陷

到期收益率的计算包括四个假定,它们是:

(1) 投资者持有证券至偿还期;

(2) 全部现金流量如约实现,即不存在违约风险;

(3) 再投资收益率等于到期收益率,即利率的期限结构呈水平状;

(4) 没有回购条款,即证券发行者不能在偿还期到来之前回购证券。

以上四个假定都很苛刻。对于短期债券,投资者持有至偿还期还可以理解,而长达 10 年、20 年,甚至 30 年的债券,投资者持有至偿还期就很难理解了。正因为如此,投资者也许更为关注的是持有期间的收益率,而不是到期收益率。

有些债券,即使投资者想持有到期也没有多大的机会,因为许多长期债券都设有回购条款。对于这类债券,投资者计算到期收益率的意义本来就不大。

除国债之外,债券都存在违约风险,只是程度不一而已。因此,现金流量就不是如约实现了。

最为重要的是,如果不是零息的,那么债券就必然有利息的支付,有些债券的本金也是逐年偿还的,因此再投资收益率的高低,在很大程度上会影响债券的实际收益率。通常情况下,再投资收益率不会等于到期收益率本身。因为即使到期收益率不发生变化,只要到期收益率曲线不是水平的,那么随着时间的推移,再投资收益率就一定会偏离债券最初计算出来的到期收益率。

二 持有收益率

持有收益率(HPR)是指在某一投资期内实现的收益率。这一收益率取决于三个来源:一是获得的利息,二是利息再投资获得的收益,三是资本利得或者资本损失。

如果投资期为一个单期,则持有收益率的计算很容易。

$$P_{t+1} + C_{t+1} = P_t(1 + \text{HPR}_t)$$

$$1 + \text{HPR}_t = \frac{P_{t+1} + C_{t+1}}{P_t}$$

$$\text{HPR}_t = \frac{P_{t+1} - P_t + C_{t+1}}{P_t}$$

这里,HPR_t 为 t 期的持有收益率,P_t 为债券发行或购买时的价格,P_{t+1} 为债券到期日或者出售的价格,C_{t+1} 为 $t+1$ 时点上获得的利息。

举例:假设某投资者在 2012 年 1 月 1 日购买了一张债券,面值为 1 000 元,价格为 800 元。票面利率为 6%,每半年支付一次。利息支付日为 1 月 1 日和 7 月 1 日。该投资者将这张债券于 2012 年 7 月 1 日售出,价格是 803 元。则持有收益率为

$$\text{HPR}_t = \frac{P_{t+1} - P_t + C_{t+1}}{P_t} = \frac{803 - 800 + 0.03 \times 1\,000}{800}$$

$$= 0.375\% + 3.75\% = 4.125\%$$

则约当持有收益率为 8.25%。

如果持有期较长,或者现金流量的形成与前面有所不同,那么持有收益率的计算公式就应该作出调整。假定投资者在 2013 年 1 月 1 日出售了债券,价格是 805 元。持有期刚好为一年。但由于债券是半年支付一次利息,持有收益率应该按照下面的方法计算:

$$P_{t+2} + C_{t+2} + C_{t+1}(1 + \text{HPR}_t) = P_t(1 + \text{HPR}_t)^2$$

$$805 + 30 + 30(1 + \text{HPR}_t) = 800(1 + \text{HPR}_t)^2$$

得 $\text{HPR}_t = 4.06\%$,则约当持有收益率为 8.12%。

读者想必已经注意到,在上面计算持有收益率时,假定第一笔利息的再投资收益率

与要计算的持有收益率相等。这与计算到期收益率时的假定是一样的。这同样会产生问题,因为一般情况下再投资收益率很难等于想要计算的持有收益率。如果持有期不是很长,误差就不会太大;但如果持有期很长,误差就会加大。这样一来,必须改变这样的假定。为了计算持有收益率,需要估计再投资收益率。

三 总收益分析

债券投资获得收益的来源有三个,我们对这三个来源分别进行分解。

首先,计算全部利息收入累积到投资期末的总价值。

我们利用年金等式确定全部利息收入累积到期末时的价值,公式为

$$C\left[\frac{(1+y)^n - 1}{y}\right]$$

这里,C = 利息支付(半年),n = 至偿还期或者出售债券时利息支付次数,y = 半年基础上的再投资收益(我们先假定各期再投资的收益率都是 r)。

其次,计算利息的利息。

利息总价值中,全部静态利息之和为 nC。因此,利息的利息为

$$C\left[\frac{(1+y)^n - 1}{y}\right] - nC$$

最后,计算资本利得,即

$$P_n - P_0$$

例:某人投资于期限20年的债券,票面利率7%(半年支付),价格816元(面值1 000元),到期收益率9%。已知到期收益率为9%,每半年得4.5%。

如果到期收益率为9%,即每半年4.5%的收益率确定无疑,那么在到期日,累积收入为4 746元,即

$$816 \times (1.045)^{40} = 4\,746$$

因此,总收益为 4 746 - 816 = 3 930(元)。

我们进行以下分解:

(1) 利息加上利息的利息为3 746元。

$$35\left[\frac{(1.045)^{40} - 1}{0.045}\right] = 3\,746$$

(2) 利息的利息为2 346元(3 746 - 40×35)。

(3) 资本利得为184元(1 000 - 816)。

也就是说,总利息1 400元,利息的利息2 346元,资本利得184元,总和3 930元。我们简单看一下便知,该债券的主要收益是利息的利息,因此,利率的变化,进而再投资收益率的变化,将在很大程度上影响投资者实现的收益率。

第五节　债券投资风险的指标

一　影响价格-利率敏感性的主要因素①

有很多因素影响债券价格-利率之间的敏感性。这些因素主要包括偿还期、票面利率、利率水平等。通常有以下规律：

第一，一般情况下，假定其他因素不变，则偿还期越长，债券价格-利率之间的敏感性越强。但随着偿还期的延长，敏感性增大的速度在下降。

例如，15年期、10年期、5年期三种债券相比，市场利率的相同变化，引起15年期债券价格的变化，要高于10年期债券，而10年期债券价格的变化，要高于5年期债券。但是10年期债券相对于5年期债券、15年期债券相对于10年期债券而言，前者的价格波动之差，要大于后者。

影响因素为偿还期

第二，假定其他因素不变，则票面利率越低，债券价格-利率之间的敏感性越强。但市场利率同样幅度的上升与下降，引起债券价格的波动幅度却是不同的。利率下降引起债券价格上升的幅度，要高于同样幅度的利率上升引起债券价格下降的幅度。

例如，票面利率5%的债券与票面利率10%的债券相比，市场利率的相同变化引起票面利率5%的债券价格的变化，要大于票面利率10%的债券价格的变化。

影响因素为票面利率

第三，假定其他因素不变，则市场利率水平越低，债券价格-利率之间的敏感性越强。

---

① 参见曹凤岐、刘力、姚长辉：《证券投资学》（第三版），北京大学出版社2013年版，第93—96页。

影响因素为市场利率水平

二 金额持续期

持续期(Duration)是债券价格风险的重要指标。金额持续期是指市场利率发生1个百分点的变化时,债券价格变化的金额。

如果到期收益率曲线呈水平状,那么债券价格

$$P = \sum_{t=1}^{n} \frac{C_t}{(1+y)^t}$$

如果到期收益率发生微小的变化,那么债券价格变化为

$$dP = \sum_{t=1}^{n} \frac{-t \cdot C_t}{(1+y)^{t+1}} \cdot dy = -\frac{1}{1+y} \sum_{t=1}^{n} \frac{t \cdot C_t}{(1+y)^t} \cdot dy$$

定义金额持续期(Dollar Duration)

$$\Delta_{金额} = \sum t \cdot \frac{C_t}{(1+y)^t}$$

这里,$\Delta_{金额}$为金额持续期,t为现金流量距0时点的长度,C_t为现金流量,y为到期收益率。

三 比率持续期

为了分析1个百分点的利率波动对债券价格波动幅度所造成的影响,需要建立债券价格波动率这一指标,这一指标可以用比率持续期Ω来表示。

由于

$$\frac{\Delta P}{P} \cdot \frac{1}{\Delta y} = -\frac{1}{1+y} \cdot \Delta_{金额} \cdot \Delta y \cdot \frac{1}{P} \cdot \frac{1}{\Delta y} = -\frac{1}{1+y} \cdot \Delta_{金额} \cdot \frac{1}{P}$$

所以将比率持续期定义为Ω,并且

$$\Omega = \frac{\Delta_{金额}}{P}$$

比率持续期在很多固定收益证券书籍中,被称为麦考利持续期(Macauly Duration)。之所以有这样的称谓,是因为弗雷德里克·麦考利(Frederick Macauly)在持续期方面的贡献。[1]

---

[1] Frederick Macauly, *Some Theoretical Problems Suggested by the Movement of Interest Rates, Bond Yields, and Stock Prices in the U.S. Since 1856*, New York: National Bureau of Economics Research, 1938.

例:某债券的金额持续期为 15.5,而债券价格为 144.46 元,因此,比率持续期为 10.73,即

$$\Omega = \frac{\Delta_{金额}}{P} = \frac{15.5}{144.46} = 10.73\%$$

其经济含义是,如果到期收益率曲线水平移动 1 个百分点,那么债券价格将发生 10.73% 的波动。

债券投资中有这样的结论:零息债券的比率持续期等于期限本身,而附息债券的比率持续期一定小于期限本身,而票面利率越高,比率持续期与期限的差距会越大。这与我们在前面阐述的债券价格-利率敏感性的结论是一致的。这一结论说明零息债券的价格风险非常高,而附息债券的价格风险相对于零息债券而言会略低一些。

第六节 股票价值与价格

一 股票的种类

股票是股份公司发给出资人的股份所有权的书面凭证。股票的持有者是股份公司的股东。股票表明了公司与股东的约定关系,并阐明风险共担、收益共享,也阐明了参与企业经营的义务与权利。

股票是长期金融工具,因此,股票也具有一般金融工具的特征:偿还性、流动性、风险性和收益性。股票在理论上的偿还期是无穷大的。其收益性体现在公司红利的分配以及股票买卖过程中的差价上。股票这种金融工具的收益波动受多种因素的影响,因此其风险较大。

股票的种类有很多,读者可以参考证券类的工具书去了解各种股票的类别。本书只阐述普通股和优先股。

普通股的股息随公司的利润大小而变化。普通股股东享有以下权利:利润分配权、剩余资产分配权、表决权、优先认股权等。普通股是股票最基本的类型。

优先股,是相对于普通股而言的"优先",指的是公司在筹集资本时,给予认购人某种优惠条件的股票。这种优惠条件包括:优先于普通股获得股息;公司解散时,有相对于普通股优先分得剩余财产的权利。优先的具体内容也就是利益分配的优先。

优先股的股息一般是固定的,但也有只规定股息最高与最低限额的优先股。一般来说,发行优先股只限于公司增资时。在营运中,当公司财务出现困难,或不易增加普通股份,或重组公司债务时,总之,只有当公司在理财上不得已时,才不惜以种种优惠条件来筹集资金。

二　股票内在价值的确定

(一) 股票价值的种类

股票是一种有价证券。股票在市场中表现出来的是股票价格,而股票价值则根据不同的衡量标准划分为不同的价值。

1. 票面价值

票面价值亦称面值,是在股票正面所载明的股票的价值。是确定股东所持有的股份占公司所有权大小,核算股票溢(折)价发行,登记股本账户的依据。另外,面值为公司确定了最低资本额,即公司股本最低要达到股票面值与股票发行数乘积的水平。票面价值没有多大的实际意义,它不是证明投资者投入了多少资金,而是证明每股金额在公司净资本额中所占的比例。目前我国发行股票时,发行价一般高于面值(即溢价发行)。

2. 账面价值

公司资产总额减去负债(公司净资产)即为公司股票的账面价值,再减去优先股价值,即为普通股价值。以公司净资产(如果有优先股,还要减去优先股的面值)除以发行在外的普通股股数,则为普通股每股账面价值,又称"股票净值"。

普通股每股账面价值的计算公式为

$$普通股每股账面价值 = \frac{公司资产净值 - 优先股总面值}{普通股总股数}$$

3. 清算价值

清算价值指公司终止时清算后股票所具有的价值。这一价值可以与股票的账面价值和市场价格有很大的差异,因为清算时至少要扣除清算费用等支出,公司终止时其资产的实际价值会和其账面价值发生偏离,有时甚至有很大的差异。

4. 内在价值

内在价值是由股票发行公司未来收益所确定的股票价值。

(二) 股票内在价值的确定

1. 永久持有的股票定价模型

$$V_0 = \frac{D_1}{(1+k_1)^1} + \frac{D_2}{(1+k_2)^2} + \cdots + \frac{D_\infty}{(1+k_\infty)^\infty}$$

这里,V_0 为普通股每股现值,D_i 为第 i 期股利,k 为投资者的期望报酬率(即折现率)。假设 k 与股利每期都不变,那么上式可简化为

$$V_0 = \frac{D_1}{(1+k)^1} + \frac{D_2}{(1+k)^2} + \cdots + \frac{D_\infty}{(1+k)^\infty}$$

$$= \sum_{t=1}^{\infty} D \times \left(\frac{1}{1+k}\right)^t = \frac{D}{k}$$

例如,每年的每股现金股利为 2 元,投资者预期投资报酬率为 10%,那么 $V_0 = 2 \div 0.10 = 20$(元),即股票内在价值为每股 20 元。

很明显,股票内在价值的确定公式是在极严格的假设条件下推导出来的,而现实中,投资者不可能永远持有股票,股息收入也不可能永远稳定,市场收益也不可能永远不变。这说明股票内在价值公式的抽象性远远超过了其实用性。但不管内在价值公式的抽象性如何,这一公式都揭示了影响股票价值变动的最重要的因素:公司业绩和平均的市场收益率。如果股票发行公司的业绩优良,其股票价格自然较高,即股票内在价值与发行公司的业绩呈递增函数关系;如果平均的市场收益提高,股票的内在价值就将下降,即股票内在价值与平均市场收益呈递减函数关系。

2. 股利固定增长的定价模型

公司业绩影响股票内在价值是明显的。例如,假设基期公司股息为 D_0,以后年份将以 g 的速度递增,则公司股票的内在价值取决于 D_0、g 和市场收益率 i。股票内在价值为

$$V_0 = \frac{D_0(1+g)^1}{(1+k)^1} + \frac{D_0(1+g)^2}{(1+k)^2} + \cdots + \frac{D_0(1+g)^n}{(1+k)^n}$$

$$= D_0 \sum_{t=1}^{n} \frac{(1+g)^t}{(1+k)^t}$$

当 $n \to \infty$,并且 $g \geq k$ 时,$V \to \infty$,也就是说,如果公司股息年增长率超过平均市场收益率,则公司股票的内在价值将是无穷大的,此时要用两阶段或三阶段的股票定价模型。

当 $n \to \infty$,并且 $g < k$ 时,V 是收敛的,此时

$$V_0 = \frac{D_0(1+g)}{(1+k)^1} + \frac{D_0(1+g)^2}{(1+k)^2} + \cdots + \frac{D_0(1+g)^\infty}{(1+k)^\infty}$$

两边乘以 $\frac{1+g}{1+k}$,然后两式相减,得到

$$V_0 - V_0 \frac{1+g}{1+k} = D_0 \frac{1+g}{1+k} - D_0 \left(\frac{1+g}{1+k}\right)^\infty$$

当 $g < k$ 时,

$$V_0 - V_0 \frac{1+g}{1+k} = D_0 \frac{1+g}{1+k}$$

$$V_0 = \frac{D_0(1+g)}{k-g} = \frac{D_1}{k-g}$$

例:某只股票在某年年底的现金股利为 2 元,投资者最低收益要求为 10%,公司业绩增长率预期为 6%,那么该公司股票的内在价值为多少呢?计算的结果为 53 元。

$$V_0 = \frac{D_1}{k-g} = \frac{D_0(1+g)}{k-g} = \frac{2(1+6\%)}{10\% - 6\%} = 53(元)$$

从公式或本例中,可以清楚地看出,公司业绩的增长水平是影响或决定公司股价的重要因素。

3. 留利率固定模式

令每期盈余的留利率固定,那么,每期股利为

$$D_1 = E_1 - bE_1 = E_1(1-b)$$
$$E_2 = r(E_1 - D_1) + E_1 = rbE_1 + E_1 = E_1(1+rb)$$

这里,r 为再投资收益率,b 为留利率,E 为每期盈余。

$$D_2 = (1-b)E_2$$
$$E_3 = E_2(1+rb) = E_1(1+rb)^2$$
$$D_3 = (1-b)E_3$$

那么,股票价值为

$$V_0 = \frac{D_1}{1+k} + \frac{D_2}{(1+k)^2} + \cdots + \frac{D_n}{(1+k)^n}$$

$$= \frac{(1-b)E_1}{1+k} + \frac{(1-b)E_2}{(1+k)^2} + \cdots + \frac{(1-b)E_n}{(1+k)^n}$$

$$= \frac{(1-b)E_1}{1+k} + \frac{(1-b)E_1(1+rb)}{(1+k)^2} + \cdots + \frac{(1-b)E_1(1+rb)^{n-1}}{(1+k)^n}$$

$$= (1-b)E_1\left[\frac{1}{1+k} + \frac{(1+rb)}{(1+k)^2} + \cdots + \frac{(1+rb)^{n-1}}{(1+k)^n}\right]$$

$$= \frac{D_1}{k-rb}$$

例:某公司每股股票某年年底将实现 5 元的税后收益。公司打算以 60% 的固定比率进行再投资,也就是股利派发率为 40%。假定该股票的折现率为 10%,再投资的收益率为 15%,不考虑其他因素,计算该公司股票的内在价值。

$$V_0 = \frac{D_1}{k-rb} = \frac{3}{0.10 - 0.15 \times 0.60}$$

$$= \frac{3}{0.10 - 0.09} = 300(\text{元})$$

这一公式说明了一个重要问题:只有当公司再投资收益大于折现率(公司资本成本)时,增加再投资的比例,才有利于提升公司股票价值。如果公司再投资收益率很低,此时再投资比例越大,股票价值就越低。如果再投资收益率与折现率或者投资者最低收益要求相等,则再投资比率的高低不会影响股票的内在价值。因为

$$V_0 = \frac{D_1}{k - r \cdot b} = \frac{E_1(1-b)}{k - k \cdot b} = \frac{E_1(1-b)}{k(1-b)} = \frac{E_1}{k}$$

此时再投资比例与股票价格已经没有关系了。

三 股票价格

股票价格是股票在交易过程中由供求双方所决定的。股票价格与股票价值特别是

与内在价值相去甚远。股票市场中的价格一般由股价平均数和股票价格指数所组成。

(一)股价平均数

股价平均数是指某一时点上股票价格的绝对水平。一般分为三类:简单股价平均数、修正的算术平均数和加权股价平均数。

1. 简单股价平均数

简单股价平均数是对样本股票价格进行算术平均数计算而形成的。其计算公式为

$$P = \frac{1}{n}\sum_{i=1}^{n}P_i$$

这里,P 为股价平均数,P_i 为 i 种股票价格,n 为样本股票数。

例如,有 A、B、C 三种股票,每种股票的价格分别为 15 元、10 元、20 元,则简单股价平均数为 15 元。

简单股价平均数的优点是简单、易算,缺点是未考虑股票样本的权数,因而当某种股票发生拆股时,会出现不合理的下跌。例如,前例中,当 C 种股票由 1 股拆成 4 股时,C 种股票每股由 20 元降到 5 元。但此时新的股价平均数为 10 元,较原来的 15 元下降了 5 元。但事实上股价并没有下降。

2. 修正的算术平均数

修正的算术平均数既保持简单算术平均数简单易算的优点,又可以克服股价因拆股而造成的不合理下跌的问题。修正的方法有两个:一是调整股价,二是调整除数。

调整股价的算术平均数公式为

$$P = \frac{1}{n}(P_1 + P_2 + \cdots + P_n + (1+R)P_i)$$

这里,P 为股价平均数,n 为股票样本数,$P_1,\cdots,P_n$ 是不包括拆股股票 i 的各种股票的价格,R 为新增股率,P_i 为 i 种股票拆股后的价格。

例如,前例中 A、B、C 三种股票中,C 种股票发生拆股,拆股率为 1 拆 4,则新增股率为 3,那么新股价的平均数为

$$P = \frac{15 + 10 + 5(1+3)}{3} = 15(元)$$

调整除数的股价平均数的公式为

$$P = \frac{P_1 + P_2 + \cdots + P_n}{新除数}$$

这里,$P,P_1,P_2,\cdots,P_n$ 分别为股价平均数和各种股票的市场价格。因此,调整除数的股价平均数的关键是确定新的除数。新除数等于拆股后的总价格除以拆股前的平均数,即

$$新除数 = \frac{拆股后的总价格}{拆股前的平均数}$$

例如,前例中 C 种股票 1 股拆成 4 股,新股价为 5 元,则新除数为 2,即

$$新除数 = \frac{15+10+5}{15} = 2$$

则调整后的股价平均数 $= \frac{15+10+5}{2} = 15(元)$

调整除数的股价平均数是1928年创建的。目前的道·琼斯30种工业股票的股价平均数就是调整除数的股价平均数。

3. 加权股价平均数

加权股价平均数是通过对各种股票价格用某种权数进行计算而得到的股价平均数。计算公式为

$$P = \frac{1}{Q} \sum_{i=1}^{n} P_i Q_i$$

这里,P 为股价平均数,P_i 为 i 种股票的市价,Q_i 为 i 种股票的权数,Q 为全部股票权数总和,n 为样本数。

权数可以选用成交股数、股票总市值、发行量等。

(二) 股价指数的计算

股价指数是指计算期股价平均数相对于基期股价平均数的倍数。但通常的股价指数是这一倍数再乘以100或者1 000而得到的。股价指数包括简单算术指数、加权股价指数和加权综合指数三种。

1. 简单算术指数

简单算术指数包括两种:相对法简单算术指数和综合法简单算术指数。相对法简单算术指数的计算公式为

$$I = \frac{1}{n} \sum_{i=1}^{n} \frac{P_{1i}}{P_{0i}}$$

这里,I 为股价指数,P_{0i} 为 i 种股票基期股价,P_{1i} 为 i 种股票当期股价,n 为样本数。

综合法简单算术指数的计算公式为

$$I = \frac{\sum P_{1i}}{\sum P_{0i}}$$

2. 加权股价指数

加权股价指数的计算公式有两个:一是以基期发行量或交易量为权数的指数,二是以当期发行量或交易量为权数的指数,即

$$I = \frac{\sum P_{1i} Q_{0i}}{\sum P_{0i} Q_{0i}}$$

这里,I 为股价指数,P_{1i} 为 i 种股票当期股价,P_{0i} 为 i 种股票基期股价,Q_{0i} 为 i 种股票基期发行量、交易量等。

或

$$I = \frac{\sum P_{1i}Q_{1i}}{\sum P_{0i}Q_{1i}}$$

这里，Q_{1i} 为 i 种股票当期发行量或交易量等。

我国上海证券交易所股价指数和深圳证券交易所股价指数都是以当期股票发行数为权数计算的加权股价指数。

3. 加权综合指数

加权综合指数是综合了加权指数的两种计算方法之后而形成的股价指数，一般较少使用，计算公式为

$$I = \sqrt{\frac{\sum P_{1i}Q_{0i}}{\sum P_{0i}Q_{0i}} \cdot \frac{\sum P_{1i}Q_{1i}}{\sum P_{0i}Q_{1i}}}$$

(三) 国内外著名的股价指数

国际上著名的股票价格指数包括以下几种。

1. 道·琼斯股价指数

该指数是世界上第一个股价指数，是由美国的道·琼斯公司编制的。该指数产生于1884年，起初以12种股票为样本，后来逐渐增加。现在的道·琼斯股价指数包括工业股价指数、运输业股价指数、公用事业股价指数和综合价格指数。由于道·琼斯工业股价指数影响力很大，因此平时所说的道·琼斯指数也是指道·琼斯工业股价指数。道·琼斯工业股价指数是以美国30家最著名的工业公司的股价作为样本股而计算的，基期为1928年10月1日，基数为100。

2. 标准普尔股价指数

标准普尔是专业的金融分析与咨询公司，也是著名的评级公司。该公司从1923年开始编制和发布标准普尔指数。股票样本在期初为223种，后来扩充到500种。1976年7月1日起的股票样本为工业股票400种、运输业股票20种、公用事业股票40种、金融业股票40种。基期为1943年，基数为10。标准普尔500指数中的股票市值占纽约证券交易所总市值很高的比例，能全面反映股价的变动状况。

3. 金融时报股价指数

该指数由英国《金融时报》编制和发布，是英国最权威的股价指数。该指数分为30种股票指数、100种股票指数和500种股票指数三种。30种股票指数的成分股为30种代表性强的工业公司股票，基期为1935年7月1日，基数为100。100种股票指数也称为"FT-100"指数，基期为1984年1月3日，基数为1 000。

4. 日经平均股价指数

该指数由日本经济新闻社编制并发布。该指数分为两种，一是日经225平均股价指

数,从 1950 年 9 月开始编制,样本为东京证券交易所上市的 225 种股票,样本股原则上不变。二是日经 500 种平均股价指数。其中日经 225 平均股价指数的地位更重要。

5. 香港恒生指数

该指数由恒生银行下属的恒生指数服务有限公司编制,成分股为 33 家有代表性的股票,基期为 1964 年 7 月,基数为 100。

我国股票市场价格指数也有不少,其中著名的有上证综合指数、深圳成分股指数、沪深 300 指数。

(1) 上证综合指数。该指数由上海证券交易所编制并发布,基期是 1990 年 12 月 19 日,基数为 100,以全部上市股票为样本,以股票发行量为权数,按加权平均法计算。

(2) 深圳成分股指数。该指数由深圳证券交易所编制并发布,样本股数为 40 个,基期为 1994 年 7 月 20 日,基数为 1 000。

(3) 沪深 300 指数。该指数由中证指数有限公司编制,股本股为上海和深圳两个交易所中具有代表性的 300 家公司股票,基期为 2004 年 12 月 31 日,基数为 1 000。

(四) 股票价格的影响因素

影响股票价格的因素有很多,主要包括以下几种:

宏观经济中的经济增长率、就业水平、通货膨胀率、国际收支差额是重要的影响因素;而影响这些因素的因素也有很多,包括投资水平、消费需求水平、货币政策、财政政策、汇率政策等,这些因素的变化自然影响股票价格。

行业动态变化也影响股票的价格。行业动态变化包括产业政策、技术更新、价格水平、发展阶段等。

公司自身状况影响股票的价格。公司自身状况包括盈利能力、技术水平、管理水平、产品竞争力、资本结构、负债结构、公司战略等。

股票市场中的技术因素影响股票的价格。股票市场中的技术因素包括股票的供给与需求的力量对比、股票交易量、移动平均线的高低、股票价格的阳线与阴线的配置结构等。

此外,国家领导人的更迭、政局的变化、动乱、战争等政治因素,以及人们的贪婪、恐惧、情绪等心理因素也影响到股票价格的变化。

要完全弄清股票价格如何受众多因素的影响,根本就是不可能的,其至连穷尽影响股票价格的因素也是不可能的。正因为如此,不同的投资者会更加强调某一类因素,因此形成了不同的投资流派。有些投资者强调影响股票市场的因素太多,以至于人不可能战胜市场,他们接受市场是有效率的理论,从而采取被动的投资策略;而有些投资者认为可以从众多影响因素中分离出最重要的,并且可以分析这些影响因素的未来变化,因此采取主动的投资策略。强调不同的影响因素形成了不同的主动型的投资流派。强调股票市场的短期波动,并希望从中获利的投资者,欢迎技术分析;而强调股票的长期价值,希望通过长期投资获得利益的投资者,更喜欢基本分析。到底哪种策略更为合适,没有定论。采取不同的投资策略,都有获得巨大成功的例子。但基本结论是,越是成熟的市场,越需要更深层次的分析。

四 股票收益指标

股票投资的收益指标可以用本期股息收益率、市盈率、市净率来反映。值得一提的是,这些指标不仅可以反映收益,更可以用来进行股票投资前的决策分析。

(一) 本期股息收益率

本期股息收益率是指每股派发的股息与股票市价相比。

$$本期股息收益率 = \frac{每股股息}{市价} \times 100\%$$

本期股息收益率的优点是直观,可以用作长期投资决策的参考。

该指标的缺点有两个:第一,股息仅仅是股票投资收益的一部分,而且很可能是很小的一部分。股票投资的资本利得是最重要的,但该指标中没有考虑。第二,股息仅仅是公司税后利润的一部分。因此,在分析股息率时,还要参照税后利润的整体分配方案。

(二) 市盈率

市盈率也称本益比,是人们作股票投资决策时的重要指标之一。市盈率的计算公式为

$$市盈率 = 股价/每股税后利润$$

市盈率便于投资者权衡购买股票的成本与收益。成本即股价,收益即税后利润。可以将上面的公式稍作扩展,设每股股价为 P,每股年获股息为 D,每股年获收益为 E,则

$$市盈率 = P/E = D/E \div D/P$$

这里,D/E 为股息倾向,即股息占企业收益的比率;D/P 为股息收益率。

根据简单的股息收益率(D/P)决定投资是否有缺陷,当企业自有资金增长及增资等因素促使股价上涨时,就会促使股票投资股息收益率偏低,从而投资人对股票投资持观望态度。市盈率则可以避免这一缺陷。市盈率考虑了企业收益作为衡量股票投资价值的尺度,使投资人更易观察投资价值。如果 D/P 不变,D/E 发生变化,则市盈率随之发生变化,因而股票投资价值也随之发生变化。若股息倾向提高,亦即股息占企业收益比率提高,表示将降低公司增资能力或未来派息能力;反之,则表示可以提高增资及未来派息能力。股息倾向的提高会提高市盈率,从而损害股票的长期投资价值,因为股东不愿意在损害公司未来增长的情况下增加派息。正是由于市盈率有这些好处,因而人们在估计一种股票的投资潜力时,已经不再把股息收益率作为标准,而是把市盈率作为标准。

由于市盈率的分子是市价,而影响市价的因素有很多,这就使得市盈率成为市场上影响股票价格诸多因素的综合指标。又由于市盈率综合了投资成本和收益,可以全面地

反映股市发展的全貌,因而在分析上具有重要价值。

市盈率不仅可以反映股票投资收益,而且可以反映出一些投机价值。因为即使公司利润在某一时期内会有变化,但相对于天天变动的股票市价而言还是相对稳定的。如果从短期来看,市盈率的变化主要是由股票价格变动带来的,则可能与股票的内在价值相脱节,从而成为投机者特别关注的重要指标。

(三) 市净率

市净率是股票市场价格与股票账面价值的比率,即

$$市净率 = \frac{P}{B}$$

这里,P 为股票价格,B 为账面价格。

市净率可以反映股票价格偏离账面价格的程度,尽管这种偏离本身是很正常的。一般情况下,市净率大于1,这说明公司管理层资产运作的能力较强,致使资产的收益能力较强。但也有市净率小于1的情况。此时,股票价格比公司净资产低,但绝不意味着股票价格低得不合理。实际上,股票的价格是未来获利能力的体现,而账面价格因为受很多因素的影响有时会失真,就像烂尾楼的账面价值会比其实际价值高很多的理由一样。

第七节 投资基金

一 投资基金的特征

投资基金,是指由多数投资者缴纳的出资所组成的、由投资者委托投资基金管理公司按照投资组合原理进行专家管理、委托投资基金托管人托管、投资收益按投资者的出资单位共享,投资风险由投资者共担的资本集合体。

投资基金一般具有以下特点:

(1) 社会游资与专业管理紧密结合。并非全部社会游资的所有权人都擅长投资经营之道,而懂经营、善管理的专业人才未必总能找到用武之地。投资基金恰恰既为社会游资流向利润更高、社会更需要的商事活动领域开辟了一条绿色通道,也为投资基金管理公司的投资专家们施展其广博的投资知识与经验提供了广阔的舞台。

(2) 化零为整与化整为零相结合。所谓化零为整,是指投资基金把分散于千家万户的富余资金汇集成巨额资本。在这一点上,投资基金制度与公司制度有相同之处。二者的不同之处在于,投资基金制度还具有化整为零的特点。所谓化整为零,是指投资基金要遵循组合投资、分散风险的原则。

(3) 投资基金的商事活动主要表现为间接投资。投资基金并不直接在某一产业领域开展经营活动,而是将投资基金资产分散投资于其他企业(包括法人企业与非法人企

业),再由其他企业在其权利能力允许的范围之内,将资本投资于某一产业领域,并开展经营活动。

二 基金的类别

根据不同的划分方法,可以将基金划分为多个类别。

根据投资方向,基金可以分为以下几种:产业投资基金主要投资于高科技、环境保护、农田水利等产业领域;证券投资基金主要投资于股票、公司债券和政府认定的其他证券;创业投资基金或者风险投资基金主要投资于处于发育阶段但有巨大成长空间的公司股权;对冲基金是承受高风险的投机性基金。

根据各种基金的组织方式,基金可以分为合同型投资基金和公司型投资基金。合同型投资基金,是指根据投资基金发起人和投资基金管理公司、投资基金托管人订立的投资基金合同,向投资者发行投资基金单位设立的投资基金。我国的证券投资基金基本上都是合同型基金。公司型投资基金即投资公司,是指由股东根据公司法规定投资设立的、旨在从事证券投资或者产业投资、在我国境内设有住所和经营管理机构的有限责任公司或者股份有限公司。我国的风险投资基金基本上都采取公司制形式。

投资基金根据流通方式可以分为开放式投资基金与封闭式投资基金。开放式投资基金,是指投资基金发行总额不固定,投资基金单位总数随时增减,投资者可以按投资基金的报价在法律和行政法规规定的营业场所申购或者赎回投资基金单位的一种投资基金。封闭式投资基金,是指事先确定发行总额,在封闭期内投资基金单位总数不变,投资者不得请求投资基金管理公司或者托管人赎回其持有的投资基金单位,投资基金上市后投资者可以通过证券市场转让、买卖投资基金单位的一种投资基金。

此外,随着金融创新的深入,交易所交易基金(Exchange Trading Funds,ETF)和上市型开放式基金(Listed Open-ended Fund,LOF)也被市场认可。

ETF是开放式指数基金。投资者通过下达单一的交易指令,就可以一次完成一个投资组合。它集封闭式基金可以上市交易、开放式基金可以自由申购或赎回、指数基金高度透明的投资管理等优点于一身,克服了封闭式基金折价交易、开放式基金不能上市交易并且赎回压力较大、主动性投资缺乏市场择机和择股能力等缺陷,同时又最大限度地降低了投资者的交易成本。

LOF是原来只能在相关网点进行申购赎回的开放式基金,现在可以在交易所挂牌交易。也就是LOF发行结束后,投资者既可以在指定网点申购与赎回基金份额,也可以在交易所买卖该基金。只不过投资者如果是在指定网点申购的基金份额,想要在交易所市场抛出,就需办理一定的转托管手续;同样,如果是在交易所市场买进的基金份额,想要在指定网点赎回,也要办理一定的转托管手续。

三　基金业发展的重要意义

第一,基金是我国证券市场中越来越重要的力量。随着我国政府对基金业扶持政策的逐步到位,开放式基金以及 ETF、LOF 等基金品种不断丰富,投资者选择基金的余地越来越大,基金吸引了越来越多的投资者,投资规模不断加大,在我国资本市场中的位置越来越重要。

第二,基金的发展有助于改善中国证券市场的投资者结构,从而在稳定和规范证券市场、倡导理性投资方面发挥积极作用。基金的发展把中小户的投资转化为机构投资,改善了我国证券市场的投资者结构。

第三,基金为投资者提供了相对安全、收益较好的投资工具。投资基金的投资风险小于股票,而长期投资收益又高于债券投资和银行存款,可以成为城市居民的投资选择。

第四,基金的发展有利于社会保障体制的创新。社会保障体系包括社会保险基金、医疗保险基金、住房基金、失业与退休基金的建立以及企业社会福利职能的转移。证券投资基金的运作,将为社会保障基金的运作提供宝贵的经验和高素质的管理人才。另外,社会保障基金可以通过持有证券投资基金来使自身增值。同时,证券投资基金在国家政策的指导下,也可以运作社会保障基金,集中合理地进行管理,改变以前对社会保障基金消极的管理方式,提高社会保障基金的支付功能。

第八节　证券发行与交易

一　证券发行方式

(一) 定向募集与社会募集

1. 定向募集

定向募集是指证券发行范围受到限制的发行方式。在我国,企业债券、银行次级债等,都属于定向募集。在公司扩股中,定向募集更为普遍。其特征是,发行公司的股份除发起人认购之外,其他股份只向特定范围的自然人和法人发行,而不是向社会公众发行。

2. 社会募集

社会募集是指证券发行范围不受限制的发行方式。在债券发行中,国库券和金融债券的发行一般都是不限制范围的。在股票发行中,社会募集是指公司发行的股份除由发起人认购外,其余股份向社会公众发行。

(二) 增资发行

增资发行是专指股份公司为增资而发行股票的行为。

1. 有偿增资

有偿增资就是通过增发股票吸收新股份的办法增资。有偿增资也有一些不同的做法。

（1）向社会发行新股票，实收股金使资本金增加。投资人一般用现金按照股票面值或高于面值的市场价格购买股票。有偿增资公开发行股票，一般都溢价发行（即以高于面值的价格发行）。溢价发行有利于维护和提高公司股票在市场上的信誉。溢价发行时要考虑老股东的权益。为了平衡新老股东的权益，在溢价发行时可给老股东以优先购买权等优惠。

（2）股东配股。股东配股就是股份公司对老股东按一定比例分配该公司新发股票认购权，准许其优先认购新股票。股票价格一般按股票面值或高于面值（但仍低于市场价格）。这种增资的把握比较大，而且不会引起股权结构发生大的变化，有利于保证股东对企业的控制权及其利益。

（3）向第三者配股。这种发行方式，是指公司向股东以外的特定人员发行新股票，允许他们在特定时期内按规定价格（给予优待）优先认购一定数量的股票。这种发行方式，一般在下列情况下采用：当增资金额不足，为完成增资总额时；当需要稳定交易关系或金融关系，应吸收第三者入股时；当考虑到为防止股权垄断而希望第三者参与，从而使该公司的股权结构分散时。

2. 无偿增资

无偿增资是公司将增资的股票，按其投资比例无偿赠给老股东，将公司的积累或分红基金转为资本。这种做法与有偿增资不同，公司的实际总资本并没有增加，只是对资本结构在账面上的调整。

无偿增资按其资金来源可分为以下两种：

（1）积累转增资，即将法定盈余公积金和资本公积金转为资本配股，按比例赠给老股东。法定盈余公积金是依据公司法的规定从纯利中按一定比例必须提留的资金，它可以转为资本，也可以用来弥补亏损，但不能作为红利分配。资本公积金的来源：溢价发行股票的溢价部分；其他资产的溢价收入；兼并其他企业的资产与负债相抵的盈余部分；接受赠予的收入等。积累转增资可以进一步明确产权关系，有助于使投资者正确认识股票投资的意义，提高对企业的经营和积累的关心，从而形成企业积累的内部动力机制。

（2）红利转增资，即将当年应分派给股东的红利转为增资，用新发行股票代替准备派发的股息和红利，因而又叫股票派息。将红利转为增资的好处是：使现金派息应流出的资金保留在公司内部，把当年的股息和红利支出转化为生产经营资金；股东取得了同参与分配盈利一样的效果（只是收益形式不同而已），而且还可以免缴个人所得税。

（三）自营发行

自营发行是指证券发行者自己组织而不委托其他中介机构代理的证券发行方式。

在债券发行中,金融债券和一些拥有众多分支机构的大企业所发行的债券一般采用自营发行的方式。自营发行的特点是:① 由于不支付手续费等发行费用,因而发行成本较低;② 无须向社会公众提交企业内部资料,保密性好;③ 发行的社会效应较小;④ 企业自身承担全部发行风险。

(四) 委托发行

委托发行是证券发行者委托证券公司或投资银行等金融机构代理发行。公开发行或社会募集一般都要委托金融机构代理。由于承销方式不同,委托人和承销者之间的权利、义务的划分也不同。承销方式主要有:

1. 代销

代销是指承销者只代理发行者发行债券或股票,发售结束后,将收到的债券认购款或股票价款全部交还给发行者。承销者只尽代理销售的职责,并获取代理手续费。代销中,证券发行风险由发行者承担。

2. 包销

包销是指承销者将发行的证券包下销售,即承销者作为证券发行的第一个投资者,买下发行者发行的全部证券,并马上向发行者支付全部证券款项,然后再按市场条件转售给其他投资者。

包销又可分为协议包销、俱乐部包销和银团包销三种方式:

(1) 协议包销,是由一个承销公司包销发行人待发行的全部证券。采用这种形式,发行风险由该公司独立承担,手续费也全部归这个公司所有。

(2) 俱乐部包销,是由若干承销公司合作包销,每个承销公司包销的份额、所承担的风险及所获得的手续费都平均分摊。

(3) 银团包销,是由一个承销商牵头,若干承销商参与包销活动,以竞争的形式确定各自的包销额,并按其包销额承担发行风险,收取手续费。银团包销方式是目前国际证券市场上最常见的包销方式之一。采用包销方式发行证券,发行人可以及时得到资金,而且不必担心证券能否发得出去,证券销售风险全部转嫁给证券经销机构。

包销的特点是集资的成本高,但风险低,资金可以快速到位,适合那些资信还未被公众认识却急需资金的企业。

二 证券交易市场结构

证券交易市场是证券持有者买卖证券的场所。证券交易市场运作的状况对证券发行市场产生影响,从而影响宏观经济。证券交易市场由证券交易所市场和场外交易市场组成。

(一) 证券交易所市场

证券交易所是依据国家有关法律,经政府主管机关批准设立的证券集中竞价交易的有形场所。各类有价证券，包括普通股、优先股、公司债券和政府债券的交易，凡符合规定都可以在证券交易所由证券经纪商进场买卖。它为证券投资者提供了一个稳定、公开交易的高效率市场。

证券交易所是法人，它本身并不参与证券买卖，只提供交易场所和服务，同时也兼有管理证券交易的职能。证券交易所与证券公司、信托投资公司等非银行的金融机构不同，是非金融性的法人机构。

证券交易所就其组织形式来说，主要有会员制和公司制两种。

(1) 会员制的证券交易所。它是不以盈利为目的的社团法人，其会员由证券公司、投资公司等证券商所组成。会员对证券交易所的责任，仅以其交纳的会费为限。在会员制证券交易所中，只有会员公司才能进入证券交易所大厅直接参与交易活动。会员通常派出若干名场内交易员代表公司参加场内交易。会员制证券交易所不以盈利为目的，收取的交易经纪费较低，有利于交易的活跃。

(2) 公司制的证券交易所。它是以盈利为目的的公司法人。公司制证券交易所是由银行、证券公司、投资信托机构及各类公营和民营公司等共同出资并占有股份建立起来的。任何证券公司的股东、高级职员或雇员都不能担任证券交易所的高级职员，以保证交易的公正性。但由于实行公司制，证券交易所必然以盈利为目的，在营业收入及盈利方面考虑较多，这对参加买卖的证券商来说负担较大。

我国于1990年12月19日成立了上海证券交易所，1991年7月深圳证券交易所正式营业。它们都按照国际通行的会员制方式组成，为非营利的事业法人。其宗旨是完善证券交易制度，提供集中交易的场所，办理证券集中交易的清算、交割和证券集中过户，提供证券市场信息和办理中国人民银行许可或委托的其他业务。

(二) 做市商制度

做市商，英文称为Market-maker，或Dealer，是指在柜台市场组织证券交易的证券商。做市商制度则是指在证券市场上，由具备一定实力和信誉度的机构作为主要的集中型经纪商，不断向公众交易者报出某些特定证券的买卖价格，并在所报价位上接受投资者买卖要求的交易制度。通过做市商的这种不断买和卖，可在一定程度上维持市场的流动性，满足一般投资者的投资需求，做市商则通过买卖报价的适当差额来补偿所提供服务的成本费用，并实现一定的利润。

做市商制度规定，如果在某一时期内，交易厅内做市商无法从别的交易商那里获得证券报价，那么其必须保证自己所"做市"的证券总能至少有一个买家或卖家，以使公众总能以市价成交。做市商在市场无报价时，必须在一定时间内同时报出自己可接受的买入价和卖出价，使市场活跃起来，以吸引更多的投资者参与交易。

做市商为证券建立了流动性。做市商制度起源于美国的柜台市场，以美国纳斯达克的场外交易形式最为著名。一般而言，在美国这样证券市场发达的国家里，由于证券种类繁多,许多证券不符合交易所上市的条件,或是认为没有必要上市而在场外交易场所进行交易。这种场外交易场所没有交易所那样严密的组织协调机制,客观上需要一批市场信誉良好、操作规范的机构交易者出面承担起组织协调市场的责任,比如经常对某些证券报出买卖价格,接受其他交易者在自己所报价位上的交易,维持一定的交易量等,这些机构交易者便成为做市商。在纳斯达克市场上,一般由全美证券交易商协会会员充当做市商,每只股票则至少有两个做市商为其做市。在交易过程中做市商通常要先垫入一笔自有资金建立某些证券的足够库存,然后向这些证券的买卖双方报出价位,在不同价位上接受投资者买或卖的要求,自己则从中赚取价差。做市商这种为买而卖和为卖而买的交易方式将证券买卖双方紧密联系起来,为证券创造出转手交易的市场,在整个场外交易中起到了穿针引线的作用,增强了市场的流动性。

另外,做市商制度有利于减缓价格波动,使股价保持一定的连续性。做市商制度可以有效地使供求关系的不确定变量在一定时间内保持相对稳定。此外,交易所禁止做市商在价格大幅度下跌时抛售和大幅度上涨时收购。如果出现过大的出卖压力,做市商有义务充当购买方,以防止价格大幅度下跌;反之亦然。

三 证券交易方式

(一) 现货交易

现货交易是指证券买卖成交后,按当时成交的价格马上清算和交割的交易方式。也就是说,现货交易是成交与交割同步的。但在实际交易过程中,很难做到在成交时马上交割,交割常在成交后的一段很短的时间内进行。由于现货交易要求通过现金账户进行,因此整个交易过程要遵循证券交易所或场外交易的基本程序。现货交易由于卖方必须向买方转移证券,因此属于实物交易。

(二) 期货交易

期货交易又称期货合约交易,是指交易双方成交后,交割与清算要按契约中所规定的价格在远期进行。因此,对于买方而言,在实际交割日到来之前,他还可以卖出与原交割期相同的远期证券;对于卖方而言,他可以在实际交割日到来之前,买进与原来交割日期相同的远期证券。但对于买卖双方来讲,都要承担相应的义务,即到期买方买进,卖方卖出。由于买卖双方在实际交割日之前都可以有相反的合约,因而实际交割只对买进和卖出的差价或卖出与买进的差价进行清算交割。若买卖的数额相等,则并不存在实际的交割。在期货交易中,只有极小的部分是以现货来交易的。

期货交易的作用主要有:① 避免价格波动给投资者带来的风险;② 对于证券的未来价格在某种程度上具有发现的作用;③ 促进证券交易的活跃,从而促进证券发行市场的发展。

在国际上,证券期货的种类很多,包括欧洲美元期货、国债期货、股票期货等。这些期货品种是金融创新的代表,在现代金融领域扮演着重要的角色。这些金融工具尽管都很重要,但本书对这些金融工具不作详述,读者可阅读关于金融工程或衍生证券的书籍,更系统、全面地了解这些金融工具。

在我国证券市场中,国库券的期货交易是从1993年10月开始的,但由于1995年2月发生了严重的"327"事件,因此中国证监会于1995年5月暂停了国债期货交易。2013年,我国恢复国债期货交易,目前有5年期和10年期两种国债期货交易品种。

(三) 股票指数期货交易

股票指数期货交易的本质是期货交易,是为了降低股票投资者的风险而采用的一种避险方法,当然这种避险方法也可以用来投机获利。股票指数期货交易的对象是股价指数。由于股价受多种因素的影响,因此处于波动的状态。而股价的波动受两类因素的影响:一是整体因素或系统因素,二是个别因素或非系统因素。非系统风险可以通过证券组合来避免,但系统风险无法回避。而股票指数期货则是回避系统风险的一种新的方法。

由于股票价格指数代表股票价格的总水平,因此在这种期货交易中,买进和卖出的都是股票指数期货合约。当一个投资者购买了某种股票后,由于担心股票价格指数下降而引起他持有的股票价格也下降,因此可以采用股票价格指数期货进行保值,即他可以在购买股票的同时,购买一个与出售股票时间点相同的股票指数期货。当这种股票价格的变动与整个市场的变动完全一致时,投资者就可以避免价格波动的风险。

我国于2009年推出了股票价格指数期货交易。目前在中国金融期货交易所交易的指数期货有沪深300、上证50、中证500三种指数期货。

(四) 期权交易

期权交易是指投资者与期权的出售者双方按约定的价格,在约定的时间内或某一天,就是否购买或出售某种证券,而预先达成契约的交易。在这个过程中,交易双方买卖的是一种权利,这种权利将保证购买者在某一特定的时期内或特定的时间,按契约规定的价格买进或卖出一定数量的证券,同时也允许购买者放弃行使买卖证券的权利,任其作废。也就是说,购买者对是否执行期权有选择权。因此,它又被称为选择权交易。

期权交易的具体过程是交易双方通过经纪人签订一份期权买卖契约,规定买入期权者在未来的一定时期内,有权按契约规定的价格(即协议价格)、数量,向卖出期权者买进某种有价证券,出售期权者必须按约执行。契约签订后,买入期权者应向卖出期权者支付期权费,取得并持有契约。

期权交易的要素主要有期权的期限、交易证券的种类、数量和价格以及期权价格。期权价格是一个变量,取决于期权有效期的长短、协定证券交易价格的高低、证券市场行情及交易的证券价格的波动性。

期权交易分为买进期权和卖出期权两种。① 买进期权。又称看涨期权,就是在协议规定的有效期内,买方有权按规定的价格和数量买进某种股票。买方之所以购进这种买进期权,是因为他认为股票价格看涨,将来可获利,所以叫看涨期权。②卖出期权。又称看跌期权,就是在协议规定的有效期内,买方有权按规定的价格和数量卖出某种股票。买方之所以购进卖出期权,是因为他认为股票价格看跌,将来可获利,所以叫看跌期权。

期权交易的盈亏与其他交易方式不同。分析如下:

首先,买入期权的盈亏。假设期权价为 K,标的资产的市场价格为 S,在执行日期权的内在价值为 P_c,则

$$P_c = \begin{cases} S - K; & S > K \\ 0; & S \leq K \end{cases}$$

$$P_c = \text{Max}(S - K, 0)$$

用图形来表示,见图3-1和图3-2。

图3-1 买入期权的盈亏(不考虑期权费)

图3-2 买入期权的盈亏(考虑期权费)

其次,卖出期权的盈亏。假设在执行日期权的价值为 P_p,则

$$P_p = \begin{cases} K - S; & K > S \\ 0; & K \leq S \end{cases}$$

$$P_p = \text{Max}(K - S, 0)$$

用图形来表示,见图3-3和图3-4。

图3-3 卖出期权的盈亏(不考虑期权费)

图3-4 卖出期权的盈亏(考虑期权费)

期权相当于某种保险,具体而言,买入期权相当于购买了防止金融工具价格上升的保险,而卖出期权则相当于购买了防止金融工具价格下降的保险。

期权交易有两个好处:一是只缴纳少量期权费就可以做大笔股票买卖,一般利润率比现货交易和信用交易高。二是风险低,买主的损失事先可以知道。

(五) 信用交易

信用交易,也叫保证金交易,或者融资融券交易,是指投资者向证券公司提供担保物,借入资金买入证券(融资交易)或借入证券并卖出(融券交易)的行为,包括券商对投资者的融资、融券和金融机构对券商的融资、融券。我国于2010年开始融资融券业务。

普通证券交易投资者须提交100%的保证金,即买入证券须事先存入足额的资金,卖出证券须事先持有足额的证券。而从事融资融券交易则不同,投资者只需缴纳一定的保证金,即可进行保证金一定倍数的买卖(买多卖空),这本身属于杠杆交易,有机会让投资者获得更大的收益。但如果不能按时足额偿还资金或证券,不仅会给投资者本人带来更大的损失,还会给证券公司带来风险。所以投资者只能在证券公司确定的融资融券标的证券范围内买卖证券。

保证金比率是保证金交易中一个很重要的概念,保证金比率=权益资本/市场价值。

例如,投资者购买了100股IBM公司股票,每股40美元,投资者自己有3 000美元。如果其经纪人垫付其余的金额,那么投资者的资产负债表为

100股IBM股票 计4 000美元	权益3 000美元
	借款1 000美元

保证金比率为

$3\,000/4\,000 = 75\%$

如果规定的保证金比率为50%,那么他还可以购买额外的证券。他总共可以购买的证券的价值为

$3\,000/50\% = 6\,000$(美元)

因此,他还可以购买50股IBM股票。

当然,他也可以不购买额外的股票,而是把钱留在股票账户上。他还可以从自己的股票账户上提取1 000美元现金。

在保证金交易中,保证金比率是一个很重要的杠杆,该杠杆由证券管理机关来控制。当保证金比率升高时,杠杆作用下降,股票市场中过度投机的现象将受到抑制;相反,在股市低迷时,降低保证金比率会刺激股票的交易。

融资融券业务本身对证券市场可产生积极的影响,主要体现在:

第一,融资融券交易可以将更多信息融入证券价格,可以为市场提供方向相反的交易活动。当投资者认为股票价格过高或过低时,可以通过融资的买入和融券的卖出促使股票价格趋于合理,有助于市场内在价格稳定机制的形成。

第二,融资融券交易可以在一定程度上放大资金和证券供求,增加市场的交易量,提高证券市场的流动性。

第三,融资融券可以拓宽证券公司的业务范围,在一定程度上增加证券公司自有资金和自有证券的应用渠道,在实施转流通后可以增加其他资金和证券融通配置方式,提高

金融资产的运用效率。

信用交易增大了杠杆,导致投资者收益的更大波动,而这种风险会传递到整个市场,增大资本市场的风险。例如,如果投资者以 10 万元买入一只股票,该股票从 10 元/股下跌到 8 元/股,则投资者的损失是 2 万元,亏损 20%;如果投资者以 10 万元作为保证金,以 50% 的保证金比例融资 10 万元买入同一只股票,该股票从 10 元/股下跌到 8 元/股,则投资者的损失是 4 万元,亏损 40%。此外,投资者还要支付融资利息,而投资者融券卖出某只证券后,如果该证券的价格上涨,则投资者必须按照更高的价格买回该证券并将其归还给证券公司,同时他还要支付融券费用。由于证券上涨的空间更大,所以融券给投资者带来的风险也会更大。

如果投资者按照券商规定的保证金比率从事融资或融券交易,则风险尽管数倍于非信用交易,但毕竟还是可控的,因为证券公司可以调整保证金比率。但由于投资者自身拥有的本金可能也是从外面借来的,因此可能会导致更大的杠杆交易,甚至让整个资本市场失去控制。2015 年,我国股票市场出现巨大的震荡,除了证券公司的融资融券业务,银行的配资以及互联网金融的各类配资业务都起到了推波助澜甚至助纣为虐的作用。为此,金融监管当局不得不高度重视信用交易产生的高风险。

(六) 回购交易

回购交易是短期抵押贷款,抵押物是债券,债券的买卖差价就成为资金借入方的借贷成本。回购交易包含两种交易:在第一种交易中,借款人按照事先商定的价格出卖债券给出借人。与此同时,双方同意借款人在未来某一时刻把该债券买回,并支付一定的利息。

回购交易可划分为质押式回购和买断式回购。质押式回购是将相应债券以标准券折算比率计算出的标准券数量为融资额度而进行的质押融资。在融资期内,融资方可以取得融券方提供的资金的使用权,而融券方无法得到融资方质押债券的使用权,即那笔债券仅仅作为融资方的履约担保。

买断式回购交易,是指债券持有人在将一笔债券卖出的同时,与买方约定在未来某一日期,再由卖方以约定价格从买方购回该笔债券。买断式回购交易不仅是融资的工具,也可以是融券工具。

回购交易在金融市场上有不少作用,其中包括给做市商提供资金,融得债券,商业银行借到资金满足法定准备金要求,中央银行调节货币供给等。

(七) 互换交易

互换是两个或更多当事人按照事先商定的条件,在约定的时间内,相互交换现金流的行为,比如固定利率与浮动利率的互换。甲方本来应该支付固定利率给债权人,乙方本来应该支付浮动利率给自己的债权人,但甲乙双方签订协议,双方调换现金流的支付方式,甲方支付浮动利率,乙方支付固定利率。

互换主要分为利率互换和货币互换,具体的互换种类有很多,随着金融创新的发展又会有更多互换种类被创造出来。

互换产生的原因有两个:一是互换交易双方通过互换可以降低利率或汇率风险,二是互换双方在各自的市场上具有比较优势,从而通过互换可以降低融资成本。

例:银行 A 和公司 B 都在进行为期 5 年的融资。银行 A 的信用水平高,并愿意按浮动利率借款。公司 B 的信用水平相对较低,愿意筹措固定利率借款。如果直接进入资本市场,双方的融资成本如表 3-1 所示。

表 3-1　双方的融资成本

	银行 A	公司 B	差别
固定利率	8%	11%	+3%
浮动利率	LIBOR +2%	LIBOR +3%	+1%

由于银行 A 的资信级别高,因此无论是在固定利率融资还是在浮动利率融资上,银行 A 都有绝对优势,但银行 A 在固定利率融资方面更有优势(3%),相对于浮动利率融资,银行 A 的固定利率融资相对于其浮动利率融资有 2%(3% − 1%)的比较竞争优势。如果各自在自己的相对优势领域进行融资,而后进行利率互换,双方就有机会既采取理想的融资方式,又降低融资成本,一起分享节省的那 2%。具体做法如图 3-5 所示。

图 3-5　利率互换

银行 A 的融资成本,包括向市场支付 8%,向公司 B 支付浮动利率 LIBOR,从公司 B 那里获得 7.5%,净成本为 LIBOR +0.5%。公司 B 的融资成本,包括向市场支付 LIBOR +3%,向银行 A 支付固定利率 7.5%,从银行 A 那里获得浮动利率 LIBOR,净成本为 10.5%。因此银行 A 节省了 1.5%,公司 B 节省了 0.5%,共 2%。

一般情况下,如果交易双方在固定利率融资上的利差,与双方在浮动利率融资上的利差不相等,双方就存在拟订互换合约从中获利的机会。

思考题

1. 金融市场有哪些特征?短期金融工具有哪些?长期金融工具有哪些?

2. 债券的种类有哪些？企业为什么发行债券，而不向银行申请贷款？
3. 通常有哪些权利可以附在债券上？
4. 公司为什么进行资产证券化？
5. 到期收益率指标的主要缺点是什么？
6. 请以中国发行的某种债券为例，分解该债券并作总收益分析。
7. 债券的利率风险的一般结论是什么？
8. 金额持续期和比率持续的经济含义是什么？写出这两个换算的数学表达式。
9. 请阐述并推导恒定股利的股票定价模型，阐述股利固定增长的股票定价模型。
10. 如何理解市盈率与市净率指标？
11. 发展基金业的意义有哪些？
12. 请简述并用几何图形说明看涨期权与看跌期权的损益状况。
13. 请阐述融资融券交易的利与弊。
14. 请说明互换交易如何能降低交易双方的融资成本。

第二篇

金融体系与银行

第四章 金融体系与管理

第一节 市场经济体制下的金融机构体系

一 金融机构体系的框架

为适应高度发达的市场经济的要求,西方国家各自都有一个规模庞大、职能齐全的金融机构体系。金融机构体系由银行体系和非银行金融机构体系构成,而银行体系的地位更为重要。

银行机构体系的设置形式和具体内容在市场经济国家不尽相同,甚至对同类性质的银行的叫法也不一样,或者性质完全不同的银行也用相同的名称。从整个银行体系的组成来看,中央银行、商业银行和专业银行是主要内容。

非银行金融机构体系的构成更为庞杂,包括保险公司、投资公司、信用合作组织、基金管理公司、租赁公司、消费信贷机构、证券交易所等。

从银行与非银行金融机构的划分标准来看,最初的划分标准较为明确,例如,银行一般从事存款、贷款、汇兑业务,而非银行金融机构并不经营存款业务。但现今的划分标准已越来越不分明。这主要是因为金融业的竞争日趋激烈,金融创新的发展使得各国金融管理当局的金融业管制不断放松,从而使金融机构的业务分工不再那么分明,金融机构间的业务交叉现象或经营综合化现象不断增强。

有些国家如德国和瑞士实行全面型银行制度,在那些国家中银行与非银行金融机构的差别是很小的。美国于1999年年底取消了限制银行混业经营的法律《格拉斯-斯蒂格尔法案》(Glass-Steagall Act),金融机构之间业务相互渗透的局面从此进入一个新的阶段。进入2007年,美国的次贷危机导致了全球性的金融危机,而这与美国将银行业与证券、保险等投资行业之间的壁垒消除,金融监管缺失有直接关系。2010年,美国在总结这次危机的原因的基础上,颁布了《多德-弗兰克华尔街改革和消费者金融保护法案》,该法案旨在限制银行进行自营交易,控制其经营风险。

总之,市场经济国家金融机构体系的框架是中央银行、银行体系和非银行金融体系,但银行与非银行金融机构之间的差别不再那么分明,而且将会越来越不分明。

二 银行体系

在银行体系中,作为国家管理金融业务的机关是中央银行。中央银行是一国金融体系的中心环节,是政府的银行、银行的银行,处于特殊的超然地位。关于中央银行,本书将在后面作充分的介绍。

银行体系中的骨干是商业银行。商业银行经营工商业存款、贷款,并为顾客提供多种金融服务。商业银行通过办理汇兑、承兑等业务而加速了货币的周转,并由于商业银行信用的存在,对中央银行提供的基础货币起派生作用,即信用创造作用。商业银行的机构数量多,业务范围广,资产数额大,成为银行体系的中坚。本书将在后面进行详细阐述。

在银行体系中,有一类银行是有指定的经营范围和提供专门的金融服务的,这类银行统称为专业银行。专业银行是社会分工的表现,是随着经济和金融的发展而出现的,具有专门职能的银行。西方的专业银行种类非常多,名称各异,其中主要的专业银行有:

(一) 储蓄银行

储蓄银行是指以吸收居民储蓄存款为主要资金来源的银行。在市场经济国家中,储蓄银行大多是专门设立的。为了保护小额储蓄者的利益,这些国家对储蓄银行一般有专门的立法,限制其通过吸收储蓄所筹集的资金的投资领域。

储蓄银行的名称有很多,比如互助储蓄银行、储蓄与贷款协会、国民储蓄银行、信托储蓄银行、信贷协会等。

储蓄银行所吸收的储蓄存款余额比较稳定,因此可以从事长期投资,如发放不动产抵押贷款,投资于政府公债、公司债券及股票等。有些国家明文规定储蓄银行必须投资于政府公债的比例。过去,储蓄银行的业务所受的限制很多,如不能从事支票存款,不得经营一般工商贷款等。但如今,储蓄银行的业务范围随着金融管制的放松有不断扩大的趋势。

(二) 开发银行

开发银行是专门为满足经济社会发展而设立的银行。开发银行的贷款主要用于投资大、周期长、风险大、收益低,但对一国宏观经济却非常重要的项目。基于上述项目的特点,开发银行一般为政府的政策银行。以日本开发银行为例,其资本金全部由政府出资,主要业务有:开发资金贷款、为开发所需的贷款提供担保、投资于尖端技术的研发和大规模产业基地的建设等。这类银行在其他国家也很常见,如韩国开发银行、澳大利亚资源开发银行等。

开发银行对经济的促进作用,除了其自身的资金投入和贷款担保,开发银行贷款的信号传递效应也很重要。开发银行的贷款投向将表明政府的意图,从而拉动民间资本的投入。

(三) 投资银行

投资银行是专门对工商企业办理投资和长期信贷业务的银行。在欧洲大陆及美国等发达国家中,投资银行的名称是统一的,但在英国,投资银行被称为商人银行,在日本被称为证券公司。投资银行是从事长期投资和贷款业务的银行,因此投资银行还包括其他多种称谓的金融机构,如开发银行、发展银行、实业银行、金融公司、财务公司、持股公司、投资公司等。

投资银行的资金来源主要依靠发行有价证券,包括股票和债券来募集。有些国家规定,投资银行不得吸收存款,有些国家规定投资银行可以吸收定期存款。投资银行也可以从其他金融机构那里获得贷款,但这并不成为其主要资金来源。

投资银行的具体业务主要包括:① 对工商企业的股票和债券进行投资;② 对工业企业提供中长期贷款;③ 为工商企业承销股票和债券的发行;④ 参与企业的设立与兼并;⑤ 承销本国及外国公债;⑥ 从事投资与兼并的咨询;⑦ 从事租赁业务。

(四) 抵押银行

抵押银行是专门从事以房地产和其他不动产为抵押物的长期贷款的银行。抵押银行的资金主要是通过发行不动产抵押证券来筹集的。其长期贷款业务主要包括两类:一是以土地为抵押物的贷款,贷款对象是土地所有者或农场主;二是以城市不动产为抵押物的贷款,贷款对象主要是房屋所有者和建筑商。抵押银行也经营以股票、债券和黄金为抵押品的贷款。

(五) 农业银行

农业受自然因素的影响大,对资金的需求有鲜明的季节性;农村地域广,单个贷款需求数额小,利息负担能力弱,抵押品集中和保管困难,其中大多数贷款只能凭个人信誉。综上所述,农业信贷的特点是规模小、期限长、风险大、利率低。一般的商业银行和抵押银行都不愿意从事这类信贷业务。

农业银行在市场经济国家中大多都以支持农业发展为原则而由政府来设立,其资金来源主要为政府拨款,还包括发行股票或债券、吸收存款等。农业银行的业务范围很广,几乎包括农业生产的一切资金需要。由于农业贷款的收益低、风险大,因此大多数市场经济国家对农业银行的贷款在税收方面都有优惠,甚至为其贴息。

农业银行本质上是政策银行,如美国的联邦土地银行、法国的农业信贷银行、德国的农业抵押银行、日本的农林渔业金融公库等。

(六) 进出口银行

进出口银行本质上也是政府的金融机构,是通过金融渠道支持本国对外贸易的专业银行。美国称之为进出口银行,日本称之为输出入银行,法国称之为对外贸易银行。

三 非银行金融机构体系

(一) 保险公司

市场经济国家,几乎无人不保险,无物不保险,无事不保险,所以保险业极为发达,保险公司已成为市场经济国家中最重要的非银行金融机构。保险公司按险种可以划分为人寿保险公司、财产保险公司、事故保险公司、老年及伤残保险公司、信贷保险公司、存款保险公司等。保险公司的组织形式可以分为国营保险公司,主要办理国家强制保险及特种保险;私营保险公司,一般是股份公司,是市场经济国家中保险业的核心;合作保险公司,是社会上需要保险的人或单位采用合作组织形式来满足其成员对保险的要求;自保保险公司,是大公司为节省保费及避免税负而成立的专为本公司服务的保险公司。

保险公司的资金运用是保险公司获利的最主要的来源。资金运用的渠道也很广泛,包括投资于债券、证券化的资产、股票、基金、衍生金融产品等。

(二) 养老及退休基金会

养老及退休基金会是第二次世界大战后迅速发展起来的,目前普遍存在于市场经济国家。这些国家关于养老金的立法及税收优惠政策是养老及退休基金会建立和快速发展的主要原因。

养老及退休基金会的资金来源主要是劳资双方的积聚,即雇主的缴款以及雇员工资中的扣除及自愿缴纳。此外,资金运用的收益也是重要的资金来源。

养老及退休基金会的资金运用以长期投资为主,包括公司债券、股票、政府债券、投资基金的投资。

(三) 投资信托公司

投资信托公司的业务一般是,通过发行股票和债券来筹集本公司的资本,并用这一资本购入其他公司的股票和债券;再以购入的有价证券作担保,增发新的投资信托证券。投资信托公司的作用在于汇集中小投资者的资金,分散投资于不同国家、不同证券,以使投资风险降至最低水平。

为吸收中小投资者的投资,投资信托公司往往设立不同的基金,如股票基金、债券基金、货币市场基金、股价指数基金、基金中的基金、本国基金、外国基金等。投资信托公司利用其在投资领域中的经验、技术及信息以及由众多中小投资者投资所形成的庞大资金进行组合投资,一般能给中小投资者带来较高的和安全的收益。

(四) 租赁公司

租赁公司作为一种金融中介,通过购买大型设备再将该设备以经营租赁、融资租赁等形式出租给使用设备的企业。这种金融运作方式具有方式灵活、成本低、可以获得税收等方面的优惠等特点,是现代金融的一个重要组成部分。

(五) 信用合作社

市场经济国家普遍存在互助合作性金融组织,包括农民信用合作社、城市手工业者信用合作社等。信用合作社一般规模不大,其资金主要来自合作社成员交纳的股金和吸收的存款,贷款的主要对象也是信用合作社的成员。最初,信用合作社主要发放短期生产贷款和消费贷款。现在较大的信用社已开始为解决生产设备更新、改进技术等问题提供中长期贷款。贷款的主要方式是以不动产或有价证券为担保的抵押贷款。

四 美、日两国的金融体系[①]

美、日两国的金融体系见图 4-1、图 4-2。

图 4-1 美国的金融机构

---

① 参见曹龙骐:《货币银行学》,高等教育出版社 2000 年版,第 215—217 页。

图 4-2　日本的金融机构

第二节 我国的金融机构体系

一 我国金融体系的框架

我国金融体系经过改革开放 40 年来的建设已经有了相对完整的框架。从组织成分上看,我国金融机构中大型商业银行占主导地位。股份制商业银行、城市商业银行、保险公司、证券公司、基金管理公司、信托租赁公司等不断成长壮大,已成为我国金融机构体系中的重要组成部分。

我国金融机构体系框架可用图 4-3 来表示。

```
          ┌ 中央银行——中国人民银行
          │ 政策性银行——国家开发银行、中国农业发展银行、中国进出口银行
          │ 大型商业银行——中国工商银行、中国农业银行、中国银行、中国建设银行
          │ 股份制商业银行——交通银行、中信银行、光大银行、华夏银行、招商银行、兴业银行、
          │                  广东发展银行、深圳发展银行、上海浦东发展银行、民生银行、
          │                  恒丰银行、浙商银行、渤海银行,等等
银行体系 ┤ 城市商业银行
          │ 农村商业银行
          │ 农村合作银行
          │ 邮政储蓄银行
          │ 民营银行
          │ 村镇银行
          │ 多家外资银行
          └ 金融资产管理公司——信达、东方、长城、华融四家资产管理公司

                        ┌ 保险公司
                        │ 证券公司
                        │ 信托投资公司
                        │ 企业集团财务公司
                        │ 基金管理公司
非银行金融机构 ┤ 金融租赁公司
                        │ 货币经纪公司
                        │ 汽车金融公司
                        │ 消费金融公司
                        │ 农村信用合作社
                        └ 多家外资金融公司或财务公司
```

图 4-3 我国的金融机构体系

二 我国银行业金融机构体系的发展

金融体系很庞杂,涉及银行、保险、证券、基金、信托、租赁等,本书作为货币银行学教材,只对银行业金融机构体系进行阐述。

(一) 国有商业银行

在我国,从 1949 年到 1979 年只存在大一统的中国人民银行,那时中国人民银行既是

金融具体业务的执行者,也是金融政策的制定者和履行者。1979年以后,我国先后恢复和建立了四家国有商业银行,它们是1979年恢复成立的中国农业银行、中国银行、中国人民建设银行(后更名为中国建设银行),以及1984年成立的中国工商银行。

为了解决国有银行不良资产过多的问题,我国于1999年成立了信达、东方、长城、华融四家资产管理公司。2000年资产管理公司接收国有商业银行不良资产13 939亿元。但到2003年年底,国有不良资产仍高达2万亿元,同期中央汇金投资有限公司成立。在将中国银行和中国建设银行不良贷款出售给资产管理公司的同时,我国运用外汇储备经中央汇金公司向中国银行和中国建设银行各补充225亿美元的银行资本金,使得这两家银行的财务状况明显改善。

为了提升持续创造利润的能力,完善商业银行的公司治理,建立真正的现代银行管理与运作制度,中国银行和中国建设银行分别引入外资战略投资者。中国建设银行引入美国银行,中国银行引入苏格兰皇家银行、亚洲金融、瑞银集团。2005年中国建设银行在香港证券交易所上市,2006年中国银行先后在香港和上海两个证券交易所上市,2007年中国建设银行在上海证券交易所上市。之后,中国工商银行和中国农业银行也分别完成了资产剥离、注资重组、上市等步骤。四大国有商业银行均成功登陆A股市场,资本充足率显著提高,资产规模迅速扩大,公司治理机制得到完善,风险控制水平明显提高,银行改革取得了巨大成功。

我国国有商业银行规模庞大,在我国金融体系中居于非常重要的地位,截至2016年年底,我国商业银行总资产176万亿元,其中国有银行81万亿元,占46%。

(二) 股份制商业银行

为了强化银行间的竞争,满足企业等借款人的金融需求,我国先后建立了十多家新型的商业银行。它们的成立打破了国有商业银行的垄断局面,新兴银行的业务增长幅度超过了国有商业银行。这些新兴商业银行主要是通过以下途径组建起来的:

第一,由中央、地方和企业共同出资组建。交通银行最初成立于1908年。1986年7月,国务院决定重新组建交通银行。交通银行是我国第一家股份制商业银行。成立之初的交通银行在所有制上实行以公有制为主体的股份制,其资本金为20亿元,国家控股50%,其余股权为地方财政和社会其他方面持有。

第二,由大企业集团出资组建。中信实业银行是1987年4月成立的中国国际信托投资公司全资附属的一家综合性商业银行。中国光大银行原是于1992年8月由中国光大(集团)总公司全资设立的银行,于1995年11月改组为股份制商业银行。

第三,在原有金融机构基础上吸收社会各界资金组建。深圳发展银行是在吸收特区内6家信用社资金的基础上,由深圳市投资管理公司等8家单位入股,于1987年组建成立的。广东发展银行是于1988年9月经中国人民银行批准成立的一家股份制商业银行,拥有广东省各专业银行、各大型企业等资产雄厚的股东,其总行设在广州市。兴业银行是在福建省福兴财务公司的基础上创立的股份制区域性银行,于 1988 年对外营业。2003 年,福建兴业银行正式更名为兴业银行。恒丰银行也是一家全国性股份制商业银行,前身为成立于 1987 年 10 月的烟台住房储蓄银行。2003 年在烟台住房储蓄银行基础上经过整体股份制改造成立恒丰银行,注册资金为 10 亿元,总行设在中国烟台。

第四,完全由企业法人共同出资构建。招商银行是在招商局集团有限公司蛇口财务公司的基础上,由招商局集团有限公司及所属企业投资创办的股份制商业银行。1987 年 4 月,招商银行正式成立。1989 年该行改组为由七家大企业集团合资的法人股份制银行。中国民生银行是一家全国性的股份制商业银行,于 1996 年在全国工商联牵头下成立。该行股本 80% 以上来源于民营企业。渤海银行是 1996 年以来国务院批准设立的第一家全国性股份制商业银行,也是第一家在发起设立阶段就引入境外战略投资者的中资商业银行,渣打银行(香港)有限公司持股 19.99%,注册资本总额达到 85 亿元,于 2005 年 12 月成立。

2016 年年底,我国股份制商业银行的总资产已经达到 43 万亿元。股份制银行在公司治理、风险管理机制与技术、市场竞争意识、经营业绩等方面均取得了相当大的进步。

(三)城市商业银行完成改革,部分实现跨区域经营

我国各省市先后在原城市信用社的基础上成立了城市商业银行。一些城市商业银行相继在异地设立分行,实行跨区域经营。北京银行、宁波银行以及南京银行率先登陆 A 股市场,2016 年和 2017 年,江苏银行等多家银行纷纷在 A 股市场上市。

城市商业银行是我国银行体系的重要组成部分,是服务小微企业的生力军。城市商业银行机构多,分布广,定位明确,是我国银行体系中最具活力和成长性的机构之一。截至 2016 年 6 月末,全国 133 家城市商业银行的资产规模达 25.2 万亿元,较 2011 年增长近 1.9 倍,年均增速达近 40%。

(四)外资银行

1979 年,我国批准第一家外资银行——日本输出入银行在北京设立代表处。1981 年,我国又批准第一家外资银行在我国设立分行——南洋商业银行深圳分行。1985 年,我国允许在厦门、珠海、深圳、汕头设立外资分行。1990 年,配合浦东开发,批准上海对外资银行开放。1992 年,又批准沿海 7 个城市对外资银行开放。我国于 2001 年年底加入世界贸易组织(WTO)后,逐步开放国内金融服务市场。外资银行对我国加入 WTO 最初反应比较平淡。2001—2004 年,新增的外资银行分行基本上属于国际中游水平的银行,或者是与我国有着密切贸易联系的周边国家银行,国际性大银行几乎没有动作。

自 2006 年 12 月 11 日实施《中华人民共和国外资银行管理条例》,对外资银行实行国民待遇以来,外资银行在华营业机构明显增加,其资产占银行业金融机构的总百分比也明显增加,于 2007 年达到最高值 2.11%,其布局以长江三角洲、珠江三角洲和环渤海经济圈为核心向周边地区辐射。然而受 2008 年金融危机的影响,外资银行多数采取了审慎的扩张策略,同时由于受到资本金等方面的制约以及国内银行业竞争的加剧,外资银行资产占比出现下降的趋势。截至 2015 年年底,有 15 个国家和地区在我国设立 37 家独资银行,26 个国家和地区的 69 家银行在我国设立了 114 家分行。

在外资银行与中方银行在经营上展开竞争的同时,中外银行也积极地寻求合作,中方可以借鉴与利用外资银行在管理理念、风险控制、公司治理等方面的经验与体制;而外资银行则可以弥补其在客户基础、营业网点等方面的不足,达到双赢的目标。表 4-1 列举了部分外资银行参股中资银行的情况。

表 4-1 部分外资银行参股中资银行的情况 （单位:%）

银行	第一大外资股东	持股	第二大外资股东	持股
交通银行	汇丰银行	19.05		
华夏银行	德意志银行	11.27	萨尔·奥彭海姆股份	3.43
中信银行	西班牙毕尔巴鄂比斯开银行	15.00	瑞穗实业银行	0.17
兴业银行	恒生银行	12.80	新政泰达投资	3.83
浦发银行	花旗海外投资公司	2.71		
招商银行	J.P.摩根大通	2.44		
广发银行	花旗集团	20.00		
渤海银行	渣打银行	19.90		
恒丰银行	新加坡大华银行	14.71		
北京银行	荷兰国际集团	16.07	国际金融公司	4.04
宁波银行	华侨银行(中国)	13.74	华侨银行	1.60
南京银行	法国巴黎银行	12.68		
天津银行	澳大利亚和新西兰银行集团	18.46		
上海银行	香港上海汇丰银行有限公司	8.00	国际金融公司	7.00
重庆银行	大新银行	20.00		
西安银行	加拿大丰业银行	14.77		
青岛银行	意大利联合圣保罗银行	20.00		
烟台银行	恒生银行	20.00	永隆银行	4.99
成都银行	丰隆银行	19.99		

资料来源:各银行 2010 年年报。

我国自 2014 年开始试点民营银行以来,已经有前海微众银行、天津金城银行、温州民商银行、上海华瑞银行、浙江网商银行、重庆富民银行、四川希望银行和湖南三湘银行 8 家民营银行。目前民营银行的资产规模很小,总资产相对于大型银行或者股份制银行而言,可以说是沧海一粟,但所有新鲜事物的发展都是由小到大的。在我国,设立民营银行意义鲜明。这一举措有助于打破我国银行业的政府垄断,实现金融机构多元化。政府垄断或者掌控下的商业银行很难不受政府部门的干涉或摆布,但民营银行的产权特点决定了其在接受监管的前提下的自主经营。

第三节 金融机构管理

一 金融机构管理的目标

维护金融机构的安全、增强金融机构的竞争活力是各国对金融机构实施管理的总目标。具体而言,金融机构管理的目标包括以下三个:

(一) 保护存款人与投资人的利益,维护金融机构安全

对金融机构的安全性管理是各国金融管理的重要目标之一,由于商业银行、储蓄银行等的主要资金来源是存款,因此银行的资产业务实际上是靠借入资金来维持的。债权人的经济利益与银行的经营直接相关。银行通过吸收存款,形成对存款人的一种负债关系,银行有责任保证存款的安全可靠。对于保险公司、证券公司、基金管理公司的监管,一个重要的理由也是维护投资人的利益,一旦投资者利益遭受重大损失,就会引发单个公司的生存危机,进而伤及整个保险体系、投资银行体系、基金管理体系,乃至引发大规模的金融危机。因此,保证金融机构的安全关系到能否创造一个稳定的金融环境,能否促成一国经济持续稳定发展。

(二) 鼓励金融机构间在平等的基础上进行有效竞争

金融机构是向社会提供金融服务的主体。其能否向社会提供高质量、高效率的金融服务,取决于金融机构能否在平等的基础上开展有效的竞争。没有金融机构间的竞争,金融服务的质量则难以改善,金融服务的数量也难以满足社会需要。但竞争必须建立在平等的基础上,而平等竞争的条件则往往需要用法律和行政手段去干预。通过金融管理,可以打破垄断性竞争,造成无论银行大小,都可以在同样的起点上展开竞争的局面;通过金融管理,杜绝欺骗和不正当竞争;通过金融管理,防止金融机构间的过度竞争,即避免竞争双方两败俱伤。

(三) 形成一个快捷、准确反映金融机构经营状况的信息系统

金融管理当局为了正确了解商业银行和其他金融机构的经营状况,以便采取必要的金融决策,及时实施金融管理,必须有一套完整、高效的信息传递系统。这就需要了解金融机构资产、负债及其他情况的各种信息。为此,金融管理当局要明确规定金融机构的报告制度以及金融管理当局对金融机构的检查制度和奖惩制度。

二 金融监管的内容

(一) 对金融机构设置的管理

一国的金融管理者一般为中央银行,有些国家的金融管理者还包括财政部等。金融管理者对金融机构的管理都是从金融机构设置时开始的。金融机构经申请,由指定机构批准注册后方可成立。注册批准的机构有两类:第一类是中央银行负责商业银行和其他金融机构的注册登记,发给营业执照,并有权吊销执照。第二类是多头机构批准注册。比如,意大利由部际信贷与储蓄委员会决定开业的最低资本额;美国则实行双轨注册制,向联邦政府注册的是国民银行,向各州注册的是州立银行。在世界各国,批准设立金融机构的条件主要包括三个:一是最低资本额限制;二是规定金融从业范围;三是有正规的高素质的管理组织。例如,德国规定新开业金融机构的经理人员必须在德国一家中型以上规模银行中工作三年,具有较丰富的管理经验。在金融机构设置中,一般对银行和其他金融机构的数量,特别是外国银行的数量加以限制。

(二) 对金融机构清偿能力的管理

清偿能力是指金融机构应付客户挤提存款的能力。清偿能力也就是金融机构资产的流动性。对金融机构清偿能力的管理,也就是金融管理者对金融机构资产流动性的测定与控制。

对清偿能力的管理要考虑的主要因素有:① 是否有足够的现金来应付客户提取存款和应付某项债务;② 利率变动给金融机构带来的损失。金融管理当局一般要求各金融机构必须拥有一定比例的现金,以及一定比例能够立即变现的资产,例如具有较高流动性的政府债券。金融管理当局还要求银行资金往来在时间上搭配得当,以避免集中支付而一时造成周转不灵。为此,需要负债来源适当分散,贷款分布与货币结构在地区上搭配得当。

测量金融机构清偿能力的因素一般有:① 存款负债的突然变动;② 对利率变动敏感的资产及借款的频繁程度和水平;③ 关于负债的运筹调配的技术能力;④ 资产的流动性;⑤ 接近货币市场的程度或易于获得的现金来源。

(三) 对资本充足条件的管理

资本充足条件是保持银行正常运作和发展所必需的资本比率条件。这类比率有不同的口径,目的是从各方面监测银行抵御风险的能力。

1. 基本资本比率

基本资本比率是银行全部资本占银行总资产的比率。该比率可以用来衡量一家银行对贷款损失的保护程度,以及银行经营与发展的基础稳固能力。这里"资本"是指自有资本、储备、净收益,或股份银行中的实收资本、股份溢价、次级资本(如房地产)、坏账准备金、储备等。各国对资本的定义大体相同,但由于各国社会历史、经济及金融情况不同,使得总的风险状况与监督管理方式也有所不同,因此具体的资本比率有较大的差别。

基本资本比率的倒数就是总资产相对于资本的倍数,一些国家以这一倍数来规定银行抵御风险的能力。

2. 资本与存款负债的比率

资产与负债是相互联系的,将资产与负债分别同资本相比,反映了以资产管理为主还是以负债管理为主的两种不同的管理策略。资本对存款的比率标准,在很大程度上限定了银行吸收存款的规模。如果银行要扩大吸收存款的规模,就必须通过内部或外部渠道增加资本。

3. 资本与风险资产的比率

资本与风险资产比率的侧重点是为了防备风险资产的风险,而不是为了防备总资产的风险。在测定风险资产与资本比率时,资产应分成不同的风险类别。计量各种类型的风险资产是根据它们的信贷风险、投资风险、强制销售风险等大小。不同资产的风险系数不同,用各自的风险系数乘以各自的资产就是调整之后的风险资产。用资本与计算出的风险资产相比就是资本与风险资产比率。

4. 储备金

金融管理当局一般都规定商业银行必须保持储备金以防不测。这里的储备金的含义为公积金。新加坡金融管理局规定,如果储备金少于已缴资本的50%,就要把每年利润的至少50%转移至储备金内;如果储备金为已缴资本的50%—100%,就只要求转移利润的25%;如果储备金已超过已缴资本,利润转移可减为利润的5%。

5. 坏账准备金与贷款总额的比率

鉴于银行坏账风险增大,许多国家的中央银行要求大银行增加特别准备金或坏账准备金。例如,美国和英国的一些大银行的坏账准备金与贷款总额的比率已分别达到1%—3%。

6. 综合性资本充足条件

综合性资本充足条件是对多因素综合分析而得到的。这些因素包括:① 风险资产的数量;② 劣等资产的数量;③ 银行发展的经验、计划和前景;④ 管理部门的能力;⑤ 收入趋势与股息支付比率。《巴塞尔协议》对综合性资本充足条件作了详细规定,本书将在第六章给予介绍。

(四) 对证券投机信用的管理

对证券投机信用的管理是指证券管理机关为控制证券投机的过度化,对有关证券交易中的各种贷款规定一定的比率,从而控制证券市场中的信用规模。

对证券投机信用管理的基本内容是:

(1) 规定保证金比率。例如,如果规定保证金比率为40%,证券交易额为10万美元,则中央银行可规定证券经纪人就此项交易可向银行融通6万美元,其余4万美元由证券购买者以自由资金支付。

(2) 证券管理机构可以根据实际情况,随时调整法定保证金比率。法定保证金比率既能抑制过度的投机活动,同时又不是贸然地采取紧缩或放松银根的政策,有助于证券市场避免剧烈动荡。

(五) 对金融控股公司的管理

根据 1999 年《多元化金融集团监管的最终文件》(简称《巴塞尔最终文件》),金融控股公司是指在同一控制权下,完全或主要在银行业、证券业、保险业中至少两个不同的金融行业大规模地提供服务的金融集团公司。金融控股公司主要有银行控股公司模式、投资银行控股公司模式等。金融控股公司由于其所具备的范围经济、协同效应且能够分散风险与追求垄断的超额利润,已成为近年来国内外的发展趋势。

在美国,银行控股公司能够直接或间接拥有或者控制多家银行 25% 以上有投票权的股票,或控制该银行董事会的选举,并对银行经营决策产生决定性的影响。根据美国《银行控股公司法》,银行控股公司可以获准在其他行业中设立与银行业务有密切关系的子公司,如财务公司、信用卡公司、证券公司等。虽然从法律上讲银行控股公司拥有银行,但实际上控股公司是由银行建立并受银行操纵的组织。控股公司中的非银行资产与银行资产相比要小很多。为了防止下设的证券公司、财务公司等的损失影响银行的健全,也为了避免各子公司之间的利益冲突,必须在子公司之间设立防火墙。通过防火墙,商业银行与证券公司实现了分离。

在对银行控股公司进行管理的过程中,通常要限制商业银行与银行控股公司的其他子公司的交易。以银行与作为子公司的证券公司为例,具体限制包括:禁止银行向证券公司贷款,证券公司不能在承销期以及承销结束以后的 30 日之内向银行出售证券;银行和证券公司不得有董事或职员兼职;除非客户同意,禁止银行与证券公司秘密交换信息,证券公司不得由银行支持,也不能被联邦保险公司保险。

对银行控股公司限制的目的是银行同其他子公司所引发的风险在财务上分离,也是确保中央银行最后贷款人的功能和存款保险公司的保险功能不再扩张到银行以外的部门。同时,证券公司由证券交易委员会来监管,而银行由中央银行——联邦储备委员会来监管。

投资银行控股公司拥有只从事批发性金融业务的金融机构,所谓批发性金融业务是与零售业务相对应的,是不针对个人的金融业务。具体而言,在美国,批发金融机构是未参加存款保险的州会员银行,它不能吸收受保存款和低于 10 万美元的存款。投资银行控股公司不受防火墙的限制,也不受《联邦储备法》第 23 条的限制。这一条规定,联邦储备体系的会员银行对其一个附属机构的各项贷款、授信、再购买协议、投资以及凭证担保品的垫借等总金额,不得超过该会员银行资本和公积金的 10%,就其全部附属机构而言,不得超过该会员银行资本和公积金的 20%。投资银行控股公司可以从事更广泛的金融活动,当然这些活动要得到美联储的批准,并受到某些限制。投资银行控股公司实际上是投资银行从事更广泛的金融业务特别是银行业务而采取的模式,旨在为证券公司在金融业进行渗透创造条件。

我国金融控股公司近些年得到了快速的发展,尽管我国实行的是金融分业经营。我国金融控股公司的模式主要有银行控股模式、信托投资公司控股模式、保险公司控股模式。

银行控股集团有光大集团、四大国有银行控股集团等;信托投资公司控股集团的典型是中信集团;保险公司控股集团的典型是平安集团。

三 金融监管体制

(一) 机构监管与功能监管

机构监管是按照金融机构的类型设立监管机构,不同的监管机构负责监管不同的金融机构,某一类别的金融机构无权干预其他金融机构的业务活动。

功能监管按照美国前财政部长罗伯特·鲁宾(Robert Rubin)的提法,"是一个监管流程,一个给定的金融活动由同一个监管者进行监管,而不论这一活动由谁从事"。功能监管有四个好处:首先,它可以根据各个金融业务监管机构最熟知的经济功能来分配法律权限;其次,根据经济功能来分配法律权限与金融监管原则相一致,证券监管更强调公开性和透明度,而银行监管更关注公司的信息,因此更倾向于保密;再次,以功能为导向的金融监管体系可以大大减少监管职能的冲突和盲点;最后,功能监管为公平竞争创造了有利条件。

机构监管的优点在于,一个单独的监管者能够更好地评价金融产品线的风险,评估金融机构营运系统的安全性,也避免增加不必要的监管层次。

(二) 分业监管与统一监管

在金融监管体制中,也有分业监管和统一监管之分。支持统一监管的主要理由有:① 考虑技术条件,监管机构数目越少,监管成本就越低。② 在监管机构中,由于负责不同的监管职责,因此会获得范围经济和协同效应。③ 容易被金融机构理解。④ 由于金融机构分工日趋多样化,不同类型中的传统分工已经消失,因此一个单一的综合的监管机构可以更有效地监督这些机构的全部经营。⑤ 统一监管可以避免多重机构引发的不公平性、不一致性、监管重复等。⑥ 统一监管者的职责明确、固定,有利于防止推卸责任。⑦ 对金融机构而言,如果只与一个监管者打交道,可以集中精力,进而减少成本,提高效率。

分业监管的支持者也有不少理由,说明分业监管的合理性:① 在实践中,单一的全能机构并不比目标明确、执行特定监管的多种机构更为有效。② 传统金融机构的业务分工发生变化,并不意味着所有金融机构都形成了统一的金融混业的局面。银行、保险、证券等行业还存在重要区别。三者的风险性质不同,监管方法也不应该相同。③ 统一的监管机构不可能在不同类别的金融机构和业务之间确定必要的监管差异。④ 统一监管有可能出现严重的官僚主义。我国目前实行的是典型的分业监管体制。

事实上,并不存在放之四海而皆准的最优监管模式,各国监管模式之间总有差异且与本国所处的宏观经济状况、国际政治经济环境、文化、传统等紧密相关。

例如,美国在 1929—1933 年大危机后,建立了严格的政府监管体系,通过《格拉斯-斯蒂格尔法案》的施行,开始了长达 66 年的金融业分业经营与监管的时代。

进入 20 世纪 90 年代,为适应金融自由化与金融全球化的趋势,美国国会于 1999 年通过《金融服务现代化法》,彻底废止了《格拉斯-斯蒂格尔法案》关于限制金融机构混业经营的规定,使得银行业、证券业与保险业之间的互相渗透成为可能。

在全球性金融危机的影响逐渐消去之时,2010 年 7 月,美国颁布《多德-弗兰克华尔街改革和消费者金融保护法案》,该法案旨在更新监管体系框架并通过引入"沃尔克规则"限制银行进行自营交易。因此,一国的监管体制与模式只要能适应本国的经济环境,引导金融机构稳定、健康地发展,有效地控制潜在的风险,有利于提升市场效率,那么这种监管模式就是适当且有效的。

思考题

1. 一般情况下,一国银行体系和非银行体系是如何构成的?
2. 我国的金融体系是如何构成的?
3. 我国国有银行面临的主要问题是什么?
4. 外资银行在我国的竞争策略是什么?
5. 一般情况下,金融监管涉及哪些具体内容?
6. 我国金融控股公司有哪些模式,特征是什么?

第五章 商业银行的职能与组织制度

第一节 商业银行的职能

一 商业银行的产生

商业银行是以获取利润为目标,以经营金融资产和负债为手段的综合性、多功能的金融企业。商业银行在金融机构中经营范围最广、规模最大、地位最重要。

商业银行的产生与货币兑换、保管、借贷是分不开的。在金属货币流通中,各国的铸币单位不同;同一体制的铸币也由于铸造分散,往往成色各异、重量不一,因此,要进行商品间的交易就必须进行货币间的兑换。又由于在金属货币流通中,货币持有者常常需要有一个安全的处所来存放自己的货币,原因是金属货币本身具有贮藏的职能。大量的商品交易需要较多的金属货币,商人们为了避免长途携带货币所产生的风险,需要有人替他们汇兑,即商人们在甲地把金属货币交给某汇兑者,然后持有该汇兑者签发的汇兑文书到乙地提取货币,从事商品交易。

货币的兑换、保管和汇兑业务的发展,给钱币业主带来了大量的服务费收入。这就给钱币业主从事贷款业务提供了资金来源。与此同时,钱币业主又可以提供服务和支付利息为条件吸收存款,进而从事更大规模的贷款业务。这就是最初的负债经营。

在中世纪,欧洲各国间的贸易主要集中在地中海沿岸,意大利则是贸易的中心。威尼斯等城市相继出现了从事汇兑、存款和放款业务的机构。但这些机构的贷款对象基本上是政府,其利率也高,具有高利贷的特征。为了降低贷款利率,并为从事商品交易提供贷款,威尼斯和热那亚的商人曾经组织过信用合作社。1580年,在当时的世界贸易中心威尼斯出现了近代第一家以银行命名的金融机构——威尼斯银行。此后,在荷兰、德国等地相继出现了近代银行。这些银行最初只接受商人存款并为他们办理转账结算,后来才开始办理贷款业务,但贷款的主要对象依然是政府,且利率过高。

现代资本主义银行是通过两条途径产生的:一是由旧的高利贷性质的银行为适应新的快速发展的资本主义经济转变过来的,二是按照资本主义公司原则组建的股份银行。后者是主要的。1694年在英国政府支持下由私人建立的英格兰银行是最早出现的股份银行。英格兰银行的贷款利率大大低于其他银行的利率。如英格兰银行一开始就规定贴现率为4.5%—6%。英格兰银行的建立是现代银行制度产生的标志。继英格兰银行之后,在18世纪和19世纪,各资本主义国家纷纷建立起规模巨大的股份银行。

英格兰银行最初的贷款建立在真正的商业行为之上,而且以商业票据为凭证,一旦产销完成,贷款就可偿还,即贷款具有自偿性,因此这类贷款偿还期短,流动性强。但是,随着资本主义经济的发展,商业银行早已突破了融通短期资金的界限,商业银行不仅发放短期贷款,而且发放长期贷款;不仅向工商企业提供贷款,而且向一般消费者发放贷款;商业银行不仅通过发放贷款获取利润,而且通过证券投资、黄金买卖、租赁、信托、保险、咨询等获取收入。在银行发展的过程中,形成了各种类型,如商业银行、专业银行、投资银行等。商业银行的最初意义是指经营短期商业资金的银行,但现代商业银行早已突破了这一概念,已经是全能的、综合性的金融机构的代名词了。

二 商业银行的职能

商业银行是以利润为最终经营目标的,这是由商业银行是企业这一特性所决定的。商业银行与一般企业相比,除了经营对象和业务内容不同,其他都是相同的。商业银行必须依法设立、依法经营、照章纳税、自担风险、自负盈亏。

商业银行与一般企业的不同在于经营对象和业务的不同。商业银行经营的对象是特殊的商品——货币,因此,商业银行是特殊的企业——金融企业。金融企业多种多样,包括专业银行、投资银行、储蓄银行、保险公司等,而商业银行与上述金融企业不同,它的业务更综合,功能更齐全。商业银行既经营一般的小额业务,面对一般的投资者和存款者,又经营数量巨大的信贷业务,面向大企业。因此,商业银行的业务是综合性的,既有零售业务,又有批发业务。而一般金融机构的业务都是有局限的。正是由于商业银行的业务具有广泛性,因此也就具备了其他金融机构所不具备的职能。

(一) 商业银行有信用中介的职能

信用中介是指商业银行通过负债业务把社会上的各种闲散货币资本集中到银行,再通过资产业务把货币资本投向社会各部门。商业银行是作为货币资本的贷出者和借入者的中介人来实现货币的融通和资本投资,并从吸收资金的成本与发放贷款利息间的差额中获得利润。

通过信用中介的职能,商业银行可以把资金从盈余单位转给赤字单位,在不改变社会的货币供给的前提下,提供了扩大生产和就业的机会。

通过信用中介的职能,小额货币可以转化为巨额资本,把货币从消费领域转移到生产领域,从而扩大投资,加速社会经济的发展。

通过信用中介的职能,短期资本可以转化为长期资本,在价格规律的作用下,资本由低效率的部门转移到高效率的部门,从而实现产业结构的优化。

(二) 商业银行有支付中介的职能

商业银行的支付中介职能是指通过存款在不同账户间的转移,商业银行代理客户完成了对货款的支付和债务的偿还;在存款的基础上,为客户兑付现金,成为企业、机关和个人的货币保管者、出纳者和支付代理人。以商业银行为中心,形成了经济生活中无始无终的支付链和债权债务关系。支付中介职能大大减少了现金的使用,节约了流通费用,并加速了资金的周转,促进了经济的增长。

(三) 商业银行有信用创造的职能

商业银行利用其所吸收的存款发放贷款,在支票流通和转账结算的基础上,贷款又转化为存款。在这种存款不提取现金或不完全提取现金的前提下,存款的反复贷放会在整个银行体系中形成数倍于原始存款的派生存款。当然,商业银行的信用创造受到一些因素的限制,这些因素包括中央银行的存款准备金率、全社会的现金漏出率、商业银行的超额准备金率等。商业银行的信用创造的职能,本书将在下一节中详细说明。

(四) 商业银行有金融服务的职能

商业银行联系面广,信息灵通,特别是电子银行业务的发展,为其金融服务提供了条件,商业银行的咨询服务业也因此应运而生。工商企业生产和流通专业化的发展,又要求把本来属于企业的货币业务转交给商业银行,如发放工资、代理支付等。在激烈的市场竞争中,商业银行也不断地开拓服务领域,从多个角度为企业提供服务。不仅如此,商业银行对个人的金融服务也在不断深化和拓展。个人不仅可以得到商业银行的各种贷款服务,还可以得到咨询等各种中间性业务的服务。总之,金融服务已成为商业银行重要的职能。

第二节 商业银行与信用创造

一 金属货币流通与信用创造

(一) 金属货币流通与商业银行存款准备

在金属货币流通条件下,商业银行既不能把全部存款贷放出去,也不能将全部存款都留作准备金。

第一,客户把铸币存入银行后,并不一定再把铸币全部提出;从银行取得贷款的客户通常也不要求银行支付铸币,而是要求把贷款计入自己的存款账户。当他们的存款账户存有款项时,既可于必要时提取铸币,又可开出支票履行支付义务。

第二,债权人取得支票,可能用来提取铸币,但其往往不提取铸币,而是委托自己有存款账户的银行代收,并计入自己的存款账户。

第三,各家银行由于自己的客户开出支票,因而应该付出款项,同时由于自己的客户交来支票委托收款,因此有款项收入。应付、应收款数额很大,但其差额却不大。相互支付义务越多,应收、应付之间的差额就越小,只是这一差额需要以铸币结清。

第四,各银行对铸币的需要可归结为两类:一是客户从存款中提取铸币用于发放工资、小额支付等;二是结清支票结算中应收、应付的差额。一般情况下,铸币的需要量与存款额之间存在一定的比例关系,即只要按存款的一定比例保持铸币库存即可应付铸币的需要。这个比例就成为银行用以调控自己业务规模的依据。

(二) 金属货币流通条件下的派生存款

假设 A 银行在某一时点上吸收到客户甲的存款 1 000 元铸币,并假设该银行保存 10% 的铸币即可满足对铸币的日常需要,那么,A 银行就可以把 900 元铸币贷给别的客户,比如贷给客户乙,而乙用 900 元的贷款向丙公司支付了原料货款。900 元铸币支出后,A 银行的资产负债状况如表 5-1 所示。

表 5-1　A 银行的资产负债状况　　　　　　　　　　　　(单位:元)

资产		负债	
铸币库存	100	存款	1 000
贷款	900		

丙公司把 900 元铸币存到自己的开户银行 B,B 银行依然留 10% 作为准备金,而将 90% 即 810 元贷给客户丁。这时 B 银行的资产负债状况如表 5-2 所示。

表 5-2　B 银行的资产负债状况　　　　　　　　　　　　(单位:元)

资产		负债	
铸币库存	90	存款	900
贷款	810		

以此类推,从 A 银行开始,持续地存款、贷款,贷款再存款,则会产生如表 5-3 所示的结果。

表 5-3　资金贷放过程　　　　　　　　　　　　(单位:元)

银行	存款	库存铸币	贷款
A	1 000	100	900
B	900	90	810
C	810	81	729
D	729	72.9	656.1
E	656.1	65.61	590.49
⋮	⋮	⋮	⋮
合计	10 000	1 000	9 000

从表 5-3 可知,在支票存款转账的条件下,当银行的库存铸币是吸收存款的 10% 时,1 000 元的存款,可使有关银行共发出 9 000 元的贷款,包括最初的 1 000 元存款在内,共吸收存款 10 000 元。从先后顺序来说,1 000 元是最初的存款,9 000 元是由于有了最初的存款才产生的。通常把某一银行机构在最初时点上得到的存款称为原始存款,而把由于原始存款反复贷放而产生的新存款称为派生存款。

(三) 金属货币流通时的派生存款的量

假设原始存款为 A,经过派生之后的存款总额为 D,铸币库存与吸收存款的比率为 r,则原始存款、存款总额以及库存比率间的关系为

$$D = A + A(1-r) + A(1-r)^2 + A(1-r)^3 + \cdots + A(1-r)^n$$
$$= A[1 + (1-r) + (1-r)^2 + (1-r)^3 + \cdots + (1-r)^n]$$

由于 $0 < r < 1$,因此,上式为等比级数,且是收敛的等比级数,当 $n \to \infty$ 时,

$$D = A \frac{1}{1-(1-r)} = \frac{A}{r}$$

可见,存款总量取决于两个因素:一是原始存款的多少,原始存款越多,存款总量也越大;二是金属货币的库存比率,该比率越小,存款总量越大。例如,上例中,如果库存比率由 10% 下降至 5%,则存款总量将变为 20 000 元,而库存比率提高到 20% 时,存款总量将下降到 5 000 元。

二 纸币流通与信用创造

(一) 纸币与银行券的关系

银行券是在商业票据流通的基础上产生的,用以替代商业票据的银行票据。银行券产生的背景是随着商品经济规模的扩大,贵金属产量的增长远远赶不上生产和流通对贵金属的需求,金属货币流通量不足的现象经常发生。在金属货币流通时,商业票据也起着重要作用。但商业票据本身的局限性,使得持有商业票据的企业往往需要将商业票据转变为现款,而向银行申请贴现商业票据是一种很好的方法。但由于生产和流通的扩大,商业银行通过吸收存款而持有的金属货币并不能满足企业的贴现需求。因此,商业银行发行一种以自己为债务人的不定期票据来为企业办理贴现。这种由银行发行的,替代商业票据的银行票据就是银行券。商业银行保证银行券的持有者可随时向发行者——商业银行兑换金属货币。

纸币与银行券是不同的。首先,纸币与银行券的起源不同,纸币是在货币作为流通手段基础上产生的,银行券则是在货币作为支付手段基础上产生的;其次,纸币一般是为了弥补赤字而由财政部发行的,而银行券是商业银行发行的,是用来替代商业票据的;最后,纸币是不能兑现的,而典型的银行券是可以兑现的。

当今世界各国都通过中央银行发行不能兑现的银行券,这种银行券已经纸币化,原

因是当今的银行券不能兑换金属货币,因而与纸币的本质区别消失了。

(二) 纸币流通与派生存款

金属货币从20世纪初已退出经济生活。现代生活中相当于金属货币的现金是由中央银行垄断发行的银行券——纸币。银行吸收存款后要留出一部分纸币以供存款的客户提取现金。从这一意义上讲,纸币流通与金属货币流通一样。二者的不同在于,在支票结算中,银行之间的应收、应付的差额根本不需要用纸币结清。各个商业银行都在中央银行开有存款账户,所以应收、应付差额的结算只是通过银行在中央银行的存款账户中进行的。一家银行如为应付差额,则从存款账户中转出相应的金额;反之,则增加相应的金额。各银行在中央银行的存款被称为准备金存款,存款多少由中央银行统一规定。中央银行规定商业银行在中央银行的准备金存款占该银行所吸收存款总额的比率,这一比率被称为法定准备金率。

在纸币流通的情况下,信用创造的规律又是怎样的呢?仿上例,假设A银行收到客户甲交来的1 000元支票,A银行代甲收下这张支票,并使自己在中央银行的准备金存款增加1 000元,同时,在客户甲的存款账户上增计1 000元。假设法定存款准备金率为10%,那么,客户要向A银行申请贷款时,A银行最多只能贷出900元。如果A银行贷给客户乙900元,乙用来支付丙的货款,而丙的开户银行为B,则A银行向乙提供贷款时,A银行在中央银行的准备金存款也等额减少。贷款之后,A银行的资产负债状况如表5-4所示。

表5-4　A银行的资产负债状况　　　　　　　　　　　　　(单位:元)

资　产		负　债	
在中央银行的准备金存款	100	存款	1 000
贷款	900		

B银行代收丙的支票并使自己在中央银行的准备金存款增加900元,同时丙的存款额也增加900元。同理,B银行的存款准备金率为10%,其向其他用户提供贷款的额度最多为810元。如果B向其他用户贷出810元,此时B银行在中央银行的准备金存款等额减少,则B银行的资产负债状况如表5-5所示。

表5-5　B银行的资产负债状况　　　　　　　　　　　　　(单位:元)

资　产		负　债	
在中央银行的准备金存款	90	存款	900
贷款	810		

以此类推,显然,其结果与金属货币流通中的例子完全相同,只不过是用法定存款准备金替代了铸币库存。那就是说,最初1 000元的存款是原始存款,在原始存款基础上通过发放贷款扩大出来的9 000元存款为派生存款;或者与准备金存款相对应的是原始存款

1 000 元,超过准备金存款的 9 000 元为派生存款。如果用 D 表示经过派生的存款总额,用 A 表示原始存款,用 r 表示存款准备金率,则三者的关系为

$$D = \frac{A}{r}$$

商业银行的信用创造所决定的存款总额相对于原始存款的最大倍数称为派生倍数。一般说来,它是法定准备金率的倒数。

(三) 影响派生存款的其他因素

前面的例子中,假设了商业银行吸收存款之后只是留足法定存款准备金,而将存款的其他部分全部贷放出去,同时也假设客户得到银行贷款后全部用来支付给其他客户,而收取贷款的客户将收入全部存入银行,客户没有提取任何现金。但现实生活中,现金的提取以及商业银行的超额准备金是不可避免的。

1. 现金漏出率对派生存款的影响

存款转化为现金使商业银行可以贷放的资金来源减少。存款人对其存款有两种支配方式:一种是提取现金以备零星支用,另一种是存入银行以作转账结算之需。除了存款人对其存款有可能提现,银行用户在得到银行贷款之后,也要拿一部分用作支付工人的工资等现金性支出。但我们可以假定现金提取量相对于商业银行最初的存款额有一个稳定的比率,这一比率被称为现金漏出率。假定法定准备金率为 r,现金漏出率为 c,原始存款为 A,则商业银行体系创造的包括原始存款在内的存款总额为 D,可以用下式表示

$$\begin{aligned}D = &A + A(1-r-c) + A(1-r-c)^2 + \\ &A(1-r-c)^3 + \cdots + A(1-r-c)^n\end{aligned}$$

当 $n \to \infty$ 时,由于 $0 < r+c < 1$,则

$$\begin{aligned}D &= A\left[1 + (1-r-c) + (1-r-c)^2 + \cdots + (1-r-c)^n\right] \\ &= A \frac{1}{1-(1-r-c)} \\ &= \frac{A}{r+c}\end{aligned}$$

可见,现金漏出率与存款总额是反比关系。

2. 超额准备金对派生存款的影响

商业银行在吸收一定量的存款并留足存款准备金后,不一定会把全部可贷资金都贷放出去,超额准备金在商业银行中是一个普遍存在的现象。为什么会存在超额准备金呢?一般有以下原因:

(1) 商业银行考虑存款人的提现。法定存款准备金的最初目的正是应付存款人的提现,但现在已经变成维护商业银行体系安全以及中央银行调控金融的一种工具了。正因为如此,商业银行为应付一般存款人的提现会有超额准备金。

(2) 商业银行与其他银行结算的需要。商业银行间的结算是为了结清各银行间的应收、应付的差额,在金属货币流通的条件下,商业银行是用铸币库存来应付银行之间的结算的,而在纸币流通时,商业银行是用超额存款准备金来应付同业结算的。

(3) 外界对贷款的需求不足或者商业银行一时找不到合适的投资方向和对象。

(4) 商业银行的流动性偏好使之有超额准备金,这一超额准备金可以用来等待更好的投资机会。

超额准备金的存在弱化了商业银行派生存款的能力。银行超过法定要求保留的准备金与吸收存款额的比率,称为超额准备金率。假设超额准备金率为 q,则在存款准备金率为 r、现金漏出率为 c 时,包括原始存款 A 在内的存款总额将变为

$$D = A + A(1-r-c-q) + A(1-r-c-q)^2 + \cdots + (1-r-c-q)^n$$

当 $n \to \infty$ 时,由于 $0 < r+c+q < 1$,则

$$D = \frac{A}{r+c+q}$$

很明显,超额准备金率与存款总额成反比。

3. 不同存款结构对派生存款的影响

存款可以划分为活期存款、定期存款和储蓄存款,这三者的法定准备金率是不同的。活期存款的法定准备金率最高,定期存款次之,而储蓄存款中的定期储蓄存款的法定准备金率最低。在存在多种档次的存款准备金率的情况下,存款派生后的总额可以用三种方法来计算。其一是计算各类存款对活期存款的比例,然后将其纳入计算公式中,西方学者通常采用这种方法。① 其二是对各类存款根据不同的法定存款准备金率分别计算派生后的存款总额而后加总。其三是先求出一个综合的法定存款准备金率亦即加权平均的法定存款准备金率,然后再将其直接代入计算公式中。

无论是哪种算法,结论都只有一个:当法定存款准备金率低的存款种类的比重较大时,派生存款后的存款总额较大;相反,当法定存款准备金率较高的存款种类的比重较大时,派生存款后的存款总额较小。

4. 存款派生次数对派生存款量的影响

在前面的公式中,存款总额的计算都是采用等比级数和的计算公式,即派生次数是无穷的。理论中派生存款的最大量确实可以这样理解和计算,但现实生活中,存款派生次数不可能是无穷的。派生次数的多少一般取决于存款企业对资金的利用程度,拥有资金来源的企业何时将资金存入银行,接受存款的银行何时将可用资金运用出去,银行对可用资金的利用程度,等等。总之,在信贷资金周转一次的时间里,存款可能派生多次,也可能根本不派生。很明显,存款派生次数越多,存款扩张总额越大;反之,则越小。

---

① 这一方法可以参阅 L. V. 钱德勒、S. M. 哥尔特菲尔特:《货币银行学》,中国财政经济出版社 1980 年版,第 6 章。

第三节　商业银行的组织制度

一　商业银行制度

(一) 商业银行制度建立的原则

一般而言,商业银行制度与一个国家的制度和特殊情况相关,但商业银行制度也都遵循下面统一的原则:

第一,经营的安全性。由于商业银行是特殊的企业,因此,尽管经营的目标中利润是很重要的,但是银行的经营主要是靠吸收存款来实现的,而在一个国家中,几乎全部公民的切身利益都与银行经营是否安全有关。商业银行广泛的社会联系使得商业银行的经营必须以安全作为前提。虽然任何国家的银行法都要鼓励银行间的竞争,但各国的银行法也都不排斥银行经营的安全性。例如,各国银行法中都规定商业银行最低的资本额和经营范围,并且对商业银行资本充足率和资本的流动性等都有明确的规定。国际银行界统一制定并颁布执行的《巴塞尔协议》中最重要的内容,就是规定商业银行的各种安全性的比率。

第二,经营的有效性。经营的有效性也就是商业银行之间的竞争性。竞争是市场经济的基本原则,没有竞争就不会有效率。国家只有提倡和保护商业银行的竞争,才会根据优胜劣汰的原则使有效率的商业银行成长和壮大。如果一个国家只有几家银行存在,国家法律不允许本国设立民间银行,也不允许外国的银行参与本国银行业务的竞争,则只会形成本国已有银行的垄断,这些银行自然不会主动提高效率,其对工商企业的金融服务的质量也就可想而知了。

第三,经营的规模性。规模经济,是指企业或公司的经营只有达到一定的规模后,平均的经营成本才会降低,经营效益才会提高。金融服务业也不例外。当商业银行的经营规模达到一定程度后,银行的管理费用和其他成本达到最低,银行才会有最高的经营效率。因此,在金融领域,世界各国一方面为防止银行垄断和低效率的产生而采取阻碍大银行合并的措施,另一方面为使小银行的经营达到一定的规模,鼓励小银行之间的合并。

(二) 商业银行的组织制度

商业银行的组织制度主要有单一银行制、分支银行制、控股公司制三种。

1. 单一银行制

单一银行制是指银行业务由各自独立的商业银行来经营,不设立或不允许设立分支机构。单一银行制在美国比较典型。

单一银行制的优点是:① 可以限制银行间的吞并和金融垄断,缓和竞争的激烈程度,减缓银行业务集中的进程;② 有利于协调商业银行与地方政府的相互关系,使商业银行更适合于本地区的需要;③ 由于不受总行的牵制,银行的自主性较强,灵活性较大;④ 单一制银行的管理层次较少,中央银行的调控传导快,有利于实现中央银行的目标。

单一银行制的缺点是:① 由于限制了竞争,不利于银行的发展和经营效率的提高;② 单一银行制与经济的外向化发展相矛盾,人为地形成了资本的迂回流动;③ 单一银行制的金融创新不如其他类型的银行。

由于存在上述缺点,单一银行制越来越受到冲击。以美国为例,美国大小商业银行约万家,其中绝大部分的银行资产低于1亿美元。为什么美国有那么多的银行,而大多数都是小银行呢? 原因就在于美国的银行制度,在于美国的银行法律。

美国从1927年开始实行《麦克法登法案》(McFadden Act),该法案不允许银行跨州设立分支机构;在银行总部所处的州内设立分支机构也不能超过本州州银行(State-chartered Bank)的数量。美国有12个州连州银行也不允许设立分支机构。由于不允许设立分支机构,因此越来越多的金融业务就被不断成立的新银行承担。

美国的这一法律日益受到冲击,冲击的方式主要有三个:

(1) 通过银行间的兼并。当一个州的银行发生危机而本州的银行又不可能收购该银行时,其他州的银行可以出资收购。这实际上允许其他州的银行以兼并的方式在本州设立分支机构。

(2) 通过法案中的特例。由于《麦克法登法案》中规定,如果一个州的法律明确允许其他州的银行可以到本州设立分支机构,那么,该州的法律是有效的。正因为如此,一些州开始修改法律,允许其他州的银行在本州设立分支机构,条件是那家银行总部所处的州也允许本州的银行到它那里设立分支机构。

(3) 通过非银行金融业务。由于《麦克法登法案》只约束银行业务,而非银行金融业务不在约束范围内,因此,一些商业银行通过非银行金融业务达到其他州设立分支机构的目的。

2. 分支银行制

分支银行制是指法律允许在总行之下,在国内外设立分支机构,银行总行统管下面众多的分行。分支银行制按各层次职能的不同,又可进一步分为总行制和总管理处制。总行制是指总行除了管理和控制各分行,本身也对外营业;总管理处制是指总行只管理和控制各分行,本身不对外营业。总管理处所在的地区另设立分行。

分支银行制的优点是:① 经营规模大,有利于开展竞争,并获得规模效益;② 分支行遍布各地,易于吸收存款,调剂、转移和充分利用资金,同时有利于分散和降低风险;③ 分支银行制的银行数目少,便于国家直接控制和管理。

分支银行制的缺点是:① 如果总行没有完善的成本控制方法,银行的经营效益就会下降;② 从银行与外部的关系来看,分支机构职员的调动、轮换,会使银行失去与其服务对象的联系,而银行工作人员固守一地,又会形成本位主义,并且会削弱总行对分支行的控制能力。

我国的银行制度很明显属于分支银行制。中国工商银行、中国建设银行、中国农业银行和中国银行等的分支机构遍布全国各地,因此经营规模很大。但由于经营规模太大、层次太多,总行对各分支行的控制力不强。

3. 控股公司制

银行控股公司是指通过控制和收购两家以上银行股票所组成的公司。从立法的角度来看,控股公司拥有银行,但实际上,控股公司往往是由银行建立并受银行操纵的。一些大银行通过控股公司把许多小银行或工商企业置于自己的控制之下。

银行控股公司的优点是:第一,银行控股公司的组织形式是一种金融改革,它能使许多银行所在的政府设立关于分支机构的各种限制。第二,采取银行控股公司这种形式,可以扩大经营范围,实现地区分散化、业务多样化,银行可以更好地进行风险和收益的管理。第三,银行控股公司服务设施集中,可以节省费用开支。

银行控股公司制的缺点是易于形成垄断,不利于竞争。

(三) 商业银行的分类

商业银行可以按多种标准进行分类,除了按照组织制度划分,还有其他分类。以美国商业银行为例。

1. 按注册地划分

美国是明显的二元制银行体系。一类银行是国民银行(National Bank),另一类银行是州银行(State-chartered Bank)。国民银行是在货币监理局(Office of Controller of the Currency, OCC)那里注册,而州银行是在州政府的银行管理局那里注册。因此,在美国,任何一家银行或者是国民银行,或者是州银行,二者必居其一。

为了得到国民银行的执照,银行的设立者必须满足一系列的条件,其中最重要的有:

(1) 关于银行管理的章程;

(2) 银行未来收益预测;

(3) 合适的银行资本结构;

(4) 银行财务的历史和现状(仅限于州银行希望转变为国民银行的情况);

(5) 银行所设立的地区设立银行的必要性。

为了得到州银行的执照,银行所必须满足的条件与获得国民银行执照的条件相似,原因是州银行通常要参加联邦保险,而参加联邦保险的条件与获得国民银行执照的条件非常相似。

2. 按银行主管部门划分

美国管理银行的部门有五个,不同类型的银行有不同的主管部门,具体情况是:

(1) 国民银行,它的主管部门是货币监理局;

(2) 州成员银行,它隶属于联邦储备系统(Federal Reserve System, FRS);

(3) 州参加保险的非成员银行,它的主管部门是联邦存款保险公司(Federal Deposit Insurance Corporation,FDIC);

(4) 州不参加保险的银行,它不受联邦管辖,但接受州货币金融当局的管理;

(5) 股东超过 500 人的银行或银行控股公司,其主管部门是证券交易委员会(Security and Exchange Commission,SEC)。

3. 按业务类型划分

批发银行(Wholesale Banking),批发银行的业务集中在对工商企业的服务上,不与消费者发生关系;

零售银行(Retail Banking),零售银行的服务对象是众多的消费者,每笔交易额较小,但灵活性较强;

批发零售银行(Wholesale/Retail Banking),这类银行的服务对象广,既包括工商企业,又包括众多的消费者,业务规模也是大小结合。

4. 按服务范围划分

社区银行(Community Bank),其经营范围仅限于社区之内,以零售业务为主;

区域银行(Regional Bank),其服务范围要比社区银行的服务范围广,经营的业务既有零售业务,又有批发业务;

货币中心银行或跨国银行(Money Center or Multinational Bank),其业务以批发业务为主,也有零售业务,但零售业务的对象主要是富人。

上一章曾给出了美国金融体系的构成,在整个金融体系中银行还是扮演着十分重要的角色,尽管相对地位在下降。美国各类银行的构成见图 5-1。

图 5-1 美国各类银行的构成

二 商业银行的组织结构

商业银行的组织结构是指银行内部各部门的设置、功能及其相互关系。

(一) 商业银行的决策机构

在国际上,商业银行以股份有限公司为主要形式,因此,商业银行内部的机构设置和一般的股份有限公司一样。内部机构的层次与具体部门的设置则根据商业银行类型的不同而不同。一般而言,单一银行制由于没有分支行,层次设置就少,而分支银行制的层次设置要复杂一些。

商业银行内部组织分为决策机构和执行机构。股份有限公司的决策机构是股东大会、董事会和董事会下面设立的各种委员会以及监事会,股份制商业银行的决策机构也是如此。

1. 股东大会

股东大会是最高的权力机构。股东分为两种:一种是持有优先股的股东,该股东可以优先获得股息,但没有参与银行经营决策的权利;另一种是持有普通股的股东,该股东有参与经营管理的权利。商业银行每年召开一次或几次股东大会,股东们有权听取和审议银行的一切业务报告,有权对商业银行的各种经营方案进行表决。董事会交给股东大会讨论的问题,一般都以决议草案的形式提出。决议草案经过讨论后交付股东大会表决。股东表决的基础是股票的数量,每股一票,而不是每位股东一票。商业银行管理,是权利面前票票平等,而不是人人平等。商业银行的股东表决有下列方式:

(1) 直接投票,即每股对公司的每项决议有一个投票权。在选举董事时,也是每股对每个董事有一个投票权,因此,这种投票方式明显造成多数股压倒少数股的现象,无法保护小股东的利益。

(2) 累计投票,即股东在决定董事人选时,每股拥有与将当选的董事人数相等的投票权,并可以把所有票集中投到意中人的身上。这种方式有利于保护小股东。

(3) 分类投票,即为了达到某种目的而由各类股东作为独立单位进行投票的一种方式,其前提是公司发行的股票是分类别的。采取这种投票方式必须获得"双重多数"的同意,也就是说,不仅要得到出席股东大会的多数股权持有者的同意,还要得到各类别股票中各自多数股权持有者的同意。这种方式一般在表决与股东利益关系重大的决策事项时才采用。如果商业银行发行的股票不是分类别的,当然不能采用这种投票方式。

2. 董事会

由于股东的数目非常多,因此商业银行的各项决策不可能全部通过股东大会来审议。股东需要有一批能代表他们利益、有能力、有事业心的人来领导和管理商业银行。董事会就是这种需要的产物。

董事会是由股东大会选举产生的。董事可以是自然人,也可以是法人。如果是法人充当商业银行的董事,就必须指定一名有行为能力的自然人作为代理人。

董事会是股东大会闭会期间常设的权力机构。为了使董事会有效地管理商业银行的业务,需要有一定人数的董事来组成董事会。董事会人数太少,不利于集思广益,并容易产生独裁;董事会人数太多,会造成机构臃肿,效率低下。

董事会一般不直接参与银行的经营,而是授权给银行的各级经理。银行的经营目标由银行经理们制定,但必须得到银行董事会的认可。董事会的职能主要包括:

(1) 确定银行的发展目标,制定银行政策。确定银行的发展目标是银行董事会的首要任务,这是制定银行政策的基础,并影响银行的组织结构和人事安排。银行政策是银行具体业务的基础,大银行一般都有成文的政策。

(2) 选择行长。董事会成员有些可能是金融专家,但大多数未必懂得金融业务。而银行的经营非常复杂,需要有金融专家来帮助。选择称职的、能干的银行行长是保证银行经营成功的关键。

(3) 设立委员会。设立委员会的原因主要有:第一,吸收董事会中非银行界人士进入委员会,这些人多是当地的工商界人士,熟悉本地的社区性事务和工商活动;第二,银行的主要业务是吸收存款,而如何安全有效地使用这些存款则是一个相当重要的问题,一般情况下,由一个小组作出的决策要强于由一个人作出的决策;第三,委员会可以协调银行内各部门的关系。

一般情况下,商业银行董事会下属的委员会包括战略委员会、薪酬委员会、关联交易委员会、风险控制委员会、审计委员会等。

3. 监事会

股东大会选举监事,组成监事会。监事会的职责是,代表股东大会对全部经营管理进行监督和检查。监事会的检查比董事会下设的考核委员会的检查更具权威性,它除了检查银行执行机构的业务和内部管理,还要对董事会制定的经营方针和重大决策、规定、制度及相应的执行情况进行检查,如果发现问题则具有要求其限期改进的权力。

(二) 商业银行的执行机构

1. 行长

行长是商业银行的行政总负责人,是银行内部的首脑。行长的职责是执行董事会的决定,组织银行的各项业务活动,负责银行具体业务的组织管理。

2. 业务和职能部门

商业银行的执行机构是以行长为中心的业务经营管理体系,在行长的统一领导下,设立适当的职能和管理部门以适应业务经营和内部管理的需要。商业银行的内部机构可以分为直线式业务部和参谋式职能部两大类。直线式业务部是直接与银行经营项目有关的部门,如贷款部、信托部、存款部、国际业务部等。参谋式职能部主要负责内部事务的管理,如会计部、人事部、教育培训部、推销部、控制部、公关部等。

3. 分支机构

在分支银行制中,商业银行都有较多的分支行。分支行的首脑是分支行行长。商业银行的分支机构是业务经营的基层单位,各商业银行还可以设立专业职能部门和业务部门以完成上级行下达的经营任务。

值得一提的是,由于各国银行体制不同,经营环境不同,民族习惯不同,因此商业银行的内部组织制度并不一致。即使是在同一国家,每个银行的内部组织结构也会有较大的差异。但一般来讲,商业银行的内部组织也有相似之处,可以用图5-2来表示。

图5-2 商业银行的内部组织结构

思考题

1. 简述商业银行的职能。
2. 派生存款的规模与哪些因素相关?影响方向如何?
3. 单一银行制与分支银行制的优缺点都有哪些?
4. 控股公司制的银行体制的优缺点是什么?

第六章 商业银行的资本

第一节 商业银行资本的作用

按照一般的逻辑,应该先说明商业银行资本是什么,然后再阐述商业银行资本的作用。但问题是,商业银行资本看上去简单,实际上很复杂,所以,本书先阐述商业银行资本的作用,再分析商业银行资本是什么,包括哪些内容,以及如何计量等问题。

一 经典的公司财务理论中资本的作用

经典的公司财务理论中,资本的作用体现在两个方面:获得企业的所有权,为企业提供资金。

(一) 获得企业的所有权

产业公司中,股东提供资本,因此也就获得了公司的所有权。一个投资者有100股股票,与另一个投资者拥有1亿股股票,在本质上是一样的。他们都是公司的股东,他们天然地获得了收益分配权与剩余财产的所有权。正因为如此,100股的交易与1亿股的交易是一样的,都是所有权的彻底转让。另外,一家公司的资本或者股东权益值多少钱,不是由公司发行股票筹集资金的数额决定的,而是由股东对公司未来现金流的预期决定的。也就是说,产业公司的资本由股东权益的市场价值所决定。

(二) 为企业提供资金

对于一般的产业公司而言,公司通过发行股票就可以筹集资金,并进行商业运营。公司可以不借债,完全靠权益资本来运作。例如,可口可乐公司就几乎没有负债。但绝大多数的公司还是靠权益资本与债务资本两种方式来筹集资金的。著名的MM模型说明,在没有公司所得税的前提下,负债公司的价值与不负债公司的价值是相等的,因为这两家公司同处于一个风险等级,风险补偿相等,现金流也相等,因此价值相等。如果存在公司所得税,那么负债公司可以获得税收屏蔽,即少缴税的利益,因此,负债公司的价值要比不负债公司的价值大。公司价值最大的时候,就是全部资金都是负债资金的时候。

但MM模型有很强的假设条件,在现实生活当中,过度负债也会产生破产成本、代理成本等。这样,就会降低负债公司的价值。因此,正常情况下,对于一般的产业公司而言,会存在合理的负债区间,超过这一区间,公司价值不仅不会上升,反而会下降。

二 银行资本的作用

一般来讲,商业银行资本具有三大基本职能:保护存款人利益,覆盖银行风险损失,维护银行体系的健康。

在阐述银行资本的三个基本职能之前,本书必须说清楚,银行资本不是运营的资金,这一点与一般产业公司的资本有本质的区别。银行的财务杠杆非常大,如果一家银行的权益资本占总资产的5%,该银行的资本比率就已经很高了。而一般的产业公司,如果资本比率只有5%,那么该公司就应该倒闭了。在理论上,由于银行经营的产品是资金,银行有吸收公众存款的资格,因此,银行资本比率可能出奇地低。银行的信用风险与规模有关,银行规模越大,吸收的存款越多,资本比率越低,银行反而越安全。英文在阐述银行信用风险时,有一句话,叫"Too big to fail",就是说银行的规模太大了,不能让它倒闭。事实上,不是说负债越多,资本比率越低,银行本身就越安全,而是该银行把风险转嫁给银行的银行——中央银行。中央银行此时必须出面救助。

既然商业银行可以轻易地从社会公众那里获得资金,银行经营不是靠权益资本,那么商业银行为什么还要有那么多的资本呢?原因主要在于以下几个方面:

(一) 保护存款人的利益

商业银行的经营资金来自存款和其他负债,可以说,商业银行是用别人的钱去赚钱的。如果银行的资产遭受了损失,资金收不回来,存款人的利益一定会受到伤害。银行资本给存款人提供了一个承受损失的缓冲器。由于银行资本的存在,即使发生了贷款和投资的损失,最先受到伤害的也是银行资本,而不是存款人。银行对各种业务提取了准备金,那么,如果银行准备金能够弥补可预见的损失,还需要资本做什么呢?很明显,银行资本是为了弥补那些无法预见的损失。

自20世纪30年代的大危机之后,各国政府纷纷建立了存款保险机构。当商业银行发生亏损而无力偿还存款人的存款时,存款保险机构就会负责清偿存款人的存款,或者清偿事先规定的上限。存款保险制度的存在,虽然削弱了银行资本保护存款人的能力,但银行资本的存在与大小,仍然对存款人的信心特别是提款的心理产生重要影响。

在前面,本书把银行资本比喻为保护存款人的缓冲器。那么这一缓冲器需要多大呢?《巴塞尔协议》提出了资本比率的目标是风险加权资产的8%。值得提及的是,8%的比率不是通过精准的数学模型计算出来的,而且任何精准的数学模型也没有办法把国际银行业认可的最低资本比率计算出来,因为这一比率主要不是金融学家研究出来的,而是政治辩论的结果。另外,8%的资本比率是银行界认可的最低资本比率,有些国家如美国、英国、加拿大、瑞士等则要求更高的资本比率。

(二) 覆盖银行风险损失

前面阐述了银行资本要保护存款人,以使银行不能过分"冒险",因为最先遭受损失的是银行资本——股东的利益。但银行资本要想充分保护存款人的利益,就必须涵盖很多方面的损失。

首先,银行资本要能够覆盖信用风险损失。不同类别的贷款,风险程度不同。不同的贷款,自然有不同的风险系数。本书将在后面详细阐述衡量信用风险的标准法和内部评级法。内部评级法是指每家银行的情况不同,银行可以根据自己的情况,建立高于行业平均标准的资本标准。具体而言,违约风险取决于以下几个因素:违约率(Probability of Default,PD)、违约损失率(Loss Given Default,LGD)、违约暴露量或者敞口(Exposure at Default,EAD)、期限。在此基础上,内部评级方法通过相关的风险权重计算公式,将风险参数转化为风险资产。

其次,银行资本要能够覆盖市场风险损失。随着银行越来越多地参与金融市场活动,银行面临的风险,特别是市场风险也越来越大。市场风险包括系统风险和个别风险两种。系统风险是指整体市场发生变化而带来的风险。个别风险,是与整个市场变动无关的某一种金融工具价值变化的风险。银行资本要覆盖系统风险和个别风险。本书在阐释《巴塞尔协议》时,将说明市场风险的内涵以及资本计算。

最后,银行资本要能够覆盖操作风险。由于银行操作本身,或者说银行管理过程中会出现漏洞,会给银行带来损失,因此,这些潜在的损失也应该由银行资本覆盖。近些年来,国际上由于操作原因发生了多起银行遭受巨额损失的事件,如英国巴林银行,日本住友银行、大和银行,瑞士联合银行等。

银行资本要覆盖以上风险损失,否则就会把风险转嫁给存款人。我们用通俗一点的话来阐释银行资本:银行赚钱靠的是存款人的钱,但风险应该由股东的钱来承担。既然预料之中的风险可以由各种准备金来弥补,那么银行的资本就是为了应付预料之外的损失。

(三) 维护银行体系的健康

银行体系在一个国家中扮演着非常重要的角色,如果银行体系发生问题,就很容易引发金融危机,甚至经济危机。但银行体系发生问题,通常不是大量银行同时发生问题,而是某家或者某几家银行发生问题,造成其他银行接二连三地发生问题,有人把这种现象比喻为多米诺骨牌效应。为了维护银行体系的健康运行,就需要让每一家银行都健康,才不至于发生连锁反应。银行资本是覆盖银行风险损失的,如果这个量足以应付正常情况的损失,那么银行发生倒闭的概率就很低,银行体系的安全才有保障。

第二节 银行资本的内涵

一 银行资本的定义

银行资本不同于一般产业公司的资本,站在不同的角度,资本的含义也有所不同。通常有以下角度:银行行长的角度、股东的角度、监管者的角度、覆盖意外风险的角度。

(一)银行行长的角度——实物资本

站在银行行长的立场上,银行资本就是实物资本,包括发行各种金融工具筹措的资本,如股权资本、债务资本等。

银行的资金来源主要是负债,特别是存款,权益资本占很小的一部分。银行行长为了提高权益资本的收益率,会倾向于更多地使用负债,增加存款规模,因为负债的成本在一般情况下要大大低于权益资本成本。如果一家银行有很多权益资本,但没有很好的资金使用途径,那么权益资本收益率就会很低,此时应该把权益返还给股东。因为把权益资本返还给股东需要债权人同意,而银行的债权人很多,征得全部债权人的认可几乎是不大可能的,为此,一些国家制定法律允许银行在一定范围内的股票回购。

银行行长需要考虑实物资本的可得性,以及如何投资。如果银行资本短缺,而发行股票或者将利润转增为资本,速度通常比较慢,因此发行债务工具或者可转换债券,则是一个重要的选择。

(二)股东的角度——权益资本

银行的股东与一般产业公司的股东没有区别,关心的是自己权益的多少以及权益的收益能力。衡量股东权益的多少有两个角度:一是账面价值的角度,就是公司的净资产,也就是银行总资产减掉各种负债后的净值;二是市场价值的角度,即银行资产的市场价值减掉银行负债的市场价值后的净值,这一净值会表现为银行股票的市值。既然股东权益的多少可以用两个角度来衡量,那么权益资本收益率也应该有两个指标:一是净资产的收益率,也就是一般意义上的股东权益的收益率(Return on Equity,ROE);二是股票投资者的收益率,此时分母是股票的市值,分子依然是银行损益表中的税后利润。

(三)监管者的角度——监管资本

在全部的实物资本中,有些资本并没有被监管者视为资本,有些则只有其中的一部分被认可为资本。根据《巴塞尔协议》,银行持有不低于风险加权资产总额8%的资本。这8%中必须有一半以上是核心资本,即股东资本;次级资本即由未公开储备、重估储备、普通贷款损失储备、混合性债务工具、次级债务等生成的资本,其中次级债务资本不能超过核心资本的50%。

监管资本是针对风险加权资产的。风险加权资产是各类资产总额与风险权重相乘后,再相加得到的。本书后面将对《巴塞尔协议》中不同的贷款风险权重给予介绍,也将给出中国银监会关于国内银行各类贷款的风险权重。

总之,监管资本就是根据官方的标准,由银行发行的所有合格的资本工具。

(四) 覆盖意外风险的角度——经济资本

经济资本是股东为了在一定程度上保护债权人利益而支付的资本。经济资本是银行从下至上计算出来的根据各种营业风险大小而得到的资本规模。经济资本与监管资本都是根据资本充足情况计算出来的,不同的是,经济资本是银行采用自己的方法计算出来的,而监管资本是按照《巴塞尔协议》的标准计算出来的。

经济资本可以理解为银行的核心资本,因为最终还是由普通股股东来承受银行倒闭的风险。但与核心资本有所不同,核心资本是某些项目简单相加得到的,而经济资本是经过风险调整而求出来的,应该用于弥补意外风险损失的资本。在银行的股票市值中,商誉等无形资产不属于经济资本。因为银行一旦倒闭,商誉等无形资产的价值也就基本不存在了。

经济资本的概念相对简单,是银行用于弥补意外损失而需要的资本,但计算经济资本却不是一件容易的事情。

例:A 银行某年给某个客户提供以下服务——2 亿元 3 年可循环的贷款承诺,预期该客户使用 1.5 亿元,未动用的贷款承诺为 0.5 亿元。银行也可以向该客户提供结算服务、外汇兑换以及购并等服务。具体内容见表6-1。

表6-1　A 银行对某客户的服务项目

项　　目	金　　额
贷款承诺	20 000 万元
预期使用的贷款	15 000 万元
利差	40 个基点
预期未使用的贷款承诺	5 000 万元
承诺费	10 个基点
贷款保证	存货与应收账款抵押
风险级别	2C
中间服务的净收入	27 万元
结算	10 万元
外汇兑换	8 万元
购并	9 万元

另外,根据分析,该笔贷款的风险级别为2C,预期损失率为 0.06% 。风险调整后的资本收益率的系数为 1.15% ,即意外风险损失率为 1.15% 。一旦违约则未使用贷款承诺被

使用的比率(Usage Given Default)为70%,期限调整系数为100%。通常情况下,期限越长,则调整系数越大。产业集中度的系数为90%。产业越集中,银行贷款风险分散的效果就越不好,调整系数就越大。根据以上信息,计算出经济资本,见表6-2。

表6-2 经济资本

项 目	金 额(比 率)
1. RAROC 的系数为2C,存货与应收账款为抵押	1.15%
2. 一旦违约则未使用贷款承诺被使用的比率	70%
3. 期限调整系数	100%
4. 产业集中度影响系数	90%
5. 预期损失率	0.06%
6. 预期使用的贷款	15 000 万元
7. 还可动用的贷款	5 000 万元
8. 违约后的风险敞口 = (7 + 2×7)	18 500 万元
9. 调整后的RAROC的系数 = (1×3×4)	1.035%
10. 经济资本 = 8×9	191.475 万元

根据经济资本与银行损益的情况,可以计算风险调整后的资本收益率,见表6-3。

表6-3 风险调整后的资本收益率

项 目	仅考虑贷款	考虑中间业务
收入		
净利息(15 000×0.4%)	60	60
承诺费(5 000×0.1%)	5	5
总收入	65	65
预期损失(15 000×0.06%)	9	9
费用		
直接成本与管理费	30	30
非所得税	6	6
总费用	36	36
中间业务净收入	不考虑	27
税前总利润	20	47
所得税(30%)	6	14.1
税后净利润	14	32.9
经济资本	191.475	191.475
RAROC	7.31%	17.18%

前面举例说明了经济资本,计算经济资本是比较困难的,但经济资本的计算是《巴塞尔新协议》中内部评级法(Internal Rating Based Approach,IRB)的重要内容。

二 银行资本的内容

一般情况下,银行资本可以包括以下内容。之所以说"可以包括",是因为有些资本工具成为银行资本还必须满足其他条件。

(一) 股东的资金

1. 普通股

商业银行的普通股股票金额,是商业银行所发行的股票数量与股票面值的乘积。例如,某商业银行普通股发行的数量是 1 亿股,股票面值为 10 元,那么,该商业银行普通股股票金额为 10 亿元。由于商业银行有两种渠道发行股票,一种是对外发行新股,另一种是将盈余或未分配利润转化为股本,从而直接增加该银行的股票数量,因此,商业银行可以通过这两种渠道增加资本。

普通股是商业银行资本中最基本的形式。普通股股东对银行拥有所有权,对银行的收益和剩余资产有索取权,对经营管理有参与权。商业银行通过发行普通股来增加资本有以下好处:

第一,由于普通股的收益随银行经营状况的变化而变化,并不是事先规定的,因此,商业银行通过发行普通股筹集资金有较大的灵活性。

第二,由于普通股股金是不需要偿还的,是银行可以长期使用的资金,因此,这种资金的稳定性要比通过其他渠道筹集的资金高得多。

商业银行通过发行普通股来增加资本,也存在不利之处,主要表现在:

第一,当银行发行新股时,会削弱原股东对银行的控制权,因为普通股股票数量增加了,原股东的相对份额就下降了。

第二,新增加的资本不会迅速带来收益,但股票数量却是迅速增加的,因此,单位股票的收益在短期内会下降。

第三,如果市场利率比较低,则通过债务方式进行融资的成本较低,此时,发行新股会降低银行的预期收益,这样将使普通股股东的收益降低。

股票的价值有以下三种表示方式:

第一种是用票面价值来表示,即在股票票面上标明的价值。这一价值并不重要,它只是所有权、表决权和收益权的标志,这一价值的大小与股票真实价值的大小没有关系。

第二种是用账面价值来表示普通股的价值,即全部资产的账面总价值减去全部负债以及优先股权益后的余额,再除以普通股数量而得到的价值。账面价值对于分析和计量商业银行资本比率是很重要的,但账面价值有时与股票的市场价值存在很大的差距,因此,在通过账面价值分析商业银行资本比率和进行相关决策时,必须对账面价值进行深入的分析。

第三种是用市场价值来表示,即由市场交易来确定股票的价值。有些商业银行的股票存在较为完善的交易市场,因此交易价格也是较为市场化的,这些商业银行股票的交易价格是可以被称为市场价格的。但由于有些商业银行的股票不具备交易条件,或者交易规模较小,交易价格不具有代表性,因此要得到这些股票的市场价格并不是一件容易的事。从理论上讲,商业银行股票的市场价格,应该是衡量普通股的主要价值尺度。

2. 优先股

优先股是相对于普通股而言的。优先股是指在收益分配以及剩余财产分配上优先于普通股的股票。

发行优先股对商业银行有什么好处呢?

第一,从银行的角度来看,通过优先股筹集的资金属于银行监管当局认可的核心资本范畴,为商业银行正常的权益资本筹集增加了渠道,这一点与次级债务是完全不同的。商业银行发行次级债务筹措的资金,只能充当附属资本或次级资本。但要说明的是,不是所有优先股都被视为核心资本。只有非累积的优先股,而且是永久性的优先股才被视为核心资本。当然,商业银行完全可以发行永久性的优先股,通过获得银行监管当局的认可赎回优先股。

第二,除了可以充当核心资本,优先股实际上属于深层次的次级债务,但投资者不能强迫银行支付股息。

第三,由于优先股没有投票权和选举权,因此,普通股股东对银行的控制,不会因为发行优先股而受到影响,从而也不会对银行股票价格产生太大的影响。

第四,在一般情况下,银行运用资金的获利能力会高于优先股的股息率,因此,发行优先股会给银行带来更多的利润,财务杠杆的效力会得到加强。

发行优先股的缺点是,由于优先股的股息是企业支付所得税之后再分配给投资者的,因此,发行优先股没有税收上的好处,而这一好处在银行发行次级债务时就可以获得。

(二) 混合型权益工具[①]

混合型权益工具包含很多种类,其主要的特征是将债务的特征与股票的特征结合在一起。债务的特征包括:固定利息支付,固定期限或者提前赎回,成本低于权益成本等。之所以与股票的特征结合在一起,是因为规定在一定条件下,通过强制转换程序,把债务工具转换为普通股或者优先股。从监管当局的角度来看,这类工具属于银行核心资本要满足两个条件:一是息票的非累积性,二是违约时强制转换为永久性权益工具。在银行正常经营时,混合型工具与一般债务工具相似,不同的地方就是股息的税收待遇与一般债券利息的税收待遇不同。在银行发生财务危机的时候,混合型权益工具则转变为权益工具,它们成为吸纳损失的缓冲器。

尽管混合型工具在发行时都有永久性条款,但多数都带有可选择的赎回条款或者有

---

① 参见克里斯·马滕:《银行资本管理》,机械工业出版社 2004 年版,第 53—56 页。

条件的赎回条款。可选择的赎回条款一般是在一定期限之后,发行银行经过银行监管当局批准后执行的。这一选择权属于发行银行。有条件的赎回条款一般由发行银行不能控制的事件所触发,例如,工具不再符合一级资本要求,或者税收处理规则的变化等。有条件赎回条款规定,发行银行不是有义务,而是有权利赎回。

有两种常见的混合型工具:特殊用途工具结构、信托优先工具结构。

1. 特殊用途工具结构

特定目的载体(Special Purpose Vehicle,SPV)结构是这样构建的。首先,银行全资设立一家有限责任公司,也许这一公司的总资本只有一美元。由于是银行全资拥有,因此,可以将这一公司列为银行集团的账户。其次,这一有限责任公司属于SPV性质,它向投资者发行优先股,然后把筹集的资金借给银行。借给银行的条件与SPV发行优先股的性质是一样的。最后,从政府那里争取到优惠政策,即银行对SPV支付的借款利息是完全免税的。而银行支付的是借款利息,这一利息是税前支付的,因此,银行这一渠道融资的成本,要减去税收减免部分。

如果关注的是集团的并表账户,那么银行从附属公司那里获得了权益,因此可以提高集团的资本水平。

2. 信托优先工具结构

在美国,这类工具由银行和其他类型的公司发行,可以获得低成本的长期融资。一般的做法是:首先,建立一个信托基金,该信托基金在法律上独立于银行。该基金通常由负责发行的投资银行发起并管理。其次,信托基金向投资大众发行票据。再次,信托基金认购银行的优先股。最后,银行运作资金,并返还信托基金利息。

混合型权益资本的局限在于,它不像普通股那样持久,因为可能被赎回。正因为如此,混合型权益的数量有一定的限制。巴塞尔委员会颁布的指引中建议混合型权益不超过核心资本的15%,但这仅仅是针对特殊用途工具结构而言的,对银行通过信托优先工具结构发行长期非累积优先股,则没有限制。

(三) 留存收益与资本盈余

1. 留存收益

留存收益或未分配利润,是商业银行税后利润减去普通股和优先股股利后的余额。未分配利润是银行增加自有资本的主要来源,那些无法通过股票市场筹集资金的小银行,更是如此。

当商业银行经过一段时期的经营并获得了一定的收益后,商业银行可以根据需要将收益转化为资本,而不是将所获利润的全部通过红利的方式支付给普通股股东。通过未分配利润来增加资本的好处是:

第一,只需将税后利润转入未分配利润账上即可,因此,不发行股票就能增加资本。

第二,由于不发行股票,商业银行节省了发行股票的中间费用,这实际上增加了银行的收益。

第三,对普通股股东有利。由于银行将未分配利润保留在银行,因此其权益仍属于普通股股东,这就相当于商业银行将利润支付给普通股股东,再由普通股股东投入该银行。如果普通股股东得到红利,那么他们要按照一国的税法缴纳一定数额的税,但通过将税后利润转化为未分配利润,就会使普通股股东少支付那笔税,这无疑对普通股股东是有利的。

第四,由于普通股股东的权益与其所持有的普通股股份成正比,因此将税后利润转化为资本,不会改变普通股股东的股权结构,对于稳定商业银行的经营管理是有利的。

2. 资本盈余

资本盈余是银行在发行股票时,发行价格超过面值的部分,即发行溢价。

(四) 准备金

1. 公开准备

公开准备包括被披露的普通准备,如某些国家要求的针对银行风险的普通准备。公开准备要满足以下标准:① 准备金的入账和出账应通过损益账户;② 准备金的余额及其变动在公开账户中被分别披露;③ 当出现亏损时,资金及时可用;④ 损失不是直接从准备中冲销,而是通过损益账户分别冲销。

2. 未公开准备

某些国家的银行可以持有未公开准备金。这些准备金也通过损益账户来实现,但不明确记录,而是通过"其他负债"等形式出现。

3. 重估准备

这种准备金是银行对固定资产进行重估时,固定资产的公允价值与账面价值之间的正差额。

4. 普通贷款损失准备

这种准备是根据全部贷款余额的一定比例计提的,用于尚未识别的损失的准备金。

(五) 债务资本

银行资本的特殊性之一,是某些债务可以成为银行的资本,当然是补充性资本。这其中的原因是,某些债务可以充当风险损失的缓冲器。债务资本主要有可转换债券、累积优先股、长期次级债券。

1. 可转换债券

可转换债券的投资者有权把债券转换为优先股或者普通股。

2. 累积优先股

累积优先股的投资者有权要求银行弥补过去未支付的股息。

可转换债券与累积优先股成为银行资本,需要满足以下条件:

(1) 未由银行担保。

(2) 清偿属于次级,即投资者的索偿权位于存款人和其他普通债权人之后。

(3) 不可由银行赎回。

(4) 投资者不可回卖给银行。

(5) 银行延缓利息支付,不会迫使银行停业。

3. 长期次级债券

长期次级债券,是指期限最少为 5 年的次级债券。如果剩余期限少于 5 年,每年要扣减 20%。例如,100 万元的 10 年期的次级债券,头 5 年全部 100 万元都为次级资本,第 6 年也为 100 万元,因为剩余期限刚好为 5 年。第 7 年 80 万元为次级资本,第 8 年 60 万元为次级资本,第 9 年 40 万元为次级资本,第 10 年 20 万元为次级资本。

发行次级债券对商业银行有以下好处:

(1) 债券的利息可以税前支付,能够获得税收上的利益。

(2) 比其他次级资本来源如可转换债券和累积优先股的成本低。

(3) 债券融资一般不需要缴存准备金给中央银行,可提高商业银行可用资金的比例。

(4) 比较容易筹集资本,当然是次级资本。

第三节 《巴塞尔协议》与银行资本比率

一 1988 年《巴塞尔协议》的诞生背景

在 20 世纪 70 年代以前,银行受到高度的管制与保护。对银行的保护与管制的起因是 1929—1933 年大危机给经济和社会带来了巨大的破坏。后来关于汇率的《布雷顿森林协议》也让银行没有汇率变化之忧,比较容易管理自己的业务。

70 年代,布雷顿森林体系崩溃,汇率发生了剧烈的波动。不仅如此,随着利率市场化的进展,利率的巨大波动也给银行带来了巨大的压力。1987 年,美国取消了限制存款利率上限的"Q 条例"。

竞争的加剧,导致银行承受的风险加大。过大的风险导致在《巴塞尔协议》诞生之前,在世界范围内发生了多起银行倒闭事件,进而引起金融动荡。银行为了增加利润,不断增大自身承担的风险。过度的扩张给银行带来很大的问题,在世界范围内引发了很多银行倒闭事件,其中有:

80 年代以及 90 年代,美国储蓄与贷款协会大量倒闭。

80 年代中期,法国里昂信贷银行出现严重问题。

80 年代中期,斯堪的纳维亚地区的多家银行倒闭。

1997—1998 年,东南亚地区的银行大量倒闭。

1998 年,俄罗斯银行倒闭。

90 年代,日本银行严重的不良资产问题。

……

以上银行倒闭或者严重的银行危机,导致《巴塞尔协议》的产生以及新巴塞尔协议(《巴塞尔协议Ⅱ》和《巴塞尔协议Ⅲ》)的出台。

巴塞尔是瑞士的小城,却是国际清算银行的总部所在地。国际清算银行是中央银行的银行,于1970年建立。1988年7月15日,来自西方十国集团[①]的中央银行行长在巴塞尔达成关于银行资本充足率要求的协议,这是各国中央银行为实现金融稳定共同作出的努力。《巴塞尔协议》属于多边协议,是关于银行监管的一个里程碑。《巴塞尔协议》对跨国银行资本充足的要求有了一个共同的标准,使得商业银行在同一起跑线上展开竞争。

1988年的《巴塞尔协议》,在三个方面达成了一致:① 引入了资本计量体系;② 建立了信用风险评价的框架;③ 建立了最低资本比率8%的要求。

二 2004年《巴塞尔协议Ⅱ》的出台

1988年《巴塞尔协议》中的致命弱点是所有银行都执行一个标准。打一个比方就是,所有人都穿一个号的鞋,而不管他们的脚的大小。另外,由于证券化越来越受欢迎,商业银行参与证券化的机会不断加大,程度不断提高,证券价格的变化给银行带来很大的影响。商业银行监控市场风险和操作风险的重要性与日俱增。银行监管者也需要建立合适的方法监管商业银行的风险,以使商业银行运行平稳,维护整个银行体系的健康。所有这些,都意味着1988年的《巴塞尔协议》已经不能适应新的环境了。

2004年的《巴塞尔协议Ⅱ》更能反映银行经营过程中的风险,也为银行提高风险管理水平带来了积极性。《巴塞尔协议Ⅱ》是基于1988年《巴塞尔协议》基础上的,其中对银行资本比率的要求与1988年的协议一样,同样是总资本比率不低于8%,核心资本比率不低于4%。但《巴塞尔协议Ⅱ》更能反映银行所面临的风险。一方面更切合银行实际的贷款损失而调整资本要求,另一方面增加了操作风险给银行带来损失的资本要求。巴塞尔委员会在维持总资本比率要求的前提下,采取相应办法鼓励商业银行采用更先进的风险管理模型。《巴塞尔协议Ⅱ》通过三种手段促进商业银行提升风险管理水平:最低资本要求,监管者审核,市场约束。这三种手段也被称为《巴塞尔协议Ⅱ》的三个支柱。我们可以用图形来描述《巴塞尔协议Ⅱ》的三个支柱。

图6-1 《巴塞尔协议Ⅱ》的三个支柱

---

① 十国集团实际上包括13个发达国家,它们是:比利时、加拿大、法国、德国、意大利、日本、卢森堡、荷兰、西班牙、瑞典、瑞士、英国、美国。

其中最低资本要求涵盖了信用风险、操作风险和市场风险。每一种风险需要的资本量都有相应的计算方法。这些方法中有巴塞尔委员会给定的标准方法，也有基于银行自己模型的内部方法，见图6-2。

图6-2 《巴塞尔协议Ⅱ》下三种风险对应的最低资本要求

《巴塞尔协议Ⅱ》对银行与银行体系有很多好处，用十国集团的主席 Jean-Claude Trichet 以及巴塞尔委员会的主席 Jaime Caruana 的话来讲，新协议可以达到以下目标：

第一，新协议更能反映银行面临的风险，包含的风险更全面，涉及信用风险、市场风险及操作风险。

第二，新协议对银行必须持有最低资本有更为详细的规定。

第三，新协议对银行风险管理与银行监管有了一个更综合的方法。

第四，新协议不仅有助于银行稳妥经营，而且有助于银行健康经营，最终有助于金融体系的稳定和一国经济的发展。

第五，新协议鼓励银行强化内部风险控制，最终改进风险计量与风险管理体系。

本书可以把巴塞尔新协议的最终目标归结为三个：促使银行有充足的资本，鼓励银行提升风险管理水平，强化金融体系的稳健运行。实现这三个最终目标的手段就是引入风险管理的三个支柱：最低资本要求，监管者审核，市场约束。第一个支柱与《巴塞尔协议》没有本质的差别，只是对风险资产的风险系数进行了一些调整。监管者审核、市场约束这两个支柱是在《巴塞尔协议》之上新增的。这三个支柱相辅相成。

另外，《巴塞尔协议Ⅱ》也积极鼓励银行提升自己的风险控制水平。鼓励的办法实际上很简单，那就是风险管理水平高的银行就可以节约资本，从而有机会获得更多的资本回报。

三 《巴塞尔协议Ⅱ》关于银行资本的组成

(一) 核心资本

巴塞尔委员会认为，银行资本中最重要的组成部分是核心资本，包括股本金和公开准备。其中股本金包括已经发行且全额缴付的普通股和非累积性优先股。这部分资本对于各国银行来讲都是相同的，在公开账目中完全可见，它也是市场判断资本充足率的基础,并对银行盈利水平和竞争能力产生重大影响。

为了便于监管,委员会将资本划分为两级。第一级是核心资本,要求银行资本中至少有50%由核心资本来构成。也就是说,《巴塞尔协议Ⅱ》规定最低资本比率8%,核心资本不得低于4%。

(二) 附属资本

附属资本也被称为次级资本,包括未公开准备、重估准备、一般准备金、混合性债务资本工具、长期次级债务。

1. 未公开准备

未公开准备或者隐性准备包括尚未公开但已经反映在损益表上,并为银行的监管机关所接受的准备。未公开准备与公开的延迟收益可能内在质量相同,但从国际认同的最低标准来看,未公开准备缺乏透明度,而且很多国家不承认未公开准备,也不承认其作为资本的合法性,因此未公开准备不被包含在核心资本中。

2. 重估准备

有些国家按照本国的监管和会计条例,允许对某些资产进行重新评估,以便反映资产的市场价值,或者更接近市场价值,并将重估准备包括在银行资本中。这种重估可以来自两种形式:① 对银行自身物业的正式重估;② 因隐性价值而形成的资本名义增值,主要是由于资产负债表中有价证券是以历史成本计价的。情形②的产生,是由于某些国家允许银行持有股票,但股票是按照历史成本计价的。如果按照市场价值出售,那么银行就可能产生利益,而这部分利益可以用来弥补亏损,因此这部分重估准备可以放在附属资本中。但由于股票价格会出现很大的波动,因此要对股票的市场价值与历史成本之间的差额大打折扣,委员会建议打55%的折扣。

3. 一般准备金

一般准备金或一般呆账准备金是为了防备将来可能出现的亏损而设立的,只要它们用于某项特别资产,而且不反映某项资产价值的减少,就可以作为附属资本。但是,已经被确认的损失或者某项资产价值明显下降,为这些损失或者资产而设立的准备金就不应该作为附属资本。资本中尤其不能包括那些针对已经查明的国家风险、不动产贷款和其他有问题部门资产损失而设立的准备金。

可以被作为附属资本的一般准备金或一般呆账准备金仅限于加权风险资产的1.25个百分点。

4. 混合性债务资本工具

这类融资工具既具有股本性质,也具有一定的债务性质。每一种都具有某些特性,从而影响着其作为资本的质量。巴塞尔委员会同意,由于这些金融工具与股本极为相似,特别是它们能够在不必清偿的情况下承担损失,维持银行的经营,因此可以被列为附属资本。除累积固定分红的永久性优先股外,符合下列特征的金融工具也可以包括在附属资本内:① 它们是无担保的、从属的和全额实缴的;② 它们不可能由持有者主动赎回,未经监管当局事先同意,也不准赎回;③ 除非银行被迫停止交易,否则它们必须用于分担损失(这不同于常规的次级债务);④ 虽然资本工具会承担支付利息的责任,而且不能永久性地削减或取消(不同于普通股的股息和红利),但当银行的盈利不够支付时,应该推迟支付利息(类似于累积优先股)。

5. 长期次级债务

巴塞尔委员会认为,由于长期次级债务具有固定期限,它作为资本的构成部分存在严重缺陷,因此有必要限制这种债务资本在总资本中的数额。巴塞尔委员会决定最初期限在5年以上的债务工具可以包括在附属资本中,但其比重最多不得超过核心资本的50%,并有适当的分期摊还安排。

(三) 资本扣除部分

巴塞尔委员会认为,在计算以风险加权的资本比率时,下列内容应该从资本中扣除。扣除的内容包括:

(1) 从核心资本中扣除商誉。

(2) 对从事银行业务和金融活动的附属机构的投资,这项投资在本国制度下并未列入集团的资产负债表中,通常的做法是将附属机构的资产负债表与总行合并,以计算整个银行集团的资本充足率。如果不是这样,为了避免同一资本在一个集团的不同机构中被重复计算,就应该将这部分投资从资本中扣除。至于对资本已经从母公司资本中扣除的附属公司的投资,在计算资本比率时不应该将投资列入总资产中。

委员会慎重考虑了要求将银行所持有的、由其他银行和存款机构所发行的资本工具从资本中扣除的可能性。十国集团部分成员国的监管当局要求将这类资本扣除,以阻止整个银行体系在无力从外部筹集股本时相互交叉持股。交叉持股会给整个银行体系带来危险,因为问题会从一个机构迅速传导至另一个机构,甚至传导至其他国家。尽管有这种担心,巴塞尔委员会目前还不赞成扣除所持其他银行资本的总体政策,因为这样做会妨碍一些国家银行体制重大而又合理的变革。

巴塞尔委员会同意:

(1) 各国监管机构有权自由实施扣除政策或扣除所持有的其他银行的全部资本,或扣除超出有关控股银行或发行银行资本的重要限额的股份持有额,或根据实际情况逐一处理。

(2) 如果不进行部分扣除,银行持有的其他银行资本工具适用100%的风险权重。

(3) 在实施扣除政策时,成员国认为应当阻止那种为了扩大银行资本而相互交叉持股的做法。

(4) 委员会并不排除今后采取控制措施的可能。

四 《巴塞尔协议Ⅱ》关于银行资产风险权重的规定

(一) 规定风险权重的意义

《巴塞尔协议Ⅱ》承袭了《巴塞尔协议》的做法,通过不同的风险权重反映不同资产的信用风险可能给银行带来的意外损失。不仅针对表内资产,而且针对表外资产。这种给定风险权重的做法有明显的优点:

第一,为结构不同的银行体系建立公平的比较基础;

第二,便于计算资产负债表之外的项目风险;

第三,不妨碍甚至鼓励银行持有风险低的其他资产。

(二)《巴塞尔协议Ⅱ》与《巴塞尔协议》的主要区别

《巴塞尔协议Ⅱ》关于信用风险最低资本要求的标准法中,对风险权重的规定如表6-4所示。

表6-4 《巴塞尔协议》和《巴塞尔协议Ⅱ》的主要区别

项 目	2004年《巴塞尔协议Ⅱ》	1988年《巴塞尔协议》
承认外部评级	承认	不承认
承认抵押与担保	承认	不承认
对主权国家或其央行的债权	0—100%	OECD国家为0,非OECD国家为100%
对公共部门的债权	比主权债的风险权重高一个档次。如果公共部门与私人部门存在竞争,则视同为大中型企业的风险	0、20%、100%
对多边开发银行的债权	符合要求的高级别的多边银行的风险权重为0,其他多边银行则根据外部评级来确定风险权重	20%
对银行的债权	比主权国家风险权重高一个档次	OECD的银行20%,非OECD的银行为100%
对公司的债权	100%或者使用外部评级来确定风险权重	100%
零售贷款	75%	100%
有保险的住房按揭	35%	50%
超过90天的逾期贷款	非按揭贷款,如果特别准备金低于20%,则风险权重为150%;如果特别准备金达到或者超过20%,则风险权重为100% 住房按揭准备金提取低于50%,则风险权重为100%,如果准备金超过50%,则权重为50%	对正常贷款和逾期贷款没有区别

《巴塞尔协议Ⅱ》与1988年的《巴塞尔协议》相比,在风险权重方面作了很多的调整,表现在以下方面:

第一,1988年的《巴塞尔协议》对风险权重只划分了四个级次,而《巴塞尔协议Ⅱ》则划分得更细。

第二,《巴塞尔协议》对 OECD 国家给予了明显优待,而对包括中国在内的非 OECD 国家则有明显的歧视性安排。

第三,《巴塞尔协议Ⅱ》承认外部评级的作用,而《巴塞尔协议》则不考虑外部评级。在《巴塞尔协议Ⅱ》中,一国银行监管当局有权决定外部评级机构是否达到要求,也有权决定什么级别被赋予什么样的风险权重。

第四,《巴塞尔协议Ⅱ》承认抵押和担保在降低信用风险方面的作用,《巴塞尔协议》则没有考虑。

第五,《巴塞尔协议Ⅱ》降低了零售贷款和小企业贷款的风险权重。

(三) 对《巴塞尔协议Ⅱ》的风险权重的解释

表 6-4 是对《巴塞尔协议》中各种债权的风险权重的规定,本书作以下解释:

1. 关于主权债以及中央银行债

《巴塞尔协议Ⅱ》不再区分 OECD 国家与非 OECD 国家。原来针对 OECD 国家的主权债的风险权重为 0,而非 OECD 国家的主权债的风险权重为 100%。《巴塞尔协议Ⅱ》根据外部评级结果来确定风险权重,具体划分见表 6-5。

表 6-5 风险权重的划分

信用级别	AAA 到 AA−	A+ 到 A−	BBB+ 到 BBB−	BB+ 到 B−	B− 以下	未评级
主权风险权重(%)	0	20	50	100	150	100

关于主权风险权重有两种优待的情况:一是银行持有自己国家的主权债,二是用本国货币计价的债权。

关于主权风险权重的一个选择是采用出口信用机构的风险指标,见表 6-6。

表 6-6 出口信用机构的风险指标

出口信贷机构的风险等级	0—1	2	3	4—6	7
主权风险权重(%)	0	20	50	100	150

主权风险权重构成银行持有的外国资产风险权重的底线。

2. 关于对公共部门的债权

《巴塞尔协议Ⅱ》中关于公共部门的定义与《巴塞尔协议》中的定义一样。公共部门的主要特征是有稳定的财政支持或者其他收入来源,不可能破产。公共部门包括公立学校、医院等,一般的国有企业不能算是公共部门。在设置风险权重时,公共部门比主权债的风险权重差一个档次。但如果公共部门与私人部门存在竞争,则视同为大中型企业的风险。

3. 关于对多边开发银行①的债权

《巴塞尔协议Ⅱ》不再使用《巴塞尔协议》中统一的20%的风险权重，而是根据外部评级来确定风险权重，具体见表6-7。

表6-7　以外部评级来确定风险权重

信用级别	AAA 到 AA−	A+ 到 A−	BBB+ 到 BBB−	BB+ 到 B−	B−以下	未评级
风险权重(%)	20	50	50	100	150	50

如果多边开发银行能够满足巴塞尔委员会的标准，那么风险权重可以为0。这些标准是：① 主要的外部评级都是 AAA；② 股东中主权占很大比例，而且主权评级在 AA− 或以上；③ 股东提供了充足的实收资本；④ 流动性充足；⑤ 有严格的借贷要求和财务政策。

4. 对银行的债权

对银行的债权有两个方案：一个是比主权风险权重差一个档次，见表6-8；另一个是根据银行的外部评级来确定风险权重，而对原始期限为3个月或者小于3个月的债权，风险权重要高一个档次，见表6-9。

表6-8　比主权风险权重低一个档次

信用级别	AAA 到 AA−	A+ 到 A−	BBB+ 到 BBB−	BB+ 到 B−	B−以下	未评级
主权风险权重(%)	0	20	50	100	150	100
银行风险权重(%)	20	50	100	100	150	100

表6-9　比风险权重高一个档次

银行级别	AAA 到 AA−	A+ 到 A−	BBB+ 到 BBB−	BB+ 到 B−	B−以下	未评级
风险权重(%)	20	50	50	100	150	50
短期债权的风险权重(%)	20	20	20	50	150	20

5. 对公司的债权

《巴塞尔协议》中对公司债权的风险权重为100%，不区分好公司和坏公司。《巴塞尔协议Ⅱ》则允许使用外部评级来确定风险权重，而对没有评级的公司则使用100%的风险权重，见表6-10。

---

① 多边开发银行主要有：世界银行、亚洲开发银行(ADB)、非洲开发银行(AfDB)、欧洲复兴开发银行(EBRD)、泛美开发银行(IADB)、欧洲投资银行(EIB)、北欧投资银行(NIB)、加勒比海开发银行(CDB)、伊斯兰开发银行(IDB)、欧洲开发银行理事会(CEDB)。

表 6-10　使用外部评级来确定风险权重

信用级别	AAA 到 AA −	A + 到 A −	BBB + 到 BB −	BB − 以下	未评级
风险权重(%)	20	50	100	150	100

6. 零售贷款的风险权重

零售贷款的定义是:① 贷款发放给一个人、几个人或者一家小企业;② 贷款形式是循环贷款或者信贷额度、个人定期贷款、租赁、授信便利或承诺;③ 贷款的分散性;④ 金额小(不超过 100 万欧元)。

零售贷款的风险权重为 75%。而且对单一客户的风险暴露不得超过零售资产的 0.2%。

7. 住房按揭贷款与商业房地产抵押贷款的风险权重

《巴塞尔协议》中住房按揭贷款的风险权重是 50%,《巴塞尔协议Ⅱ》调整为 35%。对商业房地产抵押贷款的风险权重维持原来 100% 的风险权重。这么做的主要理由是商业房地产是银行不良资产的一个主要来源。

8. 逾期贷款的风险权重

对于逾期贷款,《巴塞尔协议》没有特别的说法。而 2004 年的《巴塞尔协议Ⅱ》作了明确的规定。一项贷款如果逾期了 90 天则风险权重视特别准备金的提取情况而有所不同。对于非按揭贷款,如果特别准备金低于 20%,则风险权重为 150%;如果特别准备金达到或者超过 20%,则风险权重为 100%。住房按揭准备金提取低于 50%,则风险权重为 100%;如果准备金超过 50%,则权重为 50%。

9. 高风险债权

高风险债权给予 150% 或者更高的风险权重。高风险债权包括评级在 B − 以下的主权、公共部门、银行、证券公司的债权,评级在 BB − 以下的企业债权,也包括逾期贷款。

对评级在 BB + 至 BB − 之间的证券化头寸,风险权重为 350%。

10. 其他资产的风险权重

其他资产的风险权重为 100%。

五　表外资产的风险权重

巴塞尔委员会认为,将所有表外业务都包括在衡量资本充足率的系统中是十分重要的。但由于对某些表外业务的风险估计缺乏经验,而且表外业务也不断创新,因此,巴塞尔委员会采用一种综合方法:对全部表外业务先将其名义本金数额乘以信用风险转换系数,然后再根据交易对手的性质计算出数额进行风险加权。《巴塞尔协议Ⅱ》对信用风险转换系数进行了以下规定,见表 6-11。

表 6-11 信用风险转换系数

转换系数为 100% 的表外业务 1. 直接的信用替代(对一般债务的担保,包括对贷款和债券起担保作用的备用信用证); 2. 银行的承兑业务及其参与的直接信用替代(也就是备用信用证); 3. 银行的证券借贷或银行用作抵押物的证券(回购/逆回购,证券借出/借入交易); 4. 购买资产的远期协议。
转换系数为 50% 的表外业务 1. 与某些交易相关的或有性业务(即投标保证金、履约保证金等); 2. 原始期限超过 1 年的证券承销承诺和贷款承诺; 3. 循环证券承销服务(RUFs)和票据发行服务(NIFs)。
转换系数为 20% 的表外业务 1. 原始期限在 1 年或 1 年以下的证券承销承诺和贷款承诺; 2. 与货物贸易有关的短期自偿性信用证。
转换系数为 0 的表外业务 可以无条件取消的承诺。

相对于《巴塞尔协议》,《巴塞尔协议Ⅱ》关于表外业务风险转换系数的规定,只是作了局部的改动。主要是 1 年和 1 年以下的承诺的风险转换系数,由原来的 0 提升为 20%。另一个改变是表外业务的风险权重转换为表内风险资产后,风险权重与交易对象的信用水平有关,即外部评级结果将产生很大影响。

六 信用风险缓释与风险权重系数

对银行而言缓释信用风险有许多办法,其中主要有提供抵押品、第三方担保、利用信用衍生品、表内资产负债的净扣等。

(一) 抵押品与风险权重系数

《巴塞尔协议Ⅱ》扩大了合格抵押品的范围。在使用简单法中,合格的抵押品包括:现金、黄金、债券和股票。其中债券包括:BB-及以上级别的主权债券和公共部门债券,BBB-及以上级别的其他主体发行的债券,A3P3 及以上的商业票据,未被评级但由银行发行且可上市交易的优先级债券。股票则单指主要指数的成分股。如果使用综合法,除了包括上述工具,还包括即使不属于主要股票指数的成分股,但在比较知名的交易所交易的股票。

在简单法中,与 1988 年的基本原则相同,还是使用替代性方法。但抵押品每 6 个月必须重新估值,期限一定与贷款匹配,风险权重为 20%,除非用现金和政府债券作抵押。

在综合法中,要使用折扣(Haircuts)来反映抵押品的价格波动。为了估计价格波动,可以使用监管当局的、银行自己的以及风险价值等方法。例如,如果使用监管当局的方法,则有如表 6-12 所示的标准。

表 6-12　抵押品的资信与折扣率

工具级别	剩余期限(年)	主权债券	其他债券
AAA 到 AA−/A−1	≤1	0.5%	1%
	>1,≤5	2%	4%
	>5	4%	8%
以 A+ 到 BBB−/A−2/A−3 为评级的银行票据	≤1	1%	2%
	>1,≤5	3%	6%
	>5	6%	12%
BB+ 到 BB−	全部期限	15%	不合格
主要成分股及黄金		15%	
其他合格股票		25%	
共同基金		基金投资的证券中折扣率最高的那个	
相同币种的现金		0	

如果有抵押品,则贷款的风险暴露为

$$E^* = \mathrm{MAX}\{0, [E - C(1 - H_c)]\}$$

这里,E^* 为调整后的风险暴露,E 为总风险暴露,C 为抵押品的数额,H_c 为抵押品的折扣率。

例如,一笔 5 亿元的贷款,交易对方属于 100% 的风险权重,用 4.5 亿元的成分股票作抵押,则风险加权的贷款相当于 1.175 亿元。

$$E^* = \mathrm{MAX}\{0, [E - C(1 - H_c)]\}$$
$$= \mathrm{MAX}\{0, [5 - 4.5(1 - 0.15)]\}$$
$$= 1.175$$

风险加权资产为 1.175 亿元,即

$$1.175 \times 100\% = 1.175 (亿元)$$

在通过抵押来缓释贷款风险方面,银行要关注三个方面。首先,要关注抵押品的法律归属,也就是说,银行必须有权变卖或者占有该抵押品。其次,要关注抵押品的价值与借款人质量的相关关系。如果借款人的资信降低,而抵押品的价值也大幅度降低,那么抵押品对于缓释借款人的违约风险就没有多大的作用了。最后,要关注风险管理过程的效力。一旦借款人违约,银行可以及时启动法律程序,托管人能够迅速把抵押品分离出来,而且可以迅速变卖和清偿。

(二) 担保、信用衍生品与信用风险权重

银行贷款通过担保、信用衍生品、净扣、证券化等,可以缓释贷款的信用风险。

担保协议必须是直接的、明晰的、无条件的、不可撤销的。担保人的信用水平一定要高于被担保人。合格的担保人包括一国政府、公共部门、商业银行和证券公司以及其他可以达到 A 及 A 以上信用级别的机构。如果有担保,得到担保部分的贷款则可以获得担保人的信用水平。也就是说,《巴塞尔协议Ⅱ》执行替代性的原则。

信用衍生品主要包括总收入互换(Total Return Swap)、违约互换(Credit Default Swap)、信用利差选择权(Credit Spread Swap)、以贷款现金流为抵押的证券(Collateralized Loan Obligation,CLO)、资产证券化等。可以缓释信用风险的信用衍生品,必须由合格的主体来出售。合格主体的定义与合格担保人的定义相同。另外,在操作上,有一定的限制。

表内资产与负债的净扣(On-balance Sheet Netting)是指同一个借款人在同一家银行既有贷款,又有存款,那么二者相互抵消可以提升贷款的安全性。但贷款与存款在多大程度上可以抵消,对于贷款的信用水平有很大的影响。如果可以完全净扣,那么只是贷款的净额才会有违约风险。在净扣时,需要事先与借款人有净扣协议,而且该协议在法律上是有效的。贷款与存款必须可以确定,而且银行管控着净扣产生的相应风险。

《巴塞尔协议Ⅱ》对于资产证券化与银行资本的关系作出了一些调整,主要包括以下方面:① 资产证券化中的某一个层级的风险权重完全依赖于其外部评级;② 对待发起银行与投资购买的银行有不同的做法;③ 如果某个层级没有经过评级,那么除非某些特殊情况发生,否则要从银行资本中减掉。这些特殊情况包括:① 市场发生剧烈变动,需要银行提供流动性。在这种情况下,风险转换系数可以为0。② 需要银行提供流动性给特设机构,但贷款属于最优先债务,而且是可以无条件取消的。这种情况下,持有证券的风险转换系数也可以为0。

一般情况下,资产证券化的风险权重见表6-13。

表6-13 证券化的风险权重

评级	发起银行	购买的银行
AAA 到 AA −	20%	20%
A + 到 A −	50%	50%
BBB + 到 BBB −	100%	100%
BB + 到 BB −	减掉	350%
B + 以下	减掉	减掉
未评级	减掉	减掉

值得一提的是,《巴塞尔协议Ⅱ》对于证券化不完全是鼓励,但对优良资产的证券化还是有利的,因为高级别证券的风险转换系数很小。对不良资产证券化是不利的,因为低级别证券以及银行自己持有低级别以及未评级证券的风险转换系数很大,有的干脆就从资本中减掉了。

风险资产计算示例

第四节 信用风险与内部评级法[①]

一 内部评级法概述

(一) 定义

内部评级法(Internal Rating Based Approach,IRB)是《巴塞尔协议Ⅱ》评定银行信用风险所需资本的一种方法。具体是指,在满足最低条件和披露要求的前提下,得到监管当局的批准,银行可以根据自己对风险要素的估计值决定信用风险的资本要求。这些风险要素包括违约概率(Probability of Default,PD)、违约损失率(Loss Given Default,LGD)、违约风险暴露(Exposure at Default,EAD)以及期限(Maturity,M)。在某些情况下,可以要求银行采用监管当局给定的数值,而不采用对一项或几项风险要素的内部估计值。

违约概率(Probability of Default,PD)是指贷款发生本息不能按约偿付的可能性;违约损失率(Loss Given Default,LGD)是指一旦违约银行贷款本息损失的程度;违约风险暴露(Exposure at Default,EAD)是指一旦违约银行贷款遭受风险的规模。这里需要提及的是,在银行实际运作中,一旦某笔贷款发生违约,银行风险暴露比实际贷款规模更大。这是因为银行会给某个借款人一个贷款承诺,比如贷款承诺5亿元,而企业实际使用3亿元。但如果该企业发生违约,它就会尽力使用其余的贷款额度。再比如一个信用卡的使用者发生违约,他很可能把信用卡的透支额度全部用完。因此,风险暴露与实际已经发放出去的贷款规模是不同的。

(二) 基本方法与高级方法

内部评级的基本方法中,银行负责估计每一个借款人的违约概率(PD),银行监管者负责提供违约损失率和违约风险暴露。

内部评级的高级方法中,银行负责估计全部参数,包括违约概率、违约损失率和违约风险暴露等。使用高级方法,需要满足更加苛刻的条件。

无论是基本方法还是高级方法,都可以采用降低风险的方法来提升信贷资产的质

[①] 参见彭秋良:"金融风险管理"讲义,北京大学光华管理学院 MBA 课程资料;《巴塞尔协议Ⅱ》,国际清算银行网站,2004年6月。

量。其中,合格的抵押品从标准方法中的内容,扩展到包括商业不动产、住宅不动产以及其他有形抵押物,如存货、应收账款等。

(三) 内部评级法的基本原则

内部评级法包括以下四个基本原则:

第一,内部评级法依赖于银行自身的内部评级系统。这一评级系统包罗万象,诸如借款人的信用级别、借款人的信息化水平、报表系统等都可以通过这一系统获得。目标是给借款人评定级别,以确定当借款人无法按约偿还贷款本息时银行承受损失的风险。通过这一内部评级系统,银行可以得到具体的风险评价参数,如违约概率、违约损失率和违约风险暴露等。银行通过这一系统中的数学模型或者从专家那里推断出借款人的违约风险。内部评级系统包括全部的过程、步骤、方法与信息技术。

第二,内部评级法基于三类重要因素:① 风险构成,即违约概率、违约损失率和违约风险暴露;② 风险权重函数,即针对不同信用级别的风险权重,这些权重是监管当局给定的;③ 最低资本要求。

第三,内部评级法针对每一类资产都有不同的方法。这些方法是银行根据自己的历史数据资料开发出来的。

第四,内部评级系统中的过程、步骤、方法与信息技术要得到银行监管机构的批准。

(四) 为什么创立内部评级方法

巴塞尔委员之所以会鼓励银行创立自己的内部评级方法,主要有以下三点理由:

首先,弥补《巴塞尔协议》的不足。《巴塞尔协议》的主要不足,是没有区分不同管理水平的银行,不管什么样的银行都按照事先给定的标准来执行。《巴塞尔协议Ⅱ》则变得更有弹性,允许那些高水平的银行执行内部评级方法,从而使得资本更能体现"可以弥补意外风险损失"的本意。

其次,鼓励银行提升风险管理水平。内部评级方法的使用,有助于银行节省资本。尽管在发达国家,银行资本的充足性不是主要问题,但风险管理水平还是有待提高。通过执行内部评级法,让银行建立风险管理意识,健全风险管理体系,提高风险管理水平,最终实现全社会银行体系和金融体系的稳健运行。这一点就如同要检查卫生一样,检查不是目的,但检查使得人们搞卫生的积极性提高了,最终的结果是卫生水平提高了。

最后,让银行把自己对风险的理解融入风险管理和资本管理中。对风险的理解,不同的主体从不同的角度,所得的结论是不同的。银行更有资格判断风险,更有资格从自身情况出发量化风险。尽管银行监管当局和信用评级机构也都对风险作出自己的判断,但单一的缺少弹性的风险计量标准,难以适应高水平的银行。允许这些高管理水平的银行建立自己的风险评估体系,更有利于整个银行体系的风险控制。

(五) 内部评级方法的程序

内部评级法是整个银行风险管理中的一个重要组成部分。银行风险管理包括四个层面:董事会和管理层监控,评级体系的审核与内部审计,各部门的监控机制,内部评级体系。可以用图 6-3 来表示。

图 6-3 内部评级法的程序

二 内部评级法中的风险构成与风险权重

前面提到内部评级法中的三类重要因素:风险构成、风险权重函数和最低要求,其中,由于最低要求过于细化,本书不作讨论,而只是对风险构成和风险权重作解释。

(一) 关于风险构成

首先,关于借款人的风险。主要风险指标是违约概率(PD)。需要两类信息,一类是定性的信息,包括管理层的管理水平、企业的产权结构等。企业产权结构暗指产权结构越集中,风险就越大,因为企业的制衡力会越弱。另一类是定量的信息,包括资产负债表中的信息、损益表中的信息、现金流量表中的信息,以及这三个报表中相互结合给出的信息。

其次,关于交易的风险。主要风险指标是违约损失率(LGD)。需要的信息包括债务的优先次序、抵押品、贷款违约后追回的时间、折现因子等。贷款违约后追回的时间与追索期的长短有很大的关系,而折现因子的大小与贷款追回后的现值大小有关。关于违约损失率要考虑到风险降低措施的作用,这与标准法中介绍的内容相似。降低风险的措施主要有抵押、担保、信用衍生品的使用、证券化等。由于内部评级法使用二维的计量方法,即区分了违约概率和违约损失率,因此要求银行必须严格区分关于违约概率与违约损失率的信息,必须明确给定某类资产的这两个信息,而且必须把这两个信息与内部评定的级别结合起来。

再次,关于风险暴露。主要风险指标是违约风险暴露(EAD)。简单类别的贷款的风险暴露就是贷款总额。而某些信贷产品如贷款承诺以及信用卡等贷款的风险暴露则是贷款数额,再加上信用风险转换系数乘以承诺的但未被提取的金额,即

风险暴露 = 贷款数额 + 信用风险转换系数(CCF) × 承诺的但未被提取的金额

例如,某项贷款承诺金额为3 000万元,已经提取1 000万元,信用转换系数为0.65,那么该项贷款的风险暴露为2 300万元。

风险暴露 = 1 000 + 0.65 × 2 000 = 2 300(万元)

最后,还要考虑的其他重要因素。这些因素包括:期限、借款规模。借款期限越短,贷款风险越低,因为预测的准确性与预测的时间长度有关,时间越短,意外情况发生的可能性越小。而且,损失率的波动率也与期限有关。另外,贷款风险降低的措施的实施,也与期限有关。时间越短,那些措施越不一定能够及时发挥作用。通常情况下,贷款规模越大,组合效应就越低,风险就越大。

在标准法中,风险构成因素与内部评级法有所不同,区别如表6-14所示。

表6-14 风险因素比较

风险因素	标准法	内部评级法
借款人的风险	信用评估机构的评级	违约概率(PD)
某项交易的风险	风险降低的措施	违约损失率(LGD)
可能遭受的风险规模	信用风险转换系数	风险暴露(EAD)
期限	没考虑	期限(M)

(二) 关于风险权重函数

风险权重函数实际上是多个变量的函数,与违约率、违约损失率、风险暴露等密切相关,也与贷款的类型有很大的关系。贷款类型可以划分为公司贷款、银行间贷款、零售贷款、小企业贷款、房地产贷款、信用卡贷款等,即风险权重函数为

$$RW = f(PD, LGD, M)$$

在内部评级的基本方法中,银行只估计借款人1年以上期限的违约概率,其余参数包括违约损失率、风险暴露、期限等由银行监管当局给定;而在内部评级的高级方法中,银行要估计借款人违约概率、违约损失率、风险暴露、期限等全部参数。

给定贷款的金额、风险暴露以及风险权重,就可以计算风险加权资产,公式如下:

$$RWA = F \times EAD \times RW$$

这里,RWA为风险加权资产,F为贷款的金额,EAD为风险暴露,RW为风险权重(基于违约概率、违约损失率以及期限等信息得到)。

例:B银行的某类贷款金额为100亿元,风险暴露为1.25倍,风险权重为100%,则风险加权资产为125亿元。

$$RWA = F \times EAD \times RW = 100 \times 1.25 \times 100\% = 125(亿元)$$

第五节 市场风险与操作风险

一 市场风险

市场风险是由于利率、汇率、股票价格以及商品价格变化而使银行遭受损失的风险。在1996年巴塞尔委员会发布的资本协议市场风险补充规定中,增加了市场风险的概念。在2004年的《巴塞尔协议Ⅱ》中,用交易账户替代了市场风险概念。

(一) 评估市场风险

之所以计算市场风险主要有以下理由:

第一,通过计算市场风险的总量,获得银行管理的信息。通常可以计算风险价值(Value at Risk,VaR),以反映银行面临的风险大小。

第二,银行可以限定所承受风险的规模。银行可以规定每个交易商所允许承受的市场风险的大小,包括分布在世界各地的每个交易平台、每个交易地点。

第三,分配资源。银行可以根据市场风险的大小分配昂贵的资本,目标是获得最高的风险调整后的资本收益率(RAROC)。

第四,业绩评估。每一个单位的风险应该获得相应的补偿,因此,通过计算市场风险,可以正确评估不同交易品种和交易商的业绩。

(二) 如何计量市场风险

对于小一些的银行,可以采用巴塞尔委员会给出的标准法;而对于国际化的大银行,可以采用自己的内部模型。

无论是标准法还是内部模型法,VaR模型都是重要的概念,而且有很重要的实际应用价值。

VaR模型的核心是内部控制,也就是让实际的风险损失不超过设置的上限。得到单位VaR后,根据交易总量,可以计算每个交易组合的市场风险总量,也就是会发生多大规模的风险损失。

VaR模型的生成,有三种手段:分析性的VaR(Analytic VaR)、历史的VaR(Historical VaR)、蒙特·卡罗模拟的VaR(Monte Carlo simulated VaR)。

分析性的VaR是根据金融工具之间的方差与协方差关系,推导出一个组合的方差,即

$$VAR_P = \sum \sum X_i X_j C_{ij}$$

这里,VAR_P为组合的方差,X_i、X_j为i种和j种工具的投资比重,C_{ij}为协方差。

历史的 VaR 是根据历史数据(250—500 个交易日)计算得来的。

蒙特·卡罗模拟的 VaR 是通过多次模拟交易账户而最终得到的。

例如,外币债券交易账户价值的影响因素包括国外的利率期限结构、汇率变化、债券本身的持续期等。改变一个或多个影响变量,需重新估计交易账户的价值。多次重复估算过程,比如10 000 次,就可以得到交易账户价格变化的分布。给定置信区间,比如95%或者99%,就可以得到 VaR。比如,置信区间为99%,那么 VaR 就是在 1 天内交易损失不会超过 1% 的价值。

例:持有市场价值为 10 亿元的债券,该债券期限为 8 年,持续期为 6 年。在 10 天的持有期之内,8 年期债券利率发生最坏的变化是上升 80 个基点,置信区间为 99%。

$$\text{VaR} = 持续期 \times 市场价值 \times 最坏利率上升$$
$$= 6 \times 10 \times 0.8\%$$
$$= 0.48(亿元)$$

例:持有股票价值 10 亿元(1 亿股,单价 10 元)。每天收益率的波动为 1%。使用 99% 的置信区间,最坏的收益率的波动是每天收益率波动的 2.5 倍。

则　1 天的 VaR = 波动率 × 市场价值 × 置信区间系数
$$= 1\% \times 10 \times 2.5$$
$$= 0.25(亿元)$$

10 天的 VaR = 1 天的 VaR × $\sqrt{10}$

(三) VaR 不是市场风险的绝对指标

在评估市场风险时,除了计算 VaR 指标,还要考虑以下内容:

第一,要考虑一些特殊因素对潜在交易损失的影响,也就是要进行压力测验,并作为控制市场风险的补充。

第二,要把历史上的以及银行内部的多个情景考虑进来,以反映出现极端市场情况下的交易损失。银行要及时进行监控。

第三,要规定其他指标的最低限或最高限,如反映市场流动性、净头寸、产品期限与数量等指标。

第四,市场风险管理是一个完整的体系,该体系通过各种措施确保市场风险能够被有效地分散。

(四) 银行评估市场风险要遵守的具体规则

银行要有明确的头寸持有或者投资组合的交易策略,并经过高层的批准。银行要有明确的头寸管理的政策和程序,包括:① 由交易室管理的头寸;② 设置头寸限额并进行监控;③ 交易员有权在批准的限额内,按照批准的交易战略管理头寸;④ 交易头寸至少逐日按照市场价值计价;⑤ 交易头寸定期报告给高级管理层;⑥ 按照市场信息来源,对交易头寸进行密切监控,还要评估市场变量的质量和可获得性、市场交易的规模、所交易头寸的规模等。

(五) 标准法对市场风险资本要求的处理

在标准法下,对市场风险引发的资本要求有以下规定:

1. 对政府债券的特定风险资本要求

对政府债券的特定风险资本要求见表 6-15。

表 6-15 对政府债券的特定风险资本要求

外部信用级别	风险资本要求
AAA 到 AA −	0
A + 到 BBB −	0.25%(剩余期限在 6 个月以内) 1%(剩余期限在 6 个月至 24 个月) 1.6%(剩余期限在 24 个月以上)
其他	8%

如果政府债券用本币计价,且银行用本币购买,则可以根据本国情况采用较低的资本要求。

2. 对未评级债券特定风险的处理原则

如果证券未评级,但银行认为其相当于投资级,且发行人的股票在认可的股票交易所挂牌交易,则经监管当局批准,未评级证券可列入合格类别中。

3. 采用信用衍生品进行保值的专项资本要求

如果两笔交易(多头交易和空头交易)的价值变化完全相反,变化程度基本相同,则银行可以不提取特定资本。

如果两笔交易(多头交易和空头交易)的价值变化完全相反,但变化程度基本不等,则银行可以只提取 20% 的特定资本。

如果两笔交易(多头交易和空头交易)的价值变化通常相反,则银行可以提取部分特定资本。主要是指参照资产负债表的风险暴露错配、币种错配、期限错配的情况。此时只提取风险资本要求高的一方的特定资本,其他情况则都应对两笔头寸分别计算特定资本。

二 操作风险

操作风险是指由不完善的或有问题的内部程序、人员以及系统的或外部事件所造成损失的风险。操作风险资本要求是《巴塞尔协议Ⅱ》中增加的。操作风险包括基本指标法、标准法、高级计量法。国际活跃银行以及操作风险较大的银行所选择的方法应该比基本方法复杂,并与其风险轮廓相适应。未经监管当局允许,银行一旦选择了高级的方法,就不可退回使用相对简单的方法。

(一) 操作风险的基本指标法

银行操作风险资本等于前三年中各年正的总收入乘以一个固定的比例(15%),然后加总,再求平均值。如果某年的总收入为负值或者为零,在计算平均值时,就不应该在分子和分母中包含这项数据。资本计算公式如下:

$$K_{BIA} = \left[\sum (GI_{1\cdots n} \times \alpha)\right]/n$$

这里,K_{BIA} 为基本指标法需要的资本,GI 为前三年各年收入为正的总收入,n 为前三年总收入为正的年数,α 为 15%。

总收入包括净利息收入和非利息收入。这一定义旨在反映所有准备的总额,但不包括证券出售实现的盈利,也不包括特殊项目和保险收入。

(二) 操作风险的标准法

采用标准法的银行需要满足以下条件:① 银行董事会和高管人员适当积极参与监督;② 银行操作风险管理系统概念稳健,执行正确有效;③ 有充足的资源来支持该方法的使用。

银行按照标准法对当前的业务进行归类,并有具体的政策和成文的标准。新的业务活动则可以及时得到审查和调整。在标准法下,银行业务分为 8 个产品线,即公司金融、交易和销售、零售银行业务、商业银行业务、支付和清算、代理业务、资产管理、零售经纪。

在各产品线中,总收入是广义指标,代表经营规模。计算各产品线资本要求的方法是,用银行总收入乘以相应的系数(用 β 值来表示)。总资产要求则是各产品线监管资本按年相加后取三年的平均值。在任何一年,任何产品线负的资本要求,都可以抵消其他产品线正的资本要求。但如果某一年的各产品线总资本要求为负,那么当年分子项为零,即

$$K_{SA} = \frac{1}{3}\sum_{1-3} \max\left(\sum (GI_{1-8} \times \beta_{1-8}), 0\right)$$

这里,K_{SA} 为用标准法计算出来的资本要求,GI 为前三年各年收入的收入,β 为巴塞尔委员会设置的固定系数。

具体标准见表 6-16。

表 6-16　β 系数的具体标准

产品线	β 系数
公司金融(β_1)	18%
交易和销售(β_2)	18%
零售银行业务(β_3)	12%
商业银行业务(β_4)	15%
支付和清算(β_5)	18%
代理业务(β_6)	15%
资产管理(β_7)	12%
零售经纪(β_8)	12%

(三) 操作风险的高级计量法

高级计量方法是指,银行用定量和定性的标准,通过内部操作风险的计量系统计算监管资本要求。使用高级计量方法需要得到监管当局的批准。如果东道国监管当局批准和母国监管当局支持,采用高级方法的银行在计算地位不重要的国外分行操作风险资本要求时,可以使用分配制。如果是地位很重要的分行,则要独立计算操作风险资本。这些地位重要的银行无法获得集团层面分散化的利益,但可以获得自身层面分散化的利益。

采用高级计量方法的银行,需要满足以下定性标准:

(1) 银行具备独立的操作风险管理岗位。
(2) 银行将操作风险评估体系融入日常风险管理流程。
(3) 定期向业务管理层、高级管理层和董事会汇报操作风险暴露和损失情况。
(4) 操作风险管理体系文件齐备。
(5) 风险管理流程和计量体系定期接受内部和外部审计。

采用高级计量方法的银行,需要满足以下定量标准:

(1) 操作风险内部计量体系必须与巴塞尔委员会规定的操作风险范围和损失事件相一致。
(2) 银行能够通过加总预期损失和非预期损失得出监管资本要求。
(3) 银行风险计量系统很细,能够将主要的操作风险因素考虑在内。
(4) 在计算最低监管资本要求时,应加总不同操作风险的估计值。使用相关分析,需要得到监管当局的批准。
(5) 操作风险计量系统必须包含某些关键因素,以符合监管当局的稳健标准。
(6) 银行拥有可信、透明、文件齐备且可验证的方法,以确定各基本要素在总体操作风险中的权重。

第六节 监管者审核与市场约束

《巴塞尔协议Ⅱ》共有三个支柱:最低资本要求,监管者审核,市场约束。前面阐述了第一支柱,本节将介绍第二支柱——监管者审核和第三支柱——市场约束。

一 第二支柱——监管者审核

(一) 监管者审核的意义

按照《巴塞尔协议Ⅱ》的说法,第二支柱——监管者审核有以下意义:

第一,管理者审核不仅要保证银行有充足的资本应对业务中的所有风险,而且还鼓励银行开发更好的风险管理技术来监测和控制风险。第二支柱特别适合处理三个主要领域的风险:① 第一支柱涉及但没有完全覆盖的风险,如贷款集中的风险;② 第一支柱没有涉及的因素(银行账户的利率风险、业务和战略风险);③ 银行的外部因素,如经济周期的效应。

第二,监管者审核明确了管理层在开发内部资本评估程序和设定资本目标中的责任。第二支柱要求每家银行都有健全的风险评估的内部程序。巴塞尔委员会认识到银行为抵御风险所持有的数量,与银行风险管理、内部控制等程序的执行力有很大关系。增加资本不是银行抵御风险的唯一选择,绝不能替代解决风险管理中的根本问题。

(二) 监管者审核的主要原则

第一,银行应具备一整套程序,用于评估与其自身的风险特征相适应的总体资本水平,并制定保持资本水平的战略。

严格的程序具有五个主要特征:① 董事会和高管人员的监督;② 健全的资本评估;③ 全面评估风险;④ 监测和报告系统;⑤ 内部控制的检查。

董事会和高管人员的监督,是指他们负责把握银行所承受风险的性质和程度,了解资本充足程度和风险之间的关系,制定银行战略应该包含资本需求、预计资本支出、目标资本水平和外部资本来源,确保建立评估各类风险的框架、政策和程序。

健全的资本评估,包含保证银行识别、计量和报告所有实质性风险的政策和程序得到贯彻,拥有把风险水平与资本联系在一起的程序,设定与风险特征一致的目标资本充足率的程序,确保管理过程中内部控制、检查和审计程序的完整性。

全面评估风险,包括评估以下风险:信用风险、操作风险、市场风险、流动性风险、利率风险以及其他风险。

监测和报告系统,要有管理层对实质性风险的水平和发展趋势及其对资本水平的影响作出的评价,要有对资本评估计量系统中关键假设的敏感度与合理性作出的评价,要确保银行拥有充足的资本抵御各种风险,要根据银行自身的风险特征评估未来的资本需求以及对银行战略的适当调整。

内部控制的检查,包括检查银行资本评估程序的合理性,识别大额风险暴露和风险集中,检查银行评估程序所用参数的准确性和完整性,检查评估过程中各种情景设置的合理性和有效性,检查压力测试及其各种假设和参数。

第二,监管当局应检查和评价银行资本充足率的评估情况与战略,以及它们检测并确保监管资本比率达标的能力。

这一原则主要检查风险评估的充足性,评估资本充足率,评估经济周期和外部环境,检查最低标准的合规性,了解监管当局对银行风险评估和资本分配不满意时银行的必要反应。

第三,监管当局应该鼓励银行持有比最低资本比率更高的资本。

银行应该持有更多资本的理由:① 许多银行希望取得更高的信用等级。② 银行的业务类型和规模随着不同风险的变化而变化,从而引起资本水平的波动,为了随时满足最低资本比率的要求,银行应该持有更多的资本。③ 银行追加资本的成本通常比较高,特别是在被迫增加资本的情况下。④ 银行资本低于最低要求,是一个很严重的问题,会使银行违反法律,引起监管当局采用严厉的监管措施。⑤ 第一支柱可能没有考虑单个银行或者整个经济面临的风险。

第四,监管当局应该尽早采取干预措施,防止银行资本水平低于最低要求。如果银行未能保持或者补充足够的资本,监管当局应该要求其迅速采取补救措施。

监管当局采取的措施包括:限制利息支付,要求银行指定和执行资本补充计划,立即追加资本。追加资本不是解决银行困难的根本办法,但采取其他办法需要的时间很长,所以追加资本可以成为阶段性措施。一旦银行的其他措施得以有效执行,就可以取消追加资本的阶段性办法。

二 第三支柱——市场约束

《巴塞尔协议Ⅱ》要求银行遵守信息披露的要求。这一要求有利于市场参与者评价银行的资本内涵、风险范围与程度、资本充足程度等。信息披露应该与银行高级管理层、董事会对银行风险的评价和管理相一致。巴塞尔委员会认为,共同而一致的披露框架是将银行风险暴露告知市场的有效途径。信息披露要求与会计准则的有关要求不矛盾,会计准则要求披露的范围更宽泛。巴塞尔委员会努力将第三支柱的披露限定在银行资本充足率的披露上。银行信息披露的地点和载体,由银行自己决定。关于哪些是重要信息,由银行自己判断,巴塞尔委员会没有具体规定。某些属于商业秘密的信息,可以不被披露。但要披露笼统一些的信息,同时要说明没有披露特别信息的理由。信息披露既包括定量的信息,也包括定性的信息,其中包括银行风险管理的目标、政策、风险降低技术、资本、资本充足性、产品线的风险暴露、贷款集中、地域风险暴露等。其中,关于资本结构、资本充足率的披露如表 6-17、表 6-18 所示。

表 6-17　关于资本结构的披露

定性披露	(a)	简述所有资本工具的主要特征及情况,特别是创新、复杂或者混合资本工具
定量披露	(b)	一级资本总量,并单独披露以下内容: (1) 实收资本/普通股 (2) 资本公积 (3) 在子公司股本中的少数股权 (4) 创新工具 (5) 其他资本工具 (6) 保险公司的超额资本① (7) 从一级资本中扣除的监管计算差额② (8) 其他从一级资本中扣除的项目,包括商誉及投资
	(c)	二级资本和三级资本的总额
	(d)	资本的其他扣除额③
	(e)	合格资本总额

表 6-18　关于资本充足率的披露

定性披露	(a)	简述评估资本充足率的方法
定量披露	(b)	信用风险的资本要求: (1) 标准法下的资产组合,单独披露每个资产组合 (2) 内部评级法下的资产组合,单独披露内部评级基本法下的资产组合、高级法下的每一个资产组合 ● 公司、主权和银行贷款 ● 个人住房贷款 ● 合格的循环零售贷款 ● 其他零售贷款 (3) 资产证券化风险暴露
	(c)	内部评级法下股权投资风险的资本要求: (1) 市值法下的股权投资 ● 简单风险权重法下的股权投资 ● 内部模型法下银行账户中的股权投资 (2) 违约概率/违约损失率法下的股权投资

---

① 银行持有股份或者控制的保险公司中,投入资本超过保险监管当局规定的监管资本的部分。属于银行的那部分,银行监管当局可以承认其为银行的资本。
② 当采用内部评级法计算出的预期损失超过准备金时,超过部分的 50% 要从资本中扣除。
③ 包括从二级资本中扣除的 50% 的差异(当内部评级法计算出的预期损失超过准备金时)。

(续表)

(d)	市场风险的资本要求： (1) 标准法 (2) 内部模型法——交易账户
(e)	操作风险的资本要求： (1) 基本指标法 (2) 标准法 (3) 高级计量法
(f)	总资本充足率和一级资本充足率： (1) 集团最高层次的并表 (2) 主要子公司

第七节 《巴塞尔协议Ⅲ》的出台与国际银行业监管标准改革

2008年国际金融危机爆发，导致更严格的金融部门特别是银行监管标准出台。2010年12月，巴塞尔委员会公布了《巴塞尔协议Ⅲ》的最终版本，从2013年开始在银行业金融机构引入该协议，并计划于2019年完全生效。

一 提高监管资本要求

相较于旧协议，《巴塞尔协议Ⅲ》将资本分成核心一级资本、一级资本及二级资本，并且增加了储备资本缓冲、逆周期资本缓冲及系统性重要银行附加资本的概念。《巴塞尔协议Ⅲ》在上述基础上明确了相关资本充足率的最低要求及资本损失吸收顺序：逆周期资本缓冲（0—2.5%）、储备资本缓冲（2.5%）、核心一级资本（4.5%）、其他一级资本（6%）、二级资本（8%）。

各个指标的定义如下：

$$资本充足率 = \frac{总资本 - 对应资本扣减项}{风险加权资产} \times 100\%$$

$$一级资本充足率 = \frac{一级资本 - 对应资本扣减项}{风险加权资产} \times 100\%$$

$$核心一级资本充足率 = \frac{核心一级资本 - 对应资本扣减项}{风险加权资产} \times 100\%$$

其中，核心一级资本包括：实收资本或普通股、资本公积、盈余公积、一般风险准备、未分配利润等。其他一级资本是指其他一级资本工具及其溢价，主要是指具有资本金吸收能力，受偿次序在存款人、一般债权人和次级债务之后的债务工具。

二 建立流动性风险监管标准

巴塞尔委员会改进了两个流动性的监管指标:流动性覆盖率(Liquidity Coverage Ratio, LCR)及净稳定资金比例(Net Stable Funding Ratio, NSFR)。

流动性覆盖率 = 优质流动性资产储备/未来 30 日现金净流出量

净稳定资金比例 = 可用的稳定资金/业务所需的稳定资金

巴塞尔委员会要求银行的流动性覆盖率不得低于 100%,净稳定资金比率要大于 100%。

合格优质流动性资产是指在所设定的压力情景下,能够通过出售或抵(质)押方式,在无损失或极小损失的情况下在金融市场快速变现的各类资产。合格优质流动性资产由一级资产和二级资产构成,具体主要包括现金、压力条件下可提取的央行准备金、国债、政策性金融债、评级 BBB - 及以上的非金融机构债券等。根据监管要求,二级资产在合格优质流动性资产中的占比不得超过 40%。

可用的稳定资金包括机构的资本、有效期限大于等于 1 年的优先股及负债、压力情景下有效期限小于 1 年但预期将留在机构内的非到期存款(或定期存款)和批发资金。

本质上,流动性覆盖率是短期流动性监管指标,而净稳定资金比率是长期监管指标,前者是从现金流量表的角度进行分析,后者则是从资产负债表的角度进行分析。

三 引进了杠杆率监管标准

杠杆 = (一级资本 - 资本扣减项)/调整后的表内外风险暴露总额

杠杆率与资本充足率的最大不同之处在于分母,杠杆率的表内外风险暴露的计算不需要对表内外各项业务分别进行加权求和,直接对表内外资产简单求和即可。同时,杠杆率将衍生品抵押物、融资融券等证券融资交易、信用衍生品等纳入计量范围内,在风险暴露核算中采用了资产方单边求和方式,而非双边净额结算方式。

杠杆率补充解决了资本充足率这一监管指标中可能存在的顺周期性和监管套利情况,对机构的规模扩张及表外业务形成了有效的约束,与资本充足率形成了良好的互补效应,一般而言一级资本充足率乘以平均风险权重等于杠杆率。

四 制定了全球系统重要性银行的分类及监管标准

全球系统重要性银行指具有一定规模、市场重要性和全球相互关联程度较高的银行,它们的困境或倒闭将在国际金融体系引起严重的混乱。为了防范系统性风险及对此类机构作出有效监管,巴塞尔委员会公布了全球系统性重要银行的划分指标:跨境活动、规模、相互关联性、可替代性、复杂性。上述五个大类指标权重分别为 20%。在指标评估的基础上,再经过监管判断,便形成了全球系统重要性银行的名单及分组,并要求相关银行根据组别高低分别计提1%、1.5%、2%、2.5%、3.5%等附加资本。

五　引入了宏观审慎监管的理念和方法

宏观审慎监管的提出是为了有效应对2007年爆发的金融危机中出现的微观审慎监管的不足,主张通过对风险相关性的分析以及对系统重要机构的监管,来防范和化解系统性风险,保障整个金融体系的良好运作。

第八节　我国对商业银行资本充足率的管理

2007年2月,中国银监会发布了《中国银行业实施新资本协议指导意见》,标志着我国正式启动了实施新资本协议的工程。当时,我国商业银行的发展水平不够,外部环境也不允许我国银行业全面实施新资本协议。因此,中国银监会确立了分类实施、分层推进、分步达标的基本原则。

(1) 分类实施。国内商业银行在资产规模、业务复杂性、风险管理水平、国际化程度等方面差异很大,因此,不要求所有银行都实施新资本协议。中国银监会把银行划分为"新资本协议银行"和"其他商业银行"。在境外设有经营性机构、国际业务占比较大的大型商业银行,应自2010年年底起开始实施新资本协议。如果届时不能达到中国银监会规定的最低要求,经批准可暂缓实施,但不得迟于2013年年底。而其他商业银行可以自2011年起自愿申请实施新资本协议。

(2) 分层推进。我国大型商业银行在内部评级体系、风险计量模型、风险管理的组织框架流程开发建设等方面进展不一。因此,中国银监会允许各家商业银行实施新资本协议时间先后有别。自2007年起,工、农、中、建、交、招六家银行开始准备,到2011年基本完成信用风险内部评级初级法、市场风险内部模型法以及操作风险标准法的实施准备工作。

(3) 分步达标。新资本协议对商业银行使用敏感性高的资本计提方法规定了许多条件,涉及资产分类、风险计量、风险管理组织框架和政策流程等许多方面,全面达标是一个渐进和长期的过程。商业银行必须结合本行实际,全面规划,分阶段、有重点、有序推进、逐步达标。

我国官方已向银行发布一份正式的时间表,要求其实施更严格的《巴塞尔协议Ⅲ》的资本要求。

我国监管机构最初打算以极快的速度推动实施新的资本金标准,但由于担心实力较弱的银行难以筹集必要的股本,因此监管者后来采取了一种循序渐进的方式。具体而言,我国大型银行最迟在2013年年底必须达到9.5%的资本充足率,以后每年递增0.4个百分点,到2018年年底达到11.5%的资本充足率。其他银行的资本充足率在2013年年底达到8.5%，以后每年递增0.4个百分点，到2018年年底达到10.5%。

中国银监会依照《巴塞尔协议Ⅲ》的规定，于2012年6月颁布了《商业银行资本管理办法（试行）》，其中对商业银行的信用风险、市场风险、操作风险等都作出了详细的规定，这些规定与本书前面阐述的《巴塞尔协议》的内容一致。关于商业银行资本充足率，我国规定商业银行资本充足率不得低于8%，一级资本充足率不得低于6%，核心一级资本充足率不得低于5%。商业银行应当在最低资本要求的基础上计提储备资本。储备资本为风险加权资产的2.5%，由核心一级资本来满足。特定情况下，商业银行还应在最低资本要求和储备资本要求之上计提逆周期资本，逆周期资本为风险加权资产的0—2.5%，也由核心一级资本来满足。系统重要性银行还应该计提附加资本，附加资本为风险加权资产的1%，由核心一级资本来满足，见图6-4。

图6-4　商业银行资本管理

根据中国银监会2016年年底的数据，我国银行业整体的资本充足率为13.28%，一级资本充足率为11.25%，核心一级资本充足率为10.75%。这些指标都高于《巴塞尔协议Ⅲ》的要求，也使我国提前达到了《巴塞尔协议Ⅲ》的标准。

思考题

1. 简述银行资本的作用。

2. 从不同的角度，如何理解银行资本的构成？

3. 权益资本收益率(ROE)与调整后的资本收益率(RAROC)有哪些区别？

4. 阐述银行资本的构成和各种构成因素的特点。

5. 《巴塞尔协议》关于最低资本的要求所涉及的三种风险是什么？采用什么样的方法来评估这些风险？

6. 银行附属资本或二级资本包括哪些内容？

7. 阐述2004年《巴塞尔协议Ⅱ》与1988年《巴塞尔协议》关于信用风险评估的标准法中对风险权重的规定。

8. 内部评级法的四个基本原则是什么？为什么允许银行用内部评级法来计算自己的资本需求？

9. 市场约束中，银行关于资本结构要披露的内容是什么？关于资本充足率的披露内容又是什么？

10. 《巴塞尔协议Ⅲ》会给我国银行资本监管带来怎样的影响？

第七章 商业银行业务与管理

第一节 商业银行负债的种类

前一章讲述了商业银行的资本,并指出商业银行资本是商业银行抵御风险和保证整个银行体系健康运转的基础。但由于商业银行不同于一般的企业,除了经营对象、经营手段不同于一般企业,在财务杠杆上也存在很大的不同。在发达国家,一般企业虽然也要利用财务杠杆来谋取股东权益的最大化,但从总体而言,一般企业的财务杠杆较小,即权益资本占总资产的比例较高;而商业银行则不同,银行资产的绝大部分是靠商业银行的负债来支撑的,而银行资本一般仅占总资产的很小一部分。可以这样认为,商业银行的负债规模支撑了其资产规模。

商业银行的负债主要是由存款和非存款性的借债组成的。随着金融工具的创新,金融市场中不断出现各种新型的债务工具,有些工具很难进行归类;而且各国的金融制度不同,对相同的债务工具有不同的说法,这给商业银行负债的归类增添了不少的困难。本书则主要依据美国商业银行的情况,对商业银行负债进行较为系统的归类。

一 支票存款

支票存款(Demand Deposit or Checking Account)也被称为活期存款,是指无须预先通知就可随时提取或支付的存款。用支票存款进行支付,或者存款人提取款项时,须使用银行规定的支票。在美国,支票存款过去只有商业银行才有权经营,但随着金融管制的放松,美国的储蓄机构现在也有权经营支票存款。

支票存款对商业银行有很多益处,它是商业银行重要的资金来源,也是商业银行信用创造的重要条件。

首先,商业银行无须对支票存款支付较高的利息。由于支票存款的流动性较大,存取频繁,手续复杂,并需要商业银行提供许多相应的服务,如存取服务、转账服务、提现服务、透支服务等,故支票存款的经营成本较高,因此商业银行对支票存款一般不支付利息。在众多的负债种类中,从总成本的角度来看,支票存款的成本是最低的。

其次,商业银行可以使用支票存款的比较稳定的余额。虽然支票存款的提取和支付非常频繁,但由于在商业银行开设支票存款账户的企业和个人非常多,而在一般情况下,众多存款者不可能同时提取支票存款,因此商业银行的支票存款必然形成一个较为稳定的余额,该余额可以由商业银行使用在有利可图的资产项目上。

再次,支票存款可以周转使用。由于支票存款更多的是用于转账,而不是用于提现,因此虽然一家银行的顾客开出了一张支票,从而减少了这家银行的支票存款数量,但该银行的顾客也会得到其他银行开出的支票,因此支票存款的余额是比较稳定的。

最后,商业银行可以通过支票存款这项业务,建立与客户的联系,从而争取存款以及寻找放款的途径。

支票存款对于客户也有益处。由于支票存款存取自由,便于结算,并可以得到商业银行的信用支持(如透支),因此企业、个人以及政府机关等都乐于在商业银行开设支票存款账户。

支票存款也随着金融创新不断地推陈出新。本书只对其中的两种支票存款作简要介绍。

1. 可转让支付命令账户

可转让支付命令账户(Negotiable Order of Withdraw Account,NOW)是美国商业银行在20世纪70年代的利率管制环境下,为争取存款而设立的一种新账户。1970年,马萨诸塞州的一家互助储蓄银行,向该州金融管理当局提交了一份申请书,申请准许银行的存款人使用可转让凭证,并替代存折提取存款。由于当时还没有这种可转让凭证,因此这一请求遭到拒绝。但1972年,马萨诸塞州的法院却认可了这一申请。1973年美国的国会批准了马萨诸塞州和新罕布什尔州的全部互助储蓄银行、商业银行、储蓄与贷款协会以及一些合作银行开设NOW账户。

NOW账户有两个特点:

第一,它实际上是不使用支票的支票账户。该账户不使用支票,而是使用支付命令。支付命令在票面上虽然没有"支票"的字样,却可以用来提款,背书后也可以转让。

第二,该账户与一般支票账户不同。一般支票账户,商业银行不支付利息,但NOW账户却要支付利息。

由于互助储蓄银行、商业银行、储蓄与贷款协会以及一些合作银行都可以开设NOW账户,因此NOW账户的出现,打破了商业银行对支票存款的垄断,也打破了支票存款不支付利息的惯例,这既给商业银行带来了压力,也给商业银行扩大资金来源带来了机会。压力来源于两个方面,一是支票存款付息的压力,这增加了商业银行的资金成本,二是商业银行面临的竞争对手增加了,原来自己垄断支票存款,而现在这种垄断被打破了。给商业银行扩大资金来源带来了机会,是指由于商业银行的支票存款不付利息,也不被允许支付利息,因此大量的资金流到了大企业和非银行金融机构中去了,而现在支票存款可以支付利息,商业银行与一般大企业和非银行金融机构就可以在公平的基础上展开竞争了。

2. 货币市场存款账户

货币市场存款账户(Money Market Deposit Account, MMDA)在美国存在利率管制的年代里也不受限制,因此它可以向开户者支付较高的利率,多数情况下利率是浮动的。该账户可以使用支票,但使用支票要受到严格的限制。这类账户的成本比 NOW 账户低,原因是它不属于转账账户,因此存款准备要求较低,也就是说,商业银行开设这一账户所带来的存款余额中,可以有较大部分用于高收益的资产。

在美国,货币市场存款账户的主要要求是:要有 2 500 美元的最低余额;10 万美元以下的存款可以得到美国联邦存款保险公司(FDIC)的保险;对利率没有最高的限制,但如果存款余额低于 2 500 美元,利率按储蓄存款利率办理,每天调整,每天复利;存款没有最短期限的限制,但一般来讲银行要求存款人取款时提前 7 天通知银行;每月使用这一账户的次数不能超过 6 次,其中支票付款不能超过 3 次;存款对象没有限制,个人、非营利机构和企业都可以申请这一账户。

二　定期存款

定期存款(Time Deposit)是相对于支票存款而言的,是由存款人事先约定期限的存款。定期存款的期限一般为 3 个月、6 个月、1 年、3 年、5 年,甚至更长。定期存款的利率与存款期限的长短有密切的关系,一般而言,存款期限越长,利率也就越高。定期存款是投资者进行金融投资的一种重要方式,也是商业银行获得稳定的资金来源的重要手段。定期存款在美国商业银行的负债中占有很大的比重。由于定期存款事先规定了到期的时间,因此商业银行得到定期存款后可以根据存款到期的时间,从事投资和信贷,并且可以从事期限较长的投资和信贷,这会给商业银行带来较高的收益。由于定期存款比较稳定,金融管理当局对定期存款的准备金要求比支票存款的准备金要求低,因此在同样数额的情况下,商业银行吸收到定期存款以后,可以投资和贷放的比率也大,这对商业银行是有利的。

定期存款一般也有多种形式,其中主要有:

1. 传统存单式定期存款

在存款人以传统存单式定期存款方式到银行存款时,会得到一张定期存单,该存单实际上是存款人与银行的协议。如果存款人持有该存单一直到偿还期,那么存款人可以得到存单所规定的利率;如果存款人在存单到期时没有提取,银行一般不对过期的时间计付利息,但如果存款人愿意转存定期存款,那么可以按原来的到期日进行转期;如果存单尚未到期,存款人就提取存款,则存款人要接受很高的罚款,而且有些商业银行不允许定期存款提前支取,或者要提前若干天通知银行。

传统存单式定期存款中,存单只是存户到期提取存款的凭证,是存款人的所有权和获息权的证明,但存单与支票不同,它不能流通和转让。定期存款一般可以作为抵押品,存款人据此可以向商业银行申请贷款。

2. 货币市场存单

货币市场存单(Money Markets Certificates)的期限为6个月,利率为浮动利率。浮动利率以6个月的国库券的收益率为基准。由于货币市场存单可以与其他证券相竞争,因此尽管利息成本经常变动,但对于商业银行而言,货币市场存单是获取相对长期的资金的一种好方式。

3. 其他浮动利率存款

其他浮动利率存款(Other Variable-rate Time Deposits)是按浮动利率计息的,利率按前1个月1年期国库券收益率的70%计算。

4. 可转让定期存单

可转让定期存单产生的背景是,20世纪五六十年代市场利率持续上升,但美国的金融管制对定期存款所能支付的利率有最高的限制,由于商业银行吸收定期存款不能支付较高的利率,而市场利率已经上升了,因此大量的资金流向了储蓄与贷款协会和一些大企业集团。为了提高竞争力,商业银行创新了金融工具,这样,可转让定期存单也就诞生了。因此,可转让定期存单是美国商业银行规避金融管制的产物。

1961年,美国花旗银行首先开始发行可转让定期存单,此后美国其他商业银行也纷纷发行可转让定期存单,可转让定期存单受到公众的欢迎,而且成为商业银行重要的资金来源之一。

可转让定期存单的利率要比一般的定期存款利率高,那么为什么商业银行还纷纷发行可转让定期存单呢?主要有以下几个理由:

第一,可转让定期存单是商业银行为了吸收存款,提高竞争力而创造的,当时发行可转让定期存单所考虑的主要不是成本问题,而是资金来源和竞争力的问题。

第二,虽然可转让定期存单的利率高于一般定期存款利率,但由于可转让定期存单在到期之前不可能被持有人提取,因此,可转让定期存单的稳定性要强于一般的定期存款,这为商业银行利用筹措到的资金从事期限较长、收益较高的投资和信贷,提供了稳定的资金来源。也就是说,虽然成本高些,但商业银行通过发行可转让定期存单却能获得更高的收益。

第三,一般定期存款的日常管理费用较高,而发行可转让定期存单之后的日常管理成本却很少,因此从总体上看,可转让定期存单的成本比想象中的要低一些。

第四,一般的定期存款要缴付存款准备金,但发行可转让定期存单不必缴付存款准备金或准备金率较低,这实际上增加了商业银行可以动用的资金的数额,获利能力也就提高了。

三 储蓄存款

储蓄存款主要是为居民个人积蓄货币而开设的存款账户。这种存款通常由银行发给存款人一张存折,以此作为存款和提取存款的凭证。储蓄存款不能签发支票,支用时只能提取现金或先转入存款人的支票存款账户。储蓄存款也分为定期存款和活期存款,但以定期存款居多。无论是什么样的存款,银行都必须向存款人支付利息,当然定期存款的利息比活期存款的利息要高一些。储蓄存款的存折不具有流动性,即存折不能转让和贴现。

储蓄存款的存款人主要是个人、非营利机构,目前也允许某些企业开设储蓄账户。在储蓄存款的存款人中,居民个人占有绝大部分,为了保证储蓄存款的安全,各国的金融管理当局对储蓄存款都进行了严格的管理。一般只能由商业银行和专门的储蓄机构来办理。

四 非存款性借款

商业银行的负债主要有存款和借款两类。有时存款和借款并不容易分清。例如,可转让定期存单属于商业银行吸收存款的一项业务,但由于可转让定期存单又是货币市场中的一种金融工具,因此有时又把可转让定期存单所筹集的资金归类为借款。

由于商业银行的借款可以根据借款的期限分为短期借款和长期借款,因此从与权益资本相比较的角度来看,无论是短期借款还是长期借款都应该属于商业银行的负债。但由于商业银行的长期负债在破产偿还的次序上只是先于优先股和普通股,落后于商业银行的短期负债,因此商业银行的长期负债在一定的范围内被称为附属资本。银行的长期负债主要包括资本票据和信用债券。本书在前一章解释银行资本时,对商业银行的资本票据和信用债券进行了系统的阐述,因此,在本章论述商业银行非存款性借款时,只论述商业银行的短期借款。

商业银行的短期借款对提高其资金利用效率具有两个方面的作用:

第一,在商业银行的全部流动性需要都由银行的二级准备来满足的条件下,商业银行通过短期借款达到持有盈利率较强而流动性较弱的资产的目的;

第二,短期借款可以不断地增加投资和信贷的总额,扩大商业银行的资产规模,从而获取更多的收益。

短期借款的主要形式有:联邦基金、回购协议、再贴现。

(一)联邦基金

联邦基金(Federal Funds)是指在美国联邦储备系统中,成员银行在联邦储备银行存款账户的余额中可以立刻使用的金额。

由于美国联邦储备系统的成员银行在吸收存款后必须按一定的比率向联邦储备银

行缴付存款准备金,而银行每天的资产和负债都要发生变化,因此就会出现如下的情况:A 银行由于存款的增加和贷款的收回,其在联邦储备银行中的存款准备金就会超过法定的数额,而在联邦储备银行中的存款准备金是不生息的,过多的存款准备金对于 A 银行是不利的。那么,A 银行也就愿意将多余的存款准备金借给其他银行。而 B 银行由于存款被提走或者贷款数量增加,会产生在联邦储备银行中的准备金低于法定的水平的情况,而这是法律所不允许的,因此 B 银行必须使自己的准备金达到法定的水平。B 银行可以通过吸收存款或者减少贷款的办法来满足联邦储备银行的准备金要求,当然,最简单快捷的办法就是从 A 银行那里借入资金。这样,在联邦储备银行中存款准备金就可以在银行之间相互买卖和借贷,从而产生了联邦基金。

美国的联邦基金产生于20世纪20年代。最初,银行之间买卖联邦基金是通过交换签发的联邦储备银行的支票来完成的。目前,联邦基金的交易是通过复杂的计算机网络来完成的。该计算机网络将各家商业银行与它们所在地区的联邦储备银行直接连在一起。假定 A 银行与 B 银行在同一联邦储备区,A 银行向 B 银行出售联邦基金,A 银行通过它的计算机把信息传输给该区的联邦储备银行。联邦储备银行借记出售行的账户,并通过计算机通知购买者 B 银行准备金头寸的变化。那么在第二天,这一交易按相反方向进行,即 B 银行通知联邦储备银行借记自己的账户,贷记 A 银行的账户。大部分的交易都是隔夜借款,没有担保,也不需要签订正式的合同。当然 A、B 两家银行之所以能够根据口头的许诺就完成交易,完全依赖于双方的信用。

目前,参与联邦基金交易的主体包括商业银行、储蓄机构、外国政府和美国财政部等。联邦基金买卖的期限大多为隔夜的,但也有长达几个星期的。有些成长非常迅速的商业银行为了扩大资金来源,也许一直处于联邦基金的买者地位,这样该银行始终保持着对其他银行在联邦基金方面的债务,因此联邦基金也就成为这家银行长期性的资金了。

(二) 回购协议

所谓回购协议是指通过出售金融资产获得资金的同时,确定一个在未来某一时间、按一定价格购回该项资产的协议。出售和回购的对象一般是国库券。主要的交易方法是,交易双方同意按相同的价格出售和购回证券,购买证券者,即资金的借出者,在回购协议到期时,可以得到出售证券者事先约定的利息。另一种交易方法是,证券的买卖价格不同,证券回购者的回购价格要高一些,高出的部分也就是资金借出者所应得到的利息。

例如,A 银行目前资金不足,而 B 银行有剩余的资金,如果 A 银行直接向 B 银行借入资金,B 银行会担心 A 银行的信誉,因此 A 与 B 两家银行不能直接拆借资金。但 A 银行手中有国库券,市场价值为 100 万元,则 A 银行可以用国库券作抵押去向 B 银行借入资金。但一般的抵押手续过于复杂,于是 A 与 B 两家银行直接签订一项回购协议。其具体内容是,B 银行先用 100 万元买走 A 银行的国库券,1 天之后,A 银行再用 100 万元加 278 元的价格购回,这样,B 银行通过这一协议可获得 278 元的利息,年收益率约为 10%,而 A

银行也得到了应急的资金。

商业银行通过回购协议融资有以下好处：

第一，回购协议可以广泛地应用于货币市场，可以成为商业银行调整在中央银行中的存款准备金的重要手段。

第二，商业银行通过回购协议所融到的资金，如果担保品为国库券，则商业银行可以不缴付存款准备金，从而降低了其成本。

第三，通过回购协议，商业银行可以根据需要确定融资时间的长短。

由于回购协议对资金的使用者和资金的出借者都有明显的好处，因此其在发达国家非常普遍。资金的借入者(证券的出售者)主要是商业银行，而资金的贷出者(证券的购买者)主要是企业、政府机构和外国政府等。

(三) 再贴现

贴现是指用没有到期的票据到商业银行那里兑取现金的行为。由于商业银行有贴现的业务，因此自然有企业到它那里申请贴现，但当商业银行自身所拥有的资金不足时，它就要到中央银行申请再贴现，也就是商业银行用未到期的票据向中央银行再一次申请兑现。

商业银行向中央银行申请再贴现的票据一般都有较为严格的规定，通常包括国库券、市政债券和短期商业票据等。各国的中央银行一般都对贴现窗口进行很严格的管理，而大多数的商业银行只有在不得已的情况下才向中央银行申请再贴现，原因是当商业银行向中央银行申请再贴现时，社会公众一般会认为这家商业银行的流动性一定出了什么问题。

一般情况下，再贴现率要比联邦基金利率低，这就会给商业银行带来套利的机会。为了防止商业银行在再贴现与联邦基金之间套利，美国联邦储备银行不允许商业银行同时出售联邦基金和从贴现窗口借款。

第二节　负债成本

对于商业银行而言，正确估算负债成本是非常重要的，这有利于商业银行正确地安排它的资产业务，也有利于降低商业银行的风险。一般来讲，商业银行的负债成本包括利息成本、经营成本等。

一　利息成本

商业银行对它所吸收的负债必须支付利息。支付的利率越高，商业银行的负债成本就越高，它的获利机会也就越小。利率是借贷资金的价格，主要受资金市场供求关系的影响。同时，各国商业银行存款利率的高低又受到该国经济发展状况和金融市场的完善程度的影响,也受该国金融管理当局货币政策的制约。在发达国家,中央银行一般通过存款准备政策、公开市场政策和再贴现政策来调控该国的货币供给和需求。而再贴现政策,即利率政策是中央银行不可缺少的政策。利率政策的改变会直接影响商业银行的负债成本,如商业银行通过贴现窗口所筹集到的资金的成本会发生变化,而且利率政策会间接影响商业银行的负债成本,因为当中央银行利率政策发生变化之后,存款利率和其他负债的利率也都会发生变化。因此,即使在西方发达国家,商业银行的负债成本在受市场供求的影响之外,也深深地受到中央银行货币政策的影响。

商业银行的利息成本与商业银行所吸收到的存款种类和结构有密切的关系。从利息的角度来看,支票存款的利率为零,因此支票存款的利息成本最低。储蓄存款和定期存款的利息成本,在美国一般都按照复利的办法来计算。而计算的方式有固定利率和浮动利率两种。固定利率是存款人存款时由商业银行和存款人共同约定的利率,这一利率在整个存款期间是不变的。浮动利率是指存款人在存款时商业银行并不规定一个利率,而是根据市场供求变化随时调整。在国际上,浮动利率的主要参照标准是伦敦同业拆借利率;在美国,浮动利率的主要参照利率是美国国库券的利率和美国联邦储备银行的再贴现利率。例如,如果以美国国库券的收益率为主要参照依据,那么商业银行存款的利率应该在国库券的收益率之上,加上一定的利差(Spread)。例如,如果国库券的年收益率为7%,而商业银行定期存款与国库券收益率之间的利差为1%,那么该商业银行的定期存款的年利率就是8%。

浮动利率、固定利率各有优点和缺点。如果商业银行执行固定利率政策,那么商业银行很容易计算出利息成本,存款人也能够对定期存款产生的收益有比较明确的判断。但是,在通货膨胀比较严重的时候,市场利率要相应上升,但存款人如果按照固定利率存入定期存款,就会遭受损失;而在通货膨胀率较高时,商业银行为吸收存款必然会提高各种存款的名义利率;但当通货膨胀率下降,而市场利率也下降时,商业银行过去吸收的长期存款成本会高于贷款收益,这对商业银行是不利的。

而浮动利率因为在存款期间可以定期调整,实际上降低了商业银行和存款人的利率风险。浮动利率的缺点是不利于商业银行事先估算存款成本。对于商业银行和存款人而言,由于浮动利率的优点要强于缺点,因此浮动利率是美国商业银行吸收存款的主要利率形式。

二 经营成本

经营成本是指商业银行在吸收存款时所发生的除利息成本之外的一切成本。这里的经营成本与公司财务的经营成本有很大的区别。在公司财务中,经营成本是指扣除折旧和利息之外的付现成本。由于商业银行为吸收存款必须做许许多多的工作,包括建立存款网点、广告、为存款人提供各种服务等,因此商业银行一定会发生许多经营成本。具体而言,经营成本包括:银行工作人员的工资、建筑物和设备的折旧、办公费用、广告宣传费用等。在经营成本中,有的有具体的受益者,如商业银行为支票存款账户的存款人所提供的各种服务,如转账结算、代收代支和自动提款机服务(ATM)等,具体的受益对象就是支票存款的开户者。有些经营成本则没有具体的受益者,如商业银行为提高自己在社会中的地位和知名度而进行的广告宣传等,就没有具体的受益者。

由于商业银行间的竞争越来越激烈,因此商业银行为争取更多的存款,除了按市场利率向存款人支付利息,还不断地增加针对存款人的各种服务。例如,商业银行各个营业网点之间用现代化的计算机连接起来,甚至在全世界的范围之内,只要在某家商业银行存了款,存款人就可以在世界各地的该商业银行的分支机构办理取款和转账结算。自动提款机的发明和使用,更是给存款人带来了极大的方便,但是,商业银行为存款人提供的各种服务并不是没有成本的,有些服务的成本甚至是非常高昂的,例如,自动提款机业务的开展,虽然大大地方便了存款人,但是也给商业银行带来了较大的成本负担。

商业银行的经营成本与利息成本是相关的,例如,支票存款没有利息成本,但经营成本却很高;而定期存款的利息成本虽然较高,但因为向存款人提供的服务很少,因此经营成本也就较低,特别是可转让定期存单业务,虽然它的利息成本是最高的,但由于商业银行没有向该存单的持有者提供任何的服务,因此,可以说其经营成本就很低,除了发行可转让定期存单的推销成本,其他的经营成本几乎为零。

三 准备金比率与可动用资金成本

商业银行在吸收到了存款或有了其他形式的负债之后,要按照一定的比例,向中央银行支付法定准备金,并且要保持必要的现金和同业存款,以备存款人的提取和保证商业银行的流动性。只有扣除了上述金额之后的余额才可以投资和贷放出去,因此,商业银行负债的准备金比率越大,它实际可以动用的资金的数量就越少。

由于不同种类的负债的稳定性不同,因此商业银行的各种存款和借款的准备金率也不同。例如,商业银行吸收的支票存款的稳定性最差,因此中央银行要求对支票存款有最高的法定准备金率;而定期存款的稳定性高,中央银行的法定准备金率也就低些;商业银行以国库券为担保而发行的大额可转让定期存单,法定准备金率为零,因此可动用资金的比例最高。

假定持有的库存现金加准备金存款的比例为 c,而投入房产等非营利资产的比例为 d,可动用资金比例为 p,则

$$p = 1 - c - d$$

例如,商业银行吸收支票存款的库存现金加准备金存款的比例 c 等于 20%,而投入房产等非营利资产的比例 d 为 5%,那么,可动用资金的比例 p 等于 75%(= 1 - 20% - 5%)。

虽然库存现金和准备金存款属于非营利资产,但是商业银行在融资时同样要支付利息,因此当商业银行确定生息资产的最低盈利水平时,必须包括准备金成本。例如,假定支票存款的库存现金加准备金存款的比例为20%,而投入房产等非营利资产的比例为10%,则可用资金的比例就是70%。如果支票存款的利息成本(如NOW账户是含息的)和经营成本合计为3%,那么3%的资金总成本要分摊到70%的可以动用的资金上,那么可以动用的资金成本就是4.29%。如果商业银行通过吸收支票存款获得资金来源,并从事信贷和投资,假如不能获得超过4.29%的收益率,那么,该商业银行的这项投资和信贷一定会发生亏损。举例说明准备金成本对可动用资金成本的影响,见表7-1。

表7-1 某银行准备金比率与可动用资金成本　　　　　　　　　(单位:%)

项目	准备金率	非盈利资产占用率	可动用资金比率	资金成本比率	可动用资金成本比率
无息支票存款	26	4	70	3	4.29
含息支票存款	20	4	76	5	6.58
储蓄存款	5	4	91	6	6.59
货币市场存单	5	4	91	6	6.59
可转让定期存单	5	4	91	11	12.09
短期借款	0	4	96	6	6.25
其他负债	0	4	96	5	5.21
权益资本	0	4	96	4	4.17

从表7-1可知,虽然支票存款的资金成本较低,但由于支票存款的准备金率很高,因此可动用资金成本被提高了许多,而可转让定期存单的资金成本最高,但由于可动用资金比率很高,因此可动用资金成本相对于其他负债而言有所降低,但这种降低是相对的,可动用资金成本的绝对比率还是最高的。

商业银行在从事增加资金来源和从事贷款与投资的决策过程中,通过对资金成本和可动用资金成本的分析,能够针对不同的可动用资金成本进行贷款与投资,因此可以做到资金来源与资金运用的匹配。

四 负债成本分析

商业银行的负债成本分析,实际上是对商业银行负债的总量、结构、变动趋势和变化原因的分析。商业银行负债成本分析的指标主要有两类:加权平均成本和边际成本。

(一)加权平均成本

加权平均成本考虑到了商业银行的负债结构,其计算公式为

$$X = \left(\sum wx\right) / \sum w$$

这里,X为负债的加权平均成本,x为某类负债的单位成本,w为某类负债的总量,$\sum wx$

为商业银行负债的总成本，$\sum w$ 为商业银行的总负债。

例如，某银行的负债结构如下：支票存款 25 亿美元，利率为 2%；NOW 账户 10 亿美元，利率为 6%；存折或通知储蓄存款 12 亿美元，利率为 8%；定期存款 15 亿美元，利率为 10%；可转让定期存单 20 亿美元，利率为 9%；货币市场存单 8 亿美元，利率为 7%；浮动利率存单 9 亿美元；个人退休存款 3 亿美元，利率为 8%；联邦基金与回购协议 5 亿美元，利率为 5%；其他负债 10 亿美元，利率为 6%。那么，该银行的加权平均单位成本为

$$X = (\sum wx)/\sum w$$
$$= (2\% \times 25 + 6\% \times 10 + 8\% \times 12 + 10\% \times 15 + 9\% \times 20 + 7\% \times 8 + 7\% \times 9 + 8\% \times 3 + 5\% \times 5 + 6\% \times 10)/(25 + 10 + 12 + 15 + 20 + 8 + 9 + 3 + 5 + 10)$$
$$= 764\%/117$$
$$= 6.53\%$$

加权平均成本法主要用于对不同银行的各种负债成本进行对比分析和同一银行各年负债成本的变化趋势分析。每项负债的历史平均成本等于利息与经营成本之和，再除以该项负债的平均余额。历史成本可以用于负债成本分析，但历史成本有它的缺点，即没有考虑到利息等因素未来的变化。如果未来市场利率上升，而经营成本不变，历史平均成本就会低于将来的实际成本，这样，在用历史成本去确定资产的收益率时，就会发生资产收益无法补偿成本的现象；而当未来的市场利率下降时，历史成本就会高于未来的实际成本，而商业银行同样是根据负债成本确定资产收益率的，这就会使得贷款的定价高于市场水平，从而会降低商业银行的竞争力。

商业银行加权平均成本可以用于分析过去的经营状况。如果参照同类银行的平均历史成本，就可以清楚地说明银行的支出与利润同其他银行产生差异的原因。为了说明这一问题，举例如下。

例：某商业银行 2016 年、2017 年的总负债分别为 150 亿美元和 170 亿美元，利息成本分别为 13 亿美元和 14 亿美元，经营成本分别为 3 亿美元和 4 亿美元，可动用资金比率分别为 70% 和 75%，见表 7-2。

表 7-2 某商业银行 2016 年和 2017 年负债成本

	2016	2017
总负债成本率	16÷150 = 10.67%	18÷170 = 10.59%
其中：利息成本率	13÷150 = 8.67%	14÷170 = 8.24%
经营成本率	3÷150 = 2.00%	4÷170 = 2.35%
可动用资金成本率	(16/150)÷0.7 = 15.25%	(18/170)÷0.75 = 14.12%
其中：利息成本率	(13/150)÷0.7 = 12.39%	(14/170)÷0.75 = 10.99%
经营成本率	(3/150)÷0.7 = 2.86%	(4/170)÷0.75 = 3.13%

本例说明,2017年相对于2016年而言,该银行的总负债成本率和可动用资金成本率都有所下降。总负债成本率由2016年的10.67%下降到2017年的10.59%,虽然下降的幅度不是很大,但成本毕竟是下降了。可动用资金成本率由2016年的15.25%下降到2017年的14.12%,下降的幅度较大,这说明,由于该银行的可动用资金成本率下降,对资产的收益率的压力减轻了。

那么,是什么原因使得总负债成本率和可动用资金成本率下降了呢?2016年总负债的利息成本率为8.67%,而2017年总负债的利息成本率为8.24%,这说明,2017年的利息成本下降的程度是很大的,利息成本下降的重要原因是市场利率的下降,但由于商业银行在与其他商业银行的竞争中,经营成本上升了,由2016年的2%上升到2017年的2.35%,经营成本的上升使得该银行没有完全得到市场利率下降给它带来的好处。

尽管总负债的成本率下降的程度较低,但可动用资金成本率下降得较快,原因是该银行的可动用资金比率上升了。由于2017年的可动用资金比率由2016年的70%上升到75%,使得该银行可动用资金成本下降了。

从上例可知,商业银行可动用资金成本率取决于四个因素:存款利率、经营成本率、存款结构和可动用资金比率。存款利率、经营成本率越低,银行可动用资金成本率就越低;可动用资金比率越低,银行可动用资金成本率就越高。而存款结构既影响存款利率、经营成本率,也影响可动用资金比率,因此,在商业银行的负债管理中,对负债结构的管理是极为重要的。

(二) 边际成本

在商业银行管理中,负债的边际成本就是银行为得到最后一个单位资金所必须花费的成本。

边际成本是商业银行从事贷款与投资时的定价标准,即商业银行新增资产的边际收益大于所必须花费的边际成本时,商业银行的这项投资或贷款才是有利可图的。如果商业银行的投资与信贷完全是根据资产的边际收益与相应的负债的边际成本来进行的,那么商业银行收益达到最大时,边际收益一定与边际成本相等。

商业银行的负债有多种类型,而每一类型的利息成本与经营成本是不同的,也就是说,商业银行不同种类的负债虽然都受市场利率的影响,但也都受各不相同的其他因素的影响。如果考虑的是商业银行可动用资金的边际成本,那么可动用资金比率就会成为影响边际成本的重要变量。由于法定的存款准备金率和不同种类存款的超额准备金率是构成影响商业银行可动用资金比率的重要因素,因此,法定的存款准备金率和超额准备金率就成为影响负债成本的重要因素。

前面已经说明,商业银行资产的边际收益必须大于或等于负债的边际成本,那么,当负债的边际成本一定时,银行的管理者就应该根据资产的边际收益率来进行决策,即

$$MC = (新增利息成本 + 新增经营成本)/新增负债$$

这里,MC 为边际成本。

由于要考虑到法定存款准备金率和超额准备金率,即要考虑到可动用资金比率,那么

$$MC = \frac{新增利息成本 + 新增经营成本}{(1 - 法定存款准备金率 - 超额准备金率) \times 新增负债}$$

例如,某银行打算通过发行大额可转让定期存单的方式来筹措资金,目前发行大额可转让定期存单的市场利率为12%,发行成本为1.1%,没有其他的经营成本。但发行大额可转让定期存单的总准备金率为8%,那么,发行大额可转让定期存单的边际成本为

$$MC = \frac{新增利息成本 + 新增经营成本}{(1 - 法定存款准备金率 - 超额准备金率) \times 新增负债}$$

$$= \frac{12\% + 1.1\%}{(1 - 0.08) \times 1}$$

$$= 14.24\%$$

如果商业银行所从事的投资活动能够获得大于或等于14.24%的收益率,那么商业银行发行大额可转让定期存单就是可行的。当然,14.24%就是商业银行获得收益的最低限。

商业银行的边际成本有以下特点:

第一,商业银行的负债种类很多,而且随着金融创新的发展,商业银行的负债结构会变得越来越复杂,而商业银行在一段时间内会从事多种负债活动,因此,商业银行每种负债的边际成本是很难计量的。

第二,可动用资金的边际成本受到存款准备金率的影响,存款准备金中超额准备金又受存款人提现的影响,而存款人的提现受到多种因素的影响,其中有些因素是根本无法判断的,因此,商业银行边际成本的不稳定性是比较突出的,事前的预测与事后的结果存在的差距较大。

第三,银行资产的种类非常多,很难判断某一种负债的成本到底由哪项资产的收益来补偿。负债中的各种来源,一旦到了银行,就成为清一色的货币,使得管理者无法判断负债来源与资产运用的关系。

商业银行负债的边际成本虽然存在上述特点,但一般来讲,商业银行的短期负债与短期资产、长期负债与长期资产存在某种确定的对应关系,因此银行管理者可以据此进行资产与负债的管理,即短期负债的边际成本与短期资产的边际收益相对应,长期负债的边际成本与长期资产的边际收益相对应。

第三节　商业银行信贷种类

商业银行贷款可以从不同的角度来划分。按贷款的期限来划分,可以分为活期贷款、拆款与透支、短期贷款、长期贷款;按贷款偿还的保障程度来划分,可以分为抵押贷款、保证贷款、信用贷款等;按贷款用途来划分,可以分为固定资本贷款、流动资本贷款、消费贷款;按贷款对象来划分,可以分为工商企业贷款、不动产贷款、消费者贷款、对金融机构的贷款及其他贷款等。

一　按贷款对象来划分的贷款

(一) 工商企业贷款

工商企业贷款(Industry & Commercial Loans)是商业银行的主要贷款形式。工商企业贷款是企业购买设备、扩大生产规模的重要资金来源。工商企业贷款主要包括以下内容:

1. 普通限额贷款

多数企业的经营都有一定的季节性和规律性,通常的做法是商业银行与企业签订一种非正式的协议,确定一个贷款限额,在这一限额内,企业可以随时得到商业银行的贷款支持。限额的有效期一般在 90 天以下。普通限额内的贷款采用浮动利率。普通限额协议是一种非正式的协议,只是表明商业银行同意在指定的期限内向企业提供的最高贷款数量,但商业银行并没有向企业提供贷款支持的法律责任。因此在信用紧缩时,由于银行资金紧张,商业银行完全有权拒绝企业的贷款要求。

2. 备用贷款承诺

备用贷款承诺是一种正式的并具有法律效力的贷款协议。商业银行与企业签订正式的贷款合同,商业银行承诺在指定期限内以及限额内,向企业提供相应的贷款,企业为此要向银行支付承诺费,承诺费一般为未使用部分或全部限额的 0.25%—0.75%。备用贷款承诺中的贷款额度一般可以转移至下期,利率多数属于浮动利率。

3. 循环贷款

循环贷款也是一种正式的具有法律效力的协议。根据循环贷款协议,商业银行有义务满足企业在最高限额内的贷款要求。企业也必须支付承诺费,费用率一般为未使用部分或全部限额的 0.5%—0.7%。循环贷款既满足企业季节性资金的需要,也满足企业长期运营资本的需要。循环贷款的期限一般为 3—5 年,属于中期贷款。贷款协议中规定了贷款的最高限额、利率、有效期和担保条件等。

4. 备用信用证和商业信用证

商业银行为企业开出信用证是以自己的资信替代企业的资信,保证企业所签订的合同能够执行。备用信用证一般用于工程项目中,当企业不能履行合同时,备用信用证的开证银行将保证偿付承包工程的一方。商业信用证一般运用于国际贸易,由商业银行替进口商对出口商作出履行供货合同就立即付款的保证。

5. 票据发行服务

商业银行在向企业提供融资时,一般不是直接发放贷款,而是代理发行商业票据。例如,商业银行同意在5年内为企业提供资金,资金来源是出售有关借款票据的收入。如果商业票据发行不理想,商业银行就要自己购入商业票据,从而为企业间接提供融资。商业银行的这项业务,要向被服务企业收取一定的手续费。

6. 营运资本贷款

由于许多企业的经营都是跨季节的,因此一年四季都需要营运资本,如制造业,为了正常生产,就需要流动资金——营运资本,从而需要银行贷款的支持。营运资本贷款的还款来源是产品的销售收入。

7. 中期贷款

中期贷款的期限为1—10年。大部分中期贷款都是按约定分期偿还的,这主要是保证商业银行的流动性。中期贷款大部分是用于企业的设备购置和固定资产改造等。中期贷款由于流动性较差,因此贷款规模不能过大,以免发生贷款的呆滞,造成银行经营的困难。

8. 项目贷款

项目贷款一般用于风险大、成本高的建设项目。在贷款过程中,商业银行要承担几种重要的风险,如信用风险、建设期延长风险、利率风险、政治风险等。为了降低风险,一般要求对贷款进行担保,从而把风险转移到项目的建设者和担保者身上。例如,商业银行可以要求母公司为它的子公司提供担保,要求别的银行为贷款提供担保,这样商业银行的各种风险可以就有效地分散。如果贷款数额特别大,商业银行可以组织银团贷款以降低和分散风险。

(二)**不动产贷款**

不动产贷款(Real Estate Loans)是一种以不动产作为抵押品的贷款,主要用于房屋建筑和设备购置等。不动产贷款属于长期贷款,贷款期限一般长达10—30年。可以作为担保或抵押的不动产包括:家庭住宅,商业企业的公寓、店铺、办公楼、仓库,工业企业的厂房、设备和仓库,等等。

商业银行的不动产贷款中有一半以上是住房抵押贷款。从整体上讲,住房抵押贷款具有以下主要特征:

第一,单笔贷款规模不大。住房抵押贷款相对于商业银行等金融机构所从事的工商业贷款,单笔贷款规模比较小。工商业贷款的对象是企业,不论是固定资产贷款,还是营运资本贷款,每笔贷款的规模通常都很大。而住房抵押贷款的申请者为消费者个人,每笔贷款的规模相对较小。由于单笔贷款规模较小,因此从事这一业务的金融机构要花费较多的交易费用。尽管单笔贷款相对于商业银行等金融机构而言比较小,但相对于消费者而言,却是一个巨大的数额。这意味着,如果没有保证条款,住房抵押贷款对于贷款者有较大的风险。

第二,贷款周期长。住房贷款的期限一般很长,最长可达 30 年。

第三,贷款的抵押性。住房贷款的周期长,发生风险的可能性也就大,因此商业银行等机构从事住房贷款一般都以住房为抵押品。而住房是特殊的商品,在价值上具有增值性。由于住房的使用期限较长,在物价上涨较大的情况下,住房的价值会随着物价的上涨而上涨,因此,住房具有一定的保值功能。而且随着经济的发展,人们对住房的需求会不断增加,住房的价格上涨会超过一般商品的价格上涨,因此住房还具有一定的增值功能。正是因为住房具有保值和增值的功能,因此商业银行从事以住房为抵押的贷款,风险并不是很大。当然,这种较低的风险是有条件的。如果商业银行等机构不能很好地分析住房贷款的偿还前景,其贷款损失将是不可避免的。美国次级抵押贷款发生偿还危机就是例证。

在历史上,住房贷款的特征与上述分析有所不同。在过去,住房贷款的期限较短,一般为 3—5 年。期限之所以较短,其实很容易理解。商业银行经营的三个基本原则是安全性、流动性和收益性。而期限长的贷款让商业银行失去了最为重要的东西——流动性。流动性的失去不仅使商业银行应付资金短缺的风险加大,而且也降低了贷款的安全性。因为贷款期限越长,越变化不定,银行无法把握的因素就越多。正是基于这样的理由,商业银行贷款的期限被控制得较短。但贷款期限越短,借款人的偿还压力就越大,致使抵押贷款违约风险增大。正因为这样,商业银行发放住房抵押贷款的积极性一直不是很高。

为了激励商业银行和储蓄机构增加住房抵押贷款的数量,促进住房产业的发展,各国政府建立并实施了各种政策措施。

首先,政府为符合一定标准的住房抵押贷款提供保险和担保。贷款标准由政府确定,其中包括:① 最大的贷款数量与房价比率;② 利率方面的限制;③ 最大的贷款规模;④ 最低的首次付款比率;⑤ 建筑和设计方面的具体标准。

其次,为住房抵押贷款提供流动性。由于住宅贷款得到了政府机构的保险或担保,商业银行和其他金融机构就可以创造出标准化的抵押证券,这种证券由政府设立的中介机构来做市。

个人住房抵押贷款按照偿付方式可划分为两大类:固定利率抵押贷款(Fixed Rate Mortgage,FRM)与可调整利率抵押贷款(Adjustable Rate Mortgage,ARM)。简单地讲,前者就是借贷双方事前确定贷款利率,每期的还款支付根据这一利率进行。后者则是把贷款利率与市场实际挂钩,根据市场利率、通货膨胀率以及其他因素的变动而适时调整贷款利率。无论是 FRM 还是 ARM 都包含许多变形。

(三) 消费者贷款

消费者贷款(Consumer Loans)按用途可以分为汽车贷款、住宅贷款、教育和学资贷款、小额生活贷款、度假旅游贷款等。在消费者贷款中,大部分属于分期付款的方式,多用于购买汽车和其他消费品。消费者贷款主要采取两种方式:一是直接发放贷款给消费者;二是购买商业企业的分期付款合同。前者为直接消费者贷款,后者为间接消费者贷款。间接消费者贷款的好处在于,可以节省吸引和评价每一个消费者而付出的人力和财力,从而可以扩大贷款数额。但间接消费者贷款的风险也增大了。如果消费者无力支付,商业企业就要收回已出售的商品,银行贷款也就无法收回了。

分期付款性质的消费者贷款的另一种形式就是循环信贷。信用卡和透支贷款是循环信贷的两个主要内容。

信用卡是商业银行或者信用卡公司对消费者提供的,可以凭其向指定商店或其他服务性企业购买产品或享受服务的凭证。本书的第一章已经对信用卡作了说明,这里不再重复。

透支是指商业银行向支票存款者提供的信用,即商业银行允许存款人提取超过存款余额的资金的权利。透支是商业银行负债策略中的一项重要内容,即为了得到存款人的支票存款,给存款人提供了信贷服务上的方便。

在美国,商业银行的消费者贷款的增长速度是很快的,重要原因是:

第一,商业银行之间以及商业银行与其他金融机构之间的竞争日趋激烈,消费信贷成为竞争中的一个重要领域;

第二,由于经济的发展,个人收入增加,个人消费在整个社会消费中的重要性增加了,因此商业银行纷纷开展了以消费者为服务对象的信贷服务;

第三,通货膨胀率的长期居高不下,使得消费者向商业银行贷款消费的倾向加强了;

第四,各种评信机构的出现,使得商业银行评价消费者资信的能力提高了、评价成本降低了,因此消费者贷款的规模不断上升。

(四) 对金融机构的贷款

对金融机构的贷款(Loans to Financial Institutions)主要包括对往来银行、外国银行、投资银行、住房基金、信用社、金融公司的贷款。尽管这些金融机构本身也是重要的贷款者,但它们在资金来源上却部分地依赖于商业银行。对金融机构的贷款包括长期和短期的贷款,但更多的是短期贷款。商业银行一般对某一金融机构规定一个贷款额度,金融机构可以在贷款额度内借款,因为金融机构的贷款需求是经常性的,金融机构的借款随时可以偿还给商业银行,也可以随时使用。

(五) 其他贷款

1. 农业贷款

处于乡村的商业银行,农业贷款的规模要占总贷款规模的很大部分。但从整个商业银行的贷款规模来看,农业贷款的规模很小。农业贷款的主要提供者是专门从事农业贷款的金融机构,包括政府的某些专门机构。

2. 国际贷款

大商业银行,特别是跨国商业银行国际贷款的规模不断扩大。外国政府借用商业银行贷款的目的,是建设社会基础设施,如铁路、公路、电信设施等。国际机构借用商业银行贷款也是为了增加其资金来源,这些机构包括世界银行、亚洲开发银行、中美洲开发银行和非洲开发银行等。

3. 贴现

贴现是一种特殊形式的贷款。可以贴现的票据包括银行承兑汇票、商业承兑汇票、银行票据、政府债券等。

二 按贷款偿还的保证程度来划分的贷款

(一) 信用贷款

信用贷款是指无抵押品作保证,也无担保人担保的贷款。商业银行发放信用贷款完全是根据借款人资信程度的高低。商业银行在从事信用贷款时,要对借款人的品德和经济状况作出准确的判断,并根据借款人资信水平的高低来确定贷款的价格。由于信用贷款蕴含较大的风险,因此在商业银行贷款总额中,信用贷款的数量有越来越低的趋势。

(二) 抵押(质押)贷款

抵押是以有形资产作为贷款偿还的保证。抵押财产是指通过抵押行为从出押者转移到承押者的财产。承押者取得抵押财产的管理权后,如果抵押的财产是所有权,承押者就得到了这一财产的所有权;如果被抵押的是债权,承押者就得到了那个债权。如果借款者不能按期偿还贷款的本金和利息,商业银行作为债权人就有权处理该抵押品,并优先受偿。抵押贷款大大降低了商业银行的贷款风险,为商业银行收回贷款提供了最有效的保障。

抵押贷款由于抵押品的不同,可以分为多种形式:存货贷款、客账贷款、证券贷款、不动产贷款和人寿保险单贷款。

存货贷款是一种以企业的存货或设备作为抵押品的贷款。这种贷款不仅是商业企业传统的融资形式,也是工业企业筹措资金的一种有效的方式。商业银行发放存货贷款要对借款企业的偿还能力作充分的评估,而后决定贷款比率。商业银行一般按存货价值的一定折扣率来发放贷款,或者说,从存货价值中留出必要的份额以保证贷款本息的偿还。

客账贷款是以企业的应收账款作为抵押品的短期贷款。这种贷款一般都是持续性贷款,即当旧的应收账款收回时,又以新的应收账款作抵押。贷款数额是以应收账款的多少而变化的。

证券贷款是以企业所持有的有价证券为抵押品而发放的贷款。商业银行在发放证券贷款时,要注意证券的信用等级和流动性。商业银行一般不会接受低等级的债券和经营不稳定的企业的股票作为抵押品。即使是经营稳定的企业的股票,如果这种股票的交易市场不活跃,商业银行也不会接受它作为抵押品。

在抵押贷款中,不动产贷款占有很大的比例。

寿险保单贷款是以人寿保险单的退保金额作为抵押品而发放的短期贷款。人寿保单的价值明确,流动性强,是很好的抵押品。商业银行在发放这种贷款时,需要注意的是保险公司的实力和人寿保单的流动性。

第四节 贷款的信用风险分析

银行的风险包括系统风险、非系统风险等。系统风险则是指对整个银行产生重大影响的风险,包括经济增长、利率、汇率、通货膨胀等因素变化而引起的风险。非系统风险是指只影响一家银行而不影响其他银行的风险。通常的非系统风险包括借款企业贷款偿还、银行主要管理层的更换等。有时系统风险与非系统风险之间并没有明显的分水岭,非系统风险可以转化为系统风险,如大量的违约贷款,会引起一家银行倒闭,进而引起人们的挤兑风潮,产生连锁反应,最后殃及银行体系。

一 信用风险函数

所谓信用风险也就是贷款的倒账风险,是指借款人因为各种原因而无力或不愿偿还贷款本息的风险。

商业银行贷款的信用风险的决定因素主要包括两类:一类是商业银行无法控制的因素,也称为外生因素;另一类是商业银行可以控制的因素,也称为内生因素。商业银行无法控制的因素包括一个国家的经济环境、自然灾害等。虽然外生因素是商业银行无法控制的,但有些因素可以通过商业银行的内部管理和努力而降低影响。例如,商业银行审慎的贷款分析和监督,可以提高贷款的收益,降低贷款的损失;也可以对贷款风险采取谨慎的态度,不执行过于激进的贷款政策,从而避免贷款损失的发生。当然,由于商业银行的信用贷款没有发达的交易市场,贷款风险无法及时、有效地分散,因此当某些外生变量发生变化时,即使商业银行采取了很好的贷款政策,其也难免遭受贷款的损失。

为了说明影响信用风险的外生因素和内生因素,我们不妨举例说明。假定商业银行因为宏观经济环境中的能源短缺而发生财务问题。其中某个商业银行的内部管理比较弱,银行管理者对风险有一定的偏好,因此这家银行在宏观环境变化之前,资产增加很快,信用贷款的数量也很多;而另一家商业银行的内部管理水平很高,对借款人的资信调查进行得很彻底,贷款监督力度也很大。当危机发生时,前一家商业银行一定会出现较大的贷款损失,那么后一家商业银行的状况如何呢? 当危机的程度不是很深时,该银行的财务状况不会有太大的问题,但如果危机的程度过深,这家商业银行也是难逃厄运的。因此,外生因素对商业银行信用风险的影响,尽管可以通过提高银行内部管理水平而有所降低,却无法消除外生因素对信用风险的影响。

影响商业银行信用风险的内部因素,主要是银行管理者的经营哲学或者说是对信用风险的态度。如果用贷款损失来表示信用风险,那么贷款损失的大小与银行管理者对待风险的态度是有明显的关系的。很明显,如果一家商业银行的管理者对风险有偏好,那么该银行资产的质量就不会很高,或者说,该银行资产发生损失的概率一定大于那些经营比较稳健的银行。

银行管理者对待风险的态度可以用银行贷款政策、信用分析质量、贷款监督强度和信贷员的业务能力来表示。而信贷员的业务能力又可以用他们的工作技巧、训练水平和贷款经验来表示。

当考虑了影响信用风险的外生因素和内生因素之后,商业银行信用风险的函数就可以这样表示:

信用风险 $=f($内部因素,外部因素$)$

为了说明信用风险函数,我们必须给出信用风险、内部因素和外部因素的具体内容。假定我们用银行贷款净损失(Net Loan Loses,NLL)表示信用风险,那么银行贷款净损失就是函数的因变量。函数的自变量为外生变量和内生变量。外生变量主要包括一国的经济状况以及该商业银行业务范围内的经济环境,例如可以用那个地区的人均收入水平来表示。本书用 ECY 表示经济环境。经济环境与信用风险是负相关的,即当经济环境处于良好状态时,企业一般都有较高的收益,资金的流动性也较好,因此发生信用风险的可能性较小;而当经济环境不好,或者说当经济处于紧缩状态时,企业的收益下降,融资也会出现困难,因此贷款偿还能力必然下降。

外部因素还有当期整个商业银行体系的不良债权的数量(FAIL),这一指标可以说明商业银行从整体而言所处的环境,如果当期整个银行体系的不良债权很多,那么单个银行的贷款损失自然也应该较大,而如果整个银行体系的经营状况很好,那么单个银行的信用风险也应该是低的,因此,银行信用风险与 FAIL 是正相关关系。

银行信用风险的内部影响因素,主要是银行管理者对待信用风险的态度,而这一态度可以用贷款规模、贷款政策和贷款结构来表示。信用风险会随贷款规模的扩大而增加,或者说,贷款规模越大,贷款发生损失的可能性也就越大。我们可以用贷款占总资产的比率来说明贷款政策,银行贷款政策越是激进,贷款占总资产的比率也就越高,而这种银行发生贷款损失的可能性也就越大。贷款结构可以用工商企业贷款占总贷款的比率来表示,贷款越集中,也就越难以分散,信用风险也就越大。最后,一家商业银行的信用风险与该银行经营所得有一定的关系,也就是说,经营所得较高的商业银行要比经营所得较低的商业银行信用风险大,发生的贷款损失也多。

总之,内部因素包括贷款规模、贷款占总资产的比率、工商企业贷款占总贷款的比率和银行收益四个因素。用 VOL 代表贷款规模,用 LAR 代表贷款占总资产的比率,用 C&I 代表工商企业贷款占总贷款的比率,用 INC 代表银行收益,那么,信用风险函数就为

$$NLL = f(VOL, LAR, C\&I, INC, ECY, FAIL)$$

除了经济环境对信用风险产生负的影响,其他五个因素对信用风险的影响都是正的。

既然商业银行无法控制外生变量,那么银行管理的重点自然就落到了管理内生变量之上。但是,商业银行对外生变量也不是完全被动地去适应,而是可以通过努力来缓解外生变量对信用风险的影响,其中包括将贷款资产分散化,从而减轻当外部因素发生不利变化时对商业银行信用风险的影响。但是,一些规模较小的银行无法将它们的贷款有效地分散,这类银行只能通过提高内部管理水平来应对外部因素的变化。

在商业银行关于贷款规模和贷款结构方面的政策已经确定后,决定贷款信用风险的最后因素就是信用分析了。

二 信用风险与借款人的信誉

商业银行在贷款之前能否对借款人的信誉进行深入和准确的分析,关系到贷款信用风险的大小。

商业银行对借款人信誉的分析主要包括六个方面的内容,即品德(Character)、能力(Capacity)、资本(Capital)、担保品(Collateral)、环境(Conditions)、连续性(Continuity),这也是通常所说的6C原则。

(一) 品德

对借款人品德的考察,主要是判断借款人对贷款本息偿还的意愿。如果借款人是个人,则品德主要表现为此人的道德观念、个人习惯和偏好、经营方式、经营业务、个人交往以及在社区中的地位和声望等;如果借款人是企业,那么品德就是企业在管理上的完善性、在同行和金融界的地位及声望、经营方针和政策的稳健性等。不论是个人还是企业,履行借款合同的历史记录,在其品德的评价中都起着非常重要的作用。

(二) 能力

借款人的能力包含法律和经济两个方面的内容。从法律方面来讲,借款人的能力是指借款人能否承担借款的法律义务,当商业银行贷款给合伙企业时,银行必须确认签约的合伙人具有代表合伙企业的权力;在贷款给公司时,商业银行必须确认谁是公司的法定代

表人。从经济的角度,借款人的能力是指借款人是否具有按期偿还债务的能力。

分析企业借款人的能力主要是了解借款人预期的财务状况。如果借款人是个人,商业银行要考察的主要是借款人预期的收入能力,而收入能力又取决于借款人的受教育程度、年龄、事业心和精明程度。

(三) 资本

资本的数量也是体现借款人信誉的一项重要因素。借款人的资本越是雄厚,承受风险的能力也就越强,因而信誉也就越高。借款人购置的资产的质量,是决定该企业的资金实力的重要因素。借款人取得贷款的能力,在很大程度上取决于它所拥有的资产的数量和质量。

(四) 担保品

对贷款进行担保可以降低甚至消除风险。

(五) 环境

对经济环境的分析主要是分析经济环境对借款人所在行业的影响,分析该行业在国民经济中的比重、市场结构,分析借款企业在该行业中的地位、技术更新对该行业产品需求的影响等。

(六) 连续性

连续性是指借款人经营前景的长短。由于科学技术更新的日益加快,产品更新换代的周期变得越来越短,市场竞争更加激烈。企业只有能够适应不断变化的市场需求,才能生存和发展。

三 贷款偿还来源与现金流量

(一) 现金流量的定义

借款人偿还贷款的资金来源包括三个:现金流量、财产变卖、其他融资来源。商业银行通常是根据借款人的现金流量向其发放贷款的,因此商业银行对借款人的现金流量非常重视。从长期来看,借款人的净现金流量应该等于应计利润,即调整后的股利和资本投资之和,但从短期来看,比如在一年内,账面利润与现金流量很少相等。正因为如此,商业银行应该弄清现金流量的概念和内容。有许多借款人发生贷款偿还困难,并不是因为投资收益不好,而是因为现金流量出现了问题。

会计上的习惯做法通常使现金流量概念产生了模糊性,而这是商业银行在分析借款人信誉时必须要克服的。净现金流量是借款人现金流入量与现金流出量之差,即借款人所得到的现金与他所支出的现金之差。虽然利润是现金流量的主要部分,但现金流量绝不等于借款人的利润。

借款人的现金流量为

现金流量 = 净利润 + 折旧 − 应收账款的增加值 − 存货增加值 + 应付账款的增加值

将应收账款和存货的变动纳入现金流量中,是因为应收账款和存货的管理对于企业的经营成败非常重要。很明显,如果一家企业的存货和应收账款增加太多,必然降低该企业现金的流入量。由于借款人的现金流量包含多种因素,因此现金流量的结构也是非常重要的。例如,一家企业现金流量的增加,是因为应付账款增加而造成的,这对该企业自然不是一个有利的因素。

当前面的公式扩展到包括一家企业资产负债表的全部项目时,我们就可以得到相似的资金来源与运用的报表。从现金的角度出发,现金的使用包括:① 非现金资产的增加,比如应收账款和存货的增加;② 负债与权益的下降。现金的来源包括:① 非现金资产的下降;② 负债与权益的增加。这些因素的变化再加上企业经营收益所形成的现金流量,可以使商业银行清楚地知道该企业现金的来源与用途。

(二) 现金流量出现问题的信号

在商业银行信贷分析、决策以及日后的监控过程中,银行信贷人员的尽心尽责与工作经验起到非常重要的作用。对于一个有经验的信贷人员,他应该及时地发现借款人将要出现财务困难的预警信号,而这些信号通常在借款人的财务报表中是查找不出来的。

第一,从企业与商业银行的关系中发现某些信号。这些信号包括:经常发生透支;多种还款来源没有落实;短期负债增加过快;展期债务增加;贷款需求增加但目的不明确;有抵押品价值不充分的抵押贷款;等等。

第二,从企业的经营状况中发现某些信号。其中包括:企业财务记录混乱,失去了实力雄厚的客户;某大用户的订货变化无常;投机与存货,存货量增加过快;存货陈旧,数额巨大。

第三,从企业的人事变动中发现某些信号。其中包括:企业管理人员变化较大;企业中的某个人独裁专制;不断出现劳工问题;关键人物离开企业或死亡;关键人物的行为举止出现异常等。

第四,从企业的财务报表中发现预警信号。

如果银行的信贷人员发现了上述信号中的某一个或某几个,他就应该向商业银行反映,并由银行管理者决策后实施某些具体的对策。

四 工商企业的信用分析

商业银行为了保证贷款的安全,必须对借款企业进行深入和细致的信用分析。借款企业的 6C 是商业银行分析借款企业信用的重要指标。在 6C 指标中,有些内容是很难量化的,如借款企业的品德、环境等,但更多的指标是可以量化的,其中对于信用贷款最为重要的指标是借款企业的能力和资本,因为尽管有些借款企业有着良好的品德,或者说在相当长的时间里,该企业与某家商业银行有着很愉快的合作,但如果在经济环境不好、借款企业偿还能力下降时，借款企业即使想偿还银行贷款，客观情况也会使它不能偿还，因为该企业在那时还不具备偿还贷款的能力。商业银行为了避免贷款损失，必须对借款企业的能力和资本作认真的分析。

分析借款企业的能力与资本通常要分析借款企业的各种财务指标，其中包括企业流动指标、企业权益指标、企业经营成果指标及杂项指标。

(一) 企业流动指标

企业的流动状况主要用流动资产和流动负债的关系反映。分析企业的流动状况，主要分析流动资产的周转情况，特别是企业对短期债务的清偿能力。反映企业短期偿还能力的比率主要有：流动比率、速动比率；反映企业资金周转状况的比率主要有：应收账款周转率、应收账款账龄、存货周转率和固定资产周转率。

(二) 企业权益指标

权益由债权人权益和股东权益两部分组成。财务报表分析的一项重要内容就是分析不同权益项目之间的内在关系以及权益和资产的关系。这类比率主要有：负债对股东权益比率、负债比率、长期负债比率、股东权益比率、固定资产对长期负债比率、固定资产与权益总额比率、普通股每股账面价值等。

(三) 企业经营成果指标

企业的盈利能力是所有财务报表使用者最关心的问题，企业管理层、股东、债权人都从不同角度关心企业的经营成果。因此，反映经营成果的比率最受各方利益相关人士的重视。该类指标分为三大部分：反映全部资产获利能力的比率(包括股东权益报酬率、股东权益周转率)、反映普通股获利能力的比率(包括销售利润率、资产周转率、投资报酬率)、反映股东权益获利能力的比率(包括普通股每股净收益、普通股每股净收益与市价比率、股利发放率、股利与市价比率)。

(四) 杂项指标

杂项指标主要有利息保障倍数、财务杠杆比率等。

当商业银行得到了企业的上述财务指标后，应该根据商业银行自己建立的信用评价模型去给借款企业打分，并决定是否提供贷款以及提供贷款的价格。

第五节 信用定价

一 银行贷款与风险溢价

违约风险的溢价被定义为

$$DRP = i^* - i$$

而且满足

$$1 + i^* = (1 + i)(1 - d)$$

这里,DRP 为风险溢价,i^* 为贷款定价,i 为无风险贷款的定价,d 为发生违约的概率。

违约风险的溢价满足了商业银行弥补贷款的预期损失。由于很难得到关于每一笔贷款风险的实际资料,因此违约风险的溢价主要是根据某个借款人而进行的,即每个借款人的每笔借款的违约风险都被假定为相等。

商业银行在进行信用风险分析时,一般很难单独对每一笔贷款的违约风险都进行细致的分析,但其可以根据每一笔贷款在整个贷款组合中的地位及其与其他贷款的关系,对信用风险进行分析。商业银行贷款组合所要求的风险溢价必须补偿贷款组合的预期损失。而且,风险溢价的大小与具体的贷款银行对待风险的态度有关,如果商业银行对风险采取了较为谨慎的态度,那么它所要求的风险溢价也就会高一些。

仅仅补偿贷款的预期损失是不够的,因为商业银行贷款包含风险或者说有不确定因素在其中。例如,同样是可以获得10%的预期收益率,商业银行可以有两种选择,一是发放贷款给某个借款人,二是购买国库券。而购买国库券是无违约风险的,也就是说,商业银行购买国库券可以确定地获得10%的收益;但贷款给某个借款人所获得的10%的收益是不确定的,如果出现违约的问题,商业银行贷款的本息就会面临很大的回收困难。正因为如此,商业银行要对收益的不确定性要求一定的补偿,这种补偿属于收益不确定性补偿。

将收益不确定性补偿因素加进来,那么前面的公式就会变成

$$1 + i^* = (1 + i)(1 - d - p)$$

则　　　$i^* = (1 + i)/(1 - d - p) - 1$

这里,p 为不确定性风险的溢价比率。

该公式可以近似地表示为

$$i^* = i + d + p$$

即商业银行贷款的协议利率由三个部分来构成:无风险利率、违约风险溢价和不确定风险溢价。

二　信用配置模型

虽然商业银行要根据借款人的信用水平确定贷款的利率,而且该利率要包含信用风险的溢价和不确定性风险的溢价,但是,商业银行要根据借款人的风险程度进行信用的配置,即当贷款的协议利率高到一定水平时,商业银行将不再向借款人提供贷款。信用配置模型(Credit-rationing Approach)是为了弥补风险溢价模型的缺点而设计出来的。其基本的分析思路是,当贷款的协议利率超过一定水平时,较高的利率会使商业银行面临逆向选择(Adverse Selection),也会对借款人产生激励效应(Incentive Effects),这就会降低贷款的

预期收益。

那么,为什么超过均衡的协议利率的贷款利率却降低了贷款的预期收益呢?

首先,商业银行将面临逆向选择。当贷款利率较低时,那些信誉高的借款人是愿意借款的,因为他们有偿还贷款的把握;当贷款利率提高后,他们偿还贷款的把握程度将下降,而他们是有信誉的借款人,在偿还把握下降时,他们会退出贷款市场,这样,商业银行就不得不把资金借给那些信誉较低的借款人。因此,当贷款利率提高时,商业银行贷款的边际信用风险,要高于在贷款利率较低时的边际信用风险;相反,在贷款利率特别低时,由于商业银行在选择借款人时会考虑到借款人的信誉,因此借款人将主要是信誉高的借款人,这样,商业银行贷款的信用风险就会很低。

其次,借款人将受激励效应的影响,投资风险将提高。在贷款利率较低时,借款人的利息负担较轻,因此,为了偿还贷款的本息,借款人不必向高风险的领域投资;当贷款利率提高后,借款人贷款偿还负担加重,为了偿还贷款的本息,借款人将转向高收益的投资领域,而高收益同时意味着高风险,这样,借款人偿还贷款本息的能力也就受到了伤害。

在信用配置模型中,贷款的预期收益包含三个部分:① 贷款利率提高所带来的预期收益的增加;② 逆向选择使信用风险提高了,因此预期收益下降了;③ 激励效应使得违约风险提高了,因此预期收益又下降了。当贷款利率提高,并且超过了因风险增加而使贷款遭受的损失时,贷款的预期收益是增加的;当贷款利率提高给商业银行带来的利益无法弥补风险提高给银行带来的损失时,贷款的预期收益是下降的。

三 浮动利率定价

浮动利率是指在贷款期限内,贷款利率可以根据市场利率的变化进行调整。在20世纪60年代,美国商业银行贷款的绝大多数都采用固定利率,即在贷款前约定一个利率,还款时就按事先约定的利率办理,而不管还款时的市场利率有多高。70年代,利率的上升增加了商业银行的资金成本,使商业银行的利率风险提高了。为了保持一定的盈利水平,商业银行的贷款也开始采用浮动利率。但目前,商业银行贷款中的大多数还是固定利率贷款。

贷款采用浮动利率,实际上将市场利率风险由商业银行转移给了借款人,这对降低利率风险是有好处的,一般情况下,在利率相同时,借款人愿意接受固定利率贷款,原因是固定利率贷款有利于借款人测算资金的成本。商业银行为了鼓励借款人申请浮动利率贷款,通常有两种做法:一是在开始时,降低浮动利率水平,例如,让浮动利率贷款的利率低于固定利率贷款利率2个百分点;二是商业银行规定浮动利率的上限,使借款人的利率风险不超过一定的水平。

虽然浮动利率贷款对于降低贷款的利率风险是有好处的,但这一好处只有在借款人的信用风险不变的前提下,才会存在。由于利率风险与信用风险是相互关联的,因此,当商业银行贷款的利率风险降低时,贷款的信用风险会相应提高,这在一定程度上抵消了利率风险降低给商业银行带来的好处。在商业银行资金成本上升,即市场利率上升时,商业银行的决策会处于两难选择的境地,即商业银行或者接受较高的利率风险,或者接受较高的信用风险。在这样的环境中,商业银行不仅要关心自己的收益与风险,而且应该关心借款人的收益与风险,因为借款人的收益与风险会随时转嫁到商业银行的身上。商业银行会在进行综合的分析之后,再制定合适的对策。

四 优惠利率与贷款定价

优惠利率是商业银行为那些信誉卓著的大用户所确定的贷款利率。优惠利率是确定其他利率的基础。

从20世纪30年代到60年代,优惠利率被许多商业银行采用,从而成为银行贷款定价的一个重要标准。但70年代以来,由于商业银行对货币市场的依赖性增强,又由于银行间的竞争加剧,致使市场利率提高,商业银行资金成本提高,优惠利率被迫经常调整,甚至高于其他贷款利率,因此优惠的本意发生了变化。目前,绝大多数商业银行在贷款协议中用基础利率来替代优惠利率,虽然还使用优惠的字眼,但优惠利率实际上是银行的商业贷款利率,或者说优惠利率不再是最低利率了。

那么,现在的商业银行采用优惠利率还有什么优点呢?优点主要是使得商业银行的贷款用户感到满意,因为商业银行在"优惠利率"之上又打了折扣。例如,优惠利率为15%,折扣了的优惠利率为14%,如果商业银行发行的可转让定期存单的利率为10.5%,那么,银行贷款与资金来源之间就存在3.5个百分点的利差,这一利差可以用来弥补商业银行的其他费用的支出,如果有余额,商业银行还可以获得盈利。

采用优惠利率对商业银行也有不利的一面,主要是,由于非优惠用户必须接受优惠利率(市场利率),而优惠用户却可以接受折扣之后的贷款利率,这会造成商业银行与非优惠用户之间关系的紧张,也会招致金融当局的各种调查,因为这会削弱市场竞争。

从理论上讲,商业银行根据不同的借款人采用不同的贷款利率是完全可行的。在工商业中,企业对好顾客一般会给予各种各样的优待,银行作为企业为什么不能向它的好顾客提供某些优待呢?一般来讲,银行贷款定价的决定因素包括三个:优惠利率(市场利率)、顾客与银行的关系、补偿性存款余额。商业银行为了吸引大客户,得到大客户稳定的存款余额,也为了建立与大客户持久的信贷关系,通常会对大客户给予优待,当通货紧缩时更是如此。

由于借款人对商业银行的重要性不同,它们的信用风险也不同,因此商业银行在贷款过程中通常采用差别利率的办法。具体而言,银行根据借款人所处的风险等级,对贷款规定不同的利率。通常的做法是,贷款利率根据优惠利率加上一定的百分点,或者乘以某个系数来确定。前者被称为优惠加数定价(Prime-plus Approach),后者被称为优惠乘数定价(Prime-times Approach)。例如,某个借款人的信用风险较高,商业银行在优惠利率之上加上 2 个百分点,确定对该借款人提供贷款的利率;一般的借款人则按优惠利率来提供贷款;对于银行的大客户,商业银行按优惠利率降低 2 个百分点的利率来提供贷款。商业银行也可以按优惠乘数定价(Prime-times Approach)方法确定贷款利率。例如对于信用风险较高的借款人,按优惠利率乘以 1.1 的水平确定贷款利率,对于大客户则按优惠利率乘以 0.9 来确定贷款利率。

优惠加数定价与优惠乘数定价在优惠利率稳定时没有多大的区别,但在优惠利率发生变化时,这两种定价方法是有差别的。例如,优惠利率为 10%,对于高信用风险的借款人的加数假定为 1%,那么该借款人得到贷款的利率就是 11%。如果优惠乘数定价中的乘数为 1.1,那么这两种定价所得到的结果是一样的,都是 11%。如果优惠利率由 10% 提高到 12%,那么按优惠加数定价方法,得到高信用风险借款人的贷款利率为 13%,而按优惠乘数定价方法计算的该借款人的贷款利率为 13.2%。这样,不同的定价方法就产生了差别。

这种差别说明,如果优惠利率处于正常的水平,而根据某个乘数计算的并按优惠乘数定价方法确定的贷款利率是合理的,那么,当优惠利率上升时,按优惠乘数定价确定的贷款价格较高,说明此时银行贷款的违约风险增加,因此商业银行需要较高的风险溢价;当优惠利率下降时,贷款利率会更快地下降,这说明,贷款的违约风险减少,因此商业银行要求的风险溢价也就降低了。为了使商业银行得到最大的利益,银行管理者如果预期优惠利率将上升,最好采用优惠乘数定价方法;如果预期优惠利率将下降,最好采用优惠加数定价方法。

第六节 商业银行的流动性管理

一 流动性的作用

银行的流动性管理,是指银行可以在任何时候按合理的价格筹措到足够的资金以满足自己的资金需要,从而维护银行与顾客之间正常的契约关系和合作关系。商业银行的流动性不仅包括满足存款人的现金提取,而且包括满足优质借款人的借款需求。

流动性有以下五个方面的作用:

第一,流动性可以向市场证明,该银行是安全的,有能力偿还它的负债。这一作用也被称为增强债权人信心的作用。使市场建立对某家银行的信心,主要依赖于该银行资产负债的质量、政府担保或保险、中央银行作为最后贷款人的支持等。但商业银行如果仅仅凭借政府的担保或保险是远远不够的,它还必须有高质量的资产负债,这是商业银行从事资产负债管理的关键。

第二,流动性可以保证商业银行履行其正式或非正式的贷款承诺。这一作用实际上是维持商业银行与借款人特别是优质借款人正常的借贷关系。既然商业银行要为其顾客提供信贷或流动性服务,商业银行在信贷决策中也就扮演了十分重要的角色。银行通常不会伤害与优质客户建立起来的合作关系,也不会对那些潜在的优质合作伙伴的需求置之不理,因此,商业银行一定要为其优质客户的流动性需求提供帮助或者支持。

第三,流动性可以使银行避免因资产售让而产生损失。在没有流动性的条件下,如果银行没有其他增加流动性的办法,商业银行会被迫出售其资产,而这种出售的价格一定会大大低于正常的价格,使银行产生损失。

第四,流动性可以使银行降低购买资金所必须承受的风险贴水。前面定义流动性管理时,用了"按合理价格筹措足够的资金"一句话,这说明,在商业银行流动性发生问题时,商业银行必须用较高的价格购买资金,此时的较高的价格就不是合理的价格。如果商业银行流动性发生了问题,商业银行按合理的价格是筹措不到资金的。因此,商业银行必须保持足够的流动性,以使自己筹措资金的成本控制在合理的范围内。

第五,流动性可以使商业银行避免在中央银行的再贴现窗口滥用自己的借款权利。中央银行是银行的银行,商业银行可以通过再贴现窗口向中央银行再贴现。但商业银行借款的频率和规模会影响市场对该银行的信心,因此,商业银行对向中央银行借款这一最后的选择,一般采取较为谨慎的态度。

二 流动性的内在来源

传统的流动性管理理论强调在银行投资中保存流动性,或者说在银行资产进行永久性调整之前,用联邦基金作为暂时性来源。这种理论被称为资产转换理论。转换的含义是指将流动资产转换为现金。这种理论的核心是以银行的盈利性为代价来获取流动性。银行资产的盈利水平之所以下降,是因为银行资产中有相当大比例的流动资产。这种管理方法虽然还存在,但已不再盛行。银行资产根据准备标准分类,可以划分为四个部分:

(一) 第一准备

第一准备包括商业银行的库存现金和在中央银行的超额准备。超额准备可以被看作商业银行的业务准备,主要用于结算和支付等。超额准备既要保持足够的数额以应付现金支付不够的窘境,又要降低到最低水平,因为在西方,商业银行在中央银行的存款准备金是没有利息的。

(二) 第二准备

第二准备包括出售的联邦基金和短期政府债券。第二准备所包括的政府债券必须是高信用、短期限的,而且流通性强。低信用债券不能包括在内,是因为这种债券有较高的倒账风险;长期债券(这里是指1年以上)不包括在内,是因为长期债券的利率风险高,价格波动大;流通性不强的债券不包括在内,是因为变现困难,流动性或可转换性弱。

第二准备所包括的资产，构成流动性准备方法的核心，因为这里的流动资产体现了流动资产定义的精华，既是流动性的，又是获利性的。在安排第二准备计划时，联邦基金可以用于解决即时性的流动性需求。至偿还期还有 2—182 天的国库券可以用来解决中期性的流动性需求。而至偿还期还有 6—12 个月的国债可以用来解决时期更长些的流动性需求。第二准备的作用是为下面需求提供流动性：① 对资金的季节性需求；② 无法预期的贷款的短期增加；③ 其他的，不是主要的且无法预见的需求。

（三）第三准备

第三准备是为了满足资金流量较长期变动而引起的流动性需求。例如，在较长时期内贷款需求增加，或存款注入量减少等。成熟期在 1—2 年的政府债券是第三准备的主要内容，即在较长时期内，如果贷款需求增加，或存款减少，商业银行可以出售 1—2 年期的政府债券来解决流动性困难。

（四）第四准备

第四准备也称投资准备，一般包括期限在 2 年以上的债券。投资准备设置的主要目的是获取收益。它之所以成为准备，或者说具有流动性作用，是因为在必要的时候，它也可以出售。

准备分类系统给商业银行带来了不同期限资产的组合。准备资产不是平均分布的，因为商业银行保持流动性的重点放在了短期证券上，因此资本损失可以避免。但不同期限证券之间如何进行比例分配，没有现成的方法。因此，可以这样讲，准备分类系统可以用于指导商业银行的流动性管理，而不是给商业银行管理者提供了可以操作的办法。

三 流动性的外在来源

商业银行可以通过资产管理获得必要的流动性，也可以通过负债管理，即通过在市场上购买必要的资金而获得流动性。负债管理的主要思想是在市场上筹集资金，并合理地使用资金，以满足贷款需求。

这一理论认为，商业银行在保持流动性方面，没有必要完全信赖建立分层次的流动性储备资产，一旦需要周转资金，可以向外举债筹措，只要在金融市场上可以借到资金，就可以大胆放款，争取高盈利。

商业银行负债管理理论的形成是多方面因素共同作用的结果：

（1）追求高额利润的内在动力和竞争的外在压力，是负债管理理论形成的主要原因。商业银行对利润的追求，使盈利性与流动性的矛盾更为突出。在牺牲盈利性的条件下，通过调整资产结构来实现流动性，满足不了追逐利润的要求。商业银行越来越感到应当从负债方面考虑，扩大资金来源，满足顾客的资金需要，巩固自己的经营地盘，增加银行盈利。

(2) 生产的发展以及资金需求的上升,迫切需要商业银行提供更多的资金,加上通货膨胀的加剧,使负债经营有利可图,新形势向银行负债业务提出了新要求。

(3) 由于管理制度的限制和通货膨胀的发展,存款利率在吸收资金方面的吸引力越来越小,单靠传统的吸收存款方式,满足不了商业银行资金业务对资金的需求,客观上要求商业银行发展多种负债形式。同时,金融市场的发展、金融资产的多样化、银行业的国际化以及通信手段的现代化,为商业银行的负债管理提供了条件。

(4) 存款保险制度的建立与发展,进一步增强了商业银行的冒险精神,刺激了负债经营的发展。

在负债管理理论的指导下,西方商业银行创立了多种主动负债方式来解决资金和流动性问题。这些方式包括贴现窗口、联邦基金拆借、再回购协议借款、欧洲美元市场借款以及大额可转让存单等。

负债管理理论使商业银行更富有进取精神,一方面对经济增长有利,另一方面推动了信用的扩张。但这一理论是建立在对吸收资金抱有信心,并能如愿以偿的基础上的,在一定程度上有主观的色彩。同时,使商业银行忽视补充自有资本,使自有资本占总资产的比重下降。当商业银行不能从金融市场上筹集到资金时,就有可能使自己陷入危机,甚至带来倒闭的可能。

四 保持流动性的方法

银行资产中相当大一部分是贷款和投资,它们都属于重要的盈利资产,商业银行持有它们的目的主要是盈利,而不是保持流动性。因此它们的流动性往往有限,或者不能迅速变现,或者变现中要遭受较大损失,银行经营中的流动性问题必须通过一定的方式加以解决。

(一) 资产管理方面的方法

从资产管理方面看,有以下几种方法:

第一,保持一定的准备资产。

第二,资金汇集后分配。所谓资金汇集后分配是指将各种资金来源,无论是活期存款还是定期存款,无论是借入负债还是自有资本,汇集在一起,而后按流动性的优先顺序分配资金运用。银行在安排资产时,首先保证足够的第一准备,即现金和中央银行准备存款。其中,现金和超额准备金存款的多少是关注的重点。其次满足第二准备,大多是可随时转让的短期证券,这部分的多少,主要依据对流动性需求的预测。再次是工商业贷款,它因多属于中短期性质,既有流动性又有盈利性,故是整个资产运用的重心部分。中期证券也属于此列。然后是长期证券和贷款。最后则是固定资产投资。以上各部分的比重是不固定的,要视不同时间、地点、条件的变化而定,也取决于各个银行自身的经营重点和薄弱环节。

(二) 负债管理方面的方法

从负债管理方面看,有以下几种方法:

第一,资金匹配法。这种方法首先从资金来源出发,按资金在银行的稳定程度,确定几个"流动性-盈利性"中心,再按每个中心的特征分配资金。这种方法的特点是强调几个流动性中心,其划分依据是资金的稳定程度。稳定程度又根据法定准备金比率或资金周转速度来确定。从资产和负债两个方面统筹安排,并以流动性为中心来配置,是该方法的优点。但该方法在实践中很容易导致一些失误,即把活期存款简单地视作短期流动性中心的来源,并主要用于第一准备,其他则依此类推。直接地将某些负债同某项资产挂钩是不妥当的。

第二,缺口监察法。这是一种分析资产方和负债方之间的流动性差额,表示现有流动性状态和预期流动性需要之间关系的方法。

第三,状态处理法。该方法是将商业银行遇到的流动性问题,按状态不同分为四类,针对不同的状态类型采取不同的流动性政策。第一种状态是经营正常状态,银行并无重大的经营难题。此时银行的流动性目标只是维持正常经营过程和最大限度地满足贷款需求,维持合理的净利差,并对可能出现的非常需求和大宗交易有所准备。第二种状态是单个银行的短期危机,即预料之外的消极事件的影响。此时,银行的流动性政策是满足这种未预料事件的需求,使自己不必到货币市场举债,也不必低价出售资产而度过危机。这时银行并非满足所有的信贷要求。第三种状态是整个银行业都面临长期危机。如受国际经济危机或金融危机打击而产生的金融市场混乱。在这种情况下,所有的银行都要竭力摆脱危机,中央银行一般也会采取拯救措施。就单个银行来说,可参照上面的某种状态采取流动性对策。第四种状态是某个银行特有的长期危机。经营亏损在继续恶化,银行倒闭的可能性在增加。在这种状态下,要摆脱危机,靠的并不是流动性管理,而是强有力的全面管理。

第七节 商业银行的资产负债管理

一 资产负债管理的历史

20世纪40年代和50年代,商业银行的负债中有大量的支票存款和储蓄存款,这两种存款都是低成本的。因此,此时商业银行管理者的主要工作是决定如何使用这些负债,从而商业银行管理的重点自然是资产的管理,即如何使商业银行资产产生最大的收益。60年代,商业银行的资金变得不再那么丰富了,原因是公司的财务管理者已经考虑到资金占用的成本,因此支票存款的数量下降了。而此时的经济由于税收减免和越战引起需求的增加而繁荣,因此,企业对贷款的需求是很旺盛的。为了满足旺盛的贷款需求,银行管理者转向了负债管理。这样,60年代和70年代,负债管理是商业银行资产负债管理的主要方面。负债管理可以简单地表现为商业银行用发行可转让定期存单、购买联邦基金、发行商业票据的办法来筹集所需要的资金。由于当时的银行是根据筹集的资金的成本,然后再加上一定的利差将资金贷放出去,因此利差管理(Spread Management)在当时是很盛行的。到了20世纪70年代中期,由于通货膨胀、浮动利率以及经济的不景气,商业银行的管理重点转向了资产负债表中的资产和负债两个方面,这种方法也被称为资产负债管理(Asset-liability Management)。资产负债管理本质上是对商业银行管理的各种方法的总结和综合运用。因此,资产负债管理不是将管理的重点放在资产负债表的一方,而是进行资产负债的整体管理。

80年代,资产负债管理的重要性有所增加,但管理的难度也越来越大。尽管资产负债管理是一种适应期限较短的管理方法,但这种管理方法已从简单的使资产和负债的期限相搭配的方法,发展成为包括各种期限在内的管理策略,也包括各种复杂的概念和方法,如持续期配对、浮动利率定价、利率期货、利率期权以及利率互换等。尽管有多种复杂方法的出现,但资产负债管理仍然是一门艺术,而不是一门科学。因为没有关于资产负债管理的简单但放之四海而皆准的方法,商业银行必须根据其自身的状况,去开发自己的资产负债管理方法。因此,每一家商业银行资产负债管理的策略和方法也许都不一样。

二 资产负债管理的目标

商业银行的战略管理,是要让商业银行在2—5年内有一个可行而又较为积极的奋斗目标。而商业银行的资产负债管理是要让商业银行在12个月内,在不同的利率环境下有可供选择的方法。因此,资产负债管理是商业银行战略管理的第一步。

从表7-3中我们可以看出资产负债管理包括综合管理、具体管理和策略目标三个内容。综合管理由个别管理的相互配合而实现,最终是要完成商业银行既定的策略目标。

表7-3 资产负债管理的内容

第一步:综合管理	
资产管理	
负债管理	
资本管理	
第二步:具体管理	
准备头寸管理	准备头寸的负债管理
流动性管理	综合的负债管理
投资管理	长期债务管理
贷款管理	资本管理
固定资产管理	
第三步:策略目标	
资产负债表生成损益表	
利润 = 收入 – 利息成本 – 管理成本 – 税	

(续表)

实现目标的策略
1. 利差管理
2. 费用的控制
3. 流动性管理
4. 资本管理
5. 税的管理
6. 表外业务的管理

资产负债管理的本质是对资产负债表中的各个项目的水平、波动、项目间的结构等,进行计划、引导和控制。资产负债管理实际上是在保证商业银行有足够流动性的前提下,根据商业银行的长期规划(2—5 年)而制订的中期计划(3—12 个月)。除了计划或规划这一特点,引导和控制也是资产负债管理不可缺少的部分。资产负债管理的工具包括信息系统、规划模型、模拟或情景分析、月度评论和特别报告。

尽管资产负债管理的核心变量是净利差(Net Interest Margin,NIM)及其波动,但最终目标是使商业银行权益资本收益率达到最大,并使该指标的波动达到最小。因此,对资产负债表中各个项目间的结构和缺口的规划、引导和控制就成为商业银行资产负债管理的核心。尽管净利差是资产负债管理最重要的变量,但管理者不能忘记权益资本收益率(ROE)、资产收益率(ROA)和权益倍数(EM)。资本、非利息收入与费用、税以及银行的产品、市场、银行结构等,都与银行的资产负债管理有关。由于 ROE = ROA × EM,因此,商业银行的总目标应该是使自身的 ROE 达到最大,并实现 ROE 的波动最小。在表 7-3 中列出了为实现这一目标所要采取的策略,即利差管理策略、费用的控制策略、流动性管理策略、资本管理策略、税的管理策略和表外业务的管理策略。关于银行管理中最为重要的问题,即技术(Technology)、规避管制(Deregulation)、利率风险(Interest-rate Risk)、顾客(Customer)和资本充足(Capital Adequacy),资产负债管理更注重的是利率风险,因为利率风险与净利差有直接的关系。由于净利差是商业银行主要的利润来源,而利润又是银行资本的重要来源,因此资本充足在这五个问题中居于第二的位置。最后,由于资产负债管理必须与银行的战略管理相协调,因此管理者必须牢记其他三个问题,即技术、规避管制、顾客。

三 利率敏感性与缺口管理

影响利息收入和净利差的因素包括利率、规模及结构。在实际业务中,银行管理者主要是要控制利率敏感性资产(Rate-sensitive Assets,RSA)与利率敏感性负债(Rate-sensitive Liabilities,RSL)。利率敏感性工具是指在 90 天以内到期或者价格可以上升或下降的工具。银行的利率敏感性工具是银行可以自主控制的工具,包括主动负债,如可转让定期存单等,也包括资产,如可变利率贷款等。这些属于商业银行从事资产负债管理的工具。

一家银行的缺口可以定义为 RSA 与 RSL 之差,即

$$GAP = RSA - RSL$$

如果一家银行的缺口为0,那么 RSA = RSL,该银行资产的成熟期与负债的成熟期刚好相吻合。因此,资产负债管理的一种方法就是成熟期配对的策略。这种策略的目标是要维持零缺口。如果将缺口比率定义为相对缺口,即利率敏感性资产与利率敏感性负债相比,那么

$$GAP = RSA/RSL$$

第一种缺口形式为零缺口。实际上,零缺口并没有完全消除利率风险,原因是资产与负债受利率变化的影响并不完全一样。由于贷款利率是受商业银行自身政策影响的,而通常情况下,贷款利率变化滞后于市场利率的变化,特别是在利率周期转折点的附近时,更是这样。这一现象会使商业银行在利率上升时,银行收益增加缓慢;在利率下降时,银行收益的下降速度也慢。除了上述滞后效应的影响,还有规模和结构方面的因素会使商业银行的零缺口难以有效保持,即使保持了零缺口,完全避险也是不大可能的。

第二种缺口形式为正缺口,即利率敏感性资产多于利率敏感性负债。绝对的和相对的正缺口可以定义为

$$RSA - RSL > 0$$

$$RSA/RSL > 1$$

例如,一家银行的利率敏感性资产为1 000万元,而利率敏感性负债为500万元,那么,该银行的利率敏感性缺口为500万元,敏感性比率为2。

第三种缺口形式为负缺口,即利率敏感性负债多于利率敏感性资产。绝对的和相对的负缺口可以定义为

$$RSA - RSL < 0$$

$$RSA/RSL < 1$$

根据传统理论,由于商业银行借入资金是短期的,而贷款的期限是较长的,因此负的缺口是正常的。如果收益曲线是向上倾斜的,则负的缺口对于商业银行是有利的,因为商业银行借入的资金是短期性的,利率较低,而贷款的期限较长,收益率较高,这样,商业银行保持负的缺口就可以获得更多的利益。

当利率上升时,负的缺口会给商业银行带来较大的流动性风险和利率风险。在利率较高、利率风险较大的时期,负缺口给商业银行带来的影响可以用下例说明。

例:假定商业银行的敏感性资产和负债如表7-4所示。

表7-4 某银行敏感性资产与负债敏感性

RSA	20	RSL	80
抵押贷款 (固定利率)	80	其他	20
敏感性缺口:RSA - RSL = 20 - 80 = -60			
敏感性比率:RSA/RSL = 0.25			

该银行的敏感性比率仅为0.25,也就是说,敏感性负债是敏感性资产的4倍。当收益曲线拥有正的斜率,并保持稳定时,这样的缺口确实可以给商业银行带来高的收益,但当利率上升并保持高水平时,该银行就必然有很大的风险。这里的风险是指流动性风险和利率风险。流动性风险可以用绝对缺口来表示,在本例中,绝对缺口为-60。这里存在两个问题:第一,由于脱媒,资金缺少,会使商业银行无法进行滚动经营;第二,即使商业银行可以进行滚动经营,它也必须接受高利率。而后者与那些固定利率的抵押贷款一起带来利率风险。这会减少商业银行的盈利,甚至侵蚀商业银行的资本。

资产负债管理包括以下四个主要步骤:

1. 缺口计量

缺口计量中的关键因素是资产与负债再定价的日期,而不是到期日。由于持续期(Duration)被认为是某项资产与负债再定价的日期,因此持续期也就成为缺口管理和资产负债管理的重要工具。

一家银行缺口大小的计量,与缺口计量的时间长度有关。一般情况下,3—6 个月的时间长度对于银行的资产负债管理是比较合适的。由于银行的会计周期为1年,因此1年的长度是比较现实的。为了说明不同时间长度的缺口管理,我们假设有这样一张资产负债表,见表7-5。

表7-5 缺口管理的时间长度 (单位:万元)

持续期	资产	负债	缺口	累计缺口
1天	5	40	-35	-35
30天	10	30	-20	-55
60天	15	20	-5	-60
90天	20	10	10	-50
180天	25	10	15	-35
365天	30	5	25	-10
全部短期之和	105	115	-10	
1年以上	95	70		
资本		15		
总计	200	200		

在1年之内,资产和负债的持续期的构成被决定了。在1年内的各种时间长度的缺口和累计缺口被计算出来。如果用1年作为时间长度,那么,该银行的缺口为-10万元。但是,持续期为30天至180天,累计缺口为-55万元至-35万元。1天的缺口为-35万元,说明该银行存在准备金头寸或现金不足的问题。该银行的管理者应该将注意力放在30天之内的-55万元的缺口上。这一缺口说明了该银行现在或在下个月,会出现资金净流出和存在银行流动性风险等问题,因为即使该银行的那些短期负债工具属于可变利率负债,到期的负债依然可能被提走。

2. 利率预测

商业银行应该预测到在利率变化后那些将被重新定价的资产和负债的数额。由于净利差管理是商业银行资产负债管理不可分割的一部分,因此这一步骤要求商业银行随时监控在各个时间段上的净利差。该步骤的目的是发现潜在的关于净利差方面的问题,避免在发生净利差问题时,银行管理者手足无措。从长期看,商业银行的资产与负债的配置应该有较高的收益。

3. 规划未来收益

前两个步骤所得到的关于资产与负债的规模和价格(利率),为第三步(规划未来收益)奠定了基础。这一步的目的是让银行管理者看到未来。由于要描述在不同利率环境下银行承受的风险,因此要用各种模拟模型。银行最起码要得到最好、最坏和最可能的情况下的收益与风险。

4. 检验各种策略

这一步骤是商业银行资产负债管理艺术之所在。前面三个步骤的科学性较强,或者说程式化因素较多,例如,收集很多的数据,进行计算机的模拟等。当然,如果科学因素不存在,资产负债管理的艺术也就不存在了。正因为如此,前面的工作应该做得扎实。依据前面的工作,商业银行对各种可以选择的策略进行评论和检验,看看哪种策略与商业银行的战略是吻合的。资产负债管理是执行商业银行战略管理的第一步。对每种策略都要进行分析,并与商业银行所要求的最低水平相对照。资产负债管理与分解分析不同,分解分析是从现象中找出原因,而资产负债管理的策略是分析所选择的策略如何影响商业银行的业绩指标。现实的决策变量主要有定价策略、产品构成、规模、增长率、资产负债表的构成以及银行表外业务的比重等。作为有效的管理工具,资产负债管理模型应该生成两个产品:第一,短期资产与负债的最佳组合,这一"最佳"是用净利差这一风险收益参数作为分析标准的;第二,为银行的高层领导提供必要的信息,使他们能够评价策略管理所运行的方向,以便采取必要的调整措施。

前面提到了对利率的预测,这里要指出的是,对短期利率的预测,主要是对3个月以内的利率进行预测,这种预测的准确性较高。但如果将预测期延长,例如预测3—6个月,甚至更长期的利率,是非常困难的事情。如果商业银行能够准确预测更长期的利率走势,对于其资产负债管理无疑是有利的。但前面提到,预测的难度是很大的,准确性是难以保证的,因此一旦商业银行的预测失败,而它却按照其预测的结果从事了资产负债管理,那么就会给它带来极大的风险。因此,对较长期利率的预测在很大程度上属于打赌的行为,而商业银行的经营应该是稳健的,一切的行为都应该建立在可靠信息的基础上。因此,商业银行资产负债管理的原则是要保护银行,而不是让银行去打赌。

缺口管理的核心问题是维持一个有弹性的资产负债表。但这一问题说起来容易,做起来难,原因是商业银行对其资产和负债没有完全的控制能力。如果负债缺少流动性,那么维持资产负债表流动性的负担就会转移到资产方面。在一个利率周期内,建立下面的策略是比较理想的(见表7-6)。

表 7-6 理想的缺口管理

收益曲线的形状	策略	目标缺口
正斜率	借短与贷长	负缺口
水平	持续期配对	零缺口
负斜率	借长与贷短	正缺口

第八节 融资租赁

一 融资租赁的特征

融资租赁又称金融租赁,是由出租人出资购买承租人选定的设备,并按协议将设备出租给承租人使用,租赁期通常是设备的寿命期。融资租赁属于商业银行的资产运用,本质上与商业银行的贷款没有什么区别。融资租赁具有以下特点:

第一,先由银行出资购买机器设备(或先由承租人与出售厂商签订合同转交银行,由银行出资购买),然后交给承租人使用。因为是由银行垫付全部资金,相当于银行贷款,故称金融租赁。

第二,银行与承租人的合同一旦签订,就不可解约(设备被证明已丧失使用效力的情况除外),并且合同签约期限基本上与设备耐用年限相同,一般设备的期限为3—5年,大型设备可至10年以上。

第三,承租人按合同分期向银行缴纳租金。租赁期间,由承租人负责设备的安装、保养、维修、保险、纳税。租金包括成本、利息、手续费,并保证银行有一定的盈利,故在美国被称为"完全付清"的租赁。

第四,合同期满后,设备的处理一般有三种方法:一是退还给银行(出租机构);二是另订合同续租;三是留购,即承租人以很少的"商定价格"将设备买下。

二 融资租赁的类别

融资租赁包括以下六种类型:

(一)自费租赁

这是融资租赁业务中比较普遍的一种形式。银行应租用企业的要求,购进企业选择的设备,签订租赁合同,租给承租企业使用,即为自费租赁。

(二)合资租赁

这是由银行和设备生产企业,或银行与其他出租人商定,共同出资办理租赁项目。

经出租人代表(可以是合资的一方)办理具体租赁手续,负责监督承租人按期交付租金,并按商定金额定期给参加出租各方划出其应得的租金。

(三) 委托租赁

委托租赁是指有多余、闲置设备的单位(出租人)委托银行代为寻找承租人进行租赁的形式。

(四) 转租赁

转租赁是银行同时兼备承租人和出租人双重身份的一种租赁形式。当承租人向银行提出申请时,银行由于资金不足等原因,可先作为承租人向国内外商业银行或厂家租进用户所需的设备,然后再转租给承租人使用。转租赁实际上是为一个项目做两笔业务,签订两个租赁合同,分别建立租赁关系。其租金一般比自费租赁要高。银行作为承租人向出租公司(或厂家)支付租金,又以出租人的身份向用户(最初申请的承租人)收回租金。两次租金的金额有一定的联系,但不完全相同。转租期与租入期也不完全一致。在这种情况下,设备的所有者与使用者之间没有直接的经济或法律关系。

(五) 回租租赁

当企业急需筹措资金用于新的设备投资时,可以先将自己拥有的设备按现值(净值)卖给银行,再作为承租人向银行租回原设备继续使用,以取得资金另添设备。回租租赁是一种紧急融资的方式。作为租赁物体的设备就是企业的在用设备,未作任何转移,其销售只是形式。承租人既保持了原有设备的使用权,又能使这些设备所占用的资金转化为增加其他设备的投资所需要的资金,使企业固定资产流动化,从而提高资金利用率。

(六) 杠杆租赁

这是融资租赁的一种特殊形式。这种方式往往是当银行(出租公司)不能单独承担资金密集型项目(如飞机、船舶、勘探和开采设备等)的巨额投资时,以待购设备作为贷款的抵押,以转让收取租赁费的权利作为贷款的偿还保证,从其他银行那里取得贷款,而该银行(出租人)自筹解决20%—40%的资金。这种业务在法律上至少要涉及三个方面的关系人,即出租人、承租人、贷款人,有的还涉及其他人,手续比较复杂、烦琐。出租人购进设备后,租给承租人使用,以租金偿还贷款。银行办理杠杆租赁,尽管其投资仅是成本费的20%—40%,但由于其拥有出租设备的法律与经济主权,因此可以按规定享有设备使用的各种优惠,这不仅可以扩大其投资能力,而且可以取得较高的投资报酬。出租人可以把这些优惠的好处,通过降低租金间接地转移给承租人,因而杠杆租赁的租赁费也较低。

三 融资租赁的功能

融资租赁有以下作用:

第一,促进投资与融资。当租赁公司购买租赁设备时,大量的资金就进入了生产厂家。租赁公司利用杠杆租赁,使一些银行或其他金融机构的资金投入设备生产企业中,从而促进了企业的生产,同时也增强了这些公司的融资能力。租赁方在不影响自身资金周转的情况下,通过融资租赁的方式可以大大增强购买能力。

第二,促进销售。融资租赁设备一般都是很贵重的商品,购买者一次性支付巨额的货款,会影响自己的营运资金数量。融资租赁业务的介入,使得租赁公司与生产企业一起组织销售,这样设备的销售能力便得以增强。

第三,改善企业的资本结构。融资租赁的期限相对较长,企业可以获得较长的平稳的现金流,这一现金流可以作为证券化的支撑物。长期证券融资有助于改善企业的资本结构,提升企业的竞争力。

第九节 商业银行的中间业务

商业银行的中间业务是指银行不运用自己的资金而代理客户承办支付和其他委托事项,并据以收取手续费的业务。中间业务种类繁多,主要包括结算、银行卡、贷款承诺、信用证业务、信托业务、汇兑业务、担保业务、现金管理、代理融通等。本书只重点介绍几种。

一 信用证业务

(一)信用证的种类

1. 根据信用证规定的付款方式来划分

信用证一般都明确规定付款方式,主要有即期付款、承兑付款、议付和延期支付四种。在四种信用证中,即期付款信用证和承兑付款信用证是最早出现的两种,后来产生的议付信用证是即期付款信用证和承兑付款信用证的折中组合,它具备前两者的优点,即出口商可即时收回货款,而进口商则可获得如同承兑付款信用证一样的宽限期。议付信用证成为最常用、最受欢迎的信用证。前面所述的信用证的一般运作程序就是针对议付信用证而言的。

各种信用证的处理方法各不相同,以下分别作出说明:

(1)即期付款信用证。即期付款信用证在受益人(出口商)向获得授权的付款银行提交信用证上所规定的单据时,该银行必须付款。提交单据时不必附上汇票。

(2)承兑信用证。承兑信用证无须即时付款。在受益人提交单据给授权银行时,该进口商授权银行就在汇票上承诺到期付款,即盖上"承诺"字样,并签名盖章。承兑者可以是开证银行或另一家银行,也可以是开证申请人或其他指定付款的人。承兑信用证必须由汇票供承兑者承兑。

(3)议付信用证。议付信用证是出口商向开证银行或开证申请人签发汇票,其往来银行或另一家银行就可以买下这张汇票,让出口商提前收回货款。银行在议付时应收齐信用证所规定的全套单据,成为其合法持有者,而后凭这套单据向开证银行收回所垫付的货款。这种信用证也必须使用汇票。

(4) 延期付款信用证。该信用证允许进口商先收取货运单据并提货销售,经过一段时间后再把货款经银行偿还给出口商。这种信用证无须签发汇票。这是一种新型的信用证。

2. 按信用证的安全程度来划分

(1) 可撤销(Revocable)信用证。这种信用证一般并没有限定的字眼,但只要没有注明是"不可撤销的",就是可撤销的。可撤销信用证可由任何一方修改或撤销而不必事先通知,因此,安全度最低。

(2) 不可撤销(Irrevocable)信用证。不可撤销意味着进一步确认开证行应负的义务,其中的各项条款必须经各方一致同意后才能变更或撤销。因此,这种信用证比可撤销信用证更安全,用途也更广泛。

(3) 保兑不可撤销(Confirmed Irrevocable)信用证。这种信用证不仅开证行的义务获得确认,而且进口国以外的另一家银行附上了其付款证明,这样一来出口商在收回货款方面就具有双重保证。这种信用证特别适合国别风险较大的国际贸易。

3. 特殊种类的信用证

(1) 背对背(Back to Back)信用证。该信用证是转口贸易不可缺少的信用工具。在转口贸易中,转口商收到进口商开来的信用证,而他并不是真正的出口商,故他必须以收到的信用证为保证,另外开立一张大致相同的信用证给出口商。第一张信用证被称为母信用证,第二张被称为子信用证。由于转口商要获得利润,因此子信用证的金额要小于母信用证的金额,而且母信用证的期限要比子信用证的期限晚几天。

(2) 可转让(Transferable)信用证。该信用证与背对背信用证一样涉及三方面的当事人,但与后者的最大区别在于它只有一张信用证。因此首先收到信用证而予以转让的当事人就称为第一受益人,接受此转让信用证者则叫作第二受益人。除用于转口贸易之外,第一受益人要求买家开出可转让信用证是由于他与供货商或买家有某种密切关系。慎重的银行一般不会轻易接受进口商开出可转让信用证的要求。

(3) 循环(Rerolling)信用证。是指可循环使用多次的信用证。买卖双方签订长期合同,规定在一段时间内,卖方向买方分多次供应数量和价值都固定的货物,循环信用证因此应运而生。

(二) 信用证业务中银行的作用

付款安全、付款迅速、付款便利是信用证的基本作用。为贸易双方融资也是信用证的一个重要作用。

1. 开证银行的作用

开证银行接受进口商的申请,向出口商开出信用证,就取代了进口商的地位而对出口商作出了交单付款的承诺。出口商收到并接受信用证后,开证银行就与出口商存在一种合同关系。开证银行有收单付款的义务,而出口商则有按信用证提交单据的义务以及凭单收款的权利。

由于开证银行开出的信用证绝大多数是不可撤销的,因此开证银行不能以进口商未能履行它的承诺为借口而解除自己对信用证的责任。付款时也不能从货款中扣下进口商对开证银行的欠款。

开证银行的最大作用是向进口商提供融资便利,如果有押金就为进口商开出信用证,使得进口商可以购买国外货物,而开证银行对出口商承担主要责任并负责收单付款。

不可撤销信用证如果规定即时付款,银行见单后就立即支付;如果是延期支付,则开证行可按信用证中所规定的日期付款。如果信用证规定承兑,开证银行被指定为出口商汇票的受票人时,就应即时承兑该汇票;如果受票人是信用证的申请人或另行指定的人,银行也应承兑该汇票,并在汇票规定日期支付货款。如果信用证规定议付,开证银行收到受益人按信用证规定向申请人或开证银行以外的付款人签发的汇票时,应即时付款;如果信用证规定另一家银行议付而该银行并未执行议付规定,开证银行就必须向出票人或正当善意持票人履行支付汇票款项的责任。

2. 通知银行的作用

在信用证业务中,通知银行就是负责信用证通知的银行。开证银行把信用证开给另一国的出口商时,基本上都要求在该国营业的一家银行(它可能是开证银行的分行、姊妹行或代理行)将信用证已收到的事项通知受益人。受益人如对自己的往来银行的服务特别满意,通常都会在进口商开出信用证前,要求把信用证的议付限定于该行办理。如果通知银行被限定为议付行,通知银行就可以取得议付费。

3. 保兑银行的作用

如果受益人因进口国的国别风险较大或对开证银行或申请人不甚了解而对其信用有所疑虑的话,受益人可要求开证银行请通知银行(或出口国的另一家银行)加上保兑。保兑费一般由受益人支付。

保兑就是由开证银行以外的另一家银行向受益人承担确定的付款保证,确认当开证银行因某种原因不能付款时,由保兑银行履行付款责任。保兑银行的权利、义务及作用与开证银行大致相同。

开证银行根据受益人的要求授权另一家银行保兑其不可撤销信用证,而后者作了补充确认,这就构成该行的确定保证及对开证银行的保证的补充。

二 信托业务

(一) 信托关系

信托是信托机构接受他人的委托,按其要求代为经营、管理或代办事务,为指定的人谋取利益的经济行为。

信托根据信托对象的不同,可以分为商业信托和金融信托。商业信托如信托商店、贸易货栈等,是以商品为信托对象的。金融信托是以财产管理为主要内容的信托业务,是财产所有者为取得收益或达到某种目的,委托信托机构代为管理和处理财产的行为。

信托关系是一种包括委托人、受托人和受益人在内的多边关系。在这一关系中,委托人提出委托,请受托人代为管理或处理其财产,并将由此所获得的利益转给受益人。受托人接受委托人的委托,代为管理和处理财产,并按委托人的意愿,将其权益转给受益人。受益人则是财产利益的享受者。委托人可以同时是受益人,但受托人不能同时是受益人。

信托财产有多种形式,既包括股票、债券、土地、房屋、银行存款等资产,也包括诸如专利权、商标等无形资产。受托人管理和处理信托资产是为了受益人,受托人不能占有信托财产的收益和本金,原则上也不承担亏损,但受托人超出限定范围不负责任地运用信托财产而发生亏损时,受托人要负赔偿责任。受托人在受托管理或处理财产过程中依法取得信托报酬。

(二) 信托的作用

1. 信托业务灵活

信托财产的管理和处理方式可以根据委托人的意愿,适应客观情况的变化而采取灵活的形式。对商业银行而言,信托形式比投资和贷款业务要广泛得多,而且不断出现新的形式。

2. 信托可以实现资产增值

由于委托人在技术、能力和信息等方面具有种种不利的条件,因此,把财产委托给受托人管理,可以充分发挥受托人在技术、能力等各方面的优势而实现财产的增值。例如,对有价证券和房地产的经营,专业信托投资公司具有明显的优势,把财产委托给信托投资公司会实现财产的较快增值。

3. 信托可以融通资金并创造信用工具

由于信托关系会产生受益权证券,因此这种证券同一般有价证券一样,可以流通转让,从而有利于资金需要者的融资和金融市场的繁荣。

(三) 信托的种类

信托的种类很多,主要包括以下几种:

1. 职工福利信托

职工福利信托是企业或机关团体为安定职工生活、提高工作效率而设立的。它能使靠薪金生活的人在丧失工作能力以后获得一笔足够的生活费用以安享晚年。职工福利信托的委托人是企业或机关团体。委托人委托商业银行从事资金的管理，而资金是由企业、机关团体或个人以年金的形式向商业银行提供的。受益人是职工，职工与委托人订立年金规章，即每年支付多大比例的收入给商业银行。当职工退休后，他就可以从信托部门得到一笔收入，其中包括他每期交入的年金和运用年金所取得的收入。

2. 证券投资信托

证券投资信托是以投资有价证券获得收益为目的的信托。委托人一般是基金公司或证券投资信托公司。受托人为商业银行或投资公司。受益人则是投资者即购买受益凭证的人。委托人委托银行或投资公司办理一切投资信托事宜，即签订信托合同，交付信托款项，作出运用指示。受托人则按信托合同和委托人的指示经营信托款项，并将受益凭证交给委托者，委托者再向受益者交付受益凭证。

证券投资信托有两个作用。第一，分散投资风险。众多小额投资者根本不具备分散投资风险的能力，但通过购买证券投资受益凭证，则可实现投资风险的分散，原因是受托者在投资时实现了投资组合以及各种证券间的转换。第二，投资者可以实现资产的流动性。受益凭证与股票一样可以随时转让或买卖。

由于证券投资信托的作用很大，因此发达国家的这项业务非常发达，表现为各种证券投资基金的量很大，投资者众多。

3. 不动产信托

不动产信托是由大型设备或财产的所有者作为委托人以融资为目的的信托。财产所有者与商业银行(受托人)和用户(租用人或购货人)三方缔结契约，设备所有者与受托人办理信托合同，信托银行发给委托人受益凭证。信托银行将设备出租给或分期付款出售给用户，这二者签订租赁契约或出售合同。用户支付租金或将购货款支付给信托银行。财产所有者(委托人)为提前得到货款，可将受益凭证拿到金融市场上出售，投资者购买受益凭证后就成为信托受益人，有权向信托银行索取有关的利益。

这种信托对委托人而言比用财产作抵押向银行申请抵押贷款更方便，而且抵押贷款只能获得抵押品价值60%—80%的资金，而这种信托却可以使所有者获得全部资金。

4. 公益信托

公益信托是一种由个人或团体捐赠或募集的基金以公益事业为目的的信托。信托收益可以作为慈善事业的费用、科研费用以及建立学校和医院的费用等。公益信托一般以基金捐款人或基金筹集人为委托人，信托银行为受托人，二者之间签订信托契约。受托人根据委托人的指示将收益支付给受益人。公益信托的受益人不是在确立信托关系时就确定的，而是由委托人或委托人最后建立的托事会来确定的。公益信托一般可以享受税收的优待。

三 汇兑业务

（一）汇款

汇款是由付款人委托银行将款项汇给外地或外国的某个收款人的业务。银行接到付款人的汇款请求后即收入款项，然后通知收款人所在的分行或代理行，让其向收款人支付所付款项。汇款业务中一般涉及四个当事人，即汇款人、收款人、汇出行和汇入行。银行汇款结算中不需要实际寄送货币，只需将付款命令通知汇入行即可。如果汇出行与汇入行不是同一银行，则需要事先商定代理办法，并定期结清两行之间的债权债务关系。

（二）托收

托收是债权人或销售者为向外地债务人或购货人收取款项而向其开出汇票，并委托银行代为收取的一种结算业务。托收与汇款业务是银行汇兑业务的两个方面。在国际业务中，银行作为委托对象，接受客户委托，代向国外债务人索取款项，已成为银行重要的业务。

国际托收业务中，最为常见的是贸易结算所用汇票票款的托收。一般是出口商或债权人签发汇票，委托其往来银行向国外买方或债务人收取货款或账款，接受委托的银行则通过当地分行或代理行催收款项。除汇票托收之外，银行也办理其他所有权凭证的托收业务，如债券、息票、本票和支票等。

托收工作根据托收委托书进行。这种委托书对委托内容，如金额、付款人及其地址、货物等，以及委托银行应负责任和免责事项都有明确规定。银行的托收主要分为光票托收和跟单托收，两者的区别在于有无附带商业单据，光票托收不含附带单据，而跟单托收则必须附带有关单据。

（三）承兑

承兑是承诺兑现，亦即付款人或者银行接到远期汇票时，在票面上签名，表示承诺按票面上的指示，在规定的时间内履行付款的义务。承兑是银行参与商业信用的重要途径。

承兑按照承兑人在承兑汇票时有无提出附加条件而分为普通承兑和附条件承兑。普通承兑就是承兑人在承兑时不对出票人提出任何附加条件的承兑；而附条件承兑则是承兑时附加某种条件的承兑。一般说来，银行未经客户或代理银行授权及同意，不应该有附加条件的承兑。

经过承兑的汇票有更大的流通性，而银行所承兑的汇票是普遍认可的，因此流通性更强。银行一旦承兑，就应对汇票负连带责任，在汇票到期时把票面金额付给持票人。银行通过承兑使自身产生了一种融通资金的工具，即银行不必立即动用本行的资金，就能为客户提供短期融资便利，而客户则可利用开汇票给银行承兑的方式，为自己取得银行的这种融资便利。

四　保函业务

保函是担保人所作出的在缔约一方不履行或违反合同条款时而代付一笔确定款项的承诺。银行保函都是承诺支付一笔款项的担保书,而且多数是不可撤销的。

银行保函主要有以下五种:

1. 投标保函

各国政府在建筑工程或采购货物时,常采用招标投标方式,而供货商或承包商在投标时,要提交银行所签发的保函,以保证客户在中标时必须签订承包和供货合同。

2. 履约保函

这种保函比投标保函的应用范围大得多。在承包工程或供应货物时,履约保函往往在投标担保书取消之前就已签发。

3. 预付款或分期付款退还担保书

这是涉及大额款项的合同所用的一种履约保函变形。合同金额很大,卖方或承包商就可能要求买方和建设者预付一笔款项或分期付款,但必须向对方提供这种保函,保证在未能交货或未能完成合同时把收到的款项退还,如果无须中途退还,银行的保函责任将随着合同的履行程度而按比例递减。

4. 贷款保函

银行的客户在国外扩展业务而银行在当地并无分支机构时,客户必须设法获得当地银行的融资便利。在这种情况下,银行可介绍客户就地向当地的代理银行申请这种便利并提供担保。

5. 备用信用证

备用信用证虽名为信用证,却与一般的跟单信用证有很大的区别。备用信用证本质上是履约保函。

第十节　影子银行

本章前面几节都是在阐述商业银行的传统资产、负债以及中间业务,随着金融市场的发展,商业银行与金融市场的各种主体的互动也越来越多,有些业务并不反映在商业银行的表内,甚至也不是商业银行本身的业务,但这些业务所产生的风险与商业银行关系密切。这些业务统称为影子银行业务。按照20国集团(G20)金融稳定理事会的定义,影子银行是指游离于银行监管体系之外,可能引发系统性风险和监管套利等问题的信用中介体系。

一　影子银行的特点

影子银行是美国次贷危机爆发之后所出现的一个重要金融学概念。它是通过银行贷款证券化进行信用无限扩张的一种方式。这种方式的核心是把传统的银行信贷关系演变为隐藏在证券化中的信贷关系。这种信贷关系看上去像传统银行,但仅是行使传统银行的功能而没有传统银行的组织机构,即类似于一个"影子银行"体系而存在。

在国际上,影子银行的市场规模非常庞大,根据金融稳定理事会的估计,2011年美国影子银行的资产规模达23万亿美元,欧元区影子银行的规模达22万亿美元,英国影子银行的规模达9万亿美元。中国影子银行的规模也很大,根据穆迪公司的估计,2015年中国影子银行的规模大致为53万亿元人民币,占国内生产总值(GDP)的79%。[1]

影子银行在本质上行使着商业银行的基本功能,包括期限转换、信用转换、流动性转换等。其核心是信用转换和期限转化,这对经济是有积极促进作用的。但影子银行也具有与传统银行业务不一样的特点,可以归纳为以下几点:

第一,不透明的场外交易。影子银行的产品结构设计复杂,很少公开披露信息。

第二,杠杆率非常高。由于没有商业银行那样丰厚的资本金,因此影子银行大量利用财务杠杆举债经营。

第三,影子银行的主体是金融中介机构,载体是金融创新工具,这些中介机构和工具发挥了信用中介的功能。

第四,由于影子银行的资金来源不是存款,而是通过资产证券化的方式获取的,受监管的程度弱,因此存在管制套利的行为。

二 影子银行的构成

影子银行的构成包括很多内容,其中最主要的是委托贷款、信托贷款和理财资金对接的各种资产等。

(一)委托贷款

委托贷款是指由委托人提供资金,并委托银行根据委托人确定的贷款对象、用途、金额、期限、利率等代为发放、监督使用并协助收回的贷款业务。委托人可以是政府部门、企事业单位、个人等。

受托的银行在整个委托贷款业务中的作用只是代理,并不对违约承担责任,违约风险因此直接落到了委托人身上。由于委托贷款与银行贷款的审批不同,从贷款的投向到审批没有一套严谨的程序和规范的标准,因此在无形之中加大了委托贷款的风险。另外,在整个委托贷款的过程中,银行一直处于被动地位,只是收取一定的手续费,在监督贷款的投放和收回上缺少动力,导致在委托贷款的监管上出现漏洞,进一步加大了风险。

由于银行在发放贷款时可能受到多方面的制约,因此可以按较高的利息拉来一家企业的存款,然后以委托贷款的名义贷出去,从中收取利息。在这种情况下,放贷企业无须

---

[1] 穆迪:《中国影子银行季度监测报告》,2016年7月。

承担风险,风险已经落在银行身上。有些情况下,委托贷款中的委托人与借款人之间是关联企业,借款人为了逃避银行贷款的严格审查,可以选择委托贷款的方式实现融资,而且一般都会高于企业的授信额度。总之,在利益的驱使之下,委托贷款的规模快速膨胀,内在的风险也在加大。2015年我国委托贷款的存量规模超过10万亿元人民币。

(二) 信托贷款

信托贷款是指委托人与受托人(金融信托投资机构)签订信托贷款协议,委托人将款项存在受托人那里,委托人只提出一般的投资要求,不指定具体对象,由受托人——金融信托投资机构自选确定放贷对象。款项的安全由信托机构负责,风险由信托机构承担。

信托贷款本身有许多优点:定价相对灵活,股权与债权可以有机结合等。信托贷款的风险通常只发生在信托公司的投资项目上,与商业银行是隔离的。正是因为有自身的优点,信托贷款在我国也发展得很快。但由于信托业务并不是孤立的,信托公司的信托贷款与商业银行的传统贷款往往会贷给一家客户,如同一家政府融资平台,因此,如果信托贷款利率较高,在借款企业出现清偿困难时,它会更倾向于清偿利率高的信托贷款,而伤害商业银行的贷款清偿。另外,商业银行发行的理财产品通常是信托公司的资金来源,我国出于维护社会稳定的需要,在银行监管时执行"卖者有责""刚性兑付"的规定,这样就会把风险传递给商业银行。

三 银行理财

2014年12月,我国银监会明确的银行理财的主要类型有结构性理财产品、开放式与封闭式净值产品、预期收益率型产品、项目融资类产品、股权投资类产品、另类投资产品以及其他创新产品。随着利率市场化的完成以及互联网金融的发展,金融机构规避金融监管的动机不断加强,银行理财业务有了快速的发展,2015年年底我国银行理财的规模突破23万亿元人民币,相当于存款的19.1%。

在银行理财业务的发展上,中型的股份制银行以及小型的城市商业银行的增长速度要快于大型银行,股份制银行的理财产品余额也已经超过国有银行;在理财产品的投资者类型上,机构投资者(包括同业投资者、私人银行等)已经占据半壁江山;在产品类型上,以保本产品为主,大致占75%;在产品期限上,6个月内到期的理财产品占80%以上;我国的理财产品的息差在逐步缩小。上述几个特征,说明近年来我国理财市场在整体上是健康的。

理财产品的风险,包括期限错配的风险、理财产品信息披露诱发的风险、各种金融市场间相互渗透的风险等。

前面已经讲到,影子银行业务的风险不是简单局限在具体的业务和金融机构上,风险是相互传导的,而商业银行是金融的重要构成部分,因此,影子银行业务的风险很容易传递给商业银行。理财业务也一样,理财投资者往往把销售理财产品的银行理解为收益的担保者,因此,一旦某个理财产品有了兑付的困难,理财者就会围攻销售理财产品的银行机构,造成极坏的影响。我国也发生了多起理财产品到期无法兑付而导致的群体事件。我国政府出于稳定的需要,通常也息事宁人,"劝说"那家银行承担本不应承担的损失。因此,在我国,理财产品的刚性兑付现象突出。刚性兑付给银行带来非常大的隐患。在理论上,银行承担了风险,却没有获得风险溢价,当理财规模特别是不保本理财的规模增加到几万亿元甚至更大时,银行将承受巨大的潜在损失。正因为如此,在我国,如何规范理财市场的发展,要比其他国家重要得多。

思考题

1. 简述商业银行负债业务的主要内容。
2. 简述商业银行信贷业务的主要内容。
3. 商业银行中间业务主要有哪些?
4. 银行的流动性有什么作用?
5. 简述银行流动性的内在来源。
6. 什么是利率敏感性缺口?缺口管理的主要内容是什么?
7. 租赁的作用是什么?租赁的类别有哪些?
8. 如何理解影子银行的积极作用以及其风险所在?

第八章 中央银行

第一节 中央银行的产生与发展

一 中央银行产生的必要性

中央银行产生的前提是商品经济的发展。从 18 世纪后半期到 19 世纪前半期,科技发明和大机器的使用推动了社会经济的发展,商品生产和商品流通的扩大,带动了以银行业兴起为标志的货币信用业的发展。一些商业资本家积累到一定规模后分化出货币兑换商人,一些小型货币兑换业者逐渐转变为银行家,专门从事货币信用业的银行机构日益多了起来。

中央银行产生的必要性则是货币信用业发展对它的需要。中央银行建立的必要性主要有以下几方面:

第一,银行券统一发行的必要。银行券是替代商业票据的银行票据,是商业银行为弥补金属货币量的不足而发行的。众多商业银行纷纷发行自己的银行券,致使银行券种类繁多。市场不断扩大,而分割开来的银行券的流通与日益扩大的商品生产和流通的要求出现矛盾。小银行破产、倒闭增多,其发行的银行券的兑现已不可能,并且这些银行券已失去了流通的条件,致使信用纠纷增多,由此引发大范围的信用危机,并给社会带来混乱。为此,需要银行券的统一发行以利于统一市场的形成,并且保证全国范围内信用关系的稳定。

第二,全国统一清算系统建立的必要。银行林立,银行业务不断扩展,债权债务关系错综复杂,票据交换与清算若不能及时、合理进行,就会阻碍经济的顺畅运行。因此,需要有一个全国统一的、有权威的、公正的清算系统,这一系统非中央银行莫属。

第三,银行最后贷款者建立的必要。在经济发展过程中,特别是在经济周期中的衰退和萧条阶段,商业银行往往陷入资金调度不灵的困境,有时因支付能力不足而破产。商业银行缺乏稳定的信用关系,不利于社会经济的发展,也不利于社会的稳定,因而客观上需要一个统一的金融机构为其他银行做后盾,在必要时为其提供资金支持。

第四,金融管理、监督的必要。为鼓励银行间的正当竞争,避免银行间的不正当竞争给社会经济带来不利影响,一国需要有一个代表政府意志的专门机构从事金融业的管理、监督和协调工作。

众多的理由说明了中央银行建立的必要性。货币发行的垄断是中央银行的基本特征,当货币发行集中于一家银行时,中央银行也就产生了。

二 第一家中央银行的形成[①]

1694年成立的英格兰银行,被认为是近代中央银行的始祖。英格兰银行的演变过程也就是中央银行的形成过程。

1694年,英格兰银行成立,它是世界上最早的私人股份制银行。英格兰银行成立之初,在一些方面就与其他商业银行不同。英格兰银行接受政府存款并向政府提供贷款,在银行券发行方面也有较大的特权。但英格兰银行成立初期也是一般的商业银行,本质上并不是中央银行。

1825年,英国爆发了资本主义世界的第一次经济危机。这场由生产过剩而引发的危机很快波及货币信用领域,出现货币匮乏,信用中断。在一年多的时间里,有一百多家银行相继倒闭,银行以及银行券的信誉大减,公众对银行及银行券失去了信心。危机过后,英国政府认为必须从货币信用方面寻求避免危机的措施,并开展了关于银行券发行保证的争论。1844年,英国通过了《英格兰银行条例》(因当时由首相比尔·兰特签署,故亦称《比尔条例》),条例明确规定英格兰银行发行银行券必须有充足的黄金储备,以政府证券作准备的信用发行额不得超过1400万英镑。以后又规定新设的银行和改组的银行没有银行券的发行权,英格兰银行可以增发相当于这些银行券减少额的2/3的银行券。

因此,英格兰银行基本垄断银行券发行是在1844年,即英格兰银行成立的150年以后。但1844年,英国还有280家银行可以发行银行券,不过其他银行银行券发行数量已大大下降。到1910年,除英格兰银行外,英国还有60家银行可以发行银行券,但这60家银行可发行的银行券总额只有100万英镑,而英格兰银行发行的银行券已经达到3000万英镑。到1928年,随着银行业的发展,英格兰银行完全垄断了英国银行券的发行,成为英国唯一的发行银行。

英格兰银行演变为中央银行,除了1844年的《英格兰银行条例》起了关键作用,金融理论的创立也起了重要作用。19世纪中叶,英国发生了几次金融危机,英格兰银行银行券的发行规模已经很大,拥有一批商业银行的现金准备。英格兰银行在商业银行之间进行划账和清算业务。在危机中,英格兰银行以大银行的实力支撑了存款的支付和账务的清算。英国经济学家瓦尔特·巴吉特总结了这一阶段的历史经验和教训,出版了名著《伦巴第街》,在那本书中,巴吉特极力主张规模最大、信誉最可靠的英格兰银行,在金融危机中有责任支持资金周转困难的商业银行,以免发生挤兑风潮导致整个银行业的崩溃,

---

[①] 参见黄达:《货币银行学》,四川人民出版社1992年版,第263—264页。

从而提出了有名的"最后贷款者"原则——中央银行作为最后贷款人,应对商业银行提供贷款支持,商业银行可用未到期票据向中央银行要求再贴现。"最后贷款者"原则的提出及实践,奠定了现代中央银行的又一基石,即中央银行具备"银行的银行"的职能。

1854年,英格兰银行成为英国银行业的票据交换中心;1872年,英格兰银行对其他银行在运转困难时提供资金支持,从而成为其他银行的"最后贷款者"。

三 中央银行成立的三次高潮[①]

第一次高潮是1800—1913年。如果把1694年成立的英格兰银行看作第一家中央银行,那么第二家中央银行就是1800年成立的法兰西银行。这两家中央银行的成立间隔了一百多年。1800年以后的一百多年时间里,很多资本主义国家纷纷效仿英法两国,成立自己的中央银行,从而形成了中央银行成立的第一次高潮。1800—1913年,世界上成立了29家中央银行,绝大部分在欧洲。这些中央银行是本国经济和金融发展的产物,并且绝大部分都是由普通银行通过集中货币发行和对一般银行提供清算服务以及资金支持而演变成中央银行的。

第二次高潮是在第一次世界大战和第二次世界大战之间。第一次世界大战结束后,面对世界性的金融恐慌和严重的通货膨胀,1920年,在布鲁塞尔举行了国际经济会议。会议要求尚未设立中央银行的国家尽快建立中央银行,以共同维护国际货币体制和经济稳定。这股国际压力推动了中央银行成立的又一次高潮。这些中央银行或者是新设立的,或者是新改组的。由于有老的中央银行创立和发展的经验可借鉴,因此这些中央银行大都是通过政府力量直接设计而在法律上具有明确权责的。20世纪30年代经济大危机后,新老中央银行均开始建立准备金制度并以管理其他金融机构为己任。

第三次高潮是第二次世界大战之后。第二次世界大战结束后,一批经济落后的国家摆脱了宗主国的统治,原来的殖民地、附属国也纷纷独立。虽然这些国家的经济仍不发达,银行体系也不健全,但从发达国家所走过的道路中,它们认识到成立中央银行有利于更好地管理本国的货币流通,推动本国金融与经济的发展。这些国家也视中央银行的建立为巩固民族独立和国家主权的一大标志,所以纷纷建立本国的中央银行。到目前为止,世界上只有极少数的殖民地和附属国尚无自己的中央银行。

四 中央银行职能完善的三个阶段

当代各国中央银行都具有三大职能,既中央银行是发行的银行、银行的银行和政府的银行。但这些职能并不是与生俱来的,其完善经历了三个阶段。

第一阶段是1694年至19世纪70年代。这一阶段是中央银行的幼年阶段。例如,英

---

① 参见甘培根、林志琦:《外国金融制度与业务》,中国经济出版社1992年版,第64—68页。

格兰银行最初是一家私人银行,后来才逐渐成为政府的银行和发行的银行。英格兰银行成立的背景是,当时英王威廉三世要备战欧洲,伦敦的商人购买了政府债券,出资支持政府的备战。作为交换条件,要求政府允许他们成立一家股份制银行,以政府债券为担保,发行货币,并向工厂企业发放贷款。因此,英格兰银行在初期是兼营商业银行业务的不完善的中央银行。在这一阶段,英格兰银行的三大职能是残缺不全的。首先,英格兰银行在当时并不是唯一的发行银行,除它之外,还有多家银行可以发行银行券,政府对英格兰银行发行银行券的数量进行管制。其次,英格兰银行对政府的义务仅是认购政府债券,而不是政府的主要财务代理机构,政府的收付业务有些是交给别的银行来办理的。最后,英格兰银行并不对别的商业银行承担什么责任。英格兰银行成立后确实有与其他商业银行不同的特殊地位,其他商业银行因而愿意与其建立业务联系,比如将存款准备金放在英格兰银行账户上,但它们之间的关系仅此而已。

法兰西银行一开始是作为政府的银行出现的,它与政府有密切的联系,其正、副行长由政府任命,同时法兰西银行拨出大量资金支持财政渡过难关。法兰西银行统一掌握货币发行权的时间早于英格兰银行,但当时也没有"银行的银行"这一职能。

第二阶段是从19世纪70年代至20世纪30年代。这是中央银行职能逐渐完善的阶段。英格兰银行创立了管理并扶持商业银行的一整套办法,使商业银行的活动受到统一的权威机构的制约。美国是个崇尚自由竞争原则的国度,不论是商业银行还是整个社会都不能接受在美国建立一家统一管理金融业务的中央银行的设想。1833—1863年,美国曾出现了自由银行制度时期,各银行都可以自由发行银行券,结果是货币体制紊乱,货币贬值。1863年,美国联邦政府为结束货币紊乱的局面并给南北战争筹措经费,颁布了《国民银行法》,规定凡向联邦政府注册的国民银行都可以根据其持有的政府公债发行银行券。国民银行制度的一个缺点是,银行券的发行没有弹性,其发行是以政府债券为基础,而不能随经济的发展调节发行,另一个缺点是存款准备金过于分散,不能应付经常出现的金融动荡。1913年,美国国会通过《联邦储备法》,正式建立中央银行制度,即联邦储备系统。其中的一项主要措施是由联邦储备系统统一发行联邦储备券,同时把会员银行的存款准备金分散集中于12家联邦储备银行,并规定联邦储备银行可以根据金融形势的需要发放最后贷款,从而使美国货币发行有了充分的弹性。

美国联邦储备系统的建立说明,银行业与其他行业不同,为保持货币的稳定,须建立一个统一管理全国货币流通和全国金融业务的权威机构,由这一机构调节货币的数量和成本,并扶助商业银行以增强其承受经济震动的能力。这一机构必须抛弃盈利目标,摆脱日常的工商信贷业务,专门致力于货币与金融的稳定。

第三阶段是20世纪30年代至今。这是中央银行宏观调控能力进一步增强的阶段。中央银行从仅仅维持金融业的稳定发展成为调控一国宏观经济的重要力量,是第三阶段与第二阶段的差别。中央银行职能转变的直接原因是20世纪30年代资本主义世界经济与金融的严重危机。这一危机使人们对通过市场机制摆脱经济危机并实现经济增长产生了怀疑。面对这一局面而诞生了凯恩斯的经济理论。该理论认为资本主义经济单靠市场调节并不能达到充分就业的均衡,必须依靠政府的宏观调节,而中央银行是宏观调节的机构之一。中央银行的货币政策不能仅仅建立在金融业的稳定之上,而应建立在整个国民经济的稳定之上。

既然要利用中央银行来调控宏观经济,那么政府加强对中央银行的控制就是顺理成章的了。第二次世界大战后,政府对中央银行控制的加强主要表现为两个方面:

其一,中央银行国有化。中央银行虽然也是政府的银行,但其股本更多的是私人股份。第二次世界大战后,不少国家中央银行的私人股份被先后转为国有,这其中包括法国及荷兰中央银行;有些新建的中央银行一开始就由政府出资,这其中包括苏联和中华民国的中央银行;而其他继续留有私人股份或公私合营的中央银行,也都加强了国家的控制。

其二,制定强化中央银行的银行法。银行法规定了中央银行的主要职责是贯彻执行货币金融政策,维持货币金融的稳定。银行法对中央银行地位的肯定,为其发挥宏观调节作用提供了前提。

从上述中央银行的三个发展阶段中可以看出,中央银行在经济中的地位是一步一步上升的,其职能是逐渐完善的。但中央银行制度仍处于发展变化之中,因为经济活动和金融业不断向前发展,中央银行只有不断地完善自己的组织体系和调控手段,才能更好地调控宏观经济。

第二节 中央银行体制

一 中央银行的机构设置体制

中央银行的机构设置可分为三种类型:单一制、跨国型和准中央银行型。

(一) 单一制中央银行

单一制中央银行是指一国单独建立中央银行机构,其职能是全面的。单一制中央银行又有以下三种具体形式:一元式中央银行、二元式中央银行和三元式中央银行。

1. 一元式中央银行

一元式中央银行是指在一个国家内只建立一个统一的中央银行,其机构设置一般采取总行分行制。这是英格兰银行模式,世界上绝大部分国家都采取这种机构设置模式。总行一般设在首都,分行是总行的隶属和派出机构。分行不能独立制定自己的货币政策,而只能执行总行的货币政策。这种模式的中央银行,领导权集中统一,便于业务政策的贯彻,呈报手续简便,决策迅速,因而为各国所广泛采用。从西方各国来看,中央银行分支机构多数不是按行政区划分,而是根据经济发展的需要和经济中心的分布而设立的。有的国家重点在大城市设立分行;有的国家,如日本,按经济大区设立分行;也有的国家,如意大利,在农村地区普设分行。一般来讲,各分支机构都有划定的业务辖区,并通过分支机构的工作提高整个中央银行的工作效率。我国的中央银行——中国人民银行也属于一元式组织形式。

2. 二元式中央银行

二元式中央银行是指在一国内建立中央和地方两级相对独立的中央银行机构。地方级中央银行虽然也受中央级中央银行的监督管理,并执行统一的金融政策,但它们在各自的辖区内有较大的独立性,与中央级的中央银行并非总行和分行的关系。采用二元式中央银行体制的国家主要是实行联邦政治体制的国家,如美国和德国。

美国一级的中央银行机构有联邦储备委员会、联邦公开市场委员会和联邦顾问委员会。这些委员会实际上并不是中央银行本身,也不能办理任何业务。美国的二级中央银行机构是12家联邦储备银行。美国根据各地区的经济与金融情况,将全国划分为12个联邦储备区,在每区内设立一家联邦储备银行。联邦储备银行是该地区的中央银行,其资本由该地区参加联邦储备系统的会员银行认购。因此,美国各联邦储备银行的股东是会员银行。这12家联邦储备银行都有自己的最高权力机构,即理事会。理事会可以根据本地区的情况决定再贴现率,但这一决定须经联邦储备委员会批准。纽约联邦储备银行是联邦公开市场委员会进行证券买卖的场所,因此,在某种意义上起到总行的作用。

(二) 跨国型中央银行

跨国型中央银行也称区域性中央银行,是由若干主权国家联合组建的。这家中央银行在其成员国范围内行使中央银行的职能。跨国型中央银行为成员国发行共同使用的货币并制定统一的货币金融政策,监督和管理各成员国的金融机构和金融市场,对成员国政府提供融资等。欧洲货币联盟、西非货币联盟、中非货币联盟等都属于跨国型中央银行。

(三) 准中央银行

准中央银行是指某些国家或地区只设置类似于中央银行的机构,或由政府授权某个或某几个商业银行,行使部分中央银行的职能。采取这种体制的国家和地区有新加坡及中国香港。新加坡没有中央银行,但有一个相当权威的金融管理局。金融管理局除了不发行货币,执行中央银行的全部其他职能。新加坡的货币——新币由货币委员会发行。

香港在1997年回归祖国之前,就属于准中央银行制。回归祖国后,按照"一国两制"的原则和《香港特别行政区基本法》的规定,仍然实行独立的货币与金融制度,其货币发行与金融管理自成体系。香港金融管理局担当准中央银行的角色,其主要职能是维持港元汇价(主要是对美元的汇价)的稳定,管理外汇基金,促进香港银行体系稳健,发展香港金融市场基础设施,使货币畅顺流通。

二 中央银行的产权结构

中央银行的产权构成可分为五种类型,即国有、公私共同出资、企业法人持股、无资本、多国共有。值得说明的是,无论是何种产权结构,都不会对中央银行的性质与职能产生实质性影响。

(一) 国有资本的中央银行

全部资本都属于国家。这种中央银行或者是由国家拨款组建的,或者是通过政府收购股份将某一私营银行改组而成的。历史悠久的中央银行最初大多都是由私营商业银行逐渐演变而成的。为了加强政府对经济的干预能力,第二次世界大战之后,各国普遍将中央银行的非国有资本国有化,如英、法两国。新成立的中央银行从一开始就是国家出资建立的。中国的中央银行——中国人民银行的全部资本由国家出资,属于国家所有。

(二) 公私共同出资的中央银行

这种中央银行的资本一部分属于国家,一般占资本总额的 50% 以上;另一部分属于私人资本家,如日本的中央银行即日本银行的资本,55% 由政府持有,其余 45% 的股份由私人持有。私股持有者唯一的权利是按法律每年领取 5% 的股息。比利时的中央银行的国有资本占 50%,墨西哥中央银行的国有资本占 51%。这类中央银行还包括奥地利和土耳其等国的中央银行。由于私人股东不能参与决策和经营,因此对中央银行的政策没有多大的影响。

(三) 企业法人持股的中央银行

这类中央银行的全部资本由企业法人股东持有,经政府授权,这一银行执行中央银行的职能。如意大利的中央银行,就是由股份公司转变为被国家法律授权的中央银行,其资本全部由储蓄银行、全国性银行、公营信贷机构等认购。美国联邦储备银行的资本全部由参加联邦储备系统的各会员银行持有,由各会员银行认购其所参加的联邦储备银行的股票,认购金额相当于各会员银行实收资本和公积金的 6%。会员银行按实缴股本享受年 6% 的股息。

(四) 无资本的中央银行

由于中央银行有发行货币的授权,又要吸收金融机构的准备金存款,因此中央银行的资本并不重要。韩国的中央银行是世界上唯一没有资本的中央银行。

(五) 资本为多国共有的中央银行

跨国型中央银行的资本金是由各成员国按商定比例认缴的。认缴比例也就构成了各成员国对跨国型中央银行的所有权。欧洲中央银行的资本是由欧元区成员国按其人口和 GDP 的大小来认缴的。

三　中央银行的隶属体制

中央银行的隶属体制可分为以下三种情况：

第一，中央银行隶属于财政部。这种中央银行的独立性较差，如意大利中央银行直接受财政部的监督与控制，财政部有权派人列席中央银行的董事会议。董事会的决议，财政部有权暂缓执行。

第二，中央银行名义上隶属于财政部，实际上有较高的独立性。如英格兰银行，它虽收归国有，但不同于一般的国有企业，也不是一个独立的政府部门。根据英格兰银行法的规定，财政部有权向英格兰银行发布命令，但历史上财政部从未向英格兰银行发布过命令。日本银行虽隶属于大藏省，但在金融政策的决定上仍有相当大的独立性，这主要表现在日本银行政策委员会是一个独立性很强的决策机构，在该委员会的会议上，代表政府部门的委员没有表决权。

第三，中央银行隶属于国会。如德国联邦银行有权独立制定与执行货币政策。财政部可以派人参加中央银行委员会，但没有表决权。财政部如对中央银行的决议有异议，只有权令其推迟两周执行。美国联邦储备系统也隶属于国会，其独立性很强，主要表现在：① 联邦储备委员会的 7 名理事须经参议院同意才能由总统任命，而且任期长达 14 年，使金融政策不受政府换届的影响，从而有很好的连续性；② 联邦储备委员会有权独立制定和执行金融政策；③ 联邦储备系统对财政只有短期的一般支持义务；④ 联邦储备系统的经费独立，不需要财政拨付。

第三节　中央银行的职能

中央银行具有"发行的银行""银行的银行""政府的银行"三大基本职能。

一　发行的银行

所谓"发行的银行"是指中央银行垄断货币的发行权，从而成为一国唯一的货币机构。中央银行垄断货币发行权是中央银行最基本的标志，也是其履行其他职能的基础。

在过去的金本位制度下，各国对货币的发行都有严格的规定。为了保持货币金融的稳定，中央银行集中大量的黄金作为储备，黄金储备增多，纸币或银行券发行才能扩大；而黄金储备下降，则必须收缩货币供给。

在现今的货币制度中，黄金已不再成为货币储备，即货币流通已转化为不兑现的纸币流通了。而影响购买力的货币数量中，纸币仅仅是其中很小的一部分，更大的部分则是存款货币。货币金融稳定与否，关键并不在于纸币发行数量的大小，而是较宽口径的货币供给状况。也就是说，"发行的银行"的含义已经有了变化，不再是简单的现钞的发行，而是包含存款货币在内的广义的货币发行。

目前,中央银行作为发行的银行的基本职能表现在以下方面:

第一,货币发行权集中于总行。

第二,货币发行要经过一定的程序。中央银行发行货币要根据经济发展的需要,围绕着货币政策目标,参照市场资金供求状况来进行。

第三,中央银行经过一定的业务活动,使发行的货币进入流通。这些活动也就是中央银行投放基础货币的活动。基础货币属于高能货币,通过派生作用生成全社会的货币供给总量。

二　银行的银行

所谓银行的银行是指中央银行以商业银行和其他金融机构为对象,而不与工商企业及私人发生直接关系,因而是银行的银行。这一职能表现在以下三个方面:

(一) 中央银行是银行存款准备金的保管者

法律通常规定,商业银行及有关金融机构必须向中央银行缴存一部分存款准备金。目的在于:一方面保证存款机构的清偿能力,以备客户提现,从而保障存款人的资金安全以及银行等金融机构本身的安全;另一方面是有利于中央银行调节信用规模和控制货币供应量。缴存准备金的多少,通常是对商业银行及有关金融机构所吸收的存款确定一个缴存的法定比例,有时还对不同种类的存款确定不同的比例。同时,中央银行有权根据宏观调节的需要,调整存款准备金的上缴比率。集中统一保管商业银行存款准备金的制度,是现代中央银行制度的一项极其重要的内容。

(二) 中央银行是银行的最后贷款者

全国商业银行缴存于中央银行的存款准备金构成中央银行吸收存款的主要部分,当商业银行发生资金短缺,而在同业中难以拆借融通时,可向中央银行申请贷款,中央银行则执行最后贷款者的职能。商业银行一般以票据再贴现、证券再抵押方式向中央银行取得贷款。所谓再贴现,是商业银行用它们从工商企业那里以贴现方式收进来的票据向中央银行贴现,取得贷款。所谓再抵押则是商业银行以它们手中的有价证券等作为抵押品向中央银行申请抵押贷款。中央银行所吸收的存款准备金和国库存款不足以为一般商业银行提供贷款时,就要利用其作为发行银行的特权发行货币,中央银行也可以通过增加贷款的方式直接创造存款货币。中央银行最后贷款者的地位决定了它可以对再贴现率和再抵押贷款利率进行调整,以扩张或紧缩信用。

(三) 中央银行是银行票据结算中心

由于中央银行具有票据结算中心的职能,同时又是银行的银行,各商业银行和金融机构都在中央银行设有存款准备金账户,因此,各银行及金融机构之间的应收应付票据,可在中央银行设立的票据交换所通过存款账户划拨来办理结算,从而结清彼此间的债权债务关系。中央银行作为全国的票据结算中心,为各家银行提供服务,提高了结算效率,也有利于中央银行对银行及其他金融机构的监督和管理。

三 政府的银行

所谓政府的银行是指中央银行代表政府执行金融政策,代为管理财政收支并为政府提供各种金融服务。中央银行作为政府的银行是通过以下几个方面表现出来的:

(一) 中央银行代理国库

国家财政收支不另设机构,而是交由中央银行代理。政府的财政收入和支出都通过在中央银行开设的各种账户进行。具体而言,中央银行按国家预算要求协助财政、税收部门征缴国库存款。一般将财政部门征收的并存入中央银行的款项称为金库存款。中央银行又根据财政支付命令向经费使用单位划拨资金。一般将经费使用单位经中央银行划拨并转存商业银行的存款称为经费存款。中央银行要随时反映经费预算收支缴存和划拨过程中的情况。

此外,中央银行可代理政府债券的发行及到期偿付本息等事宜。

(二) 中央银行给国家以信用支持

中央银行在国家财政出现赤字时,负有向财政提供信用支持的义务。当然,这种义务在不同体制的国家中表现出很大的不同。中央银行对政府的信贷支持主要有两种形式:

第一,中央银行购买国家公债。中央银行可以在国债的发行市场上认购,这样中央银行的资金直接进入财政存款,流入国库;中央银行也可以在国债的交易市场上买进政府债券,这意味着资金间接流向财政。无论是直接还是间接方式,从中央银行某一时点上的资产负债表来看,只要持有国家债券,就意味着中央银行向国家提供了信用支持。

第二,中央银行向财政透支。向财政透支主要是解决财政先支后收而发生的暂时性的资金困难。一般情况下,透支意味着货币发行,因而中央银行不会向财政提供长期贷款。如果是向财政提供长期贷款,中央银行则变成财政赤字的弥补者,从而不利于一国货币金融的稳定。正因为中央银行一般只是向财政提供短暂性的透支,因此财政资金的缺乏一般都通过发行国家公债来解决。如果短期内财政收支中赤字过大,财政也主要是通过发行短期债券来解决。

(三) 中央银行管理黄金和外汇

黄金和外汇储备对一个国家有重要意义,这些意义包括维护本国货币汇率、弥补贸易逆差、一国资信水平的象征以及应付突发事件等。一般一个国家都有一定数量的黄金和外汇储备。中央银行通过替国家保管和经营黄金与外汇储备,实现黄金与外汇储备的保值和增值;通过黄金与外汇的买卖稳定一国货币的币值与汇率;通过黄金与外汇的管理实现一国的国际收支平衡。

(四) 中央银行制定或执行金融政策

一般情况下,一国通过立法来管理金融活动。通过金融法规,使商业银行等金融机构有章可循,有法可依。但经济生活是多面的,还需要有符合具体形势的金融政策。这些金融政策在中央银行独立性很强的国家都由中央银行制定。在中央银行独立性较弱的国家一般由政府制定,由中央银行执行,但就是在这种体制中,中央银行也充当政府的顾问,提供经济和金融情报及决策建议。中央银行根据政策、法令,对银行等金融机构的设置、撤并等进行审查批准;对金融机构的业务活动范围、清偿能力、资产负债结构和存款准备金缴存等情况,进行检查和监督,对金融机构的业务报表、报告进行稽核和分析;对有问题的金融机构进行行政处罚。

除了以上四个方面,中央银行还要代表政府参加国际金融组织,出席国际会议,从事国际金融活动,签订金融协议,也就是说,中央银行是一国从事对外金融关系的政府机构。

四 中央银行的独立性与职能发挥

(一) 中央银行与商业银行的不同

商业银行与中央银行有本质的不同,这是显而易见的:① 虽然二者都是银行,但商业银行的经营对象是一般工商企业,而中央银行的经营对象是商业银行等金融机构和政府财政;② 商业银行是经营货币资本的企业,以盈利为目的,而中央银行是一国金融管理机关,不以盈利为目的;③ 商业银行的资产要在保持流动性的前提下最大限度地获取利润,因而长期投资和贷款不可避免,但中央银行的资产保持最大的流动性,这一流动性为发挥中央银行调控经济的职能提供了保证;④ 中央银行处于某种程度的超然地位,不受外界因素过多的干扰和牵制,独立性较强。

(二) 中央银行保持相对独立的意义

中央银行的相对独立性是指,一方面,中央银行与政府密切配合,受政府的监督和指导,不是凌驾于政府之上或独立于政府之外,另一方面,中央银行在政府机构体系中不同于一般行政部门,它有金融调节方面的独立性,对政府推行通货膨胀政策有制约作用。

中央银行保持相对独立的意义主要表现在:

第一,适应中央银行的特殊业务。中央银行既是政府的银行,又是发行的银行和银行的银行。中央银行的政策直接影响国民经济的各个方面。政府的政策有时与中央银行的政策不一致,比如政府为解决就业问题而主张宽松的货币政策,但中央银行却把货币和金融稳定放在最重要的位置上。如果没有中央银行的相对独立性,就很难有中央银行一贯的货币政策。西方国家的政府每隔几年就要进行大选,执政党为争取获胜,往往会采取一些经济措施保证其政治目的的实现,放松银根以支持高工资和高就业往往成为一种政策。但新的政府刚上台时,就会面临通货膨胀,从而不得不采取紧缩的财政和货币政策。很明显,如果中央银行没有相对独立性,就难以避免政治权力的更迭对经济的破坏。

第二,避免财政赤字货币化。中央银行作为政府的银行,有义务帮助政府平衡财政收支。但政府的财政赤字有时是政府推行功能财政政策的结果。政府的目标有时会远远地偏离中央银行的目标。如果财政一出现赤字,中央银行就无条件地弥补,就会产生三个问题:其一,政府的赤字因及时得到中央银行弥补而变得越来越大,政府机构也会变得越来越臃肿,政府的工作效率会越来越低;其二,货币政策将不复存在,货币政策将由财政政策所取代,或成为财政政策的附属物;其三,通货膨胀不可避免。

正因为如此,中央银行对政府的贷款一般仅限于短期贷款,而且有最高限额。另外,政府在举借国债以弥补财政赤字时,更关心的是以低利率出售政府债券,但中央银行为稳定经济、抑制通货膨胀和降低货币需求会提高利率。

(三) 中央银行独立性的表现

中央银行的独立性表现在多个方面。

1. 法律的独立

为保障中央银行能够独立地履行其职能,世界各国都根据各自的国情制定了独立的中央银行法。通过立法,确定了中央银行的性质、地位、权力等。

2. 业务的独立

中央银行在业务上的独立表现在两个方面。其一,货币政策目标的制定独立。一国政府在制定宏观经济政策目标时,会根据不同情况在四个主要目标——充分就业、经济增长、物价稳定、国际收支平衡中作出选择或排序。而中央银行的货币政策目标并非完全服从于政府的宏观经济政策。如果中央银行法明确规定了中央银行的首要目标是保持通货的稳定,那么中央银行的独立性也就体现在其他部门不能随意要求中央银行调整目标。其二,中央银行对货币供给的调控,包括对利率、汇率的调控,不受任何干预。中央银行选择什么样的政策工具,也是自己来决定。

3. 管理金融市场权力的独立

中央银行作为一国金融体系的灵魂,负有管理、调节金融市场运行的职责,这在客观上也要求中央银行拥有独立性,不能受外界的过多干预。

尽管中央银行有这样或那样的独立性,但不能理解为中央银行的地位是超然的。中央银行既然是发行的银行和政府的银行,就必须服从于国家的根本利益。当国家利益需要时,中央银行就应该作出政策调整。号称独立性很强的美国联邦储备系统,在关键时刻,也必须配合美国政府以挽救美国经济。2008年,为了拯救因金融危机遭受重创的美国经济,美联储频频出手,包括出资救助受困的金融机构,大幅降低基准利率,大量认购美国国债,增加基础货币,等等。

目前,欧洲中央银行体系是世界上独立性最强的中央银行。在《关于欧洲中央银行体系及欧洲中央银行章程的议定书》中明确规定,欧洲中央银行不得向成员国中央和地方政府提供透支,也不得在一级证券市场直接购入成员国的国债。可以说,欧元区国家实现了财政支出与货币发行的彻底分离。但正是这种分离,让欧元区国家的财政失去了保护,也失去了必要的弹性。欧债危机的直接原因也正在于此。

第四节 中央银行的货币创造与资产负债业务

一 中央银行创造货币的功能

中央银行是发行货币的银行,它首先为社会提供新的货币量。中央银行一般通过再贴现、再抵押贷款、购买证券、支付利息以及收购黄金、外汇等方式投放货币,货币投放的过程也就是资金运用的过程。对中央银行来说,资金运用创造资金来源。

当货币制度从金本位过渡到纸币流通制度后,信用创造货币就成为一个普遍的规律。现代经济生活中,金属货币已退出流通,直接由财政发行货币的现象已极为少见。现代经济中流通的货币都是在支付手段基础上产生的信用货币,而信用货币都是由各国中央银行通过增加资金运用的办法首先提供的。当经济生活中需紧缩通货规模时,也首先是通过中央银行减少资金运用来实现的。

为了说明在中央银行体制下货币创造的过程,不妨举一个具体的例子。

假设物质生产部门生产出物资,这些产品由商业企业以延期付款的形式收购,商业企业与生产企业建立了一种商业信用关系。生产部门向商业企业开出了一张远期汇票,面值为10 100万元,到期日为1个月之后,该汇票得到了某家商业银行的承兑。生产企业可以持有这张银行承兑汇票要求另一家商业银行贴现,假定这家贴现银行为A。生产企业得到贴现款之后,可以继续组织生产。而A银行为满足其他客户的贷款需要,则持有这张未到期的银行承兑汇票向中央银行申请再贴现,中央银行按年贴现率12%、期限为1个月计算,并扣下贴现利息后将大约10 000万元再贴现给A银行,A银行将10 000万元存入自己在中央银行的账户。此时基础货币新增10 000万元,并从此有以下经济行为:

(1) A银行向甲企业提供9 000万元贷款;

(2) 甲企业从乙企业购入5 000万元的原材料,乙企业将5 000万元存入银行;

(3) 甲企业提取现金1 000万元发放工资;

(4) 乙企业提取现金800万元发放工资;

(5) 甲企业向财政支付300万元税款,并通过银行转账,变为财政存款;

(6) 乙企业向财政支付200万元税款,也通过银行转账,变为财政存款;

(7) 财政拨给政府部门300万元经费,并形成机关团体存款;

(8) 政府部门购买100万元的商品,商业企业将100万元转存银行;

(9) 政府部门提取现金 100 万元,支付工资;
(10) 个人用工资收入购买 1 200 万元商品,商业企业存入银行;
(11) 个人储蓄存款 300 万元。

从上述经济行为中,我们可以计算出全部商业银行信贷收支平衡表,见表 8-1。

表 8-1　商业银行信贷收支平衡表　　　　　(单位:万元)

资　产		负　债	
贷　款	9 000	企业存款	8 000
		财政存款	200
		机关团体存款	100
		个人储蓄	300
		流通中现金	400

其中,企业存款包括甲企业存款 2 700 万元,乙企业存款 4 000 万元,商业企业存款 1 300 万元;财政存款因有财政收入共计 500 万元,而支出包括支付经费 300 万元,差额为 200 万元;机关团体存款因有财政拨款共计 300 万元,而购买支出和工资支出各为 100 万元,剩余 100 万元;个人储蓄为 300 万元;流通中现金为 400 万元。

在这一例子中,并没有派生存款现象发生,如果其他银行依据所吸收的存款再发放贷款的话,全社会信贷收支的规模将会加大。

在中央银行体制下,货币创造有如下特点:

(1) 中央银行通过再贴现、再抵押贷款或直接信用贷款以及收购黄金、外汇等形式最先投放货币。

(2) 商业银行获得中央银行信用后,通过派生存款机制使全社会货币流通规模成倍地扩大。

(3) 社会生产和流通的扩大是信贷资金增加的源泉或主要原因,但在中央银行体制下,由于货币是通过信用渠道投放和派生的,因此过于宽松的信用政策会使货币供给量过多而产生信用膨胀,最终引起通货膨胀。

(4) 当商业银行偿还中央银行的最初贷款,例如中央银行收回到期票据的款项时,信用规模会相应收缩。但由于经济增长是持续的,因此中央银行通过各种途径提供的基础货币也是持续增加的。

二　中央银行的资产负债业务

(一) 中央银行的权力与业务范围

由于中央银行自身的特殊性,法律赋予其特殊的权力。这些权力包括以下七项:

(1) 发布并履行与其职能相关的业务命令和规章制度的权力。
(2) 决定货币供应量与基准利率的权力。

(3) 调整存款准备金率和再贴现率的权力。

(4) 决定对金融机构贷款数额和方式的权力。

(5) 灵活运用相关货币政策工具的权力。

(6) 依据法律规定对金融机构和金融市场监督管理的权力。

(7) 法律规定的其他权力。

根据法律赋予的权力,中央银行的业务有一定的范围界定,其中包括:

(1) 货币发行和货币流通管理业务。

(2) 存款准备金业务。

(3) 为在中央银行开立账户的金融机构办理再贷款与再贴现业务。

(4) 在公开市场买卖有价证券的业务。

(5) 黄金、外汇的购买与管理业务。

(6) 代理政府债券的发行与兑付业务。

(7) 代理国库业务。

(8) 组织金融机构之间的清算业务。

(9) 金融活动调查的统计与相关报表发布。

(10) 对金融机构与金融市场的相关监督管理。

(11) 中央银行财务收支的核算与内部监督。

(12) 法律允许的其他业务。

(二) 中央银行业务的原则

中央银行的职能决定了其业务的基本原则。

第一,不以盈利为目的。中央银行以制定和实施货币政策、维护金融稳定为目标,不同于商业银行,因此中央银行的各项业务不能以盈利为目标。在同等或可能的情况下,中央银行的业务活动应尽量避免或减少亏损,以降低金融管理的成本。

第二,不经营一般银行业务。中央银行不与一般商业银行争利,这与其职能是一致的。

第三,保证资产的流动性。中央银行负责金融管理和调控社会货币供应量,其资产要保持很高的流动性。如果资产流动性差,就会失去其调控基础货币的灵活性。

第四,业务活动的公开性和主动性。保持业务的公开性是为了强化货币政策的信息传递效应,及时向社会提供必要的金融信息与政策意向,使社会各界调整其预期。业务的主动性也是在社会上传递政策意图,以有效管控货币供应量。

(三) 中央银行的资产负债

中央银行的各项业务及其执行情况,都会反映在其资产负债表中。以我国为例,中央银行的资产负债表如表 8-2 所示。

表 8-2　我国中央银行的资产负债表

资产	负债
国外资产 　外汇 　货币黄金 　其他国外资产 对政府债权 　其中:中央政府 对存款货币银行债权 对特定存款机构债权 对其他金融机构债权 其他资产	储备货币 　货币发行 　金融机构存款 　　存款货币银行 　　特定存款机构 　　其他金融机构 　非金融机构存款 发行债券 国外负债 政府存款 　其中:中央政府 自有资金 其他负债

在表 8-2 中,国外资产包括中央银行持有的可自由兑换的外汇、黄金储备、地区货币合作基金、对外国政府和外国金融机构的贷款、在国际货币基金中的储备头寸、在世界银行的特别提款权等。

国内资产,主要由中央银行对政府、金融机构和其他部门的债权构成。包括中央银行持有的政府债券、财政短期贷款,法律允许的透支额,中央银行的再贴现、再贷款、回购协议等对存款货币银行的债权,对非货币金融机构的债权,对非金融政府企业的债权,对特定机构和私人部门的债权等。

负债项下,主要包括储备货币、发行债券、国外负债、政府存款等。储备货币主要包括公众持有的现金、存款货币银行的现金及其在中央银行的存款,非货币金融机构在中央银行的存款,特定机构和私人部门在中央银行的存款等。

发行债券是指中央银行向银行等金融机构发行的债券。

(四) 货币的发行管理

统一货币发行权,是中央银行制度建立的根本动因,现代各国均通过立法由中央银行垄断货币发行权。货币发行是中央银行最主要的负债业务。

中央银行的货币发行有两层含义:一层含义是指货币从中央银行的发行库经由各家商业银行的业务库流向社会。前面已举例说明货币(现金加存款)是如何通过中央银行流到社会中去的。另一层含义是指货币从中央银行流出的数量大于回笼到中央银行的数量。

在我国,中央银行——中国人民银行对现金的投放与回笼一直编制现金计划,作为执行的依据。人民币的具体发行是由中国人民银行设置的发行基金保管库(简称"发行库")来办理的。所谓发行基金是中国人民银行保管的已印好的但尚未流通的人民币票券。发行库在人民银行总行设总库,一级分行设分库,二级分行设中心支库,县支行设支库;在不设人民银行机构的县,发行库由商业银行代理。

各商业银行对外营业的基层行处设立业务库。业务库保存的人民币作为商业银行办理日常收付业务的备用金。为避免业务库过多存放现金,通常由上级银行和同级人民银行为业务库核定库存限额。

人民币发行的关键是发行数额的掌握。我国人民币发行计划由国务院审批。人民银行总行与各商业银行总行联合向基层行处下达各基层行处的发行或回笼计划,作为基层行处据以向发行库领取发行基金的限额。凡货币从发行库出库,必须有上级发行库的出库命令。

具体的发行程序是:当商业银行基层行处现金不足以支付时,可到当地人民银行从其存款账户余额内提取现金。这样,人民币就从发行库转移到商业银行基层行处的业务库。这意味着人民币进入流通领域。当商业银行基层行处收入的现金超过其业务库库存限额时,超过的部分自动送交人民银行,这部分人民币进入发行库,意味着退出流通领域(见图8-1)。

图8-1 人民币的发行

三 我国中央银行体制的演变与职能完善

中华人民共和国成立后,我国的经济模式为苏联模式,金融体制也是苏联那一套。那时,我国的中央银行制度为复合制,即没有单独设立具有中央银行职能的银行,而是由一家大银行同时履行中央银行职能与一般商业银行职能。

改革开放后,几家专业银行相继恢复或建立。1979年,农业银行恢复建立,中国银行也从中国人民银行独立出来,中国人民建设银行从财政部独立出来。专业银行建立后,中国人民银行与专业银行之间的关系变得混乱起来。那时专业银行总行与中国人民银行一样,都直属国务院,国务院只是将专业银行委托给中国人民银行管理,但这种委托管理的效果很不理想。

1983年,我国开始实行单一中央银行体制,由中国人民银行专门行使中央银行职能。

1995年,为了规范中央银行的职能,我国颁布了《中国人民银行法》。

1997年,我国设立货币政策委员会。

2003年,我国修订了《中国人民银行法》。根据该法,中国人民银行在国务院领导下,制定和执行货币政策,防范和化解金融风险,维护金融稳定。货币政策的目标是保持货币币值的稳定,并以此促进经济增长。

2004年,我国成立了银行业监督管理委员会,以往由中国人民银行执行的银行监管职能转交给了银监会来履行。

2005年,中国人民银行设立北京和上海总部,并设立九个跨省的一级分行,各地市设立中心支行。中国人民银行对分支机构实行统一管理,地区分支机构负责维护本辖区的金融稳定,承办相关业务。

2006—2016年,中国人民银行逐渐把金融监管的职责转交给银监会、证监会和保监会"三会",而把自己的工作重心调整到金融改革和货币政策上。

第一,不断完善利率的定价与传导机制。利率市场化已于2015年基本实现。中国人民银行一直致力于培育上海银行间同业拆借利率、国债收益率曲线、贷款基础利率(Loan Prime Rate,LPR)为代表的金融市场基准利率体系,不断健全市场利率定价机制和传导机制。其中,贷款基础利率是商业银行对其最优质客户执行的贷款利率,其他贷款利率可在此基础上加减点生成。

第二,不断优化货币政策工具组合和期限结构,保持经济中适度的流动性。除了调整存款准备金率,中国人民银行更加注重运用公开市场操作、中期借贷便利、常备借贷便利、抵押补充贷款等工具。公开市场操作中,7天、14天、28天等逆回购相配合,发挥价格调节和引导功能。而常备借贷便利和中期借贷便利分别于2013年和2014年设立,抵押补充贷款(Pledged Supplementary Lending,PSL)于2013年创设。这些量化工具,既是基础货币投放的新渠道,又兼顾了短期和中期,同时也起到了利率引导的作用。

第三,完善人民币汇率形成机制。2015年8月11日,中国人民银行宣布调整人民币对美元汇率中间价报价机制,做市商参考上日银行间外汇市场收盘汇率,向中国外汇交易中心提供中间价报价。这一调整使得人民币兑美元汇率中间价机制进一步市场化,更加真实地反映了当期外汇市场的供求关系。这一调整还使得人民币汇率双向浮动弹性明显增强,不再单边升值;人民币汇率不再紧盯美元,而是逐步转向参考一篮子货币,人民币汇率波动摆脱了受单一美元汇率的影响,由"单锚"机制转向"双锚"机制;人民币中间价形成的规则性、透明度和市场化水平显著提升。

第四,推动人民币的国际化。人民币跨境使用不断增加,跨境人民币业务已经从经常项目扩展至部分资本项目,人民币跨境流动和使用渠道不断拓宽,人民币国际地位显著提升。2016年10月1日,国际货币基金组织正式接纳人民币进入特别提款权(SDR)货币篮子。人民币成为SDR货币篮子中的第五个成员。人民币在SDR货币篮子中的权重为10.92%,美元、欧元、日元和英镑的权重分别为41.73%、30.93%、8.33%和8.09%。

思考题

1. 中央银行存在的理由是什么?
2. 各国的中央银行体制有哪些主要的类型?
3. 中央银行的主要职能是什么?
4. 中央银行为什么要保持独立性?独立性如何体现出来?
5. 举例说明中央银行是如何创造货币的。
6. 我国中央银行的货币政策工具都有哪些?它们是如何发挥作用的?

第三篇

货币供求与货币政策

第九章 货币供给

第一节 货币与货币供给层次

货币供给理论研究货币供应量由什么因素决定并如何决定。在货币理论中,货币需求理论较为完整和丰富,并形成了具有鲜明特色的有关理论学派;货币供给则曾经一直被视为可以由金融当局加以控制的外生变量。从20世纪60年代开始,随着货币主义学派的兴起,加上货币政策越来越受到人们的高度重视,货币供给理论的研究才迅速发展起来。

一 货币的职能

什么是货币?在经济学家看来,所谓货币是指在商品和劳务支付或者债务偿付中能够被人们普遍承认和接受的东西。作为具有交易媒介和支付手段职能的特殊商品,货币与我们日常生活中的"现金""财富"和"收入"密切相关,以至于人们常常把货币与这三者混为一谈。要理解货币的内涵首先必须理解货币的职能。一般来讲,货币具有交易媒介、价值尺度和财富贮藏三个职能。

(一) 交易媒介

我们通常是使用货币作为交易的中介物,以商品和劳务交换货币,然后再以货币去交换我们所需要得到的东西。这样的间接交换可以避免物物交易的缺陷,提高交易效率。因为在物物交易中,前提条件是必须满足"需求的双重耦合",即我们必须找到能够为我们提供所需商品,又恰好需要我们所提供的商品的交易对应方,很明显,这是十分费时耗力的事情。如果没有货币作为交易媒介,在物物交换的经济社会中,只有满足"需求的双重耦合",交易才能成功,交易成本非常高。如果有了货币作为交易媒介,需求的双重耦合问题就可以避免,从而降低交易成本,提高交易效率。每个人都可以用节省下来的时间做最擅长的事情,整个经济体系的效率由于专业化水平的深化而提高。

在原始社会,劳动分工极少,部落生活范围狭小,仅有数量非常有限的少数商品需要交换,且大多数交换属于礼仪性的,并按照传统方式来进行,要找到这样的交易对应方相对容易。但在商品种类五花八门的现代社会,这种寻找是非常困难的,即使最终能够找到交易对应方，交易效率也比较低。

直接的物物交易成本很高、效率低下的局限性，使得间接的物物交易取而代之成为可能。在间接的物物交易制度下，人们并不是直接用自己的物品去交换他们所需要的物品，而是去交换其他物品，因为他们确信别人也需要这种物品。某种物品用于间接物物交易的次数越多，它的用处也就越大，因而人们接受这种物品的愿望也就越强烈。某些商品开始成为特殊等价物，充当交换媒介。由于某些商品充当等价物具有天然的优势，比如黄金、白银等贵金属，因此它们逐渐分离出来充当一般等价物，于是货币就产生了。

物物交易为以货币为媒介的间接交易所取代，在现代经济中已非常少见。近年来，物物交易虽然有复活的趋势，但是都与特殊的环境和特定的情形密切相关，并不意味着物物交易卷土重来。

首先，如果经济体系中出现了严重的通货膨胀，物物交易就有可能发生。此时，货币仅仅是一种非常可怜的价值贮藏的手段，即使人们的收入与支出之间的时间间隔很短，但货币的持有者还是不愿意持有货币，这样，一部分交易就由物与物的交换来进行。

其次，在存在价格管制的场合，物物交换也会发生。由于价格受到控制，需求大大超过供给，销售者此时不愿意按受控制的价格出卖自己的商品，而希望用这些商品去交换其他商品，这种情况在战争期间最为常见。在存在法定最低价格时，或者某些大的商品供应商在商品供给超过需求时，为了阻止价格下跌，有时也可以采取物物交换的方式。例如，一国为了保护出口，对出口商品规定一个最低价格，但又不能按这种价格出售全部商品，为了解决这一问题，该国就会与同样有此问题的别国进行物物交易。

最后，为了逃避税收，物物交换也会发生。在有些国家，存在所谓的"物物交易俱乐部"，会员都是亿万富翁，他们之间交易的目的是更方便地逃税、避税。

人类历史上曾经有许多五花八门的商品充当货币，如美洲土著人使用的贝壳，美洲殖民者使用的烟草和威士忌，第二次世界大战战俘集中营里使用的香烟等。值得强调的是，任何行使货币功能的商品都必须满足以下条件：① 必须便于标准化，价值易于确定；② 必须被广泛承认和接受；③ 易于分割，以方便找零；④ 便于携带；⑤ 不易变质。

货币作为经济体系的"润滑剂"，降低了交易成本，促进了专业化和社会分工，从而提高了整个经济体系的运行效率，进而改善了我们每个人的经济福利。我们支付货币以获得商品和劳务，货币的交易媒介功能能够减少交换商品和劳务的时间成本，提高整个经济体系的运行效率。

（二）价值尺度

所谓价值尺度，就是以货币作为衡量和比较商品价值的工具。全部商品都用货币来计价，使得商品的价值有了一个共同的标准，因此很容易进行比较，如果没有共同的价值标准，人们就很难比较商品的价值，例如，一斤牛肉有的标价为 5 斤黄瓜，有的标价为 7 斤西红柿，那么购买牛肉的人一时半会儿是难以比较出哪家的牛肉更便宜的。

即使在一个简单的社会(假设该社会只有5种商品),如果没有货币作为交换标准,我们就必须知道这5种商品之间的交换比率,很明显,共有10个交换比率;但如果该社会共有100种商品,那么就有4 950个交换比率。如果有共同的价值标准,且这一价值标准是这些商品中的一种,那么,上述社会中所需的交换比率就分别是4个和99个,因此,经济生活中的商品越多,价值标准所起的作用也就越大,当一个社会有N种商品时,所需要的交换比率只有$N-1$个。

价值标准的另一个明显的优点是简化了簿记,我们无法想象,当没有共同的价值标准时,在一个拥有几百万种商品的社会中,应该如何进行簿记管理。

(三) 财富贮藏

货币作为价值贮藏手段,是一种超越时间的购买力的贮藏,它可以将我们取得收入的时间和支出时间分离开来,使我们的支出在时间上更具灵活性。不论是货币、债券、股票、土地、房产、艺术品还是珠宝都可以用来贮藏财富,货币并不是唯一的价值贮藏手段。很多资产充当价值贮藏手段时具有比货币更多的优势,通常能给持有者带来更高的利息收入或者会升值。那我们为什么愿意持有货币呢?因为货币尽管不是最好的价值贮藏手段,却是所有资产中最具流动性的资产。货币本身就是交易媒介,不需要转换为任何其他东西,可以直接表现为购买力;其他资产在转化为货币时,需要付出交易成本。这是人们愿意持有货币的原因。

这一职能没有前面两个职能重要,但货币作为财富的贮藏手段,也有许多特点。

第一,货币作为财富贮藏的手段需要很少的交易成本,甚至不需要交易成本。如果人们通过其他的方式来贮藏财富,不仅在价值转换上麻烦很多,而且要承担不小的交易成本。例如,有人用粮食进行财富的贮藏,当他需要货币的时候,就必须将粮食卖掉,而在他持有粮食的一段时间里,他必须花费一定的费用,比如保管费、损耗等。如果他打算用持有证券的方式贮藏价值,他就必须为证券的买卖向他的经纪人支付费用,也必须承担证券价格下跌给他造成损失的风险。而此人如果用货币的形式贮藏财富,就可以节省前面贮藏形式所产生的费用。

第二,货币作为财富贮藏的手段,具有价值固定的特点。由于债务一般是按货币单位来确定的,而债务的货币价值是固定的,因此,如果人们拥有债务,就会使其产生持有货币的动机,当然,货币并不是具有这一特征的唯一的资产。

第三,某些货币没有直接的收益,没有利息收益,例如现金就没有利息。

第四,货币的价值是相对于商品和劳务的价值而波动的。如果人们的需要不是相对于债务,而是相对于商品和劳务等具有价值固定特征的资产,货币就明显不是理想的选择。例如,当经济中通货膨胀率较高时,持有货币一定会遭受损失,当然在经济中,并不存在可以防止通货膨胀损失的真正完美的保值手段。

货币作为价值贮藏手段的优劣取决于物价水平。在通货膨胀比较严重的时期,货币的价值迅速下降,持有货币的成本急剧上升,货币不再能够发挥价值贮藏手段的功能。

通常,同一单位的货币执行货币的全部职能,这是因为,使用不同的货币来实现不同的货币职能是不方便的。例如,如果交换中介是由人民币来完成的,而确定价值是由美元来完成的,那么人们在每次购买商品或劳务时,必须作一些心算,判断一下按照美元确定的价格应该支付多少人民币。前面提到的价值贮藏手段,恰恰在于货币作为交换中介和作为价值尺度都是同样的单位。也就是说,经济活动的方便性要求同一货币单位履行货币的全部职能。

二　货币的种类与信用货币

货币可以分成以下几种类型:① 足值的商品货币。足值的商品货币是指作为商品的价值与它作为货币的价值相等。金币就是典型的例子。如果在商品市场上出售,金币作为黄金的价值等于其面值。② 信用货币。如果货币作为商品自身的价值不能与它作为货币的价值相等,并且不能兑换为商品货币,该货币就是信用货币。在我国,全部货币都是信用货币。③ 法偿货币。法偿货币是指在债务支付中必须接受的货币,除非债务契约本身明确规定了另一种支付形式,例如以商品支付。现金是明显的法偿货币,而存款就不是法偿货币,因为债权人可以不接受债务人的存款,但债权人必须接受债务人用现金支付债务。某种商品是不是法偿货币,并不是判断它是不是货币的标准,只要在交换中能够被普遍接受,或者能够用作价值标准,我们就可以称之为货币。

前面给出了信用货币的定义,我们现在对信用货币的作用作些说明。信用货币节省了稀缺的资源。我们用生产成本较低的物品,用银行账簿上的记录、纸张或者某些贱金属,来代替生产成本高的金和银,这样货币的数量就大大增加了,货币所起的作用也大大提高了。货币是一种标志,它赋予持有者获得商品和劳务的权利,而持有者之所以愿意接受某种货币,是因为其他人在交换他们的商品和劳务时也愿意接受它。正因为这样,信用货币也具备了货币的职能。但是,相对于商品货币而言,信用货币也有它的缺点,那就是信用货币受政府的控制,当政府放松货币政策时,信用货币就会发行过多,从而出现通货膨胀。

信用货币需要相当程度的假设,人们必须这样想,尽管某些物品作为商品,并没有事实上的使用价值,但只要大家都认为它有价值,那么它也就具有了价值。因此,信用货币是近代社会的一项革新。

信用货币本身也有多种形式。现金是信用货币,可以签发支票的活期存款也是信用货币。有时,定期存款也是信用货币,因为在一定的条件下,定期存款也具有货币的职能。关于信用货币的内容存在非常激烈的争论,孰是孰非尚无定论。因此,人们根据信用货币流动性的大小将货币划分为多个层次,不同层次的货币包括了不同的内容。

三 凯恩斯的货币观[①]

(一) 货币的本质

凯恩斯是一个典型的名目主义者。他认为,货币是用于债务支付与商品交换的一种符号,这种符号是由"计算货币"的关系而派生的。所谓计算货币,是指观念上的货币,是货币的基本概念。它表现为一种计算单位。这种计算单位用符号或称号来表示,如英镑、法郎、美元等。经济生活中的债务和一般购买力就是通过这种计算单位的符号来表现的。货币的本体即有形的货币(如1美元或1英镑的纸币),其作用主要是便利交换,如用于履行债务,在商品买卖中作为支付手段,或作为一般购买力形式的存在,但这一切首先必须通过计算货币的关系才可以实现。没有计算货币,货币本体就不存在了。所以货币本体是依赖于计算货币才成为货币的。计算货币本身就是一种符号或称号,由它派生出的货币本体只能是相应于符号之物,既然如此,货币就不可能具有实质价值。

没有实质价值的货币为什么能成为履行债务和作为一般购买力的表现形式呢?计算货币这个符号或称号从何而来?凯恩斯是用国定货币来说明的。在凯恩斯看来,货币契约的一个特征在于,国家不但要强迫履行以计算货币所缔结的契约,而且还要决定此种契约之合法或合乎习惯的在履行时所应交付之物。于是,国家首先就以强制支付相应于契约上所定的名称或符号之物的权威而出现。不但如此,国家还有权决定并宣告何物相应于契约上的名称。货币是国家的创造物,所有文明国家的货币都无可争议的是一种票券。可见,凯恩斯的名目主义货币观是其国定货币论的基础。正因为货币只是一种便利交换的计算单位,本身没有实质价值,所以国家才能凭借权力创造它,并有权随时增减变更。

凯恩斯的这一思想对他后来的经济理论影响很大,从这一点出发,凯恩斯认识到国家干预经济的力量所在。国家既然可以创造货币,那么当有效需求不足时,为什么不能扩大政府开支,实行赤字财政,用多发货币的办法来提高有效需求,化解经济危机呢?所以他力主采用膨胀性财政政策和膨胀性货币政策。他认为其可行性在于货币发行不受商品经济内在规律的制约,而是可以被国家的权利左右,那么在经济危机的特殊情况下,国家自然可以动用手中的权力"变更"一下对通货的管理政策,多创造一些货币来渡过难关。

(二) 货币分类

凯恩斯在阐明计算货币这一概念之后,对货币内容进行了分类(见图9-1)。

[①] 参见 J. M. 凯恩斯:《货币论》(上卷),商务印书馆1986年版,第6—10页。

图 9-1　凯恩斯对货币内容的分类

图 9-1 表明,计算货币是货币的基本概念及总和。计算货币包括货币本体和债务凭证。当债务凭证被用于结算交易之后,就演变为银行货币。银行货币中国家所负债务的部分,当被国家规定为法定支付手段时,就成为一种代表性货币,非国家所负的债务部分即成为银行信用货币。

货币本体是由国家法令规定的,所以称为国家货币,它由商品货币和代表性货币组成。具体表现为三种形态:① 商品货币,由特殊商品的现实单位构成。虽然这种商品货币的供给受稀缺性和生产费用的支配,但国家有权决定以什么作为货币本位,如金本位、银本位或复本位,因而这种货币也作为国家货币的一种。② 管理货币,是指由国家控制其发行条件的货币,或者准许这种货币兑现为商品货币,或者采取其他方法使其与某种客观标准相联系,以保持一定的价值,如外汇准备本位。③ 法令货币,是指政府或中央银行发行的纸币与辅币,这种货币既不能兑现,也没有内在价值。从这三种形态来看,法令货币是典型的代表性货币;而管理货币则是介于商品货币与法令货币之间的混合物,在发行当局拥有十足的商品本位准备时,管理货币等同于商品货币,一旦脱离了商品本位,管理货币就变成了纯粹的法令货币。

凯恩斯对货币进行分类之后,就按照各种货币的关系,将其排列为图 9-2。凯恩斯列出此图的目的,是用来研究货币总量问题。他认为货币总量问题是货币理论上的重要问题,货币总量由国家货币和银行货币构成,二者合计可以称作流通货币或通货。具有三种形态的国家货币总量分别为公众、商业银行及中央银行所持有。中央银行持有的国家货币是指由商业银行缴存在中央银行的存款准备金,所以又称为中央银行货币。商业银行持有的国家货币就是公众的存款,其中一部分作为法定准备金已经缴存在中央银行,另一部分作为自有准备金留在商业银行。这些国家货币加上银行信用货币被称为商业银行货币。商业银行货币和公众持有的国家货币之和,就是流通货币的总量。

图 9-2 凯恩斯的货币关系图

凯恩斯认为,要保持这些流通货币,持有者当然有其动机,于是他按照人们持有货币的动机,又排成了一幅图,如图 9-3 所示。

图 9-3 凯恩斯的货币持有动机说

凯恩斯认为人们手持货币都具有一定的动机,用于满足各种需要。这样,流通中的货币按照用途可以分为三种形态:① 由于个人的收入和支出不是发生在同一天,一般说来,存在较长的时差,因此个人需要保持一部分自己的收入,以作日常开支之用,出于这种动机而持有的货币叫作所得货币。② 同理,企业也有收入和支出在不同时点上的差额。为了应付日常业务开支,需要保持一部分货币用于交易,出于这种经营性动机而持有的货币叫作交易货币。③ 个人和企业为了进行投资或得到未来收益,需要储蓄一部分货币。出于这种动机而持有的货币叫作投机货币。

凯恩斯把人们保持流通货币简单地归结为这三种动机,在此基础上又提出了较为系统的货币需求理论。

（三）货币的职能

凯恩斯认为，货币有两个职能：一是交换媒介职能，即充当商品交换中的流通手段和支付手段，二是财富贮藏的职能。货币充当财富贮藏职能是不能生利的，那么，为什么人们愿意持有货币而不愿意持有股票、债券等可以生利但较难变现的资产呢？凯恩斯认为，货币能够用于商品交易，在一定限度内，值得为它所具有的流动性而牺牲利息；另外，持有货币也避免了持有债券等生息资产变现时所可能蒙受的损失。

凯恩斯认为，由于人们把一部分货币保存起来，持币待购或持币不购，于是就打破了货币收入和货币支出的平衡关系，买卖就会出现脱节，造成供求失衡，供给就不一定自动创造需求，最终将导致有效需求不足，工人失业、经济危机便是不可避免的了。因此，货币通过贮藏财富的职能对经济产生重要的、实质性的影响。

（四）货币的特征

凯恩斯认为货币具有三个特征：货币的生产弹性为零，替代弹性近似于零，货币周转灵活且保存费用低。

1. 货币的生产弹性为零

所谓货币的生产弹性，是指生产货币的人数变化率除以购买货币的人数变化率。凯恩斯认为，在金属货币条件下，由于货币的生产受资源稀缺性的制约，因此不是增加劳动力就能扩大生产的。在不兑现纸币流通或者实行管理通货的国家，这种条件就更是绝对的，私人企业绝对没有生产纸币的权力。纸币的生产或发行都由国家严格控制，对于私人企业来说，货币的生产弹性只能等于零。因此，排除政府（金融当局）的行为来考察，货币的供给弹性几乎等于零。

2. 货币的替代弹性近似于零

所谓货币的替代弹性，是指当货币的交换价值上涨时，人们抛弃货币而用其他商品来替代货币的比率。凯恩斯认为，货币的这种替代弹性近似于零。这是由于货币本身并无效用，其效用在于交换价值。作为一般购买力的代表，它可以换回任何其他商品，但其他商品中却没有一种商品具备这种效用。因此，人们不愿用其他商品来替代货币，货币的交换价值越高，人们越不愿用其他商品来替代货币，从而对货币的需求就越大。

3. 货币周转灵活且保存费用低

凯恩斯认为，货币与其他商品相比，具有周转灵活性。这是由于货币较其他商品有更大的流动性，既可以直接用于支付，又可以储藏起来，以防日后的不时之需，还可以灵活运用于各种资产的投机；同时，由于未来的不确定性，而货币工资又常常是相当稳定的，所以人们对货币未来价值的估计也是乐观的。持有货币可以自动升值，与现在相比，产生未来收益，因此货币具有"高额灵活升值"的特征。但作为存货，就必须考虑另一个重要问题——保藏费。货币由于其材料的属性（如体积小、自然损耗少等），具有保藏费用很低甚至微不足道的特征。货币的这一特征与周转灵活性结合在一起，意义非常重大。如果货币仅仅具有周转灵活的便利,而其保藏费又相当高,等于或超过货币的未来收益,那么人们对于货币的需求就会锐减。因为在这种情况下,增加货币持有量,就意味着要支付巨额保藏费,而货币的灵活升值又是对未来的一种预期。所以即使形势动荡,人们在权衡利弊得失后,又有谁愿意持有货币作为存货呢?反之,一种商品若保藏费用低而本身又缺乏周转灵活性,或灵活升值的空间小于保藏费用,人们也不愿持有它作为存货。与其他商品相比,唯有货币具有这个充分必要条件,既可以指望其高额地灵活升值,坐等收益,又无须支付高额的保藏费,货币保藏费用与灵活升值相比,小到微不足道的地步;与其他资产相比,货币最适合作为存货,作为财富的积累。可见,货币具有贮藏手段的职能,不是由于其自身具有价值,而是由货币的特征所致。

凯恩斯分析货币特征的目的,在于指出由货币特征所导致的结果,提出补救的办法。在凯恩斯看来,货币的这三个特征联合产生了以下情况:① 由于货币具有周转灵活、保藏费用低的特征,使其能满足人们的流动性偏好,因此,人们对于资产的需求,可能绝大部分都集中于货币,使货币需求旺盛。② 由于货币的供给弹性极小,几乎等于零,因此,当货币需求上升时,无法用多投入劳动力的办法来扩大货币的生产,货币供应无法增加。③ 由于货币的替代弹性等于零,因此,即使其他商品很低廉,也无法取代货币,无法减少货币需求。

综合这三种情况的结果,人们具有旺盛的货币需求,但一方面人们所需要的货币无法生产出来,另一方面人们对货币的需求又不容易替代或压制,货币的供求发生尖锐的矛盾。在货币供不应求的情况下,人们预期货币的灵活升值提高,货币会被当作财富的积累贮藏起来,卖者取得货币后不是立即就买,买卖脱节的可能性转化为现实性,使商品供求失衡,爆发危机。面对这种情况,凯恩斯认为,由政府统管纸币工厂,发行纸币,缓解货币供求矛盾,使货币利率低于资本边际效率,从而刺激投资,扩大生产,增加就业。

四 关于货币内容的争论

现代货币理论原则上同意把存款等信用工具视为货币,但存款等信用工具种类繁多,哪些属于货币,哪些不属于货币,又引发新的争论,主要包括:

(1) 一些人认为,既然货币是交易媒介和支付手段,那么货币就只包括两种:现金与活期存款,即 $M_1 = C + D_d$,这里 C 为现金,D_d 为活期存款。

(2) 一些人认为,在现代社会中,有些信用工具,如银行透支额、信用卡、旅行支票等,经常担任交易媒介,这些内容也应包含在 M_1 内,即 $M_1 = C + D_d + T$,这里 T 代表信用卡、旅行支票、银行透支额等信用工具。

(3) 一些人认为,透支和信用卡的使用者所欠的债务迟早要由现金和银行活期存款来偿还,作为购买和支付手段的还是现金与银行活期存款,把那些信用工具也计入 M_1,会引起重复计算。

(4) 一些人认为,货币是一种资产,主要职能不是交易媒介,而是价值贮藏。这样,商业银行体系中的其他存款,如储蓄存款和定期存款也是货币,即 $M_1 = C + D_d + D_s + D_t$,这里 D_s 为商业银行的储蓄存款,D_t 为商业银行的定期存款。

(5) 一些人认为,不仅商业银行可以接受定期储蓄和定期存款,其他银行机构如储蓄银行、投资银行、发展银行、土地银行以及非银行金融机构如信用社、房屋贷款公司等也可以吸收定期储蓄和定期存款,这些定期储蓄和存款也应划入货币范围,即 $M_3 = M_2 + D_n$,这里 D_n 为商业银行以外的金融机构存款。

(6) 一些人认为,除了银行和其他金融机构的存款,现代社会中还有不少金融或信用工具也具有相当的流动性和货币性,如政府和大企业发行的短期债券、人寿保险公司的保单、共同基金的受益凭证和退休基金股份等。这些金融工具很容易在金融市场上贴现或变现,与狭义货币相比,它们只有程度上的差别,因此,$M_4 = M_3 + L$,这里 L 代表银行及金融机构以外的所有短期流动资产。

萨缪尔森认为,由于在一系列的因素中,很难准确地划分哪些因素对支出具有直接影响,因此货币究竟包含哪些内容,在一定程度上取决于主观臆测,而不是科学的判断。

目前,经济学家一般把 M_1 确定为基本的货币,理由是:① 货币的交易媒介和支付手段是主要职能,而贮藏手段则是次要的。② 作为交易媒介和支付手段,M_1 的交易成本最低。③ 无论货币层次如何扩大,M_1 始终是基本的组成部分。

五 货币供给层次

目前世界各国银行业务的名称不尽相同,同一名称的业务内容也不一定相同,因此,各国都是根据自身的特点和需要划分货币层次的。

(一)美国现行的货币供给层次

狭义货币 $M_1 = C + D =$ 通货 + 旅行支票 + 活期存款 + 其他支票存款,具体包括:① 处于国库、联邦储备系统和存款机构以外的现金;② 非银行发行的旅行支票;③ 商业银行的活期存款(支票存款),其中不包括存款机构、美国政府、外国银行和官方机构在商业银行的存款;④ 其他各种与商业银行活期存款性质相近的存款,如 NOW 等。

广义货币 $M_2 = M_1 +$ 货币市场共同基金份额(非机构)+ 货币市场存款账户 + 储蓄存款 + 小额定期存款 + 隔夜回购协议 + 隔夜欧洲美元 + 综合调整

$M_3 = M_2 +$ 大额定期存款 + 货币市场共同基金份额(机构)+ 定期回购协议 + 定期欧洲美元 + 综合调整

$L = M_3 +$ 其他短期流动资产(储蓄债券、商业票据、银行承兑票据、短期政府债券等)

值得强调的是,M_2 在 M_1 的基础上增加了其他能够签发支票的资产以及其他能够以较小的成本迅速变现而具有较高流动性的资产;M_3 在 M_2 的基础上增加了某些流动性较差的资产。

由于我们无法确定哪个层次的货币总量是真实的货币计量,因此有必要弄清楚这些货币总量的变化趋势是否一致。如果答案是肯定的,那么使用某种货币计量方式预测未来的经济走势以及制定货币政策就和使用其他货币计量方式没有区别。如果答案是否定的,那么依据不同的货币总量所得出的关于货币供给量及其变化的结论就有可能存在差异,甚至相互矛盾,从而给货币政策实施带来困惑。

实证数据表明:M_1、M_2 和 M_3 在 1960—1999 年的增长率变动基本一致,上升和下降的时间十分相似,在 20 世纪 60 年代和 70 年代,它们都表现出了较高的平均增长率。

值得注意的是,三种货币总量的变化情况存在明显的差异。1968—1971 年间,M_1 的增长率在 6% 至 7% 之间波动,并没有加速增长;同一时期,M_2 和 M_3 增长率的波动区间却从 8%—10% 上升到 12%—15%,表现出明显加速的趋势。1989—1992 年间,M_1 的增长率上升而 M_2 和 M_3 的增长率却有下降的趋势;1992—1999 年间,M_1 的增长率大幅下降,而 M_2 和 M_3 的增长率却上升了。

可见,政策制定者和经济学家选择哪一个货币总量作为真实的货币统计指标,结果会有很大的不同。

(二) 日本现行的货币供给层次

M_1 = 现金 + 活期存款(现金指银行券发行额和辅币之和减去金融机构库存现金后的余额,活期存款包括企业支票活期存款、活期储蓄存款、通知即付存款、特别存款和纳税准备金存款)

M_2 + CD = M_1 + 准货币 + 可转让存单(其中,"准货币"指活期存款以外的一切公私存款,CD 是指大额可转让定期存单)

M_3 + CD = M_2 + CD + 邮政、农协、渔协、信用合作和劳动金库的存款以及货币信托和贷放信托存款

此外还有"广义流动性",等于"M_3 + CD"加回购协议债券、金融债券、国家债券、投资信托和外国债券。

(三) 我国现行的货币层次

M_0 = 现金

狭义货币 $M_1 = M_0$ + 企业活期存款 + 机关团体部队存款 + 农村存款 + 其他存款(个人持有的信用卡类存款)

广义货币 $M_2 = M_1$ + 城乡居民储蓄存款 + 企业机关存款中具有定期性质的存款 + 信托类存款 + 其他存款(自筹基建资金存款)

$M_3 = M_2$ + 金融债券 + 商业票据 + 大额可转让定期存单

这里,Ms 中的 M 通常是指 $M_1 = C + D$;$M_2 - M_1$ 是准货币,准货币是指流动性介于货币与非货币之间的资产;M_3 是根据金融工具的不断创新而定义的,因而是不稳定的。

(四)货币层次划分的意义

各国中央银行在确定货币供给的统计口径时,都以流动性的大小,亦即作为流通手段和支付手段的方便程度作为标准。流动性程度较高,即在流通中周转较便利,相应地,形成购买力的能力也较强;流动性较低,即周转不方便,相应地,形成购买力的能力也较弱。显然,这个标准对于考察市场均衡、实施宏观调节有重要意义。

货币层次划分有利于中央银行进行宏观经济运行监测和货币政策操作。由于从20世纪70年代开始,货币供给量逐渐取代利率而成为一些国家货币政策的中介目标,因此对货币供给内容的约定是执行货币供给量政策的前提。货币当局要明确到底控制哪一层次的货币以及这一层次的货币与其他层次的货币的界限何在。很明显,如果没有明确划分货币层次,货币政策就成为空谈。

当然,金融创新会改变一些金融工具的流动性。比如,定期存款到期前不便于流动,于是创造出易于变现的大额可转让定期存单;定期存款不能开支票,于是创造了自动转账账户;储蓄存款不能开支票,于是创造了货币市场互助基金账户;等等。这些都使得流动性加强了,并大大突破了原有货币层次的界限。界限变得模糊起来,以至于各国货币统计口径过一段时期就不得不进行调整。

我国中央银行——中国人民银行定期公布不同层次的货币量,这对我国货币政策发挥应有的作用会产生积极影响。

至于货币数据的可靠性,我们必须清楚,计量货币的困难不仅在于很难选择正确的货币定义,还在于中央银行经常对已经公布的货币总量数据进行调整。一方面,小的存款机构不必经常报告其存款总量,中央银行最初公布的货币总量数据往往基于预测,必须根据真实数据进行修正;另一方面,中央银行必须对货币总量数据的季节性因素进行调整。

一般而言,中央银行公布的初始货币总量数据对于了解货币供给量的短期变动并不是非常可靠的,然而初始货币数据从长期来看是比较可靠的。因此,我们不必过分关注货币供给量数据的短期变动,而是应该关注其长期变动。

第二节 货币供给模型

一 基础货币

(一)基础货币的定义

基础货币(Monetary Base),也叫高能货币或强力货币(High-powered Money),一般具有以下四个特点:① 基础货币是中央银行的负债;② 基础货币的流通性很强,持有者可以自主运用,是所有货币中最活跃的部分;③ 基础货币运动的结果能够产生数倍于其自身的货币量;④ 中央银行能够控制基础货币,并通过对基础货币的控制来实现对货币供给的控制。

基础货币包含哪些内容,不同的国家有不同的计算口径,不同的学者有不同的解释。我们可以把基础货币按照计算口径的宽窄排列如下:

(1)基础货币=银行准备金

(2)基础货币=社会公众手持现金+商业银行的法定准备金

(3)基础货币=社会公众手持现金+商业银行库存现金+法定准备金

(4)基础货币=手持现金+库存现金+法定准备金+超额准备金

在分析基础货币时,西方学者习惯用一个方程式即"基础货币方程式"来表示。西方国家中央银行资产负债表的基本构成可以用表9-1表示。

表9-1 中央银行资产负债表

负债	资产
L_1流通中现金	A_1政府证券
L_2存款准备金	A_2放款
L_3政府存款	A_3外汇资产
L_4其他负债	A_4其他资产
合计	合计

因为 $L=A$

即 $L_1+L_2+L_3+L_4=A_1+A_2+A_3+A_4$

又因为基础货币 $B=L_1+L_2$

所以 $B=(A_1+A_2+A_3+A_4)-(L_3+L_4)$

这就是说,基础货币由流通中现金L_1和存款准备金L_2两部分组成,而L_1和L_2又受资产负债表其他组成部分的影响,因此,中央银行负债表中任何一个项目的变化都会引起基础货币量的变化。

(二) 基础货币投放的渠道

基础货币是中央银行直接控制的。目前各国一般把各商业银行在中央银行的准备金和社会公众手持现金之和视为基础货币。中央银行增加基础货币的途径有七个:① 中央银行向商业银行提供贷款;② 中央银行收兑黄金;③ 中央银行收兑外汇;④ 中央银行对财政透支;⑤ 中央银行买进有价证券;⑥ 中央银行对票据再贴现;⑦ 中央银行支付利息。

(三) 增大基础货币的因素分析

1. 证券持有

假定中央银行从A银行购买100万元有价证券,当A银行把出售证券而收到的100万元支票存入自己在中央银行的账户上时,A银行的储备增加100万元,列式如下:

中央银行	
资产	负债
证券 +100	储备 +100

A 银行	
资产	负债
证券 −100	
储备 +100	

假定中央银行从甲那里购买有价证券,付给甲现金,那么中央银行与甲的 T 型账户为

中央银行	
资产	负债
证券 +100	通货 +100

张 三	
资产	负债
证券 −100	
通货 +100	

第一种情况,即中央银行从 A 银行那里购买证券,结果是储备增加 100 万元;第二种情况,即中央银行从甲那里购买证券,结果是通货增加 100 万元,通货与储备都是基础货币,结果基础货币增加 100 万元。

2. 贴现贷款

假定中央银行向 A 银行发放 100 万元的贴现贷款,并立即贷记 A 银行在中央银行的账户,那么,中央银行与 A 银行的 T 型账户为

中央银行	
资产	负债
贴现贷款 +100	储备 +100

A 银行	
资产	负债
储备 +100	借款 +100

结果是,贴现贷款使基础货币等量增加。

3. 收购黄金及外汇

在美国,黄金的收购是财政部从事的,但收购资金会间接来源于中央银行;而在我国,黄金及外汇的收购是由中央银行代理的,因此收购资金直接来源于中央银行。如果中央银行直接收购黄金和外汇,例如,中央银行收购 100 万美元,支付 830 万元人民币,那么,中央银行和售汇银行的 T 型账户将是

中央银行	
资产	负债
外汇 +830	储备 +830

售汇银行	
资产	负债
外汇 −830	
储备 +830	

假定美国财政部从约翰那里买回 100 万美元的黄金,付给他一张支票,该支票是属于

联邦储备体系账户的。约翰把这100万美元存入当地银行。财政部增加100万美元黄金,而它在中央银行的存款减少了100万美元。约翰的开户银行却增加了100万美元的存款,储备也增加了100万美元。此时财政部、约翰的开户银行和中央银行的T型账户分别为

财政部	
资　产	负　债
黄金　+100 中央银行的 存款　－100	

约翰的开户银行	
资　产	负　债
储备　+100	存款　+100

中央银行	
资　产	负　债
	储备　+100 财政部存款　－100

此时的基础货币并没有增加。但财政部要发行纸金证券(对100万美元的要求权)以补充自己在中央银行的存款;中央银行再把100万美元加回到财政部的存款账户上,使之恢复到原水平,这样,中央银行和财政部的T型账户为

中央银行	
资　产	负　债
纸金证券　+100	储备　+100

财政部	
资　产	负　债
黄金　+100	纸金证券　+100

财政部收购黄金的净结果是储备增加了100万美元,从而基础货币增加了。

减少基础货币的因素与增加基础货币的因素是一样的,只不过作用方向相反罢了。

二　货币乘数

所谓货币乘数,是指货币供给量相对于基础货币的倍数。货币供给之所以数倍于基础货币,是由于商业银行信用扩张或派生存款的缘故。有些关于货币供求的书中将货币乘数定义为基础货币发挥作用的倍数,这一定义存在一定的问题。在商业银行派生存款那一部分,本书已经阐述过这样的道理:如果商业银行的存款准备金率和现金漏出率均为零,则中央银行提供一定量的贷款给商业银行,商业银行创造的派生存款将是无穷大的。而当存款准备金率或现金漏出率不为零时,派生存款就是收敛的,而不是无穷大的。当存款准备金率或现金漏出率提高时,派生存款倍数下降。因此,虽可以把货币乘数定义为基础货币发挥作用的倍数,但本质上,货币乘数应该是非基础货币发挥作用的倍数,因为不

上缴中央银行也不漏出银行体系的存款,才有派生的功能。

由于货币供给是指社会上现存的货币量,而货币乘数是货币供给相对于基础货币的倍数,因此,$m = \dfrac{Ms}{B}$。

这里,m 为货币乘数,Ms 为货币供给,B 为基础货币。

如果基础货币被定义为现金与商业银行存款准备金之和,那么

$$B = C + R$$

这里,C 为现金,R 为存款准备金。R 由两部分组成:一是法定存款准备金,二是超额准备金,即 $R = (r+q)D$,其中 r、q 分别为法定准备金率和超额准备金率。

如果此时货币供给是指 M_1,即现金与全社会活期存款,那么货币乘数可以由下式计算:

$$m_1 = \dfrac{M_1}{B} = \dfrac{C+D}{C+R}$$

$$m_1 = \dfrac{C/D + D/R}{C/D + R/D}$$

$$= \dfrac{c+1}{c+r+q}$$

例如,一国的法定准备金率为12%,现金漏出率为8%,超额准备金率为11%。该国的流通中现金为3 000亿元。那么,该国的 M_1 是多少?货币乘数又是多少?

由于流通中现金为3 000亿元,而现金漏出率为8%,则活期存款总额为3 000亿元/8% =37 500亿元,因此,M_1 =40 500亿元(=3 000 +37 500)。

$$m_1 = \dfrac{M_1}{B}$$

$$= \dfrac{40\,500}{3\,000 + (12\% + 11\%) \times 37\,500}$$

$$= \dfrac{40\,500}{3\,000 + 8\,625} = 3.48$$

$$M_1 = \dfrac{c+1}{c+r+q}$$

$$= \dfrac{8\% + 1}{8\% + 12\% + 11\%} = 3.48$$

当基础货币还是 $R+C$,而货币供给是 M_2 时,货币乘数可以按照下式计算:

$$M_2 = C + D_d + D_t$$

这里,D_d 为活期存款,D_t 为定期存款。

令 $\dfrac{D_t}{D_d} = h$

$$m_2 = \frac{M_2}{B}$$

$$= \frac{C + D_d + D_t}{C + R}$$

$$= \frac{C + D_d + hD_d}{C + (r+q)(D_d + D_t)}$$

$$= \frac{C/D_d + D_d/D_d + \frac{hD_d}{D_d}}{C/D_d + (r+q)(D_d + hD_d)/D_d}$$

$$= \frac{1 + c + h}{c + (r+q)(1+h)}$$

这里,$r+q$ 为全部存款的综合法定准备金率和超额准备金率之和。

例如,一国法定的活期存款与定期存款的平均准备金率为 12%,平均的超额准备金率为 6%,现金漏出占活期存款比率的 10%,定期存款占活期存款的 30%,则该国的货币(M_2)乘数为

$$m_2 = \frac{1 + 10\% + 30\%}{10\% + (12\% + 6\%)(1+30\%)} = 4.19$$

当已知活期存款法定准备金率为 r_1,活期存款超额准备金率为 q_1,定期存款的法定准备金率为 r_2,现金漏出率为 c,定期存款占活期存款比率为 h 时,M_2 的货币乘数为

$$m_2 = \frac{M_2}{B} = \frac{C + D_d + D_t}{C + R}$$

$$= \frac{C + D_d + D_t}{C + (r_1 + q_1)D_d + r_2 D_t}$$

$$= \frac{C + D_d + hD_d}{C + (r_1 + q_1)D_d + r_2 h D_d}$$

$$= \frac{1 + c + h}{c + r_1 + q_1 + r_2 h}$$

货币乘数的大小直接反映货币运转的效率,也关系到中央银行货币政策特别是基础货币投放政策的力度。根据研究成果①,1994—1998 年,我国狭义货币乘数 m_1 在不断下降,而广义货币乘数 m_2 大体维持在 2.5 至 3 之间,1998 年调整法定准备金率后,货币乘数发生了变化。2000 年中期货币乘数进一步上升,2000 年年底趋于稳定。

三 货币供给模型

货币供给模型可以用图 9-4 说明。

---

① 金德环、许谨良:《2001 中国金融发展报告》,上海财经大学出版社 2001 年版,第 420—421 页。

图9-4 货币供给模型

在货币供给模型中,货币供给取决于基础货币和货币乘数两个因素。而影响基础货币量的主要部门是中央银行。中央银行通过七种途径向社会提供基础货币。除中央银行之外,商业银行以及非金融部门也会影响基础货币,具体而言,商业银行对超额准备量有较大的自主权,商业银行可以根据利率水平与利率趋势决定超额准备量。而流通中现金虽然也是由中央银行发行的,但是与非金融部门对流通中现金的需求相关。具体而言,流通中现金量的影响因素有以下几个:

第一,公众收入与消费倾向。一般情况下,居民收入增加,手持现金也会增加。消费倾向决定了收入在消费和储蓄间的划分。如果消费倾向高,用于消费性交易的手持现金也会增加。

第二,利率的高低。当利率提高时,手持现金的机会成本增加,手持现金部分地转化为银行存款。

第三,物价趋势。当物价稳定时,手持现金是比较稳定的,但出现较为严重的物价上涨特别是人们预期物价上涨,而银行实际利率较低甚至为负时,存款会转化为现金并实现其购买力。

第四,信用发达水平。当信用工具种类繁多,特别是一些日常交易可以利用支票等工具实现时,流通中现金就会减少,因为现金的作用被其他信用工具替代了。

在货币供给模型中,影响货币供给的因素既有法定存款准备金,又有法定存款准备金率,这两者看上去是此消彼长的关系。例如,当提高法定存款准备金时,货币乘数下降,但基础货币中的法定准备金会上升。在派生存款次数不是无穷大的现实生活中,中央银行提高法定存款准备金率后,在中央银行账户上确实可以反映出法定存款准备金增加,那么,此时调整法定存款准备金率对货币供给的作用就是综合作用,要看货币乘数下降的幅度大,还是基础货币上升的幅度大。

但是,在理论中,法定存款准备金的大小与存款准备金率无关,而与中央银行向社会提供的贷款或购买证券的量有关。例如,如果法定存款准备金率为 r,中央银行通过再贴现的方式向社会新增 10 亿元的货币,这一货币就会转化为某商业银行在中央银行账户中的准备金,当该商业银行向某个企业提供贷款时,该商业银行的准备金将减少,但这会引起其他商业银行在中央银行账户中准备金的增加,最终使 10 亿元的基础货币固定不变。

假如商业银行留足法定准备金后,将剩余全部贷放出去,那么,商业银行在中央银行的法定存款准备金为

$$R = 10r + 10(1-r)r + 10(1-r)^2 r + \cdots + 10(1-r)^n r$$
$$= 10r[1 + (1-r) + (1-r)^2 + \cdots + (1-r)^n]$$

当 $n \to \infty$ 时,因为 $0 < 1 - r < 1$,所以

$$R = 10r \frac{1}{r} = 10(亿元)$$

如果中央银行向社会提供的新增货币量为 B,那么全部商业银行在中央银行的法定存款准备金总和的最大值就是 B,这与存款准备金率高低无关。

正因为如此,法定存款准备金率在理论上可以作为中央银行执行货币政策的工具,并且在现实中也得到应用,仅仅是现实的结果与理论结论还有差距罢了。

在货币供给模型中,财政透支和外汇、黄金收购都会改变一国的货币供给,关于这两个问题,本书将各辟一节进行论述。

第三节 财政收支与货币供给[①]

一 财政赤字与赤字的弥补

一般来讲,长期的恶性财政赤字,只会增大社会上的货币供给量,造成通货膨胀。短期的财政赤字对货币供给却不一定会产生不良的影响。短期的财政赤字对货币供给的影响有以下三种情形:① 假定引入财政收支差额之前的社会总供给和总需求的关系是总供给大于总需求,即投资 + 消费 < 生产者收入 + 剩余。财政赤字意味着需求的增大,因而

---

① 参见姚长辉:《论举借内债与货币流通》,载《金融研究》1991 年第 10 期;姚长辉:《对内债偿还的经济分析》,载《财贸经济》1992 年第 4 期。

财政赤字对货币供给的影响是,如果财政赤字小于社会的需求缺口,则财政赤字的存在缓解了社会上货币供给量的不足;如果财政赤字大于需求缺口,则超过需求缺口的那部分财政赤字将产生通货膨胀的压力。② 假定引入财政收支差额之前的总供给小于总需求,那么,此时的财政赤字扩大了已经存在的供给缺口,造成社会上货币供给量过大,通货膨胀的压力增大。③ 假定引入财政收支差额之前的总供给和总需求是平衡的,那么,一般情况下,财政赤字会扩大总需求。但是因为财政赤字有多种弥补办法,从而财政赤字对货币供给的影响也有多种情况。

为了分析方便,我们假定社会上的产品总供给和总需求是平衡的,即投资+消费=生产者收入+剩余。短期财政赤字一般有以下五种弥补方法:发行货币,动用历年财政结余,向银行透支,举借内债,举借外债。这些方法对货币供给都将产生影响。

(1) 发行货币。这是财政赤字变成社会需求,从而变成社会购买力最直接的渠道。很明显,既然产品总供给与总需求是平衡的,那么货币发行将扩大总需求,出现供给缺口,从而使社会上货币供给过多。况且货币发行的作用与基础货币增加的作用一样,货币总供给会成倍增加。

(2) 动用历年财政结余。财政结余不是不可以动用,当社会上的产品总供给大于总需求时,财政结余可以动用,可以动用的量的上限是社会总需求缺口。而当我们所假定的情况存在,即产品总供给等于总需求时,财政结余不能动用,因为会扩大社会上的货币流通量,造成物价上涨。实际上,当产品总供给等于总需求时,发生财政赤字,就相当于此时动用了财政结余。这时再动用财政结余,就可以认为是发生了更大数额的财政赤字。

(3) 向银行透支。向银行透支对货币供给的影响要看引入信贷收支差额后社会总供给和总需求的情况。由于投资+消费=生产者收入+剩余,因此引入财政收支差额后,就有投资+消费>生产者收入+剩余+财政差额。要使得社会总供给和总需求重新恢复平衡,必须有信贷收支的正差额等于财政收支的负差额,即信贷存差=财政赤字。可见,向银行透支而不造成社会上货币供给过多,必须遵循这样一个前提:社会上存在信贷收支的存差,而且这个存差额不小于财政赤字的数额。如果社会上信贷收支的存差额小于财政赤字,那么向银行透支以弥补财政赤字的上限就是存差额本身;如果社会上根本不存在存差,甚至相反,存在信贷收支的借差,那么是不允许向银行透支的,因为此时向银行透支就相当于第一种情况——直接发行货币了。

(4) 向国内举债。假定社会的信贷收支是平衡的。由于出现了财政赤字,社会总供给和总需求的关系就变成:投资+消费>生产者收入+剩余+财政差额(负项),即投资+消费+财政赤字>生产者收入+剩余。政府可以通过举借内债的方法来缓和总供给和总需求的失衡,其缓解是通过两条途径实现的。其一,由于内债来源于国内的投资和消费,因此,举借内债势必减少国内投资和消费的数量。其二,从另一个角度来看,由于本年财政收入因为债务的增加而增加,因此,如果包括债务收入,财政赤字将会减少或消除。

由于举借内债是通过减少本国的投资和消费来弥补财政收入的不足,与货币发行和银行透支不同,这种弥补方式不改变社会中的货币供给总量,因而从整体上讲,对国内物价不会产生影响。

(5) 向国外举债。如同前一种情况,由于举借外债,政府的债务收入增加,赤字可以得到弥补。但是,需要分两种情况进行分析:

首先,举借外债只是弥补政府财政收入的不足而不伴随进口的增加。此时总供给方面是生产者收入+剩余,等于总需求方面的投资+消费。即使不考虑财政赤字,国外债务的举借由于没有伴随进口的增加,必然增大了对国内产品的需求。因此,投资+消费+额外的投资与消费>生产者收入+剩余。在这种情况下,财政赤字虽然因为外债的引入而得到缓解,但是国内总供给和总需求的矛盾加大,表现为社会上货币供给量过多。

其次,举借外债而伴随进口的增加。假定举借外债前贸易是平衡的,即进口=出口,并假定出口不因为举借外债而发生变化。社会总供给和总需求分别为

总供给 = 生产者收入 + 剩余 + 进口 + Δ 进口

总需求 = 投资 + 消费 + 出口 + 外债

这里,Δ进口是举借外债而导致的进口的增量。外债等于财政赤字。

总供给和总需求是否恢复平衡关键在于Δ进口能否等于外债。如果全部外债都用于进口,那么总供给和总需求是平衡的,对货币流通在总量上不产生作用。但是,由于假定了出口不因外债的借入而增加,但进口却在增加,因此,财政赤字用外债来弥补以保证国内货币流通的稳定,必然以贸易收支的逆差为代价。从动态上看,外债本息的偿还依赖于出口收入,也依赖于本国财政收入的增加,因此弥补财政赤字的外债必须产生促进经济增长的作用,否则面临的困难将是双重的:一方面贸易收支平衡需要恢复,另一方面财政收支平衡也需要恢复。这样,就要保证外债不能仅仅用于消费支出,而必须形成投资资金,并有较高的经济效益。

二 内债来源与货币供给

(一) 从资金性质角度划分内债来源与货币供给

正是由于举借内债与货币发行、银行透支不同,用这种形式弥补财政赤字一般不会改变社会中的货币供给量,因此举借内债成为弥补财政赤字的主要方式之一。但由于不同的债务来源对货币供给将产生不同的影响,因此有必要对这一问题进行更深层次的分析。

内债来源可以从两个角度进行划分。一是按照购买主体进行划分,可以分为个人、企业和银行。二是从资金性质划分,可以分为投资资金和消费资金。

债是用于弥补财政赤字的,但形成财政赤字的原因主要有两个:一是经济建设费用支出的增长,形成建设性公债;二是行政事业费用支出的增长,形成赤字性公债。用于经

济建设而举债与用于行政事业费用支出而举债的作用是不同的。分析如下:

1. 债来源于消费资金,用于经济建设

由于假定:投资+消费=生产者收入+剩余,因此在这种情况下,总需求方面因为消费资金的减少,总需求也相应地减少了,但由于财政赤字的出现,总需求又扩大了。如果发行的内债刚好等于赤字,则总供给和总需求是平衡的。因为经济建设支出的增加就是政府公共投资的增加,而投资的增加却又源于消费资金的减少,所以有:投资+Δ投资+消费-Δ消费=生产者收入+剩余。从总体上看,举借内债不会对货币供给产生影响,但是会对投资和消费产生结构性影响。如果一国的国民生产总值(GNP)中用于投资和消费的量是固定的,那么因为投资资金的增加会造成投资品的相对短缺;又由于消费资金的减少,会产生消费品的相对过剩。从价格上看,投资品的价格在上升,而消费品的价格在下降。但是,如果一国 GNP 中投资品和消费品的比率不是刚性的(投资品和消费品有些是可以相互替代的,例如煤炭既可以是投资品,也可以是消费品),那么投资资金的增加会促进消费品向投资品的转化,因而举借内债对投资品和消费品的价格作用会降低。

2. 债来源于消费资金,用于行政事业费

在结构上,因为投资资金不发生变化,因而对投资领域的货币供给不构成影响。此时对货币供给的影响表现在消费品的结构上。由于政府行政事业费的支出再次转化为消费资金,却不同于作为债务来源的消费资金,因此对不同消费品的需求会发生变化。一般情况是,居民消费的价格下跌,而行政办公用品的价格上升。例如,在此前提假设下,由于赤字而引起的行政事业费支出的增加,会造成集团购买力的提升,因此,集团购买的商品的价格自然会上升。

3. 债来源于投资资金,用于经济建设

类似于第 2 种情况。在结构上,消费资金不发生变化,所以对消费品的货币供给不产生影响。对投资品可能会产生结构性的作用。如果政府经济建设费的支出方向不同于作为债务来源的投资资金的方向,就会对政府增加经济建设费支出而扩大了需求的投资品构成一定的压力。

4. 债来源于投资资金,用于行政事业费

类似于第 1 种情况。由于投资资金的减少缩小了对投资品的需求,因此在投资品领域表现为货币供给量过少,经济增长会放慢速度;消费资金由于行政事业费的增加而增加,对消费品的需求增加,在消费品市场上表现为货币供给量过多。如果投资品和消费品有较强的替代性,投资品由于市场价格机制的作用就会向消费品转化。

因此,从投资、消费以及由此而产生的对经济增长作用的角度去考察可以得出结论:债来源于消费资金,用于经济建设是最为有利的;而债来源于投资资金,用于行政事业费是最不利的。

(二) 从债源主体角度划分的内债来源与货币供给

那么,什么资金代表投资资金,什么资金代表消费资金呢? 针对这一问题要对债源主体进行分析。

1. 债来源于居民

居民是消费者,因此,一般来说,居民手持现金是消费资金。但不是说居民收入的全部都是消费资金。居民储蓄存款是银行信贷资金的重要来源。居民收入的相当一部分是作为投资资金而构成对投资品的需求的。至于居民收入中有多大比例是投资资金,是一个更为复杂的问题。从理论上讲,投资资金是居民收入中的边际储蓄部分,消费资金则是边际消费部分。如果因为举借内债而使居民银行存款的绝对额减少了,或者相对于居民总收入而言,居民在银行的存款减少了,那就可以认为债不是全部来源于消费资金,有些来源于投资资金。

2. 债来源于企业和银行

银行资金的全部都可以认为是投资资金。企业资金的绝大部分也是投资资金。企业购买债券的资金可能分为以下几种:未分配利润、企业流动资金、银行贷款。如果是后两种则全部是投资资金;如果是未分配利润,则要看是用其中哪一部分购买债券的。未分配利润中包括以下三项:职工奖励基金、职工福利基金、生产发展基金。如果债源是奖励基金和福利基金,则债源是消费资金;如果是生产发展基金,则债源是投资资金。如果债来源于企业或银行,就会产生两种情况。第一,如果财政赤字是为了扩大经济建设费支出,投资主体就会发生转移,由企业和银行转移到国家财政主体。第二,如果财政赤字是为了增加行政事业费而发生的,投资资金就会转化为消费资金。在第一种情况下,虽然对货币供给不会产生大的影响,只是对投资品的结构产生影响,但是,需要权衡投资主体的投资效率。如果企业与银行的投资效率不如国家的投资效率,那么投资主体的转移对经济增长就是有利的;如果相反,则主体转移对经济增长是不利的。当然,投资效率既包括财务效益,也包括国民经济效益。在第二种情况下,会产生货币供给结构的问题,投资品领域货币流通量不足,而消费品领域货币流通量过多;同时也会对经济增长产生不利的影响。如果我们的前提假设发生变化,即总供给和总需求是平衡的,但投资品供给小于需求,而消费品供给大于需求,那么投资资金转化为消费资金对缓解经济中的结构性矛盾是有利的。

如果债的来源不是商业银行而是中央银行,那么对货币流通的影响则又要分两种情况:如果中央银行通过收回对商业银行的贷款或者通过提高存款准备金率的办法来认购国债,同样会发生前面分析的情况,即投资主体发生转移,或者投资资金转化为消费资金;如果中央银行通过发行新钞票的手段来认购国债,则类似于财政直接发行货币,结果是扩大了社会上的货币供给量。

三 内债的偿还与货币供给

假定一国在偿还国内公债本息前的产品总供给与总需求是平衡的,即投资 + 消费 = 生产者收入 + 剩余;假定政府的财政收入(不包括债务收入)与财政支出(不包括债务支出)相平衡,即财政收支差额为零;假定该国的信贷收支平衡,信贷收支差额为零;假定该国的贸易收支平衡,进出口差额为零。因此,社会总供给与总需求平衡,即

投资+消费+财政支出+信贷支出+出口
=生产者收入+剩余+财政收入+信贷收入+进口

如果此时不发生内债的还本付息,货币流通就是正常、稳定的。但是,由于发生了内债的还本付息,宽口径的财政支出就增加了,这也就如同前面所讨论的财政出现了赤字。但与一般的财政赤字不同,这不是由于政府的消费性支出或投资性支出的增加,而是相反,债务的还本付息增加了居民个人、企业以及银行的消费性或投资性支出。

首先,债务还本付息从总量上增加了对货币供给的压力。由于假定政府的财政收入(不包括债务收入)与财政支出(不包括债务还本付息)相平衡,因此,如果债务的还本付息额超过了当年政府所举借的新债务,那么社会上的货币供给量就会增加,其中基础货币增加额是二者的差额。如果债务的还本付息额恰好等于新的债务,社会上的货币供给量就不变。如果债务的还本付息额小于新的债务额,货币供给量就会减少,出现通货紧缩。因此,不考虑贸易收支对货币流通的影响,债务还本付息是否对货币流通在总量上产生影响,主要取决于以下几个因素:① 当年政府所能举借的新的债务。② 不包括债务还本付息的财政支出与不包括债务收入的财政收入是否平衡。如果支出大于收入,就必须有超过还本付息额的更大数额的新债发行。③ 信贷收支是否平衡。如果信贷收支出现存差,债务还本付息就会缓和社会上货币流通量不足的矛盾;相反,如果信贷收支出现借差,债务还本付息就会对信用膨胀起到推动作用。

其次,债务还本付息对货币流通产生结构性的作用。在假设的前提下,即:投资+消费=生产者收入+剩余+财政收支差额+信贷收支差额+贸易差额,再假设新举借的债务小于当年的债务还本付息额,那么对货币流通将产生总量上的影响(如前所述)。如果债务来源于居民个人,则债务还本付息就增加了居民的可支配收入,而居民可支配收入的一部分就会按照边际消费倾向转化为消费资金,从而扩大了对消费品的需求;另一部分则按照边际储蓄倾向转化为投资资金,从而扩大了对投资品的需求。如果债务来源于企业和银行,对投资品的需求就会扩大,使得投资品领域货币过多。投资品领域货币过多也会对消费品需求产生间接影响。一般有两条渠道:一是由于投资品价格升高,会促进替代性强的消费品向投资品转化,从而提高该类消费品的价格,二是投资领域职工收入的增加会扩大对消费品的需求。

第四节 国际收支与货币供给

国际收支对货币供给的影响是通过国际储备的变化而实现的。国际收支出现顺差,国际储备增加;国际收支出现逆差,则外汇储备减少。在开放经济条件下,一国货币供给为

$$M_s = L + meR$$

这里,M_s 为货币供给,L 为国内已有但与国际储备无关的货币存量,m 为货币乘数,e 为以直接标价法表示的汇率(即 1 单位外币以本币数量表示的价格),R 为自有国际储备。

很明显,在理论上,国际收支变动通过货币乘数、自有国际储备和汇率三个因素影响一国货币供给。当外汇汇率上升时,如果此时自有国际储备量没有发生变化,则自有国际储备就会占用更多的本国货币;当外汇汇率下降而国际储备不变时,自有国际储备对货币的占用量就会下降。但本书认为,一国的国际储备中只有自有外汇和货币化的黄金储备对货币供给产生直接影响,而因借入外债而增加的国际储备并没有引起本国货币投放的增加。黄金产量增加不一定引起货币量增加,只有当一国通过购买黄金进而投放货币时才会引起货币供给增加。国际储备量对货币供给的影响可以作如下分析。

一 贸易收支与货币供给

贸易、劳务项目收支是经常项目中最主要的内容,无论是出口收入还是进口支出,在国际收支中都占有绝对大的比重。贸易收支表现为以外币表示的外汇资金的收支,但与人民币的收支密切联系在一起。

(一) 外汇资金与人民币资金的相互转化

贸易、劳务项目收支的实质是国际间的商品和劳务的交换。完成这种交换需借助两种货币形态:外汇资金与人民币资金。从出口创汇看,组织出口商生产和收购必须先垫付人民币资金。生产企业要垫支流动资金和固定资金,外贸企业要占用大量商品储备资金,即使旅游服务企业也要有人民币资金用以兴建旅游设施和储备商品。只有垫付了人民币才可以收入外汇资金。

出口企业收入外汇后,或者将外汇卖给国家银行,或者经过外汇市场换成人民币。所以,出口创汇收入的过程,即表现为人民币资金与外汇资金不断转化的过程。

进口用汇企业首先要用人民币资金向银行或外汇市场换成外汇,用以支付进口价款和交易费用。当商品在国内销售后,又恢复到人民币资金形态。这里同样经历着人民币资金与外汇资金的不断转换。

(二) 贸易收支与货币供给

一国贸易收支有三种情况:顺差、逆差、平衡。当贸易收支平衡时,贸易的结果不会影响一国的货币供给。当贸易收支为顺差或发生净出口时,出口企业持有更多的外汇,而国内市场的流通货币是人民币。1994 年开始的外汇体制改革规定出口企业创汇后通过中国银行结汇。中国银行再向中国人民银行兑换。如果不考虑资本项目和经常项目中的非贸易项目,由于贸易顺差,国际储备增加,其增加额就是中国人民银行收购的出口企业净外汇收支差额。基础货币将增加,增加额即为中国人民银行收购外汇而新投放的货币。基础货币投放之后,经过乘数作用使得国内人民币的存量成倍上升。

当贸易收支为逆差即存在净进口时,进口企业需要用人民币兑换外汇以支付进口费用。净进口将减少国际储备,国内基础货币减少,货币供给也减少。

二 资本收支与货币供给

资本项目包括长期资本往来和短期资本往来。长期资本往来包括直接投资和对外负债。短期资本往来是指偿还期在一年以下的资本项目。国际资本流入有两种用途。首先,国际资本流入的同时,引起一国进口增加,这相当于国外实物资本流入,这会增加一国的商品总供给,而对国内货币供给不产生影响。其次,如果流入的国际资本直接或间接增加了一国的国际储备,可以视为外汇储备中借入储备部分增加,但借入储备增加并没有引起基础货币的变化,因此,对货币供给也没有直接的影响。

直接投资有些不同。外国的直接投资必然在本国引起一系列的支付行为,如支付水电、交通、通信等基础设施的费用,日常的劳务与商品支付也是其中一项重要内容。由于劳务、商品等收汇部门在收取外汇后要向外汇指定银行结汇,外汇指定银行再向中国人民银行兑换,因此在这一过程中,国家外汇储备增加,基础货币投放增加。也就是说,外国直接投资导致基础货币增加是通过所引发的商品及劳务支出引起的。

国际资本流动之所以与国内货币(人民币)的供给不一定发生直接关系,是因为资本流动不一定要向中国银行结汇和发生人民币的买卖。当然,在货币自由兑换或自由流通时,货币供给的内涵就应该发生变化,那时货币供给就不应该是指市场中人民币资金的存量,而应该是包括外汇资金在内的更广范围的资金存量。

三 外债对货币供给的间接影响

所谓外债对货币供给的间接影响是指外债引入之后对国内人民币资金存量的影响。这种间接影响主要表现在外债对人民币配套资金的要求上。外债可以用来购买国外设备或技术,但外债使用必然会引起国内配套资金的增加,配套资金包括国内固定资产投资资金和流动资金。假设在引入外债之前,国内的货币供给为 L_1,当引入一定外债之后,中央银行要增加额外的基础货币的投放,假定新增投放的基础货币为 ΔB,则经过派生之后的国内资金总供给为 M_s,则

$$M_s = L_1 + \Delta Bm$$

这里,m 为货币乘数。

新增加的货币供给(ΔBm)就是外债引入对货币供给的间接影响。

假设无论外债增加多少,与外债配套的人民币资金都不来源于新增货币量,而是来源于人民币资金结构的改变,也就是说,国家银行对其他国内项目的贷款总量减少,减少的货币量用来与外债相配套,此时国内货币供给依然是 L_1,即

$$M_s = L_1$$

因此，外债引入对国内货币供给的影响不一定真的发生，这要根据实际情况去判断。有些企业或项目用举借的外债作抵押去向银行申请贷款，这一般会引起国内货币量的净增加。有时一个国家的贸易收支会出现逆差，此时如果用国家自有外汇储备去弥补逆差，就会减少外汇储备量，从而减少外汇储备占用的货币量。而此时，如果用举借外债的方式弥补贸易逆差，就会使自有外汇储备量不变，从而保证国内货币供给的稳定。有时外债引入可以弥补财政赤字，当然，此时政府支出中的一部分是借外债来维持的，而借外债不能直接转化为对国内投资品和消费品的需求，必须由政府购买国外商品来实现，也就是说，此时政府赤字的部分就是政府对进口品的购买数额，但对进口品的购买是通过借外债而实现的。可以想象，当政府支出数额既定，而不通过向外举债或向内举债的方式去实现这一既定的支出时，政府赤字必然通过向中央银行透支或向中央银行申请贷款的方式来解决，这必然引起国内基础货币的增加，从而货币供给将更快地增加。可见，举借外债弥补财政赤字也有缓解国内货币流通的作用，但却以贸易收支可能出现逆差为代价。

思考题

1. 货币的主要职能是什么？
2. 中国的 M_0、M_1、M_2 都包括哪些内容？与美联储的货币总量指标有哪些不同？
3. 什么是基础货币？中央银行投放基础货币的渠道有哪些？
4. 什么是货币乘数？如何计算 M_1、M_2？
5. 阐述货币供给模型，说明哪些因素是中央银行有能力完全控制的，哪些因素是中央银行不能完全控制的。

第十章 货币需求

第一节 宏观货币需求理论

一 货币需求的概念

（一）主观货币需求与客观货币需求

所谓主观货币需求是指一个人、一个家庭或一个企业单位，在主观上"希望"自己拥有多少货币。这是一种占有的欲望。客观货币需求是指在某一时刻个人或单位应该或者可以占有多少货币，也可以指一个国家在一定时期内究竟需要多少货币才能满足生产和流通的需要。

在现实生活中，这两种类型的货币需求都是存在的，但理论研究的对象是客观货币需求，而不是主观货币需求。

（二）微观货币需求与宏观货币需求

微观货币需求是指个人、家庭或企业，在既定的收入水平、利率水平和其他经济条件下，保持多少货币在手边最为合适。宏观货币需求是指一个国家在一定时期内，经济发展和商品流通所必需的货币量，这种货币量既能满足货币需要，又不会引发通货膨胀。

（三）名义货币需求与真实货币需求

名义货币需求是指个人、家庭或企业等经济单位或整个国家在考虑价格变动时的货币持有量，它受制于中央银行的货币政策。真实货币需求量是指各经济单位所持有的扣除物价因素之后的货币数量。

二 古典政治经济学中的货币数量学说

宏观货币需求理论的起源可以追溯很远。被誉为"经济学之父"的英国经济学家威廉·配第在他的《政治算术》中，就已经提出了宏观货币需求量的命题。他认为，货币发行的银行要考虑以下问题：① 保证一国正常交易需要多少货币？② 在流通中现在已经存在的货币有多少？③ 需要多少货币才足以应付新增的支付？④ 对于需要增加的货币，银行有没有无可怀疑的保证？威廉·配第举例说："如果英国有600万人，每人每年消费7镑,则其全部支出为4 200万镑,即每周约80万镑。而其结果是,如果所有的人都是每周支付,而货币在一周的周期内循环,则以不足100万镑就可以达到目的。但是,英国的地租是每半年支付一次,由于每年共计800万镑,所以,其支付没有400万镑就不够。英国的房租每年支付4次,一年约400万镑,故为支付这种租金只需100万镑。因此,如果有600万镑,就可以充分完成工资、地租、房租的支付循环。"①

在《赋税论》中,威廉·配第指出:"推动一国商业,需要有一定数量和比例的货币,过多或过少都对商业有害。商业所需的货币的比例,取决于交换次数和支付额大小。"②

由此可见,威廉·配第已经非常敏感地注意到了宏观货币需求理论的几个实质问题,并以严密的逻辑把它们联系起来。第一,发行银行考虑,为实现一国正常的商品流通,需要多少货币;第二,流通中已经有多少货币;第三,客观需要与实际存在的货币的差额;第四,货币流通速度;第五,货币增发量;第六,对于新发行货币的保证。

约翰·洛克进一步发展了早期的货币数量学说。他认为货币也是商品,同商品一样具有两种价值。商品价值可以分为固有价值和市场价值。固有价值基于其所满足的欲望,市场价值则为供求关系所决定。货币的市场价值同样由供求关系决定。由于货币能够换取世界万物,所以货币具有无限的需求,不存在供大于求的情况。因此,货币的价值完全由供给数量来决定。洛克认为,对货币的需求,各地差不多都相同,用途也总是一样的。其数量越少,货币的价值就越高,购买力就越大。在货币缺乏时,由于没有可以替代之物,同量的货币就能与多数的商品相交换。

理查德·坎特罗在洛克研究的基础上,又对货币数量增加引起物价上涨的过程作了论述。这是坎特罗对于深化货币理论的主要贡献。坎特罗说:"洛克认识到货币的增加将使任何物品的价格上升,但物品的价格是如何上升的,洛克却没有分析。分析的最大困难在于发现货币量的增加究竟是由什么途径和以什么样的比例使物品的价格上涨。"③坎特罗认为,货币数量的增加来自两个方面:一是由金银矿的开采而造成的货币数量的增加,二是由对外贸易的顺差而造成的货币量的增加。假设流通货币量的增加是由金银矿的开采而引起的,则金银矿的所有者、企业主、矿工等人的收入增加,而这些人的收入增加,必将使其支出同比例增加。因而使其所购买的商品价格上涨,这又引起生产这些商品的从业人员的收入和支出增加,并使这些人需要的农产品价格上涨,农产品的价格上涨又促使农民收入和支出也增加。就这样,一切商品的价格都在上涨。如果流通中的货币量是由对外贸易的顺差引起的,则一切从事与对外贸易有关的活动的商人、企业家收入增加,从而其雇员人数增加,雇员的收入增加,然后也经过与上述途径大致相同的过程造成一般物价的上涨。

---

① 威廉·配第:《政治算术》,转引自郑先炳:《货币供求均衡论》,中国金融出版社1990年版,第35页。
② 威廉·配第:《赋税论》,1667年伦敦版,第17页。
③ 转引自周延军:《西方金融理论》,中信出版社1994年版,第41页。

坎特罗认为,货币数量增加后物价不是按比例上涨的。虽然货币数量与物价有因果关系,却无严格的比例关系。一国货币数量增加一倍,却不能认为商品价格也必然上涨一倍。坎特罗对货币数量增加与物价上涨之间的过程分析成为维克塞尔"累积过程理论"的基础。

古典经济学的奠基人、著名的理论大师亚当·斯密认为,一国流通中必需的货币量,取决于该国每年所流通的商品价值量,亦即取决于该国每年所销售的商品的价格总额,而不是商品的价格总额取决于流通中的货币量。亚当·斯密认为,无论在哪一国,每年买卖的物品的价值要求有一定量的货币来使货物流通并把它分配给真正的消费者,但不能使用超过必要的量。一国的生产物逐渐增加时,需要有更大量的通货,国内生产物的价值减少了,每年在国内流通的消费品的价值也减少了,因而国内每年所用的货币量也必减少。亚当·斯密反对把货币需求看成是无限的,指出对黄金的需求,正像对其他各种商品的有效需求一样,在任何一国都是一个有限的量。

约翰·穆勒通过对过去各家的理论加以综合和分析,提出了自己的货币数量学说,其学说支配了货币理论界达数十年。

约翰·穆勒认为货币只不过是便利交换的工具而已。货币的价值由货币的供求决定。供给量即流通中的货币量,需求量即市场上的全部商品。如果市场上的流通货币量是一定的,货币价值就由市场商品量所决定;如果市场上的商品量是一定的,货币的价值则由流通中的货币量所决定。约翰·穆勒认为,物价上涨的比例就是货币数量增加的比例。若流通中的货币量增加两倍,物价也必然上涨两倍。纵然一些物价上涨多一些,另一些物价上涨少一些,但平均上涨就是两倍。如果不是货币增加而是商品减少,对于物价亦产生同一结果。如果商品增加而货币减少,则货币价值上升,物价回落。

三 甘末尔的现金交易数量学说

E. W. 甘末尔(E. W. Kemmerer)是近代货币数量学说的先驱,他的分析对费雪以及现代货币数量学说都产生了一定程度的影响。甘末尔在《一般物价关系下的货币与信用工具》一书中,继承并发展了早期货币数量学说的集大成者约翰·穆勒的货币供求决定说,就货币与物价的关系给出一个公式:

$$MR = NEP \text{ 或 } P = \frac{MR}{NE}$$

这里,P 表示商品的价格,MR 表示货币供给,NE 表示商品供给,NEP 表示货币需求。这是运用数学工具表示货币数量与物价关系的最早的公式。

甘末尔在分析了货币数量与价格的关系之后,还分析了信用交易对物价的影响。他将信用分为三种:① 债务不能转让的信用形态,如账簿信用;② 延期支付的信用形态,如期票与汇票;③ 见票即付的信用形态,如支票、即期票据等。他认为前两种形态都不影响物价,因为这两种形态的信用工具并没有真正作为交换手段,后一种形态的信用工具则起到了交换手段的作用,故会影响物价。甘末尔对支票信用与物价的关系给出了一个与货币同样的公式:

$$P_c = \frac{CR_c}{N_c E_c}$$

这里,C 表示支票总额,R_c 表示支票的流通速度,N_c 表示用支票交易的商品数量,E_c 表示用支票交易的平均交易次数。

再用 P_s 表示以货币与支票所交易的一切商品的平均价格,M_s 表示货币与支票的总量,R_s 表示货币与支票的平均流通速度,N_s 表示以货币与支票交易的商品总量,E_s 表示以货币与支票交易的商品的平均交易次数,则公式为:

$$P_s = \frac{M_s R_s}{N_s E_s}$$

这是甘末尔给出的包括支票信用在内的总的通货数量方程式。

甘末尔认为,信用交易与货币交易一样影响物价,但由于信用票据数量与货币数量之间保持着一定的比例关系,因此,货币数量决定物价始终是一个真理,而不因信用发展而改变。

四 费雪的现金交易数量学说

美国经济学家欧文·费雪(Irving Fisher,1867—1947)的货币数量学说的中心思想在于解释总的物价水平为什么会发生变化。他的贡献体现在用一个数学方程式把直接影响物价变化的各个因素归纳在一起,将货币数量学说更为严谨地表达出来。后人把这个方程式称为费雪方程式或交易方程式。费雪对交易方程式的各个变数赋予了特定的内容,阐明了它们之间的相互关系和因果关系,于是交易方程式从恒等式上升为一种理论了。费雪集前人的货币数量学说之大成,成为现代货币数量学说最著名的代表。

费雪公式发表在费雪1911年所著的《货币的购买力》一书中。在这本书中,他区分了通货和货币两个概念。他认为,货币是必须在交换时能为一般人所接受的商品,通货是一种财产的总称,其主要用途是作为交换手段,而不管其是否具有一般接受性。因此,通货是包含货币在内的一个较广的概念。如存款同样具有交换性和流通媒介性,能影响物价的变动,所以存款虽然不是货币,但它与货币一起构成通货。费雪还把货币分为基本货币与信用货币两种。基本货币是其本身具有价值的货币,如金银货币。信用货币是指持有人确信能够与其他商品相交换,因而具有全部或一部分价值的货币,如银行券、纸币与辅币等。这样,费雪的通货概念,就包括金银货币、银行券、纸币、辅币与存款等。他认为,这些通货种类对于物价的影响力都相同,从而在物价水平的研究上,通货是第一位的,货币是第二位的。因此,费雪所谓"货币的购买力"实际上是指"通货的购买力"。在具体的研究上,费雪如同甘末尔一样,先将存款通货除外,来观察物价水平的决定因素。他认为物价取决于以下三个因素:① 流通货币的平均数量 M;② 流通货币的效率(即流通速度) V;③ 商品的交易数量 E。用 P 表示加权平均后的一般物价水平,T 表示用货币进行交易的社会总商品量,则

$$E = PT, MV = PT \text{ 或 } P = \frac{MV}{T}$$

费雪认为,物价水平与货币数量 M、货币流通速度 V 和用货币进行交易的商品量 T 的关系是:① 物价与货币数量 M 呈正比例的变动;② 物价与货币流通速度 V 呈正比例的变动;③ 物价与用货币进行交易的商品量 T 呈反比例的变动。他说:"在此三个关系之中,第一个关系特别值得强调,正是这个关系构成了货币数量学说。""在货币的流通速度与商品交易量不变的条件下,物价水平量随流通货币数量的变动而正比例地变动。"

在分析了货币之后,费雪又把存款通货引入以上公式,并用 M' 表示存款通货的总额,以 V' 表示其平均流通速度,公式则变为

$$MV + M'V' = PT \text{ 或 } P = \frac{MV + M'V'}{T}$$

这样,直接影响物价水平即货币购买力的因素就变为五个:① 货币的数量 M;② 货币的流通速度 V;③ 存款通货的数量 M';④ 存款通货的流通速度 V';⑤ 商品交易的数量 T 等。他认为其他经济社会中与生产、流通、消费、进口和出口等有关的一切因素,均不直接影响物价水平,而只是通过这五个因素间接影响物价水平。在这五个因素中,费雪认为最活跃、最多动无常,因而最为主要的因素是货币数量 M。他认为 V、V' 及 T 三个因素,虽然亦经常变动,但程度甚小,因此,对物价的影响甚微。存款通货的数量 M' 变化虽然剧烈,但由于以下两个原因,虽然剧烈变动却不至于破坏货币与物价间的数量关系。这两个原因是:① 银行存款与其现金准备有一定的比率;② 各人、各企业所进行的现金交易与支票交易之间以及保持的现金余额与银行存款之间亦有一定的比率。因此,费雪认为:从原理上来说,物价水平是交易方程式中完全被动的唯一因素,它只受其他各因素的影响,而自身则毫不影响其他各因素……总之,是货币数量决定物价水平,而不是物价水平决定货币数量,也就是说,物价水平是结果而不是原因。

费雪还指出,货币数量决定物价水平,但不一定在任何情况下都完全保持相同的比例。因为在从货币数量增加到物价上涨的过程中,货币数量的变化对方程式中的其他因素也会产生一定的影响,即 M 增加后,M' 会按照对 M 的正常比率增加,有时可能超过正常比率,也可能使 V 和 V' 在一定时期内加速。在这种情况下,货币数量增加与物价上涨就不是完全等比例的。

费雪对现金交易数量的研究,是建立在对前人特别是对甘末尔的研究基础上的。他的现金交易数量研究的出发点是宏观角度,也就是说,费雪探讨货币需求的最初动机是说

明一国商品与劳务的交易总值与交换过程中的货币流通总量的恒等关系。从宏观上看，费雪认为有以下三个因素影响货币需求。第一，社会支付制度。包括收入和支出的规则性、时距、次数等。通常，收支时距越短、越有规律，则货币需求量越小。第二，金融制度。金融机构越发达以及支票流通越广泛，则货币需求量越小。第三，经济形势。经济中工商业越发达、人口密度越大，则货币需求量越大。

费雪从宏观货币需求角度出发而得到的一些基本结论也适合于分析个人的货币需求。费雪认为，$MV=PT$已经表明，个人在手中持有若干货币的基本理由是使日常生活中的交易活动顺利进行。而持有量的多少则取决于 V、P 和 T 三个变量。费雪认为，个人的货币需求受以下三个因素的影响。第一，个人的习惯。个人越节俭、在银行的存款越多，货币需求就越少。第二，个人对未来收入及价格变动的预期。预期收入越少、预期价格变动幅度越小，则货币需求越大。第三，个人对财富量的预期变化。预期利率下降、证券价格上升，都会使预期财富增加从而减少货币需求。

总之，费雪涉及了微观货币需求问题，但真正建立起微观货币需求理论的是费雪之后的经济学家。

第二节　微观货币需求理论

古典政治经济学所研究的货币需求问题都是宏观货币需求问题，而近现代西方经济学家与古典政治经济学家的研究角度大相径庭，他们把货币需求理论的立足点从国民经济总体转移到个人，最多也只是扩展到家庭或企业等经济单位。微观货币需求理论经过几十年的发展，形成了众多派别，各派别都有较完整的货币需求理论体系。

一　现金余额数量学说

（一）马歇尔的现金余额说

马歇尔是剑桥学派的创始人，也是现代微观经济学的奠基人。他于1923年出版了《货币信用与商业》一书，系统地提出了现金余额说。他认为，货币包括金属铸币和纸币，是商品与劳务的购买手段和债务的清偿手段，是不经任何审查即可普遍流通之物。

马歇尔认为，货币的价值与其他商品价值一样，是由供给与需求所决定的。供给为当时存在的通货量，需求则为人们对于货币的需要量。他把货币比作机油，欲使机器灵活运转，就需要不断添加机油，但加油过多，又会妨碍机器的正常运转。货币亦如此，其数量过多，必将丧失信用。马歇尔认为，费雪的交易方程式有很大的缺点。他说："一国通货的总价值与其在一年内为交易目的而流转的平均次数相乘，其数额自等于该年内由通货直接支付所完成的交易总额，这是自明之理。但它仅为恒等性，而未明示支配通货流通速度的原因。为了发现这种原因,我们就必须观察该国人民以通货形态保持购买力的数额。"[①]他认为,在一般情况下,人们都将财产和收入的一部分以货币的形式持有,而另一部分则以非货币的形式(实物形态或直接消费)持有。如果储存货币过多,必然遭受损失。因此,人们常将储存货币所得到的利益与购买消费品所得到的享受及投资于生产所得到的收益加以权衡,而决定其应储存的货币量,即应保有的备用购买力数量。他认为,不论社会状况如何,社会各阶层人民用通货形态保存财富以备购买的数额是一定的,如果流通中的货币量增加,必然引起物价上涨。假定其他情况不变,在通货数量与物价水平之间便存在一种直接的关系。若通货数量增加10%,物价水平就上升10%。因此,他认为,货币的价值取决于全国居民用通货保持的实物价值与信用货币数量的比例。

(二) 庇古的剑桥方程式

1917年,庇古发表了《货币的价值》一文,把马歇尔的现金余额理论用数学方程式予以解释,庇古的剑桥方程式为

$$P = \frac{KY}{M}$$

这里,P为单位货币的币值,M为货币供给数量,Y为全部财富,K为用货币形态保持的财富与总财富之间的比率,KY为货币需求量。

按照该式,如果Y与M不变,则单位货币的币值P与K的变化成正比。因为币值越高,物价越低,物价与K的变化成反比。所以,货币的币值或一般物价水平取决于现金余额系数K。马歇尔认为"货币的价值取决于全国居民欲以通货保持的实物价值与该国货币数量的比例"。由于庇古的K是依据马歇尔的理论假设,因此人们一般称K为"马歇尔的K"。

庇古把马歇尔的分析进一步明确化。他说,人们拥有的财产与收入有三种用途:一是投资于实物形态,从事生产;二是用以直接消费;三是保持货币形态,形成现金余额。投资于生产可得利润与利息,消费可得享受,保持现金余额可得便利与安全。这三种用途是互相排斥的,人们究竟在三者之间保持一个什么样的比例,由各自的主观意志所决定,K也就因此而变动。庇古还分析了现金余额变化引起物价变化的传导中介是货币流通速度。他说,现金余额增加,货币流通速度就减慢,即使货币数量不变,货币也必升值,物价必然下跌。在经济萧条时期,一方面货币数量减少,另一方面现金余额增加,所以物价的跌落便更为剧烈。在经济繁荣时期,一方面货币数量增加,另一方面现金余额减少,物价则迅速恢复和上升。

二 凯恩斯的货币需求理论

本书在"利率"一章(第二章)中介绍了凯恩斯流动偏好的利率理论,而凯恩斯的货币

[①] 转引自周延军:《西方金融理论》,中信出版社1994年版,第50页。

需求理论与其利率理论是一脉相承的。为避免内容的重复,这里仅介绍凯恩斯货币需求理论的关键内容。

凯恩斯认为,人们持有货币有三个动机,即交易动机、预防性动机和投机动机。前两个动机承袭了庇古的思想,而投机动机是他的独创,正是有了投机动机,进而有了投机性货币需求,凯恩斯的货币需求理论才与庇古的理论迥然不同。

凯恩斯认为,交易动机和预防性动机主要与货币的流通手段的职能有关,他把这两个动机合二为一,由这两种动机产生的货币需求统称为交易性货币需求。交易性货币需求有以下几个特征:

第一,货币主要充当交换媒介。货币的交易性需求主要用于商品交换。货币持有者将货币作为商品交换的媒介,货币发挥流通手段的职能,以满足商品交易的需要。

第二,交易性货币需求相对稳定,可以预计。出于交易动机的货币需求一般可以事先确定,原因是在一定时期内用于交易的货币金额、用途、支出时间是完全可以事先预测的,因而这类货币需求是稳定的。出于预防或谨慎动机的货币需求虽然难以事先确定,但由于它主要作为交易的备用金,所以受交易规模、货币收入的影响,也受手持现金而损失的利息收入大小的影响。而这些因素在短期内是相对稳定的,因此,出于预防动机的货币需求也是可以预计的。

第三,交易性货币需求是收入的递增函数。交易性货币需求的大小,主要取决于收入的多少和货币流通速度的大小。货币流通速度在短期内是相对稳定的,因此,交易性货币需求主要取决于人们的收入。收入增加会使开支增加,从而交易数量增加,必然增加货币的交易需求。而预防性货币需求只有在一定收入水平上才会产生,并随收入的增加而上升,因而预防性货币需求也是收入的递增函数。

第四,交易性货币需求对利率不敏感。由于持有货币会丧失利息收入,因此利率变动会影响货币需求,但交易性货币需求主要用于必不可少的日常交易,利率再高、利息损失再大,也必须持有一定数额的现金,以保证正常的交易顺利进行,也必须保持起码的预防性货币以备不测。

投机性货币需求的特征是:

第一,货币主要充当财富贮藏的职能。凯恩斯在复杂的经济中抽象出两种金融资产:货币和债券。债券包括各种缺乏流动性但能带来收益的生息资产。货币自身的特征使其不仅具备极好的流动性,执行交换媒介的职能,还能作为积累而充当财富贮藏的职能。因此,人们在选择自己资产的形式时,需要对金融市场作出预测,权衡具有流动性且有贮藏作用的货币所带来的效用与具有收益的债券所带来的效用,将二者进行比较之后,才能决定是持有货币还是购买债券。一般说来,持有货币的目的首先是使自己的资产价值至少得到保值,然后去投机,尽力实现增值。对于不确定的未来,保存货币本身就会带来灵活升值。

第二,投机性货币需求难以预测。人们出于投机动机产生的货币需求注重的是货币的流动性,但人们的流动偏好随着其对未来情况所作的估计而起变化,并且人们对未来的估计不尽相同。这种心理现象是变化莫测的,加上市场行情变化的影响,导致货币投机需求难以预测。

第三,投机性货币需求对利率极为敏感。债券价格是与市场利率反方向变化的。因此,凡是预计未来利率下降、债券价格上涨的人,就会用货币买进债券,此后他的投机性货币持有额为零。而预计未来利率上升、债券价格下跌的人就会出售所持债券,他的投机性货币需求会增加。可见,投机性货币需求主要取决于利率的高低。现行利率的微小变动都会引起人们预期的变更,从而引起投机性货币需求的较大波动。

第四,投机性货币需求是利率的递减函数。这是因为现行利率越高,未来下降的可能性越大,到那时,债券价格就会上升,因此,人们宁愿购入债券而不愿持有货币。并且利率越高,手持货币的机会成本也越高。因此,利率与投机性货币需求是递减函数关系。

货币总需求就是交易性货币需求与投机性货币需求之和。凯恩斯认为,在正常的经济发展过程中,货币需求的变动主要受收入水平和利率变动的影响。在特殊的情况下,则发生不规则的变动。例如,当利率水平降到无法再低时,人们就会产生利率上升而债券价格下降的预期,货币需求弹性就会变得无限大,即无论有多少货币,都会被人们贮藏起来。凯恩斯认为,货币需求也会对利率、收入产生作用,进而影响经济体系中的其他变量。假定货币供给不变,货币需求减少将会使利率下降,货币需求增加将会使利率上升。利率的波动会影响投资,从而影响就业和国民收入。

三 现代凯恩斯主义的货币需求理论

凯恩斯把货币需求分为交易性需求和投机性需求。交易性货币需求取决于收入,与利率无关,投机性货币需求取决于利率。20 世纪 50 年代以后,一些凯恩斯学派的经济学家在深入研究和发展凯恩斯的货币理论时,认为交易性货币需求对利率同样相当敏感。而在投机性货币需求中,凯恩斯认为人们对未来利率的变化是自信的,并在自信的基础上决定是持有货币还是保持债券,而由于每个人的预期不同,因此总有一部分人持有货币,另一部分人持有债券,二择其一而不是两者兼有。一些学者对凯恩斯的这一理论发表了许多新的见解,并形成了以托宾模型为代表的资产组合理论。

(一) 平方根定律

第一次深入分析交易性货币需求与利率关系的是美国经济学家威廉姆·鲍莫尔 (William Baumol)。他于 1952 年 11 月在 *Quarterly Journal of Economics* 上发表了一篇题为 "The Transactions Demand for Cash: An Inventory Theoretical Approach"[①] 的论文,运用管理

---

① W. S. Baumol, "The Transactions Demand for Cash: An Inventory Theoretical Approach", *Quarterly Journal of Economics* 66 (November 1952).

科学中最佳存货控制技术进行研究。此后，托宾撰文论证了货币的交易需求同样受利率的影响。他们虽然从不同的角度提出了各自的平方根公式，却因基本结论和分析方法一致而被西方经济学家统称为"平方根定律"，也称鲍莫尔-托宾模型。本书主要介绍鲍莫尔对现金交易需求的论证。

鲍莫尔认为，任何企业或个人的经济行为都以收益最大化为目标。因此，在货币收入取得和支用之间的时间差内，没有必要让所有用于交易的货币都以现金形式存在。由于现金不会给持有者带来收益，因此应将暂时不用的现金转化为生息资产，待用时再转为现金，只要利息收入超过变现的手续费就有利可图。利率越高，收益越大，生息资产的吸引力越强，人们就会把现金持有额压到最低限度；但若利率低下，利息收入不够变现的手续费，那么人们宁愿持有全部现金。因此，货币的交易需求与利率不但有关，而且关系极大。凯恩斯贬低利率对现金交易需求的影响是不符合实际的。

鲍莫尔在分析时，提出以下假定：

(1) 人们收入的数量一定，间隔一定；支出的数量事先可知，且速度均匀。

(2) 人们采用购买国库券的形式将现金换成生息资产，具有变现容易、安全性高的特点。

(3) 每次变现（出售债券）与前一次的时间间隔及变现量都相等。

鲍莫尔认为，一家企业的现金余额通常可以被看作一种存货——一种货币的存货，这种存货能被其持有者随时用来交换劳动、原料等，这种存货同鞋子制造商准备随时用以交换现金的鞋子和存货没有本质的区别。企业存货要使企业耗费成本，同样，企业持有现金也要负担一定的成本。持有现金的成本等于两项之和，一项是将有息资产转换为现金的手续费，另一项为持有现金所丧失的利息收入。

设未来时间内所预见的交易支出量为 T，每次变换现金额为 C，每次买卖证券的手续费为 b，于是买卖证券的成本总额为 $\frac{bT}{C}$。例如，某人预知在未来一年内的交易支出量为 12 万元，于是他先用该笔资金投资证券，然后每月卖出 1 万元证券，每次证券买卖手续费 100 元，交易成本 $= \frac{120\,000 \times 100}{10\,000} = 1\,200$（元）。由于每次得到现金额 C 之后，有规律地将其支出，因此平均一年中手中持有的现金额为 $\frac{C}{2}$。因为现金没有利息收入，因此如果市场利率是 i，那么持有现金所丧失的利息收入或者叫机会成本为 $\frac{iC}{2}$。设 X 代表成本总额，因为 X 又是 C 的函数，所以 X 可表示为

$$X = f(C) = \frac{bT}{C} + \frac{iC}{2} \tag{10-1}$$

任何企业只要在不妨碍正常经营的情况下，都会尽量将保持存货的成本降到最低限

度。同样,任何有理性的经济单位显然都希望把保持现金的成本总额减到最低限度。在数学上,求解 X 的极小值的方法是,求(10-1)式的一阶导数,并令其为零,即

$$f'(C) = \frac{d}{dC}\left(\frac{bT}{C} + \frac{iC}{2}\right) = \frac{-bT}{C^2} + \frac{i}{2} \tag{10-2}$$

$$C = \sqrt{\frac{2bT}{i}} \tag{10-3}$$

即每次变换的现金余额为 $\sqrt{\frac{2bT}{i}}$ 时,持有现金存货的总成本最小。

由于人们的平均手持现金余额是 $\frac{C}{2}$,那么最适量的现金持有额为 $\frac{1}{2}\sqrt{\frac{2bT}{i}}$,即现金余额(用 M 表示)为

$$M = \frac{C}{2} = \frac{1}{2}\sqrt{\frac{2bT}{i}} \tag{10-4}$$

如果把物价因素考虑在内,则实际的现金余额为

$$\frac{M}{P} = \frac{1}{2}\sqrt{\frac{2bT}{i}}$$

或

$$M = \alpha T^{0.5} i^{-0.5} P \tag{10-5}$$

(10-5)式中,P 为一般物价水平,$\alpha = \frac{1}{2}\sqrt{2b}$。这就是著名的平方根公式,它表明:当交易量($T$)和手续费($b$)增加时,最适度的现金存货余额就将增加,而当利率上升时,这一现金余额就会下降。公式还表明,最适度的现金余额与交易量、手续费的变化并不成 1∶1 的比例关系,它们的变动比率(弹性值)可以通过数学方法求得。对(10-5)式取自然对数:

$$\ln M = \ln\alpha + 0.5\ln T - 0.5\ln i + \ln P \tag{10-6}$$

由于(10-6)式是一个多变量函数,因此对(10-6)式求偏导便可以得到现金余额对交易量(T)和利率(i)的弹性值:

$$\frac{\partial \ln M}{\partial \ln T} = 0.5 \tag{10-7}$$

$$\frac{\partial \ln M}{\partial \ln i} = -0.5 \tag{10-8}$$

(10-7)式是现金存量(或现金余额)对交易量的弹性,其数值为 0.5,表示交易量与现金的需求成正比,在其他条件不变的情况下,交易量每增加 1 个百分点,其现金需求增加 0.5 个百分点。(10-8)式是现金存量对利率的弹性,其数值为 -0.5,表示现金存量与利率反方向变动,即利率上升,现金存量下降,在其他条件不变的情况下,利率每上升 1 个百分点,现金需求下降 0.5 个百分点。

鲍莫尔-托宾模型问世以后,对西方货币理论产生了重大影响。众多学者在研究货

币理论和货币政策问题时都涉及该理论。

归纳起来,对该模型的肯定之处是,该模型从人们保持适度的现金用于交易,而将暂时闲置的部分用以获利这一常见现象出发,得出交易性货币需求在很大程度上受利率变动影响的结论,具有普遍适用性。这是对凯恩斯货币需求理论的重要发展。该模型又可以广泛应用在国际金融领域,即国际储备不必与国际贸易量按照同一比例增减。

(二) 资产选择理论

资产选择理论是对凯恩斯货币需求理论中投机性货币需求的修正。凯恩斯认为,投机性货币需求是人们对未来利率的正常水平预期后的货币需求,一部分人认为利率下降,债券价格将会上升,于是就会购买债券从而减少货币持有量;另一部分人判断利率将会上升,债券价格将会下跌,因此会卖掉债券,从而使货币持有量增加。一些经济学家认为,凯恩斯关于投机性货币需求的论述与正常情况下人们分别持有一部分货币和一部分债券的现象不一致。以托宾为代表的经济学家认为利率是无法预期的,正是由于利率的不确定性给投资者带来了潜在的风险。如果未来收益是确定的,那么投资者的决策是很容易作出的,只要选择最高收益的投资机会即可,但由于未来收益是不确定的,投资收益低,则投资风险小,投资收益高,则投资风险大。

托宾的一篇题为"Liquidity Preference as Behavior Towards"[①]的文章,较好地解决了投机性货币需求问题,该文章奠定了资产选择理论的基础。

托宾认为,由于有风险,投资决策的原则也将发生变化,不是以收益最大化,而是以效用最大化为原则。效用是指物品或服务满足人的欲望的能力,不同的人对效用的判断是不同的。但可以这样认为,财富增加可以给人以更多的满足,因而财富增加,效用也会增加;而风险增加,会给人以更大的痛苦,因而风险增加,效用减少。

例如,某项资产 A_1,有 100% 的可能给投资者带来 100 元的收入;另一项资产 A_2,有 50% 的可能给投资者带来 150 元的收入,又有 50% 的可能给投资者仅带来 50 元的收入。A_1 与 A_2 的预期收入相等,都为 100 元,但效用是不同的。由于 A_1 没有风险,A_2 有风险,因此 A_1 的效用大于 A_2 的效用。假设另一项资产 A_3,有 50% 的可能给投资者带来 175 元的收入,有 50% 的可能仅产生 25 元的收入,那么,虽然 A_3 的预期收入也是 100 元,但 A_3 的风险更大,所以 A_3 的效用比 A_2 的效用还低。效用与财富的关系可以见图 10-1。

预期效用是预期收益和预期收益风险的函数。托宾假定,除交易性的货币需求之外,收入的形式是货币和债券。在物价一定时,货币的收益与收益风险均为零。但债券的价格是波动的。假设货币资产为 A_1,债券资产为 A_2。A_2 的效用由 A_2 的预期收益及收益风险共同决定。

---

① James Tobin, "Liquidity Preference as Behavior Towards", *Review of Economic Studies*, February 1958.

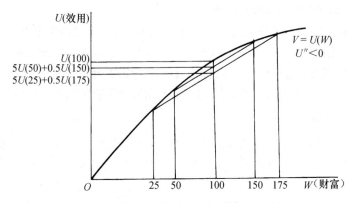

图 10-1 效用与财富的关系

A_2 的收益可以分为固定收益和变动收益。假定债券的利率是固定的,则利息收益就是固定的;而债券的资本利得或资本损失是经常发生的,假定 g 是单位资本收益或资本损失,则 A_2 的收益 $R = A_2(i+g)$。g 在前面的例子中可能是 $+50$,也可能是 -50,g 是从 -50 到 $+50$ 的连续随机变量,投资者是根据 g 的概率分布进行投资的。g 的期望值是 0,即 $E(g)=0$,且与当前利率无关,则 A_2 的预期收益为

$$R = E[A_2(i+g)]$$
$$= A_2 E(i+g)$$
$$= A_2 i + A_2 E(g)$$
$$= A_2 i$$

A_2 的风险被定义为预期收益的标准差 σ_R,σ_R 的大小取决于 A_2 和债券资本利得率或损失率的标准差 σ_g,因此

$$\sigma_R = A_2 \sigma_g$$

由于资产选择的原则是效用最大化,而持有更多的债券能增加预期的利息收益,这可以使财富增加,因而效用增加,但与此同时风险也增加了,因而效用又会下降。收益与风险同长同消。

由于 $\sigma_R = A_2 \sigma_g$

则 $A_2 = \dfrac{\sigma_R}{\sigma_g} = \dfrac{1}{\sigma_g}\sigma_R$

$R = A_2 i = \dfrac{i}{\sigma_g}\sigma_R$

上式说明预期收益 R 与预期收益风险 σ_R 是正相关的。

由于效用是预期收益 R 和预期收益风险 σ_R 的函数,即

$$U = U(R, \sigma_R),$$

其中 $\dfrac{\partial U}{\partial R} \geq 0, \dfrac{\partial U}{\partial \sigma_R} \leq 0$

当 U 极大时,有

$$\mathrm{d}U = \dfrac{\partial U}{\partial R}\mathrm{d}R + \dfrac{\partial U}{\partial \sigma_R}\mathrm{d}\sigma_R = 0$$

$$\dfrac{\mathrm{d}R}{\mathrm{d}\sigma_R} = -\dfrac{\partial U/\partial \sigma_R}{\partial U/\partial R}$$

而 $R = A_2 i = \dfrac{i}{\sigma_g}\sigma_R$

所以 $\dfrac{\mathrm{d}R}{\mathrm{d}\sigma_R} = \dfrac{i}{\sigma_g}$

$$\dfrac{i}{\sigma_g} = -\dfrac{\partial U/\partial \sigma_R}{\partial U/\partial R}$$

所以 $\dfrac{\partial U}{\partial \sigma_R} = -\dfrac{i}{\sigma_g}\dfrac{\partial U}{\partial R}$

这说明当 $\dfrac{i}{\sigma_g}$ 既定时,效用最大化的条件是,投资者增加 1 单位债券 A_2 的风险的负效用 $\dfrac{\partial U}{\partial \sigma_R}$ 等于增加 1 单位债券所带来的收益的正效用 $\dfrac{i\partial U}{\sigma_g \partial R}$。

托宾认为,效用函数完全取决于不同人的偏好。由于人们对待风险的态度不同,因此可以将人们分为三类:

(1) 风险规避者。他们非常注重安全,尽可能避免冒险。其效用函数的无差异曲线如图 10-2 所示。当他们预期收益增加时,才会接受较高的风险,甚至收益增加要比风险增加得更快。前面的数学分析,分析的就是风险规避者的效用函数。

图 10-2 风险回避型效用函数

(2) 风险中立者。他们追求预期收益,也注意安全,当预期收益相等时,他们可以不考虑风险。可以用图 10-3 表示这类人的效用函数。

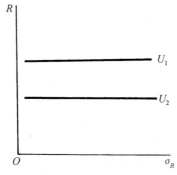

图 10-3　风险中立型效用函数

(3) 风险偏好者。他们准备接受较低的预期收益,目的是不放弃获得较高的资本利得的机会,可以用图 10-4 表示这类投资者的效用函数。

图 10-4　风险爱好型效用函数

托宾认为,人们在现实生活中既持有投机性的货币,又持有债券,二者之间的比例取决于预期收益和预期收益风险的大小。如图 10-5 所示,上半部分中,纵轴表示预期收益,横轴表示风险,OC_1,OC_2,OC_3 线表示在不同利率 (i_1,i_2,i_3,$i_3 > i_2 > i_1$) 水平下的投资机会线。其斜率由 $R = \frac{i}{\sigma_g}\sigma_R$ 中的 $\frac{i}{\sigma_g}$ 来确定。I 是一组无差异曲线,在任一既定的曲线上,不同的收益与风险的组合有相同的效用。

图 10-5 下半部分中,左纵轴为债券构成比率,箭头从上向下(0—100%);右纵轴表示货币的比例,箭头从下向上(0—100%)。当利率为 i_1 时,无差异曲线 I_1 与 OC_1 相切于 A 点,此时资产组合的比率是 $m_1 + b_1 = 1$,很明显 $m_1 > b_1$,故在 A 点风险与收益都较小;当利率上升时,投资机会线 OC_2 与 I_2 相切于 B 点,资产组合比例也随之改变,风险资产增加,货币资产减少。当利率上升到 i_3 时,风险资产比率更高,此时的预期收益与风险都高于 A、B 两点。

图 10-5 风险规避者资产组合均衡点

图 10-5 说明 A、B、C 三点都是风险规避者资产组合的均衡点,即风险负效用与收益的正效用相等。从这些均衡点的变化中可以看出,利率越高,预期收益越大,货币持有量越小,证实了货币投机需求与利率之间呈递减函数关系。

(三) 新剑桥学派的货币需求

新剑桥学派的货币需求理论主要体现在把凯恩斯的货币需求动机的分类加以扩展,提出了货币需求七动机说,并且根据他们提出的货币需求的不同动机,重新对货币需求进行了分类,对各类货币需求的特征和影响作了分析。

凯恩斯认为人们的货币需求动机有三种,即交易动机、预防动机和投机动机。新剑桥学派认为,随着经济的发展,仅这三种动机并不能说明全部现实状况,应该予以扩展。他们提出了货币需求七动机说。

(1) 产出流量动机。当企业决定增加产量或扩大经营规模时,无疑需要有更多的货币。它相当于凯恩斯提出的交易需求,这部分需求由企业的行为所决定。

(2) 货币-工资动机。这种货币需求是由货币-工资增长的连带效应造成的。在现代经济中,通货膨胀是一种普遍现象,当货币量增加以后,往往连带着工资的增长。

(3) 金融流量动机。这是指人们为购买高档消费品需要储存货币的动机。高档商品在实际购买之前一般要有一个积蓄货币的时间。

(4) 预防和投机动机。在手中保留超出交易需要的货币,一方面以备不测之需,另一方面等待时机以进行投机。

(5) 还款和资本化融资动机。这是由于随着信用的发展,债权债务关系十分普遍,大部分个人或企业都负有一定的债务。同时,现代社会中融资具有资本化的特点,即各种融资形式都以取得报酬为前提,因此,为了保持自己的信誉,保证再生产顺利进行,必须按照规定的条件偿还债务、支付利息等,这就需要保持一定的货币量。

(6) 弥补通货膨胀损失的动机。这是通货膨胀造成的后果,因为在物价上涨、货币贬值的情况下,即使维持原有的生活或生产水平,也需要更多的货币量。

(7) 政府需求扩张动机。除了个人或企业,政府也有货币需求扩张的动机。现实中,赤字往往是货币需求大大增加的重要原因。特别是当政府有意识地采取这种政策以支持战争或作为反危机措施时,情况更是如此。

为了更清楚地说明问题,他们又将上述七个动机归纳为三类:

第一类,商业性动机。包括产出流量动机、货币-工资动机和金融流量动机。商业性动机是与生产流通活动相连的。由商业性动机引起的货币流通,是货币的商业性流通,它主要取决于人们收入中的支出部分,包括实际的消费支出和投资支出,这部分货币需求与收入紧密相关。

第二类,投机性动机。包括预防和投机动机、还款和资本化融资动机以及弥补通货膨胀损失动机。由投机性动机引起的货币流通主要取决于人们对未来的预期。当人们的预期比较悲观时,这部分货币需求就会增加,因此,这种货币需求与收入的关系不大,但与金融市场紧密相关,是引起经济不稳定的重要因素。

第三类,公共权力动机。这是因政府的赤字财政政策和膨胀性货币政策所产生的扩张性货币需求动机。如果政府把这些额外的流通货币主要用于商业性流通,那么,受冲击的将是商品市场的价格;如果政府把这些额外的流通货币主要用于金融性流通,则金融市场将受到冲击。因此,这类动机对经济的影响取决于政府如何分配所创造出的这些额外的货币。

新剑桥学派的货币需求动因说与凯恩斯的货币需求动因说具有密切的关系。前者沿袭了后者的分析方法,对人们持有货币的不同动机进行区别讨论,以此为基础对相近的动机产生的货币需求进行分类研究,找出它们不同的特征以及影响所在。

预防和投机动机就是凯恩斯提出的。第(2)、(3)、(4)、(5)、(6)个动机则是对凯恩斯提出的三大动机的细分,基本上没有超出凯恩斯提出的范围。只有政府的货币需求动机是新剑桥学派的独创。

四 货币学派的货币需求理论

(一) 货币需求函数

以弗里德曼为首的货币学派的货币需求理论与凯恩斯及新凯恩斯主义的货币需求理论不同。弗里德曼在研究货币需求时不是从持有货币的动机开始,而是承认人们持有货币的事实,并对各种情况下人们持有多少货币的决定因素进行了仔细分析,建立了货币学派的货币需求函数。

弗里德曼认为,人们对货币的需要,就像对别的商品和劳务的需要一样,可以采用消费者选择理论来进行分析。消费者在对商品进行选择时,要考虑以下三种因素:效用、收入水平和机会成本。考虑效用是要弄清为什么购买,它能带来什么好处。例如购买衣服是为了美观和保暖,从而使自己得到享受。当然,效用是主观评价,个人偏好对效用的影响很大。考虑收入是因为人们的需求受支付能力的限制,对商品的需求不是主观的无限需求,而是客观的受到限制的需求。考虑机会成本,是因为人们如果购买某商品就要失去购买其他商品的机会,原因是人们的收入有限。人们在购买某商品时,就要选择机会成本最小的商品。

弗里德曼认为,人们的货币需求与消费者对商品的选择一样,同样受到收入水平、机会成本和效用的影响。

1. 收入或财富对货币需求的影响

弗里德曼认为,收入或财富是影响货币需求的重要因素。一般情况下,财富可以用收入来表示,但不能用统计测算出来的即期收入代表财富,因为即期收入受不规则的年度波动的影响,带有较大的片面性。应该用长期收入或永恒收入表示财富。永恒收入是一个人在相当长的时间内获得的收入流量,相当于观察到的过去若干年收入的加权平均数。

永恒收入来源于各种财富。弗里德曼把财富划分为人力财富和非人力财富。人力财富是指个人获得收入的能力,包括一切先天的和后天的才能与技术,其大小与接受教育的程度密切相关。非人力财富是指物质财富,如房屋、机器、设备、耐用消费品等各种财产。一般只有少数人才拥有一定量的非人力财富,而大多数人只拥有人力财富。一般说来,人力财富给人们带来的收入是不稳定的,很难转化为非人力财富。例如,当一个人失业时人力财富就会一无所获,没有任何收入,更不可能去购买非人力财富。这两类财富在总财富中的比例,影响它们所带来的收入的比例,进而影响货币需求。弗里德曼认为,货币的持有不是与总财富而主要是与非人力财富相联系。用 Y 表示永恒收入,用 W 表示非人力财富占总财富的比率,因此 W 也表示来自财产的收入占总收入的比率。

2. 机会成本对货币需求的影响

持有货币的机会成本是指货币与其他资产的预期收益率之差。货币的名义收益率 (r_m) 在通常情况下为零。其他资产收益率一般可以分为两部分。第一部分是目前的名义收益率,主要指:① 预期的固定收益率,用 r_b 表示,如债券利率和债券价格的预期波动;② 预期的非固定收益率,用 r_e 表示,如股票的收益率,这里包括股票价格的预期波动。第二部分的名义收益率是指预期的商品价格变动率。当通货膨胀时,各种商品价格会随之剧烈波动,物质财富会给持有者带来收益或损失。通货膨胀时,物价上涨就是持有货币的机会成本之一。物价上涨得越快,持有货币的机会成本越高,对货币的需求就越小。这样,物价变动率 $\frac{1}{P}\frac{dP}{dt}$ 也是影响货币需求的因素之一。

3. 效用对货币需求的影响

对于个人或企业来说,持有货币既可以用于日常交易的支付,又可以应付不测之需,还可以抓住获利的机会,这就是货币所提供的效用。这些效用虽然无法直接测量出来,但人们的感觉和现实证明它确实是存在的。这种流动性效用以及影响此效用的其他因素,如人们的嗜好、兴趣等是影响货币需求的因素之一,用符号 U 表示。

综上所述,弗里德曼列出个人的货币需求函数为

$$\frac{M}{P}=f\left(Y,W;r_m,r_b,r_e,\frac{1}{P}\frac{\mathrm{d}P}{\mathrm{d}t};U\right)$$

这里,M 为个人货币持有量——名义货币量,P 为一般物价水平,$\frac{M}{P}$ 为个人实际货币需求量。弗里德曼认为,如果略去 Y 和 W 对个人间分配的影响,把 M、Y 分别视为按照人口平均的货币持有量和实际收入,W 为社会中非人力财富占总财富的比率,上面的函数就可以用来进行全社会的货币需求的分析。

(二) 对货币需求函数的分析

弗里德曼和其他货币学派的学者对货币需求函数作了较为细致的研究。货币需求函数为

$$\frac{M}{P}=f\left(Y,W;r_m,r_b,r_e,\frac{1}{P}\frac{\mathrm{d}P}{\mathrm{d}t},U\right)$$

函数中自变量较多,为了便于分析,他们省略了一些在某种条件下可以忽略的自变量。

第一,省略 U。因为在短期内货币的效用及影响此效用的因素,如人们的嗜好、偏爱等不会发生无规则的大幅度的变化。

第二,省略 W。因为财富的构成比例在一定时期也是相对稳定的,它对收入进而对货币需求不会产生大起大落的影响,因而可以视 W 为常数。

第三,省略 $\frac{1}{P}\frac{\mathrm{d}P}{\mathrm{d}t}$。因为根据弗里德曼对发达国家统计资料的分析,物价变动率只有在变化幅度很大、期限较长时才直接影响货币需求,而这种情况很少发生。

第四,省略 r_m、r_b、r_e。省略 r_m 是因为货币收益率通常为零。而 r_b、r_e 受市场利率的影响和制约,因此可以归结为市场利率的作用。市场利率为 i,i 则包括了 r_b、r_e 对货币需求的影响。

因此,货币需求函数就可以简化为

$$\frac{M}{P}=f(Y,i)$$

即货币需求由人们的收入和市场的利率来决定。

弗里德曼在寻找货币需求与收入和市场利率的函数关系时,采用了指数函数,即

$$\frac{M}{P}=aY^b i^c$$

这里,a、b、c 是通过测算而得到的常数。由于指数方程可以转为对数方程

$$\ln\frac{M}{P}=\ln a+b\ln Y+c\ln i$$

这个多元回归分析的公式被认为是"近年来货币数量论者通过大量的对货币需求的经验研究所得出的基本公式"。式中的每个变量 $\left(\dfrac{M}{P}、Y、i\right)$ 都是可测的,而 $a、b、c$ 的值则可以用最小二乘法求得。

弗里德曼根据 1892—1960 年的资料计算出:$a = 3.003, b = 1.394, c = -0.155$。这样,美国实际货币需求与永恒收入和利率间的关系,就可以用如下方程来表示:

$$\ln \dfrac{M}{P} = 3.003 + 1.394\ln Y - 0.155\ln i$$

$$R^2 = 0.99$$

这里,M 的定义包括定期存款(即 M_2),Y 表示实际永恒收入,i 为 4—6 个月的商业票据利率,R^2 为相关系数。这一方程的经验含义非常明显。第一,收入对货币的需求弹性为 1.394,说明当永恒收入增大 1% 时,实际货币需求增加 1.394%。收入的货币需求弹性大于 1,弗里德曼的解释是,人们对货币的需求就像对奢侈品的需求一样,当收入水平提高时,其需求会更快地增大。第二,实际货币需求的利率弹性为 -0.155,说明利率与货币需求之间呈反方向变动关系,当利率提高 1% 时,实际货币需求下降 0.155%。

(三) 货币需求函数的特点及其对货币当局的意义

弗里德曼认为,货币需求函数最主要的特点是该函数的稳定性。弗里德曼指出,货币需求与其决定因素间存在稳定的函数关系,并且决定货币需求的变量必须限定于 Y、W、r_m、r_b、r_e、$\dfrac{1}{P}\dfrac{dP}{dt}$ 和 U 的范围。如果任意改变函数式中的自变量,不仅函数式会失去实证意义,而且将破坏货币需求函数的稳定性。

货币需求函数为什么具有稳定性呢? 弗里德曼认为有三个理由:

第一,影响货币供给和需求的因素相互独立。弗里德曼认为,影响货币供应的若干主要因素并不影响货币需求。比如,影响货币供给量最主要的因素——金融制度和金融政策对货币需求没有什么影响,货币需求主要受制于函数式中的那些变量。

第二,在函数式的变量中,有些自身就具备相对的稳定性(如 $U、W$),有些只在很少的情况下才影响货币需求 $\left(\text{如}\dfrac{1}{P}\dfrac{dP}{dt}\right)$,因而它们不会破坏货币需求函数的稳定性。货币需求函数最主要的影响因素是收入与利率。实证表明,货币需求对利率变化的敏感性差,其利率弹性很小,不仅美国只有 -0.15,其他国家的统计资料也证实利率弹性一般为 -0.1 至 -0.5,因此利率对货币需求的影响较弱。货币需求对收入的弹性较大(一般为 1.0 至 2.0),说明货币需求受收入波动的影响较大。但如果用永恒收入的概念来考察,货币需求的变化就不大了。因为随着经济的发展,即期的年度收入会有所波动,但将历年的收入加权平均为永恒收入后,这种波动就会趋于平衡,因而并不会影响货币需求的稳定性。

第三,货币需求函数的倒数——货币流通速度基本上是稳定的。弗里德曼认为,从实证来看,货币流通速度有一定的稳定性和规则性。但旧货币数量说把这种稳定性与规则性过分地夸大了,并且不适宜地用简单的形式表示为一个常数,而实际上货币流通速度本身的数值并不是一个常数。但凯恩斯把货币流通速度看成是极不稳定的,也不符合事实。弗里德曼认为,货币流通速度是一个稳定的函数,有规律可循。弗里德曼通过对美国货币史的研究,论证了货币流通速度在长期内是十分稳定的;在短期内,用永恒收入来考虑,货币流通速度也是稳定的。

弗里德曼的货币需求稳定性的结论,对货币当局具有重要意义。由于货币需求是稳定的,因此货币当局不应该采取货币需求管理的政策,而应该采取货币供给管理的政策。货币供给应配合货币需求,而货币需求是稳定的,因而货币供给也应该是稳定的,货币当局应采取稳定的货币政策。弗里德曼的规则论由此产生。

思考题

1. 什么是费雪方程式？哪些因素决定货币需求量？
2. 凯恩斯认为的持有货币的三个动机是什么？这三个动机的特点是什么？
3. 推导关于货币需求的平方根定律。
4. 阐述新剑桥学派关于货币需求的七动机说。
5. 货币学派的货币需求函数是如何确定的？这一货币需求函数对货币当局的意义是什么？

第十一章 货币政策

第一节 货币政策的目标

一 货币政策的内容

货币政策从广义上讲,是指政府、中央银行以及其他有关部门关于货币方面的全部规定和所采取的影响货币数量的一切措施。从这一定义去理解,货币政策包括建立货币制度的规定,包括促进金融体系发展、提高运作效率的措施,包括诸如政府借款、国债管理以及政府税收和财政支出等影响货币供给的政策。

货币政策从狭义上讲,是指中央银行为实现宏观经济目标而用来影响货币供求的措施。因此,货币政策包括三个方面的内容:第一,政策目标;第二,实现目标所运用的政策工具;第三,具体执行所达到的政策效果。

二 货币政策的目标

货币政策的目标包括货币政策的最终目标和中介目标,前者一般是一国宏观经济的目标;后者则是为实现宏观经济目标而确定的中央银行的货币供给目标与利率目标。

宏观经济目标一般有以下四个:充分就业、经济增长、物价稳定和国际收支平衡。但把这四个目标中的哪一个放在最主要的位置,各国政府以及一个政府在不同时期有不同的选择。例如,美国政府把经济增长放在最重要的位置,其宏观经济目标依次是经济增长、充分就业、物价稳定和国际收支平衡。日本则把物价稳定放在最重要的位置,其宏观经济目标依次是稳定物价、国际收支平衡以及维持对资本品的适当需求。德国货币当局则把马克的币值稳定或物价稳定放在最重要的位置。

既然货币政策的最终目标有四个,那么这四个最终目标的具体含义以及对宏观经济的意义表现在哪些方面呢?

首先,充分就业。充分就业并不是要完全消除失业,经济学中的充分就业是允许少量比如4%—5%的失业率的就业水平。在市场经济中,失业者是产业发展的后备军,是劳动市场供给要素流动的必备条件。就像企业生产过程中随时要保留一部分的产品库存和投入品库存一样,整个经济体系运行中的重要生产要素——劳动力也需要一定的后备。这部分后备军的存在能满足生产扩张和结构性调整对劳动力的需求,同时又能在就业工人中产生竞争压力。但作为产业后备军的失业人数不能过多,如果过多,一方面经济增长要受到制约,另一方面社会的安定局面也会受到影响。一般来讲,失业率高的时期,也是经济萧条的时期和社会不安定的时期。

其次,经济增长。经济增长在通常情况下与就业率同方向变化。经济增长一般用一国的 GNP 增长率来表示。一国在一定时期的经济增长水平取决于该国要素资源的投入水平和宏观经济政策。要素资源投入水平要以该国要素资源的潜力为上限。在经济学中,一国存在客观的生产可能性边界,一般称为潜在的 GNP。但这一潜在的 GNP 一般很难实现,也就是说,实际经济运行中实现的 GNP 要低于潜在的 GNP。经济增长目标就是尽量使实际的 GNP 靠近潜在的 GNP。

再次,物价稳定。物价稳定既是经济增长的条件,也是经济增长的结果。一般情况下,宏观经济所要实现的物价稳定是相对的物价稳定,即把通货膨胀控制在一定的水平之下。由于社会对某种商品的需求增加,这种商品的价格自然上升,而价格上升又有利于生产供给的增加,因此,一般情况下,价格上涨与经济增长是一致的,或者说物价稳定是与经济增长相矛盾的。那么,一国宏观经济目标应该允许物价以多快的速度上涨,则是一个重要而又难以回答的问题。一般情况下,各国都把该国对物价上涨的承受力作为物价上涨是否过快的标准。而关于什么是对物价的承受力则有较大的分歧。

最后,国际收支平衡。由于国际收支包括经常项目和资本项目,因此,国际收支变动是众多项目综合变动的结果。而对于国际收支平衡,各国有各国的定义。由于在世界范围内,一国国际收支顺差,必然有其他国家的逆差存在,因此,从世界范围内应该把国际收支差额为零作为最终目标,但这是办不到的。理由是世界经济发展不平衡,一些国家的经济在成长的过程中,而另一些国家的经济已经达到发达的水平,因此,发展中国家需要更多的外国资源,包括更多的外国资本和要素,这就会产生该国贸易收支的逆差。进口增加对一国经济增长是有好处的,但如果没有资本项目的顺差,该国国际收支就将出现逆差,从而导致该国国际储备的减少。而这又会影响该国未来对外资的利用。如果一国吸收国外资金较多,而较多的外国资金被用在进口要素商品上,则虽然该国国际收支差额并没有发生变化,但国际收支中贸易项目有逆差,而资本项目有顺差。

一个国家的国际收支平衡如何去定义,各国是不同的。本书对我国国际收支平衡的定义是,国际储备要有适当的增长,这一增长率要适应我国的进口需求和利用外资的需求。

三 货币政策目标之间的关系

货币政策的最终目标不是单一的,而是多重的,因此目标间存在很复杂的关系,有些目标之间是矛盾的。各目标间的关系主要表现在以下几方面:

首先,充分就业与经济增长的一致性。一般来讲,经济增长率越高,对要素投入的需求也越大,对劳动力的需求也会增加,因此就业率也高;反之,经济萧条时,开工不足,就业者人数减少,失业率上升。

其次,充分就业与物价稳定之间的对立性。当失业人数过多时,需要采用扩大信用规模的方法刺激经济增长,增加就业。但信用规模扩大引起货币供给增加,进而社会总需求增加,就会导致物价上涨。在分析充分就业与物价稳定的关系时,人们通常采用菲利普斯曲线方法。所谓菲利普斯曲线,是由澳大利亚籍的英国经济学家菲利普斯在研究从1861年至1975年英国失业率和工资物价变动关系后得到的。该曲线说明在失业率和物价上涨率之间存在此消彼长的置换关系(参见图11-1)。

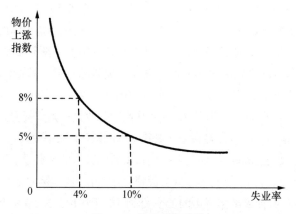

图11-1 菲利普斯曲线

该图说明,要实现充分就业,比如把失业率控制在4%的水平上,就必须增加货币供给以刺激社会总需求的增加,而总需求增加会引起物价上涨,比如上涨到8%的水平。如果要降低物价上涨率,例如将物价上涨指数控制在5%,就要减少货币供应量以抑制社会需求,而总需求减少,会使失业率提高,例如提高到10%的水平。因此,要么是低失业率与物价高上涨并存,要么是高失业率与低物价上涨并存。因此,宏观经济目标就会产生如下组合:第一,以物价稳定为主要目标,后果是失业率高;第二,以充分就业为目标,后果是通货膨胀率较高;第三,物价上涨率与失业率都在一定的可接受的幅度以内。一般来讲,第三种组合即选择物价上涨率和失业率的某一适当组合点是一国中央银行货币政策的目标选择。

再次,经济增长与物价稳定的对立性。由于前面提到经济增长与充分就业的一致性,又提到充分就业与物价上涨的对立性,因此按照逻辑关系来讲,经济增长与物价稳定也是对立的。但有时物价稳定与经济增长并存,或经济停滞与物价上涨并存。当然这是极端情况,只有在特殊的环境中才会发生。在信用货币环境中,虽然也可以在物价稳定条件下实现经济增长,但要实现经济的较快增长,使一国实际 GNP 尽量接近潜在的 GNP,物价就不可能平稳。而经济停滞与物价上涨并存或滞胀现象的存在,是在20世纪70年代特殊的历史环境下产生的,主要原因是,第一,某些部门产品供给异常变动。由于某一部门产品供不应求而价格上涨,使其他产品成本增加而不得不提价,致使这些产品需求下降,使滞胀现象存在;第二,由于财政支出不是运用于公共工程等投资性支出,而是用于社会福利费用支出,因此当社会福利支出较大时,财政支出不仅失去了对生产的刺激作用和对扩大就业的促进作用,而且使失业者不急于甚至不情愿去找工作,因此,这种需求增加导致的物价上升与生产停滞并存。

最后,国际收支平衡与其他目标间的矛盾。一般情况下,经济增长会增加对进口品的需求,而经济增长速度加快后,国内对本来可以出口的产品需求增加,致使该种产品的价格上升,该产品的出口会受到影响。两个方面作用的结果是,出口增长慢于进口增长,贸易收支会出现逆差。就资本项目而言,要促进经济增长,就要扩大国内储蓄总量并吸收国外储蓄,利用外资就是吸收国外储蓄的重要方法。外国直接投资增加致使进口品增加,对一国而言是资本项目的顺差弥补了贸易或经常项目的逆差。外债借入量增加虽然也能弥补经常项目的逆差,但外债偿还时就会产生国际收支的平衡问题,如果那时没有足够的出口增长和贸易顺差,国际储备就将下降,从而国际收支平衡就会受到损害。

另外,物价稳定与国际收支存在矛盾。第一,当物价上涨率较高,且有较高的通货膨胀预期时,外资流入量会减少,特别是合资项目中所能吸引的外资量会下降;第二,经济萧条时,中央银行会降低利率,但利率降低会促使资本外流,使国际收支中资本项目受到影响;第三,通货膨胀时,如果本国货币的汇率变动滞后于物价上涨,或者调整幅度小于物价上涨幅度,该国货币就会被高估,结果是不利于出口,有利于进口,造成贸易收支的逆差;第四,当国际收支因出口增长而大幅度增加国际储备时,国际储备增加导致基础货币投放增加,货币供给增加又会造成物价上涨;第五,经常项目大幅度地持续逆差,并且导致国际储备下降,必然引起外汇汇率上升,外汇汇率上升虽然有利于出口,不利于进口,从而有利于贸易收支出现顺差以及国际收支状况的改善,但外汇汇率上升,会导致进口成本增加,从而导致因进口成本上升而产生的成本推进型通货膨胀。

总而言之,宏观经济目标间是矛盾重重的,中央银行的货币政策目标就是在复杂的关系中寻找适度的目标间的组合。当然,在世界上有个别的国家中央银行是以单一目标为货币政策的最终追求,例如德国和澳大利亚的中央银行就仅以货币和物价稳定作为唯一的目标。

第二节 货币政策传导机制与中介目标

在西方货币政策的理论中,凯恩斯主义主张以利率为中介目标,而货币学派则主张以货币供给量作为中介目标。

一 凯恩斯主义的货币政策传导机制

所谓货币政策传导机制,是指货币政策工具如何引起社会经济某些关键因素发生变化,从而实现货币政策的最终目标。

凯恩斯主义的货币政策传导机制理论的最初思路是:货币供给是中央银行可以调控的外生变量,通过货币供给的增减来影响利率的升降,利率的变化则通过资本边际效率的影响,使投资以乘数方式增减,而投资的增减就会影响总支出和总收入,即

$$M \to r \to I \to E \to Y$$

这里,M 为货币供给,r 为利率,I 为投资,E 为总支出,Y 为总收入。

我们在第二章"利率"中阐述了 IS 曲线的形状。IS 曲线实际上反映的是收入与利率的对应关系,利率较低,投资增大,从而收入增加。在这个传导机制发挥作用的过程中,主要的环节是利率的作用。中央银行货币供给调整必须首先影响利率,然后才能使投资和总收入增加。

凯恩斯主义的最初思路被称为局部均衡分析,只反映货币供给对商品市场的影响,而没有反映商品市场与货币市场的相互作用。而对二者相互作用的分析又被称为一般均衡分析。一般均衡分析的思路是:

(1) 假定货币供给增加,而交易性货币需求稳定不变,因而投机性货币需求增加,而投机性货币需求增加将导致利率下降,从而引起 LM 曲线向下移动(参见第二章)。LM 曲线下降将导致经济均衡点向右移动,即收入增加。这说明货币供给与国民收入同方向变动,而与利率反方向变动。

(2) 收入增加后,人们的交易性货币需求也将增加,如果没有新的货币供给投入经济中,会使投机性货币需求减少,从而使利率有所回升。在 IS-LM 模型中,L_1 增大,L_2 减小。这是商品市场对货币市场的作用。

(3) 利率的回升,又会对商品市场产生影响,即投资减少,收入下降。商品市场又会对货币市场产生影响,即收入减少,L_1 减少,L_2 上升,这又会引起利率的回落。这是一个往复不断的过程。

(4) 最终,收入与利率会逼近一个均衡点,这一点同时满足货币市场与商品市场的均衡,即 $I = S$ 和 $L = M$。

从上面的分析中可以看出,凯恩斯主义特别重视货币供给调整后利率的变化。利率成为凯恩斯主义主要的中介目标。

二 后凯恩斯学派的货币政策传导机制

后凯恩斯学派的货币政策传导机制主要包括两种思路。

(一) 托宾的 q 理论

托宾建立了关于股票价格与投资支出相关联的 q 理论。托宾的 q 是这样定义的:

q = 上市公司权益资本的市场价值/权益资本的重置成本

当 $q > 1$ 时,即股票的市场价值超过了重置成本,有利于上市公司通过发行股票筹措资金。换言之,当货币供给增加时,人们将发现他们所持有的货币比他们所需要持有的多,于是就会增加支出,而增加支出的一种方式就是购买股票。股票购买需求的增加,会抬升股票价格,从而 q 值增大,上市公司投资增加。总之,托宾的 q 理论可以归纳如下:

$$M \uparrow \Rightarrow P_{股票} \uparrow \Rightarrow q \uparrow \Rightarrow I \uparrow \Rightarrow Y \uparrow$$

托宾的 q 理论还可以用于分析一国股票市场价格是否合理,即是否有很大的泡沫。如果 q 值过高,那么 q 值复归的可能性很大,这也就意味着股票价格回落的机会很大。

(二) 米什金的货币政策

弗雷德里克·S. 米什金(Frederic S. Mishkin)认为,货币增加导致个人财富增加时,不一定会增加消费,特别是耐用消费品的支出,因为当他需要流动性时,就只有卖掉耐用消费品,那他就很容易遭受损失。相反,如果他拥有金融资产,由于金融资产的流动性强,因此,当他需要货币的时候,他可以卖掉手中的金融资产。故当个人财富增加时,金融资产持有增加,个人发生财务危机的可能性下降。在这样的前提下,消费者会增加耐用消费品和住房的支出,从而导致全社会总收入的增加。用符号来表示:

$$M \uparrow \Rightarrow V \uparrow = D \downarrow \Rightarrow C \uparrow \Rightarrow Y \uparrow$$

这里,V 代表金融资产价值,D 代表财务危机的可能性,C 代表耐用消费品和住房的消费支出。

三 货币学派货币政策传导机制

为了说明货币供给、物价、收入、利率等经济变量之间的关系,弗里德曼提出了一个高度简化的模型,在此基础上,他探讨了货币政策的传导机制。

弗里德曼在货币分析的理论模型中省略了外贸部门,也省略了政府的财政收支。把分析的重点放在国民收入在消费与投资间的分配,以及货币供给与货币需求的调整上。弗里德曼的理论模型为

$$\frac{C}{P} = f\left(\frac{Y}{P}, r\right) \tag{11-1}$$

$$\frac{I}{P} = g(r) \tag{11-2}$$

$$\frac{Y}{P} = \frac{C}{P} + \frac{I}{P} \tag{11-3}$$

$$M_d = Pl\left(\frac{Y}{P}, r\right) \tag{11-4}$$

$$M_s = h(r) \tag{11-5}$$

$$M_d = M_s \tag{11-6}$$

这里 Y 为名义国民收入,P 为物价指数,r 为利率,C 为消费,I 为投资,M_d 为货币需求,M_s 为货币供给。

上式中,(11-1)式为消费函数,表明实际消费为真实收入与利率的函数。(11-2)式为投资函数,表明实际投资是利率的函数。(11-3)式为收入恒等式,收入等于投资加上消费,同时也表示商品市场均衡,即储蓄等于投资。(11-4)式为名义货币需求函数,表明实际货币持有额 $\left(\dfrac{M_d}{P}\right)$ 是真实收入和利率的函数。(11-5)式为名义货币供给函数,表明货币供给是利率的函数。(11-6)式是货币市场均衡条件。

上式中,(11-1)式、(11-2)式、(11-3)式描述储蓄与投资的调节——流量调节。储蓄量和投资量将随国民收入和利率的变化而变化,当储蓄等于投资时,产品市场均衡情况下的国民收入将被决定。

(11-4)式、(11-5)式、(11-6)式描述货币供求的调节——存量调节,即通过国民收入和利率而使货币市场均衡,并决定货币市场均衡情况下的国民收入。

由于上述六个方程中共有七个未知数:C、I、Y、r、P、M_d 和 M_s,因此,这七个变量中的某一个必须由此方程组以外的因素来决定。弗里德曼认为,由此方程组以外的因素来决定的变量为实际收入 y,即

$$\frac{Y}{P} = y \tag{11-7}$$

将(11-1)式、(11-2)式及(11-7)式代入(11-3)式,得

$$y = f(y, r) + g(r) \tag{11-8}$$

由于 y 为外生决定,因此(11-8)式可以决定 r 值。当 r 值决定后,M_s 可以决定,即

$$M_s = h(r)$$

因 $M_d = M_s$,则

$$Pl\left(\frac{Y}{P}, r\right) = M_s \tag{11-9}$$

即

$$Pl(y, r) = M_s \tag{11-10}$$

由于(11-10)式中 M_s、y 和 r 都是已经决定了的,因此 P 也可以通过(11-10)式求出。这样,由(11-1)式、(11-2)式、(11-3)式、(11-4)式、(11-5)式、(11-6)式组成的方程组加上(11-7)式,就得到了关于七个变量的七个方程所组成的联立方程,这七个变量可以同时决定。

由于 $Pl(y, r) = M_s$

方程两边同时除以 y,则

$$P\frac{l(y, r)}{y} = \frac{M_s}{y}$$

而 $\dfrac{l(y, r)}{y}$ 却是货币流通速度(V)的倒数,即

$$\frac{l(y,r)}{y} = \frac{1}{V}$$

因此 $P\frac{1}{V} = \frac{M_s}{y}$

$$P = V\frac{M_s}{y} \tag{11-11}$$

(11-10)式与(11-11)式的内容和含义是相同的。如果(11-10)式的函数是稳定的,P 就是 M_s 的正函数。(11-11)式中,如果 V 和 y 是既定的,P 与 M 就成正比例变动。因此,要保持 P 长期稳定,只需 M_s 的变化率与 y 的变化率一致,而后控制 V 就行了。如果 V 是长期稳定的,为了保证 P 的长期稳定,就必须控制货币供给 M_s 的变化率并使其与 y 的变化率相一致。

弗里德曼虽然没有假定货币流通速度是不变的,却认为货币流通速度在短期内随经济的繁荣和萧条而波动,但长期内还是十分稳定的。特别是当用永恒收入替代年度收入之后,货币流通速度更为稳定。

弗里德曼认为,货币需求函数是稳定的。他认为,物价或者由于实际货币需求变动所引起,或者由于现实持有的货币余额即名义货币供给变动所引起。货币供给常常偏离货币需求,因此,物价变动是货币供给变动的结果。

名义货币供给即货币量影响经济的传导机制是怎样的呢?弗里德曼认为,当货币数量增加时,由于货币需求函数中的变量都没有发生变化,因此,实际货币需求量不变。故人们所持有的名义货币余额较其所希望持有的货币余额多。这时,人们就会将其所持有的多余的货币量与其他资产交换,即人们将通过购买债券、股票和实物资产而把多余的货币支付给别人。若人人都采取同一行动,就将提高资产的价格,使利率下降,于是刺激投资,增加产量和收入,因而人人都会增大其支出,致使物价上涨。直到货币供给量的实际价值降低,与人们的实际货币需求相一致时,均衡才恢复。简言之,货币学派的货币作用机制是货币供给增加→人们的支出增加→收入增加→物价上升,即 $M\to E\to Y\to P$。

四 货币政策的中介目标

(一) 中介目标的特征

由于货币当局不能直接控制和实现一国的最终经济目标,因此它只能借助货币政策工具间接实现最终目标。政策工具通过经济机制影响中介目标,而中介目标影响最终目标。中介目标是货币政策作用过程中十分重要的一个环节,它的选择正确与否以及选定后能否达到预期效果,关系到最终经济目标能否实现。

中介目标的选择要符合以下四个标准:

第一,相关性。相关性是指只要能达到中介目标,中央银行实现最终目标就不会遇到太大的障碍和困难。也就是说,中介目标与最终目标之间要有稳定、密切的联系。相关性也就是指中介性。

第二,可测性。这是指中央银行能够迅速获取有关中介目标的准确数据,中介目标有明确的定义并易于观察、分析和监测。

第三,可控性。这是指中介目标易于被中央银行控制。要求中央银行所采用的货币政策工具与中介目标之间有稳定、密切的关系。同时,可控制性也包括抗干扰性。货币政策在实施过程中常会受到外来因素的影响,当选择了那些中介目标之后,只有这些中介目标有较强的抗干扰能力,中央银行才可以根据中介目标去实现最终的经济目标。

第四,适应性。这是指中介目标在不同制度和环境的国家中与最终目标间的关系是不同的,中介目标必须依国家的特定环境而不同。

根据以上四个标准,在一般情况下,可以作为中介目标的经济变量主要是利率与货币供给量。

(二) 利率

利率有以下特点:① 相关性。投资需求与消费需求都与利率有关,因而最终经济目标与利率有一定的稳定关系。② 可测性。很明显,中央银行在任何一个时间点上都可以观察到市场利率的水平与结构。③ 可控性。中央银行或者直接控制市场利率,或者间接给予控制。在市场经济条件下,间接控制利率是主要形式,中央银行一般通过再贴现率或再抵押贷款利率来影响商业银行的融资成本,从而影响市场利率。

作为中介目标,利率也有不理想之处,这一不理想之处表现在,在经济生活中利率的内生性与外生性很难确认。当经济繁荣时,利率因投资需求的增加而上升;当经济停滞时,利率因投资需求的下降而下降。这一过程中,经济环境影响利率的高低,即利率是内生的。而作为外生变量,利率与投资需求的关系也是同方向的,即当经济过热时,应提高利率;当经济萧条时,应降低利率。当经济过热时,利率本身就已经上升了,利率由中央银行间接影响并提高到一定水平之后,其对需求的抑制作用到底有多大,取决于利率弹性的大小。因此,中央银行将利率作为中介目标,必须清楚利率发挥作用的环境以及利率作用的程度。

(三) 货币供给量

货币供给量作为中介目标同样具备中介目标的四个条件:相关性、可测性、可控性和适应性。首先,在货币供给理论中,人们将货币划分为多个层次,如 M_0、M_1、M_2 等,这些层次的货币的可测性是不言而喻的。其次,货币供给量等于基础货币与货币乘数的乘积,而基础货币和货币乘数的可控性是比较明显的。再次,货币供给量与宏观经济目标间的关系是稳定、密切的,前文中的货币政策的作用机制,实际上就是货币供给对宏观经济目标的影响机制。最后,一个国家货币供给量与宏观经济最终目标之间的关系是不同的,各国货币当局可以根据实际情况确定这一关系。因此,货币供给量作为中介目标是可以被接受的。

货币供给有不同的层次,哪个层次与宏观经济目标间有最明显的相关性,目前还存在较多的争议。但存在争议并不影响将货币供给作为中介目标,原因是可以采用折中的方法,分别考虑并量化不同层次货币供给与宏观经济目标的相关性。

第三节 货币政策的工具

一 经济手段

经济手段主要包括法定存款准备金率、再贴现率和公开市场业务,一般将它们称为中央银行的三大法宝,经济手段也被称为一般性的货币政策工具。经济手段的使用将对整个金融系统货币信用的扩张与收缩产生全面的影响。

(一) 调整法定存款准备金率

法定存款准备金率是指商业银行以及其他金融机构缴存中央银行的存款准备金占其吸收存款的比率。法定存款准备金建立的最初目的,是保持银行资产的流动性,提高银行等金融机构的清偿能力,从而保证存款人的利益以及银行本身的安全。后来,由于中央银行有权随时调整法定存款准备金率,因而调整法定存款准备金率就成为中央银行控制货币供给的一项重要工具了。

法定准备金率的变动同货币供给量成反比例关系,同中央银行贷款或贴现利率以及市场利率成正比例关系。法定准备金率最直接的影响对象是货币乘数,法定准备金率提高,货币乘数下降;法定准备金率降低;货币乘数上升。法定准备金率与基础货币的关系比较复杂。在"货币供给"一章(第九章)中,本书曾指出,如果派生存款的次数是无限的,那么中央银行吸收到的法定存款准备金的数额就是一定的,这一数额等于中央银行向社会新增的货币量。因此,在这样的假定前提下,基础货币量是稳定的,与法定准备金率的高低无关。但当派生存款次数不是无限的时,中央银行吸收到的存款准备金就不是稳定不变的。事实上,当法定存款准备金率提高时,中央银行资产负债表中的法定准备金也将增加。因此,货币供给增加就受货币乘数下降和基础货币增加两个相反作用的影响,此时,货币供给量与法定准备金率的关系就变得复杂些。但结论是明确的,法定准备金率提高,货币供给将下降。

中央银行可以针对经济的繁荣与衰退来调整法定准备金率,发挥其金融调节作用。例如,在经济处于需求过度和通货膨胀的情况下时,中央银行可以提高法定存款准备金率,借以收缩信用及货币量。如果经济处于衰退状况,中央银行则可以降低存款准备金率,使银行及整个金融体系成倍扩张信用及货币供给量,借以刺激经济增长。

法定存款准备金率的高低同存款的种类、流动性、期限和规模有关。期限短的定期存款和一般活期存款的法定准备金率高,期限长的定期存款的法定准备金率低,储蓄存款的法定准备金率也较高。存款金额大的法定准备金率高,存款金额小的法定准备金率就低些。

法定存款准备金率通常被认为是货币政策中作用最猛烈的工具。之所以是最猛烈的,原因在于:① 通过乘数作用引起货币供给更大幅度的变化。即使准备金率调整的幅度很小,也会引起货币供给量的巨大波动。② 即使存款准备金率维持不动,它在很大程度上也限制了商业银行体系的存款派生能力,而且中央银行的其他货币政策工具也都是以存款准备金为基础的。③ 当商业银行由于各种原因持有超额准备金时,如果法定准备金率变动引起超额准备金率相反方向的等幅度变动,法定准备金率调整就不会对货币乘数产生影响。但商业银行持有超额准备金是有原因的,这些原因不会因法定准备金率的调整而消失,因此可以认为超额准备金率在一个阶段内是稳定的,法定准备金率的调整势必引起整个存款准备金率的变动,从而引起货币乘数的变动。

法定存款准备金率作为货币政策工具有明显的局限性,主要表现在:第一,由于法定存款准备金率调整对货币供给量的影响较为强烈,因此不宜作为中央银行经常性的货币政策工具,一般只在经济发展阶段转换时才使用,而在一个阶段内要保持稳定。第二,法定存款准备金率的调整会产生心理预期效应,会使得货币金融领域中的其他经济变量产生相应变化,因此,存款准备金率的固定化倾向得到加强。第三,由于不同存款种类有不同的法定存款准备金率,其调整对不同类型的银行和不同种类的存款会产生不同影响,这就使得中央银行难以判断存款准备金率调整之后的局面。正由于法定存款准备金率的上述特点,才使它成为中央银行手中掌握的一件强有力但不经常或不轻易使用的武器。

(二) 调整再贴现率

由于商业银行可以凭商业票据对企业进行贴现放款,因而商业银行经常持有大量的商业票据。如果商业银行感到资金短缺,就可以用这些票据向中央银行进行再贴现以取得资金。中央银行可以通过调整再贴现率扩大或收缩对商业银行的信用。

中央银行对商业银行进行再融资的方式是多种多样的,除再贴现外,还可以发放以国库券为抵押的贷款,利用回购协议方式向商业银行购入证券,这实际上是中央银行向商业银行发放的以证券为抵押的贷款。抵押贷款利率与再贴现率一样,可以随时调整,对商业银行的信贷活动具有调节作用。

再贴现率最直接的影响对象是货币需求。如果中央银行提高了再贴现率,就意味着商业银行向中央银行的融资成本提高了,因此,商业银行必然要调高对企业放款的利率,从而引起整个市场利率的上升。利率上升就会增加企业的生产成本,降低其投资边际效益,从而企业的贷款需求受到抑制。当全社会的货币需求下降时,货币供给总量也将下降。在这里,再贴现率调整是通过货币需求间接影响货币供给的。

中央银行的再贴现政策,除了包括调整再贴现率,还包括规定再贴现申请的资格。对再贴现申请资格的规定在不同的经济环境中有所不同。当经济萧条时,中央银行会放宽再贴现的票据范围和申请机构范围;而当经济过热时则收缩票据和申请机构范围。中央银行对再贴现资格的规定会对货币供给总量和货币供给结构都产生影响。当资格要求较严时,中央银行通过再贴现渠道投放的基础货币会减少;而资格要求不严时,通过这一渠道投放的基础货币就会增加。

再贴现政策作为货币政策工具有以下特点:第一,再贴现率调整不能保证中央银行有足够的主动权,甚至市场变化可能违背其政策意愿。商业银行是否愿意到中央银行申请再贴现,或再贴现多少,取决于商业银行自身。当市场对利率的承受能力提高时,即使中央银行提高了再贴现率,也不能有效抑制商业银行的再贴现需求。与再贴现率调整不同,再贴现资格调整使中央银行的主动性增强,但资格调整过于频繁或幅度过大,会使商业银行无所适从,因为资格调整从严格意义上讲,并不属于经济手段。第二,再贴现率的高低有一定的限度,而且贴现率的随时调整会引起市场利率的经常波动,经济的正常秩序会被打乱。

(三) 公开市场业务

公开市场业务是指中央银行在金融市场上公开买卖有价证券,以调节货币供给的一种业务。中央银行买卖的有价证券主要是政府公债、国库券和银行承兑汇票等。

中央银行买卖有价证券的直接影响对象是基础货币。当中央银行购买有价证券时,投放了基础货币;当中央银行出售有价证券时,基础货币量减少。公开市场业务的运作过程如下:

当货币当局从银行、企业或个人那里购入债券时,会造成基础货币增加,但由于债券出售者获得支票后的处理方式不同,会形成不同形式的基础货币。尽管本书在"货币供给"一章(第九章)中介绍了基础货币增加的途径,并介绍过中央银行证券买卖,但这里还要对公开市场业务进行更深入的分析。

假设一国中央银行从一家银行购入 200 万元债券,付给它 200 万元支票。这家银行或将支票兑现以增加现金库存量,或将款项存入在中央银行设立的储备账户。这时,该银行和中央银行账户分别发生两组变化:

第一组

某银行

资产		负债	
政府债券	-200 万元		
现金库存	+200 万元		

中央银行

资产		负债	
政府债券	+200 万元	现金发行	+200 万元

第二组

某银行

资　产	负　债
政府债券　　　　　　　−200万元	
在中央银行储备存款　+200万元	

中央银行

资　产	负　债
政府债券　　　+200万元	商业银行储备存款　+200万元

当债券出售者是非银行的企业或个人时,假若出售者将中央银行开出的支票存入自己的开户银行,这时,中央银行、开户银行及出售者的账户分别发生如下变化:

债券出售者

资　产	负　债
政府债券　　　−200万元	
支票存款　　　+200万元	

开户银行

资　产	负　债
在中央银行的储备存款 +200万元	支票存款　　　　+200万元

中央银行

资　产	负　债
政府债券　　　+200万元	商业银行储备存款　+200万元

当债券出售者把获得的支票兑现时,出售者和中央银行账户分别出现如下变化:

债券出售者

资　产	负　债
政府债券　　　−200万元	
现金　　　　　+200万元	

中央银行

资产		负债	
政府债券	+200万元	现金发行	+200万元

从上面的分析可知,中央银行购买债券可以增加流通中现金或银行的准备金,即引起基础货币增加。当然,增加现金,增加准备金,还是二者不同比例的增加,会导致不同的乘数效应,因此对货币供给的影响也是不同的。

当中央银行出售债券时,基础货币将收缩,货币供给将减少。

一般情况下,中央银行公开市场业务要达到两个目的:一是"积极性"的调节目的,即通过公开市场业务来影响基础货币、货币供给和市场利率;二是"防守性"的目的,即利用证券买卖稳定商业银行的准备金数量,从而稳定基础货币,达到稳定货币供给的目的。

公开市场业务有以下优点:

(1) 公开市场业务是按照中央银行的主观意愿进行的,它不像再贴现政策那样,中央银行只能用贷款条件的调整去影响商业银行的再贴现需求,从而间接影响货币供给。

(2) 中央银行通过买卖政府债券把商业银行的准备金有效地控制在自己期望的规模内,从而实现基础货币量的稳定。

(3) 公开市场业务的规模可大可小,交易方法和步骤随意安排,保证了法定准备金率调整的准确性。

(4) 公开市场业务不像法定准备金率及再贴现政策那样,具有很大的惯性。中央银行根据市场情况认为有必要改变调节方向时,业务逆转极易进行。

(5) 中央银行可以根据货币政策目标每天在公开市场上买卖证券,对货币量进行微调,不会像存款准备金率与再贴现政策那样,对货币供给产生很大的冲击。

(6) 公开市场业务每天都在进行,不会导致人们的预期心理,货币政策可以易于达到理想的效果。

公开市场业务虽然具备许多优点,但并不是所有国家的中央银行都可以采用这一货币政策工具。开展公开市场业务必须具备以下条件:首先,中央银行必须是强大的,具有调控整个金融市场的力量;其次,金融市场发达,证券种类,特别是债券种类齐全并达到一定的规模;最后,必须有其他政策工具配合。

二 行政手段

中央银行的三大经济手段都属于对货币总量的调节。这些经济手段影响的是整个宏观经济。货币政策工具除了经济手段,还包括行政手段。所谓行政手段,是以行政命令或其他方式,对商业银行等金融机构所进行的控制。行政手段包括信用控制、利率控制、流动比率控制和直接干预等。

(一) 信用控制

1. 信用配额

信用配额是指中央银行根据经济形势,为避免信用过度扩张,对商业银行的资金用途进行合理分配,以限制其信贷活动。在限制信用方面,主要是对商业银行向中央银行提出的贷款申请,以各种理由拒绝,或者给予贷款但规定不得用于某些领域。对信用采取配额限制,一般发生在资金供求不平衡的国家。由于这些国家的投资需求超过资金来源,故不得不对信用采取直接分配的办法。例如,制定一国产业政策时,规定优先提供资金的顺序;或按照资金需要的缓急,将有限的资金分配到最需要发展的部门;有些国家则采取设立专项信贷基金的办法,保证某种建设的特殊需要。

2. 不动产信用控制

不动产信用控制是指中央银行对金融机构在房地产方面进行贷款限制,以抑制房地产投机。如对金融机构的房地产贷款规定最高限额、最长期限以及首次付款最低额和分期付款的最长期限等。

3. 消费信用控制

消费信用控制是指中央银行对不动产以外的各种耐用消费品的销售融资予以控制。其内容包括:① 规定分期付款购买耐用消费品时首次付款的最低金额;② 规定消费信贷的最长期限;③ 规定可以用消费信贷购买耐用消费品的种类。对消费信用的控制可以抑制消费需求,抑制消费品价格上涨。

4. 证券投资信用控制

证券投资信用控制的主要手段是规定保证金比率。为了防止证券投机,中央银行对各商业银行办理的以证券为担保的贷款,有权随时调整保证金比率。保证金比率越高,信用规模越小。当证券价格上涨,中央银行认为必要时,就提高保证金比率;反之,则降低保证金比率。

(二) 利率控制

1. 规定存贷款利率的上下限

在发展中国家,利率上下限的规定普遍存在。即使是在发达国家,过去也曾规定过利率的上下限,如美国在1986年以前也曾经对利率进行上下限的规定,其目的是防止银行用抬高利率的办法竞相吸收存款和为谋取高额利息而进行风险贷款。

2. 差别利率

差别利率是中央银行对不同部门、不同企业规定不同的贷款利率。例如,中央银行对国家重点发展的经济部门和产业,如出口工业、农业等,采取鼓励措施,执行优惠利率政策。

(三) 流动比率控制

流动比率是流动资产对存款负债的比率。一般说来,流动比率与收益率成反比。为保持中央银行规定的流动比率,商业银行必须采取减少长期投资和贷款、扩大短期贷款和增加应付提现的资产等措施。本书在"金融体系与管理"一章(第四章)曾仔细论述过流动比率控制问题,这里不再赘述。

(四) 直接干预

直接干预是指中央银行根据金融情况,在必要时对各金融机构或某一类金融机构规定贷款的最高发放额;直接干涉银行对活期存款的吸收;规定各银行投资与贷款的方针,诸如限制贷款项目,如不允许商业银行从事股票以及不动产投资,也包括对贷款额度的限制,如规定商业银行中长期贷款的最高额度。中央银行对业务活动不当的商业银行,拒绝向其提供融资,或者提供融资要收取惩罚性的利息。

三 道义规劝与窗口指导

(一) 道义规劝

中央银行利用自己在金融体系中的特殊地位和威望,通过对银行及其他金融机构和信贷活动采取劝告的方式去影响其贷款数量与投资方向,以达到控制信用的目的。

道义规劝作为一种货币政策,应具备以下三个条件:第一,中央银行具有较高的威望和地位;第二,中央银行拥有控制信用的法律权力和手段;第三,该国具有较高的道德水准和遵纪守法精神。道义规劝被认为有以下政策效果:首先,道义规劝可以避免强制性信用控制所带来的令人不愉快的心理反应,有助于加强中央银行与商业银行及其他金融机构的长期密切合作关系。其次,由于中央银行的利益与一般金融机构的长期利益相一致,因而在某些情况下,道义规劝非常有效。最后,道义规劝在质和量方面均能起作用,比如中央银行可以根据经济发展情况,把自己的货币政策意向及根据向金融机构说明,劝告它们注意限制贷款和投资的数量,进行信用总量控制。中央银行根据自己对信用结构问题的判断,对金融机构的信用结构进行道义规劝,以实现对信用结构的控制。

道义规劝是一种重要的辅助货币政策,在某些情况下可能十分有效,但由于它不具有法律效力,因而只是表现中央银行意向的一种方式。

(二) 窗口指导

窗口指导是日本中央银行——日本银行间接控制信用的一种政策工具。主要内容是,日本银行根据市场情况、物价变动趋势、金融市场动向、货币政策的要求以及前一年度同期贷款情况等,规定每家金融机构按季度贷款增加的额度,以指导的方式要求各金融机构遵照执行。实行窗口指导的直接目的是保持同业拆借利率的稳定。日本银行利用自己在金融体系中的威信和与日本民间金融机构的频繁接触,劝告它们遵守其提出的要求,从而达到控制信用的目的。

以限制贷款增加额为特征的窗口指导,作为一个货币政策工具,虽然仅是一种指导,不具有法律效力,但发展到今天,已经转化为一种强制性的手段。如果商业银行等金融机构不听从日本银行的窗口指导,日本银行就可以对商业银行等金融机构进行经济制裁,制裁的办法主要是在再贴现时对这些金融机构进行限制。

第四节 金融发展与金融政策选择

一 金融发展指标

所谓金融发展,是指金融资产规模扩大和金融结构不断优化。一个社会的金融体系由众多金融工具和金融机构组成(参见本书第四章)。不同类型的金融工具与金融机构的组合构成了不同特征的金融结构。发达的金融体系中,金融工具种类庞杂、数量巨大、流动性强,同时金融机构规模大、数量多、服务范围广。不发达的金融体系则刚好相反。

如何衡量一个国家的金融发达程度,有不少学者对此进行过研究。本书在此主要介绍著名学者雷蒙德·W.戈德史密斯的研究成果。雷蒙德·W.戈德史密斯认为,以下五个指标可以衡量一国金融发展的水平:① 金融资产与实物资产的比重;② 金融资产与负债在各金融机构间的分布;③ 金融资产和负债在金融机构与非金融机构间的分布;④ 各部门拥有的金融资产与负债的总额;⑤ 由金融机构发行、持有的金融工具总额。

由于绝对指标存在比较大的困难,雷蒙德·W.戈德史密斯主张用金融相关率指标。金融相关率是指在一定时期内社会金融活动总量与经济活动总量的比值。金融活动总量一般用金融资产总额来表示,它包括金融部门与非金融部门发行的全部金融工具的市场价值。经济总量一般用 GNP 来表示。

根据雷蒙德·W.戈德史密斯的研究,在一国经济发展的过程中,金融资产的增长比 GNP 的增长更快,因此金融相关率有不断提高的趋势。但金融相关率的提高不是没有止境的,一旦金融发展到一定水平,该比率即趋于稳定。与上面的结论相一致,发展中的金融相关率比发达国家低得多。金融相关率还受诸如生产集中程度、财富分配状况、储蓄倾向等因素的影响。随着金融的发展,银行资产占金融机构全部资产的比重趋于下降,而非银行金融机构资产所占的比重在不断地上升。

货币化程度的指标——货币化率也可以反映一国金融发展的水平。货币化率是一国经济中通过货币交换而实现的商品与服务价值占 GNP 的比重。随着社会的进步,货币化率的指标会不断上升,因为商品交换的范围在不断地扩大。但在使用货币化率时,需要对货币进行明确的定义。本书在阐述货币供给时已经指出,不同层次的货币之间有很大的差别,因此不存在统一的货币化率。只有相同层次的货币化率才可以进行比较。

二 金融发展与经济发展的互动关系

分析金融发展与经济发展之间的关系,可以从多个角度出发。本书在这里的分析从经济发展的决定因素开始。经济发展依赖于产业投资和技术进步。分析金融发展对经济发展的作用,要分析金融发展对产业投资和技术进步的作用。

产业投资是人作用于自然的过程。资金只有达到一定规模后,才能实现投资,并最终创造出财富。小的项目如农民建房,大的项目如三峡工程等都需要一定的资金规模才能成功实施。在没有金融的情况下,人们要想实现产业投资只能凭借自然经济中的自我积累,或者通俗地讲,要靠攒钱的方式来实现,这大大影响了产业投资的数量和对投资机会的把握。

帮助产业投资达到那个投资规模就需要金融投资。最简单的两种金融投资是股权投资和债权投资。债权投资主要是银行信用,包括存款人到银行存款和银行再贷款给企业两个阶段。这是间接金融,具有安全性、流动性、收益性等特点。股权投资承担较大的风险,但最终获取剩余权益。股权投资的特点主要是参与管理、收益不固定等。

仅有股权投资的一级市场是不够的,因为投资者出于交易需求、谨慎需求和投资需求而需要流动性。由于需要流动性,证券的二级市场即交易市场就是必要的。由于有了证券交易,证券价格就必然发生变化,证券投资的风险也就产生了。为了回避风险,投资者需要对证券进行分析,而一般人没有这方面的能力,所以需要别人替他投资,因此,证券投资基金也就产生了。封闭式投资对投资基金管理人的要求较低,开放式基金则要求较高,因此,开放式基金逐渐成为基金的主体。同样,为了规避风险,需要有规避风险的金融工具。这样,指数期货就产生了,股票期权也产生了。

从股权的角度,金融在不断地发展。很显然,金融发展对经济发展有促进作用。因为股票市场的每一步发展都会吸引更多的资金进入股票市场,从而股票价格会被抬升。股票价格的上升有利于上市公司继续发行股票,因此上市公司在一级市场中筹措资金的规模就会扩大。上市公司获得的资金越多,投入到产业领域中的资金就会越多。而且某些急需发展的产业中的股票价格上升得更快,这些产业筹措资金的成本就更低,这一产业就更容易从股票市场中获得资金。

但股票市场发展对经济发展有两个关键环节。一是股票二级市场与一级市场之间的连接是否顺畅,也就是说,股票价格的上升是否带动上市公司的股票融资。如果二级市场与一级市场相脱节,即股票价格很高,但上市公司却很难在股票市场中进一步融资,那么就会形成股票市场的泡沫。另一个关键环节是上市公司的一级市场筹资与产业投资之间的连接是否顺畅。如果上市公司从股票一级市场中获得了资金,但难以在产业领域中投资,那么就无法增加全社会的有效供给。换句话说,如果上市公司本应该投资于产业中的资金再次投入到股票二级市场中,那么资金就在股票二级市场与一级市场中进行自我循环,这种局面对经济发展是不利的。本书在此不对我国股票市场的问题作过多评价,但我国A股市场中第二个关键环节是不畅的,B股市场中第一个环节与第二个环节都不是很顺畅。

经济发展与上市公司管理水平的提高有很大的关系,而金融发展对上市公司管理水平的提高也有重要的促进作用。首先,为了提高上市公司的资本结构管理,降低公司资本成本,债券市场发展了起来。债券市场与银行信用共同成为公司债务资本融资的主要来源。但为了提升上市公司的运营水平,增强对公司管理者的约束力,降低代理成本,公司债券逐渐替代了商业银行,因此,公司债券大量发行,并且公司债券交易市场也被建立起来。其次,为了从外部促进上市公司管理水平的提升,购并市场特别是敌意购并市场产生并有所扩大。

经济发展与一个国家的技术进步有很大的关系,因为技术水平决定一国的资本产出系数。技术进步需要在技术研究、技术开发方面的投入,而技术研究与开发有很大的风险,传统的银行信贷不可能参与,除非银行改变参与的方式。而风险投资向这里注入资金,既承担了风险,也获取了得到巨额收益的机会,因此风险投资产生并逐渐发展壮大。

从上面的分析来看,经济发展的两个决定因素——产业投资与技术进步都有很大的关系,因此,金融发展对经济发展的贡献是巨大的。

三 金融压抑

金融压抑是指发展中国家存在过多的金融管制、利率限制、信贷配额、金融资产单调等现象。过多的金融管制主要表现为政府对金融业的过多直接干预;利率限制主要是指政府规定银行存款与贷款的利率,这种利率无法反映货币资金供求状况的变化;信贷配额是信贷资金的计划分配;金融资产单调是指金融工具很少,投资者的选择机会很少,因此诸如银行等金融机构养尊处优,效率低下。

对金融压抑现象的分析形成了系统的理论,这一理论被称为金融压抑论。E.S.肖与R.I.麦金农是金融压抑论的主要代表人物。

E.S.肖与R.I.麦金农认为,金融变量与金融制度对经济发展而言,不是中性的可有可无的因素,而是起到重要的作用。这种作用如果利用得好,对经济发展是有利的;而如果处理得不好,对经济发展则是有害的。关键问题是如何选择金融政策和金融制度。当金融当局人为规定存款和贷款的最高限时,利率就已经失去了价格的特性,因为利率已经无法反映资金的供求状况。由于大多数的发展中国家都存在比较严重的通货膨胀,因此实际利率很低,甚至是负的。在实际利率为负时,储蓄者储蓄的积极性下降,而借款人借款的积极性却很高。资金需求严重超过供给,资金的配给制就被迫实行。而能够获得资金配额的,是那些享有特权的国有企业,或者是与政府有特殊关系的民营企业。而大量的其他民营企业就只能到传统的借贷市场中去寻找代价昂贵的资金。又由于在发展中国家,金融机构主要集中在城市,因此广大农民和小工商业者很难获得资金来源。

金融压抑也在外汇市场中有所表现,发展中国家的政府人为过高或过低地制定本国货币的汇率。与资金来源一样,能够获得外汇资源的人主要是有特权的机构和阶层。外汇汇率制定的不合理,对这些发展中国家的进出口产生了很大的影响。

金融压抑产生了以下四个负面影响:

第一,负面的收入效应。由于通货膨胀很严重,发展中国家的公众和企业持有的实际货币余额很少,因为货币持有过多,受到通货膨胀的损害就越大。货币余额越少,越不利于储蓄和投资,进而越不利于经济的发展。因此,从长远来看,这些国家的收入增长缓慢。

第二,负面的储蓄效应。由于通货膨胀,再加上低利率政策,给储蓄者造成很大的损害,因此储蓄增长缓慢,甚至是负增长。

第三,负面的投资效应。在金融压抑的战略下,传统部门的投资受到影响,也伤害到农业的投资,进而增加了对粮食和原材料的进口。而本币的高估又影响了出口。出口增长缓慢或者下降,对出口投资的需求也就下降了。而由于储蓄增长缓慢,那些旺盛的投资需求也无法得到满足。

第四,负面的就业效应。由于传统部门发展缓慢,这些部门吸纳劳动力的能力受到伤害,而资本密集产业的发展吸引的劳动力数量有限,因此,这些国家失业现象严重。

四 金融深化

基于对金融压抑的研究结论,为了改变金融压抑的各种负面影响,金融深化论也就应运而生了。金融深化论者认为,吸引国外资金固然重要,但动员国内储蓄更为重要。在西方经济学中,储蓄通常是个常数,而在发展中国家,储蓄倾向应该被看作变数。也就是说,如果想要给压抑的金融解去束缚,那么人们持有货币的意愿会增强,持有的实际货币余额将会增加。储蓄增加后,会带动收入增加,而收入增加会进一步带动储蓄的增加。经济发展开始进入良性循环。

与金融深化相一致的是金融自由化,包括放松利率、汇率的管制,降低信贷指令性计划比重,促进金融机构间的竞争,发展直接融资市场等。

第五节 我国货币政策的实践

一 我国货币政策实践的阶段划分

我国货币政策的实践应该从 1984 年开始算起。原因在于,从 1984 年起,中国人民银行开始独立行使中央银行的职能。1984—2011 年,我国货币政策可以划分为三个阶段。本书对我国货币政策阶段的划分按照这样两个标准:一是我国货币政策的目标,二是货币政策的调控方式。

在 1997 年以前,我国货币政策的重要任务是对付通货膨胀。1984—1997 年,尽管这期间也发生过几次过度紧缩后的货币扩张,但从总体上,1997年以前,货币领域的主要任务是应付通货膨胀。1995年通过的"九五"计划,其中就有关于货币政策方向的说法,即要把通货膨胀率降下来,实行适度从紧的货币政策。1998—2002年,我国货币政策的目标开始转变为对付通货紧缩。原因是由于亚洲发生金融危机,我国出口受到很大的影响,由出口拉动的外部需求下降,迫使我国采取扩张国内需求的宏观经济政策。也就是说,从货币政策的方向来看,1998年开始,我国改变了1984—1997年的货币政策方向。2003—2011年,虽然次贷危机期间我国货币政策曾经超常规扩张,但仅有大约一年的时间。在这一阶段,我国货币政策以适度从紧为主要特征,货币政策成为宏观经济调控的重要手段。

我国货币政策的调控手段与调控方式,在这三个阶段也发生了不小的变化。1997年以前,货币政策的调控方式很简单,也就是直接控制货币供给量,即控制全社会的信贷总规模。我国从1998年1月1日起,取消了信贷规模的指令性控制,代之以指导性计划。从1998年5月开始,我国公开市场业务开始扩大。2003年4月,中国人民银行开始发行央行票据,央行票据成为央行公开市场业务的主要工具,并基本上实现了货币政策从直接调控向间接调控的转变。之所以称为"基本上",而不是完全发生了转变,是因为我国利率还没有放开,利率还是受管制的利率。近年来,由于我国外汇储备的规模日益扩大,外汇占款数量不断增加,在货币政策实施的过程中,人民币汇率调整的作用不断加大。2010年6月19日新的人民币汇率机制改革启动以后更加明显。尤其是2015年下半年以来,随着资本账户逐渐开放以及人民币国际化的步伐加快,人民币汇率波幅加大,货币政策的空间与人民币汇率的走势更加密切相关。

二 我国货币政策的实践

我国货币政策在1984年年底出现失控。1984年,我国分设了中国工商银行,并打算从1985年起实行新的信贷管理体制,即实贷实存、划分资金的体制。所谓实贷实存,是指商业银行需要资金先要向中央银行借,然后再存在中央银行,中央银行分户管理。划分资金,顾名思义就是各家银行自己管理属于自己的资金。而如何决定各家银行的资金量,实际上就是根据1984年年底的贷款规模。各家银行都心领神会,因此在1984年年底,为了把贷款基数提高,各家银行都拼命地贷款。当年的货币流通量比上一年增长了近50%。中央银行被迫实行货币紧缩,对各家银行实行严格的现金管理。正因为如此,1985年下半年经济增长出现严重的下滑。由于经济增长速度下降得过快,1986年我国货币政策基本上是紧中求松。但货币政策一松,1986年贷款规模就扩大了很多。因此,1987年采取了紧中有活的政策。

1988年我国经济改革的突破口出现在价格改革上。人们对物价上升的预期,造成严重的通货膨胀,通货膨胀率连年分别高达18.5%和17.8%。抢购风潮的后果是严格的治理整顿,货币供给减少,经济出现了低增长。1989年、1990年的经济增长率只有3%—4%。

1992年,邓小平南方谈话提出了三个"有利于"的标准,大大解放了生产力。我国经济增长从1993年起持续高速增长。但当时我国金融体制中一些根本性的矛盾并没有解决,表现为金融机构缺少自我约束,对信贷风险控制得很差。尽管整个贷款规模还由中央银行控制着,但通过同业拆借这一渠道把大量的银行资金转移到了股票市场和房地产市场中,助长了泡沫经济。因此出现了1993年的较为严厉的宏观调控,后来被称为"软着陆"。"软着陆"的结果是经济增长速度逐渐下滑,但还是在一个很高的水准上。

1997年7月,以泰国泰铢失守为标志,爆发了亚洲金融危机。这场危机在1998年给我国经济带来很大的负面影响,表现为我国的出口大幅下滑。亚洲金融危机使我国货币政策调控方向发生了根本性的转变。这期间,我国银行不良贷款问题日益显现出来。由于银行的商业化经营,各家商业银行都采取了较为严格的贷款风险控制手段。从而我国当时的货币政策产生了相互矛盾的两个结果:一是为了扩大内需,需要扩张货币供给;二是商业银行有存款也不敢轻易贷放。为了解决这一矛盾,发挥货币政策的效力,我国1998—2002年采取了一系列货币政策措施。

(1) 1998年年初,取消了长达几十年的贷款规模控制。商业银行可以根据存款的多少安排贷款。这是最根本性的转变。

(2) 灵活运用利率手段。1998—1999年四次降低银行利率,加上1996年和1997年的三次利率下调,共七次调低利率。如果说1996年和1997年的三次降息是由于当时利率的绝对水平过高,是为了经济的软着陆而采取的措施,那么1998—1999年四次降低银行利率则是中央银行主动地运用货币手段刺激经济增长。2000年9月21日,外币存款利率放开,从而拉开了利率市场化的序幕。

(3) 调低存款准备金率。1998年3月下调5个百分点,1999年12月又下调2个百分点。

(4) 积极推进货币市场发展,努力扩大公开市场业务。我国公开市场操作是从1996年开始的,但由于客观的原因后来被迫停止。1998年5月重新恢复。在2002年以前我国中央银行购买的债券主要是政策性银行的金融债券。由于金融债券可以在银行间市场上流通,因此中央银行可以在这个市场上根据需要进行买卖。

(5) 调整信贷政策,优化信贷结构。这些政策包括鼓励个人消费信贷的发放、农村信贷的发放、助学贷款的发放等。

(6) 发挥再贷款和再贴现的作用。再贴现发展得较快,1999年年底的余额约500亿元,2000年10月底增长了560亿元。2001年9月,我国又提高了再贷款的利率,由2.16%提高到2.97%。

2003年,我国的货币政策主要以宏观调控为目的,适度从紧的货币政策是主旋律。

2003年4月22日,中国人民银行开始发行央行票据,从此公开市场业务摆脱了债券特别是短期高级别债券不足的限制。

2003年6月5日,中国人民银行发布《中国人民银行关于进一步加强房地产信贷业务管理的通知》(121号文件),加强了针对房地产贷款的管理。

2003年9月21日,中国人民银行上调存款准备金率1个百分点,达到7%。

2004年1月1日,扩大了金融机构贷款利率的浮动区间。商业银行、城市信用社浮动区间上限为基准利率的1.7倍,农村信用社为2倍,金融机构贷款浮动区间不变,为0.9倍。

2004年3月25日,中国人民银行实施再贷款浮息制度。再贷款利率调高0.63个百分点,再贴现利率调高0.27个百分点。

2004年4月25日,中国人民银行上调存款准备金率0.5个百分点,执行7.5%的存款准备金率,并实行差别准备金制度,只有农村信用社和城市信用社仍执行6%的存款准备金率。

2004年10月29日,金融机构(不含城乡信用社)上调一年期贷款基准利率0.27个百分点,同时开放贷款利率上限,并允许存款利率下浮。城乡信用社贷款上浮为基准利率的2.3倍。

2005年3月17日,下调超额准备金率,从1.62%下调到0.99%。法定准备金率维持不变,为1.89%。

2005年3月17日,调整商业银行自营性个人住房贷款政策。使现行的个人住房贷款优惠利率回归到同期贷款利率水平,实行下限管理,下限利率水平为相应期限档次贷款基准利率的0.9倍,商业银行法人可以根据具体情况自主确定利率水平。以5年期以上个人住房贷款为例,其利率下限为贷款基准利率6.12%下浮至0.9倍的水平(即5.51%),比现行优惠利率5.31%高0.20个百分点。

从2006年起直到2011年,我国货币政策呈现出明显的周期性特征。2006—2007年上半年,货币政策取向趋于宽松;从2007年下半年开始,为了抑制通货膨胀,货币政策转为从紧,一直持续到2008年10月,在此期间,中国人民银行多次加息和提高法定准备金率;2008年10月,由于次贷危机愈演愈烈,随着美国政府开始救市,以及我国四万亿元经济刺激计划的实施,货币政策由原来的从紧转为适度宽松最终演变成以超常规扩张为特征的极度宽松;从2010年1月18日开始,为了抑制经济过热、房地产泡沫和不断加大的通货膨胀压力,货币政策开始回归稳健,实际上是新一轮紧缩的开始,其间多次加息和调整法定准备金率;从2011年12月5日开始,法定准备金率开始下调,意味着货币政策从紧周期的结束。随后,货币政策转为实质性宽松,2012年连续三次降低法定准备金率,两年后,即从2014年起,继续连续降低法定准备金率,降低利息,由此导致大量的流动性过剩以及严重的资产荒,更是直接催生了2014年下半年到2015年上半年5 178点的大牛市。随着股市泡沫的破裂,人民币面临的贬值压力加剧,经济增速放缓,货币政策转为谨慎宽松的信号已经非常清楚。

从 2017 年开始,政府坚持稳中求进的工作总基调和宏观政策要稳、微观政策要活的总体思路,实施稳健中性的货币政策。货币政策已经由原来的"稳健"转为"中性稳健",或者称"中性谨慎"。所谓"中性",就是货币政策既不能过度宽松,也不能过度紧缩,"不松不紧"是合理状态。具体来看,在货币供给规模上要保持总量的适度与稳定,同时不断优化资金投向的结构,重视服务实体经济。在实施稳健中性货币政策的同时,防控金融风险将被放到更加重要的位置上。充分发挥"货币政策+宏观审慎政策"双支柱政策框架的作用,既要"防风险",又要"抑泡沫",处置一批风险点,着力防控资产泡沫,及时采取有效措施防范和化解金融风险,牢牢守住不发生系统性金融风险的底线。

从我国货币政策的实践可以看出,我国中央银行调控货币政策的手段在不断发生变化,即不断强化市场手段,淡化行政手段,市场化手段的使用变得比过去更为频繁,调整幅度趋小。说明我国货币当局的调控能力与技巧不断提升。

思考题

1. 阐述宏观经济四大目标间的关系。
2. 凯恩斯主义的货币传导机制是怎样的?
3. 阐述托宾的 q 理论。
4. 货币学派的货币政策传导机制是什么?
5. 为什么利率可以成为中介目标?
6. 为什么货币供给量可以成为中介目标?
7. 分析调整存款准备金率对货币乘数与基础货币的影响,并分析存款准备金率调整最终对货币供给的影响。
8. 中央银行的三大法宝是什么?如何发挥作用?
9. 如何衡量一个国家的金融发展水平?
10. 什么是金融压抑?其生成原因及后果是什么?
11. 总结我国货币政策的实践,分析新一轮宏观调控中货币政策扮演的角色。

第十二章 通货膨胀

第一节 通货膨胀概述

一 通货膨胀的定义

通货膨胀是一个复杂的社会现象,因此有众多的关于通货膨胀的定义。在西方货币金融学说中,各个学派都有各自的关于通货膨胀的定义。例如,哈耶克认为,通货膨胀是指货币数量的过度增长,这种增长导致物价的上涨。弗里德曼认为,物价普遍的上涨就是通货膨胀。萨缪尔森则加上时期概念来看待通货膨胀。他认为,通货膨胀的意思是,物品和生产要素的价格普遍上升的时期。罗宾逊夫人对通货膨胀的解释是,通货膨胀是由于对同样经济活动的工资报酬率的日益增长引起的物价的上升。

在经济学文献中,通货膨胀的定义一般有以下几种:① 通货膨胀是需求过度的表现,在这种状态上,过多的货币追逐过少的商品。② 通货膨胀就是货币总存量、货币总收入或单位货币存量、单位货币收入增长过快的现象。③ 通货膨胀就是在如下条件下的物价水平上涨现象:无法准确预期;能引发进一步的上涨过程;没有增加产出和提高就业效应;其上涨速度超过安全水准;由货币供给的不断增加来支撑;具有不可逆性。④ 通货膨胀是货币客观价值的下跌,其度量标准是:黄金价格,汇率,在黄金价格或汇率由官方规定的条件下对黄金、外汇的过度需求,等等。

在宏观经济学教科书中,通货膨胀通常被定义为:商品和劳务的货币价格总水平的持续上涨现象。这一定义包含以下五个含义:第一,把商品和劳务的价格作为考察对象,目的在于与股票、债券等金融资产价格区别开来。第二,强调"货币价格",即每单位商品或劳务用货币数量表示的价格。也就是说,通货膨胀分析中所关注的是商品或劳务与货币的关系,而不是商品或劳务之间的对比关系。第三,强调"总水平",即关注的是普遍的物价水平波动,而不仅仅是地区性的或某类商品及劳务的价格波动。第四,强调"持续上涨",即通货膨胀并非偶然的价格上升,而是一个过程,在这个过程中价格有上涨的趋势。第五,强调物价上涨超过一定幅度,才能算作通货膨胀。

本书将通货膨胀定义为商品及劳务的货币价格总水平持续的、超过一定幅度的上涨。

二　通货膨胀的类型

由于对通货膨胀的认识角度不同,因此人们将通货膨胀划分为多种类型。

按照市场机制的作用,通货膨胀可以分为公开型通货膨胀和抑制型通货膨胀。公开型通货膨胀是指物价总水平明显地、直接地上涨;而抑制型或隐蔽型通货膨胀则是指货币工资水平没有下降,物价总水平也未上升,但居民实际消费水平却下降的通货膨胀。公开型通货膨胀在市场经济国家是常见的,原因是在这种类型的国家,价格在一般情况不受限制,因而当社会总需求大于总供给时,物价上升就是不可避免的。但在发展中国家,特别是在原计划经济国家,由于存在价格的严格管制,因此不论是生产要素价格还是一般商品和劳务价格都受到严格的限制,这就使得社会总需求与总供给的平衡无法通过价格上升来调节。当社会总需求超过总供给时,表面上价格并没有上涨,但实际生活中却出现了商品匮乏、凭票供应、持币待购或货币沉淀等现象,这都是隐蔽型通货膨胀的表现。此外,产品质量下降、价格多轨制等也都是这种类型通货膨胀的表现。

按照价格上涨的速度,通货膨胀可以划分为爬行的通货膨胀、温和的通货膨胀及恶性的通货膨胀三种类型。它们的数量界限有时不太明确。20世纪60年代,发达国家的公众大都认为年6%的物价上涨就是难以忍受的,属于严重的通货膨胀;如果通货膨胀率达到两位数,则可以认为是恶性的通货膨胀。70年代的石油危机造成世界范围的通货膨胀,使得人们修正了对通货膨胀程度的认识。80年代,南斯拉夫出现了三位数的通货膨胀,玻利维亚出现了五位数的通货膨胀。90年代的俄罗斯、南斯拉夫等国的通货膨胀率也高达三位数,因此,如何用确切的数量标准衡量一国通货膨胀则是困难的问题。本书认为,对通货膨胀程度的认识应根据通货膨胀产生的背景去分析。当一国出现了较为严重的社会变迁、政治波动乃至战争等情况时,通货膨胀率就会很高,这时产生通货膨胀的原因不完全是经济原因。但当一国的社会经济生活较为平稳时,对通货膨胀程度则可以用数量标准去衡量。我们不能拿一个国家的特殊历史时期,如解放战争时期的中国、战争期间的南斯拉夫等与和平建设时期的环境相比,否则,就会得出和平建设时期的通货膨胀可能永远温和的错误结论。

按照通货膨胀预期可以将通货膨胀划分为预期的与非预期的通货膨胀,这种划分目的是揭示通货膨胀的效应。

按照通货膨胀的成因可以将通货膨胀划分为需求拉上型、成本推进型、货币供给推动型、结构转换型和体制型通货膨胀。西方经济学界对通货膨胀的研究是从多个角度进行的,但最重要的角度是通货膨胀的成因,这也是本书在论及通货膨胀时的重点。

三　通货膨胀的衡量尺度

世界上衡量通货膨胀的尺度有以下三个:消费物价指数、批发物价指数和国内生产总值的平减因子。

以消费物价指数来衡量通货膨胀,其优点在于消费品的价格变化能及时反映消费品供给与需求的对比关系,直接与公众的日常生活相联系,在分析通货膨胀效应方面有其他指标难以比拟的优点。多数国家衡量通货膨胀的尺度也是消费物价指数。我国也以全国零售物价总指数作为衡量通货膨胀的尺度。消费物价指数的局限表现在,消费品仅是社会产品的一部分,从而不能说明全面的物价上涨。与消费物价指数类似的指标还有居民生活费指数。

以批发物价指数来衡量通货膨胀,其优点是在最终产品价格变动之前获得工业投入品及非零售消费品的价格变动信号,进而能够判断其价格变动对最终进入流通的零售商品价格变动的影响。批发物价指数的变动规律同消费物价的变动有显著区别:在一般情况下,即使存在过度需求,其波动幅度也常常小于零售商品的价格波动幅度。因而使用批发物价指数去判断总供给与总需求的关系时,可能会导致不正确的结论。

GDP 平减因子是一个能反映综合物价水平变动的指标。其优点是覆盖范围全面,能度量各种商品价格变动对价格总水平的影响。但它容易受价格结构因素的影响。例如,虽然与公众生活密切相关的消费品价格上涨幅度已经很高,但其他产品的价格上涨不大,就会出现 GDP 减缩因子虽然不高但公众的日常消费支出却已明显增加的情况。GDP 减缩因子的主要用途是对国民经济的综合指标进行名义值与实际值的换算。

第二节 通货膨胀的成因

从理论上讲,通货膨胀的成因极为复杂,几乎涵盖了宏观经济中的各个因素,其中主要包括总需求因素、成本因素、货币供给因素和结构转换因素等。

一 需求拉上学说

需求拉上学说是从货币需求的角度寻找通货膨胀的成因。该学说是解释通货膨胀成因的早期的学说。该学说认为,经济生活中之所以产生一般性物价上涨,是因为政府采用了扩张性财政与货币政策,刺激了有效需求。当货币需求大于商品供给时,就形成了膨胀性缺口,牵动物价上涨,导致通货膨胀。所谓膨胀性缺口也就是一国总需求超过商品和劳务总供给的部分。需求拉上说是凯恩斯学派特别是现代凯恩斯主义的一个重要学说。

凯恩斯从分析货币量变动影响物价的传导机制出发,认为货币量变动对物价的影响是间接的,而且影响物价变动的还有其他因素,如成本和就业量。凯恩斯认为,不是任何货币数量的增加都具有通货膨胀的性质,也不能把通货膨胀仅仅解释为物价上涨。货币数量增加是否会产生通货膨胀要视经济是否达到充分就业而定。在经济达到充分就业后,货币增加就会引发通货膨胀。

新古典综合派认为,需求创造供给的必要条件是资源的充分存在。一旦社会总需求超出了由劳动力、资本及资源所构成的生产能力界限时,总供给就无法增加,这就形成了总需求大于总供给的膨胀性缺口。只要存在这一缺口,物价就必然会上涨。由于此时总需求的增加对供给已经失去了刺激作用,因此,即使失业存在,物价也会上涨,失业就会与通货膨胀并驾齐驱。需求拉上型通货膨胀可以用图12-1说明。

图 12-1 需求拉上学说

当总需求曲线 D_0 和总供给曲线 S 相交于 E_0 点时,经济处于均衡状态。真实 GNP 为 2 000 亿元,价格指数为 100。当总需求曲线向右上方移动到 D_1 时,新的均衡点为正,而在这一点上的产量和价格都高于 E_0 点上的数字,产量由 2 000 亿元上升到 2 200 亿元,价格指数上升到 104。这说明了需求拉上型通货膨胀的过程。伴随真实产量上升而出现的通货膨胀程度取决于总供给曲线的斜率。由于价格反应滞后于生产,因此整个经济形势并未突然地由 E_0 变动到 E_1 点,却按照图12-2 的路线而变化。①

最初,产量大大增加,而价格却未变,因此,整个经济开始由 E_0 点沿水平线变化到 A 点。但由于在许多市场上需求超过供给,价格就逐渐向上调整,整个经济由 A 点移动到 B 点。最后,原产量的某些增长为通货膨胀对总需求的相反影响所抵消,而当经济由 B 点调整到 E_1 点时,产量就会下降。这说明了需求拉上型通货膨胀的三个阶段:① 产量上升,同时价格并未上涨,此时通货膨胀与失业之间的替代关系并未明显反映出来。② 当产量继续增加时,价格便开始上升。这一阶段的通货膨胀与失业存在明显的替代关系。③ 尽管产量下降,但价格仍继续上涨,这就是"滞胀"。

---

① 关于通货膨胀的动态调整,参见 R. 多恩布什、S. 费希尔:《宏观经济学》,中国人民大学出版社 1997 年版,第 418—420 页。

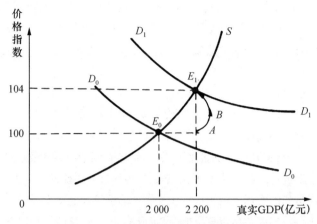

图 12-2 需求拉上型通货膨胀的影响

二 成本推动学说

成本推动学说是从供给方面寻找通货膨胀的成因。该学说认为,当今社会存在两大集团,即工会和雇主协会。工会有提高工资的力量,雇主有操纵价格的力量。在总需求不变的情况下,这两大组织能够人为地提高商品的供给价格,在短期内引起物价上涨,形成通货膨胀。如果政府为避免失业增加和经济萧条而采取扩张性的货币与财政政策来默许由于提高供给价格所致的成本上升,那么物价势必呈螺旋形上升,就会形成持续性的通货膨胀。根据成本各组成部分在刺激物价上涨过程中的作用,具体可分为:

(1) 工资成本推动。由于工会力量强大,雇主无力抵制工会增加工资的要求。工资提高后生产成本上升,而雇主则通过提高产品价格的方法弥补损失,从而引起物价普遍上涨。

(2) 间接成本推动。现代企业为了加强竞争、扩张市场,必须增加许多间接成本支出,如技术改造费、广告费等,这种增加的间接成本转嫁到商品价格中去,就会引起物价上涨。

(3) 垄断价格推动。由于市场上存在一些垄断企业,它们为了获得垄断利润,大幅度提高价格,从而会带动其他商品价格的上涨。

(4) 进口成本推动。由于许多商品以进口货物为主要原材料,当进口价格提高时,就会引起国内商品价格的提高。

工资推动成本上升从而引发通货膨胀是通货膨胀理论研究的重要内容之一。对于这一问题,新剑桥学派有重要的贡献。

新剑桥学派认为,不论在何时,货币工资率都与历史的和制度的因素有关,因此各国的货币工资水平会有差异,从而造成各国物价有别的局面。但从总体上看,货币工资有上升的趋势。新剑桥学派认为，在通货膨胀的传导过程中，主要的传导媒介就是货币工资率。他们认为通货膨胀的发生是从有效需求的急剧扩大开始的。首先表现为包括粮食在内的初级产品的价格上升，这就造成了双重结果：一是原材料涨价，二是人们的生活费用上涨。于是雇员们强烈要求提高货币工资来补偿这部分差额，而从经济活动中捞到好处的厂商无法拒绝这种要求，因此被迫提高货币工资率，这两方面的结果致使直接成本增加。这时厂商面临两种选择：要么保持物价不变，减少利润；要么保持利润水平，抬高物价。很明显，厂商们都会选择后者，他们为了保持原有的利润水平不致下降，就把这部分增加的直接成本完全转移到商品的价格上去，于是导致制造品的价格上涨。如果传导到此结束，还不至于形成持续的通货膨胀，不幸的是传导过程还要继续下去。由于制造品的价格上涨，使得雇员们的实际工资再次低于初级产品涨价前的水平，他们又提出增加货币工资的要求，再来一轮提高货币工资、加大直接成本、抬高物价的互相追逐。因此，新剑桥学派认为，货币工资、直接成本、物价的螺旋形上涨过程可以永无止境地进行下去。这就是通货膨胀持续存在的主要原因。

从另一方面来说，为了保持各个行业和同一行业中不同工种之间的工资相对水平，一个行业的货币工资率上升将带动各个行业的货币工资率，提高一部分工人的工资会造成全体工人的工资都增加，于是整个物价水平上升，通货膨胀就从局部扩展到了全面。

随着物价的上涨和工资的提高，公众的货币需求加大，企业的贷款需求上升，银行就会相应地扩大贷款供应，迫使货币供应量再度增加。尽管中央银行企图控制货币供应量，但总是控制不住，通货膨胀有增无减，主要原因就在这里。

他们进一步认为，当通货膨胀持续一段时间以后，各种以币值稳定为依据而订立的契约就开始遭到破坏，人们就会对通货膨胀产生一种预期心理和防范措施，事先抬高各种价格。这种预期一旦形成，它本身就变成了通货膨胀的动力，反过来又促使通货膨胀继续进行下去。

新剑桥学派在解释通货膨胀的内在原因时认为，通货膨胀的形成有深层的原因，这主要是国民收入在工资与利润分配中不公平、不合理的结果。这种不合理既表现为历史上形成的资本所有者不劳而获，而且也表现为国民收入在工资和利润分配上的不公平。新剑桥学派认为，经济发展过程中，利润份额越来越大，而工资收入份额越来越小。工会就是为工人的利益而斗争的组织，工会的存在使工人在与资方的谈判中居于有利地位。新剑桥学派认为，国民收入的分配取决于利润率和工资率，而工资率又可以分为名义的货币工资和实际的货币工资。货币工资率与历史形成的工资水平、劳资双方的力量对比有关。货币工资率可以脱离实际工资率。当工人的货币工资率提高后，资方却可以通过提高物价的方法使实际工资率不变甚至降低。由于货币工资率与实际工资率的运动不一致，使得实际工资率总是低于货币工资率，为了弥补这种差异，工会不断地提出增加工资的要求，于是社会上就会出现工资与物价间的互相追逐。这一追逐的结果引起货币供给增加,形成通货膨胀。

成本推进型通货膨胀可以用图12-3说明。

图12-3 成本推动型通货膨胀

当工资提高而价格上涨时,总供给曲线S_0向上移动至S_1。这就意味着只有按照高于原来的价格水平,才能生产出一定量的GNP。

但如果总供给曲线向上移动,而宏观经济政策却未能改变总需求曲线,那么在价格上升的同时,产量将下降(如图12-4所示)。

图12-4 成本推动型通货膨胀的影响

当价格指数为100时,供给曲线S_0与需求曲线D相交于E_0,此时的真实GNP为2000亿元。此时发生了成本推动的价格上涨,如果此时总需求曲线D不动,当价格指数为104时,D与S_1交于E_1点,此时总供给将下降,例如为1800亿元。为了保证生产量不下降,政策制定者势必会增加货币供给以刺激有效需求,直到总需求曲线与S_1相交于A点,才会防止产量下降,但又会促使价格进一步升高。另一个可供选择的方案是,通过把需求曲线

D 往下推动，使需求曲线与供给曲线相交于 P 点，此时，物价是稳定的，但产量将会大幅下降。

三　货币供给推动学说

货币学派对通货膨胀进行了全面、系统的研究，并揭示了通货膨胀的根本原因在于政府的扩张性货币政策。

弗里德曼认为，特定产品的价格或总物价水平的短期波动可能有多种原因，但长期持续的通货膨胀却是货币现象，是由于货币数量的增长超过总产量的增长所引起的。他认为，承认并正视通货膨胀是因货币量过多而引起的货币现象这个命题非常重要，只有这样，才能寻找到通货膨胀的根本原因和根治对策。

货币供给为什么会过度增长呢？弗里德曼认为有以下三个原因：

第一，政府开支增加。当政府增加名目繁多的开支时，弥补支出的来源有两种方式：一是采取增税或向公众借款的方式取得资金来源，这种方式虽然因政府支出的增加为私人消费和投资减少所抵消而不会产生通货膨胀，但在政治上却不得民心，因此被绝大多数政府舍弃而采取另一种方式，即增加货币数量。

第二，政府推行充分就业的政策。20 世纪 30 年代大危机以后，人们对失业比对通货膨胀怀有更大的戒心，政府许诺执行充分就业政策就能拉拢民心，争取选票。为了讨好公众，政府一方面制定不恰当的过高的充分就业目标，另一方面采取增加货币量、扩大政府支出的办法来提高就业水平。于是一旦有经济衰退的迹象，政府就立即实行通货膨胀刺激经济；当制止通货膨胀的措施在短期内不能增加就业时，政府立即放弃制止手段而采用更高的通货膨胀来换取就业的微量增加，以致形成通货膨胀率与失业率轮番上涨的恶性循环。

第三，中央银行执行扩张的货币政策。中央银行若不是把物价稳定而是把充分就业当作货币政策的目标，其货币供给无疑是扩张性的。

弗里德曼认为，政府是造成通货膨胀的主要责任者，而政府往往嫁祸于人。弗里德曼在《货币与通货膨胀》一书中有过以下精彩的阐述：没有一个政府肯承担通货膨胀的责任，即使不是很严重的通货膨胀也是如此。政府官员往往寻找各种借口，把责任推诿给贪婪的企业家、刚性的工会、挥霍无度的消费者、阿拉伯的酋长、恶劣的气候以及一些风马牛不相及的理由。无疑，企业家是贪婪的，工会也有其刚性，消费者并不节约，阿拉伯酋长提高了石油价格，天气往往不正常，然而所有这些都只能提高个别商品的价格，并不能使一般物价普遍提高，也可能使通货膨胀率发生短暂的波动，但不会由于某种原因而出现持续性的通货膨胀。

四　结构转换学说

结构转换学说是从经济结构、部门结构等分析物价总水平上涨的机制。结构转换学说是由北欧学派提出的。首先提出结构转换学说的是挪威经济学家 W. 奥克鲁斯特（W. Aukrust），后由瑞典经济学家 G. 埃德格伦（G. Edgren）、K. O. 法克森（K. O. Faxen）、C. E. 奥德纳（C. E. Odhner）加以扩展而成。由于瑞典的三位经济学家的姓的第一个字母分别为 E、F、O，因此该模型也被称为 EFO 模型。

北欧模型强调的是结构因素在通货膨胀中如何起作用，重点分析的是小国开放经济如何受世界通货膨胀的影响而产生国内的通货膨胀。由于小国开放经济的特征是商品的供给和需求都有无限弹性，因此小国开放经济只能被动地接受国际市场价格，而不能主动地影响国际价格。小国开放经济有两个部门：开放部门和非开放部门。开放部门的产品价格取决于国际市场，非开放部门的产品价格与国际市场没有直接联系，而是按照成本定价。

如果用 E 表示开放部门，S 表示非开放部门，Π 表示通货膨胀率，则 Π_E、Π_S 分别表示开放部门和非开放部门的通货膨胀率，Π_W 表示国际市场的通货膨胀率。

用 λ 表示劳动生产率的增长率，则 λ_E、λ_S 表示开放部门和非开放部门的劳动生产率。

用 α 表示各部门在整个经济中的比重，则 α_E、α_S 分别表示开放部门和非开放部门在整个经济中的比重。

因开放部门的价格随国际市场价格而变动，故假定 $\Pi_E = \Pi_W$，这说明开放部门的通货膨胀率等于既定的国际通货膨胀率。

因开放部门比非开放部门的效率要高，因此可以假定 $\lambda_E > \lambda_S$，即开放部门的劳动生产率的增长率大于非开放部门。

如果把 Π 定义为 Π_E 和 Π_S 的加权平均数，权数分别为 α_E 和 α_S，且 $\alpha_E + \alpha_S = 1$，则北欧模型可以用公式表示为

$$\Pi = \Pi_W + \alpha_S(\lambda_E - \lambda_S)$$

这一公式的推导过程如下：

（1）开放部门的通货膨胀率等于国际通货膨胀率，即

$$\Pi_E = \Pi_W$$

（2）非开放部门与开放部门的工资增长率相同，而开放部门的工资增长率等于该部门的通货膨胀率加上该部门的劳动生产率，即

$$W_S = W_E = \Pi_E + \lambda_E$$

（3）非开放部门的通货膨胀率为

$$\begin{aligned}\Pi_S &= W_S - \lambda_S \\ &= W_E - \lambda_E \\ &= \Pi_E + \lambda_E - \lambda_S\end{aligned}$$

(4) 小国开放经济的通货膨胀率为

$$\begin{aligned}
\Pi &= \alpha_E \Pi_E + \alpha_S \Pi_S \\
&= \alpha_E \Pi_E + \alpha_S (\Pi_E + \lambda_E - \lambda_S) \\
&= \alpha_E \Pi_W + \alpha_S (\Pi_W + \lambda_E - \lambda_S) \\
&= (\alpha_E + \alpha_S) \Pi_W + \alpha_S (\lambda_E - \lambda_S) \\
&= \Pi_W + \alpha_S (\lambda_E - \lambda_S)
\end{aligned}$$

小国开放经济的通货膨胀率公式说明,这类国家的通货膨胀率由两个部分组成:一是国际市场通货膨胀率;二是这类国家超过国际通货膨胀的部分,而后者既取决于该国开放部门与非开放部门的劳动生产率增长率之差,又取决于两个部门在总体经济中的权重。北欧模型可以用图 12-5 说明。

$$\Pi_W \longrightarrow \Pi_E \longrightarrow W_E \longrightarrow W_S \longrightarrow \Pi_S \longrightarrow \Pi$$
$$\qquad\qquad\qquad\uparrow\qquad\qquad\uparrow$$
$$\qquad\qquad\qquad\lambda_E\qquad\qquad\lambda_S$$

图 12-5 北欧模型

在北欧模型的基础上,瑞典学派的杰出代表阿瑟·林德贝克(Assar Lindbeck)把通货膨胀的研究推广到世界范围,建立了全球通货膨胀的模型。该模型把世界经济看成一个整体,揭示了各国经济间的相互影响以及国内通货膨胀的形成机制。

假定价格变动率是对产品需求和工资变动率的函数,以 $\hat{P}$ 表示价格变动率,以 X_P 代表产品需求,以 $\hat{W}$ 代表工资变动率,则

$$\hat{P} = f(X_P, \hat{W})$$

假定 $\hat{W}$ 是对劳动力需求的函数,X_n 代表劳动力需求,则

$$\hat{W} = g(X_n)$$

综合上述两个式子,得

$$\hat{P} = f[X_P, g(X_n)] = F(X_P, X_n)$$

X_P 对 $\hat{P}$ 的影响是直接效果,X_n 对 $\hat{P}$ 的影响是间接效果。林德贝克认为,在一国范围内,间接效果要大于直接效果,原因是劳动力市场相对而言更封闭些,所以对劳动力的需求这一因素对通货膨胀的影响主要集中在国内。而产品市场相互联系强,要研究全球性的通货膨胀主要应研究产品市场。林德贝克认为,把封闭经济与开放经济两种研究方法结合起来,通货膨胀的成本推动型与需求拉上型就要变成一种相对概念,即在一国被看作成本推动型的通货膨胀,在全球范围内来看实际上是需求拉上型通货膨胀。

林德贝克认为,在分析全球性通货膨胀时,除了分析产品需求和劳动力需求,还应考虑以下因素:① 各国资源利用状况;② 产品和劳务需求组合;③ 成本推动因素;④ 全球

货币量;⑤预期因素。

国际通货膨胀如何影响国内呢？林德贝克认为有以下五条传递途径：

第一,价格传递。也就是国际市场价格变动对国内商品价格的传递。从短期看,国际价格变动对国内价格的影响程度和范围取决于一国出口部门的权重;从长期看,由于国外市场和国内市场或贸易品市场之间存在一定的替代性,因此国际价格通过冲击全部贸易品而影响国内价格水平。

第二,部门传递。在商品市场上,进口品若是中间产品,其价格上涨将使采用进口品的生产部门成本上升、售价提高,带动了不采用进口品生产部门的商品价格上升。在劳动市场上,当出口部门的商品价格随世界市场的价格上涨后,其利润增加,刺激该部门扩大生产,对劳动者的需求加大,因而提高了工资。通过收入的攀比,使得非出口部门的工资也随之上升,增加了非出口部门的生产成本,导致非出口部门的商品价格上涨。

第三,需求传递。其他国家若存在过度需求,就会刺激本国出口部门的繁荣和出口量的上升,经过外贸乘数的作用,使国内收入增加、需求扩大,导致国内价格水平上涨。

第四,货币传递。当对外贸易出现顺差时,国外货币和资本流入国内,增加了国内货币量。但由于货币当局可以通过利率、公开市场业务等政策手段在很大程度上抵消这种影响,因此,只有突如其来的货币流入才能将通货膨胀从他国输入国内。

第五,预期传递。国际市场上工资和价格发生波动,会对人们的预期产生影响,使通货膨胀传递到国内来,例如国际市场上价格上涨后,人们预测国内价格也要上涨,这种预期反而引起了国内物价的上升。

对通货膨胀成因的解释除了前面论述的几种学说,还有一些其他学说如体制学说、摩擦学说等。但本书认为,体制说或摩擦说等都是从不同角度去剖析需求拉上或成本上升之所以产生的原因,因此,本书不再详述这些学说。

第三节 通货膨胀效应

对于通货膨胀对宏观经济的影响,不同的人有不同的观点,其中存在两种针锋相对的观点:通货膨胀促进论与通货膨胀促退论。

一 通货膨胀促进论

(一) 凯恩斯的"半通货膨胀"论

凯恩斯认为货币数量增加后,在充分就业这一关键点的前后,其膨胀效果的程度不同。在经济达到充分就业分界点之前,货币量的增加可以带动有效需求的增加。也就是说,在充分就业点达到之前增加货币量既提高了单位成本,又增加了产量。之所以能够有双重效应,是因为这样两个原因:第一,由于存在闲置的劳动力,工人被迫接受低于一般物价上涨速度的货币工资,因此单位成本的增加小于有效需求的增加幅度。第二,由于有剩余的生产资源,增加有效需求会带动产量——供给的增加,此时货币数量增加不具有十足的通货膨胀性,而是一方面增加就业和产量,另一方面也使物价上涨。这种情况被凯恩斯称为半通货膨胀。

当经济实现了充分就业后,货币量增加就产生了显著的膨胀性效果。由于各种生产资源均无剩余,货币量增加引起有效需求增加,但就业量和产量将不再增加,增加的只是边际成本中各生产要素的报酬,即单位成本。此时的通货膨胀就是真实的通货膨胀。

由于凯恩斯的理论中,充分就业是一种例外,不充分就业才是常态,因此,增加货币数量只会出现利多弊少的半通货膨胀。

(二) 新古典综合派的促进论

这一学派认为,通货膨胀通过强制储蓄、扩大投资来实现增加就业和促进经济增长。当政府财政入不敷出时,常常借助于财政透支来解决收入来源问题。如果政府将膨胀性的收入用于实际投资,就会增加资本形成,而只要私人投资不降低或者降低数额小于政府投资新增数额,就能提高社会总投资并促进经济增长。

当人们对通货膨胀的预期调整比较缓慢,从而名义工资的变动滞后于价格变动时,收入就会发生转移,转移的方向是从工人转向雇主阶层,而后者的储蓄率高,因而会增加一国的总储蓄。由于通货膨胀提高了盈利率,因而私人总投资也会增大,这样,政府与私人的投资都会增加,这无疑有利于经济增长。

(三) 收入在工资和利润中的再分配与通货膨胀促进论

通货膨胀政策追求的目标是实际工资增长率低于劳动生产率增长率,而实现这一目标的关键是实际工资能否与劳动生产率同步增长。在劳动生产率与通货膨胀率已定的前提下,国民储蓄总水平取决于以下三个因素:① 物价变动对工资水平的影响;② 工资储蓄率与利润储蓄率的差别;③ 工资收入在总收入中的比重。

工资水平受两个因素的影响,首先是劳动生产率变化率,这是工资的自然变化率;其次是物价水平,物价上升,工资也应上升。那么,工资总的变化率就等于自然变化率与工资-物价系数与物价变化率的乘积之和,即

$$dw/w = a + \alpha(dp/p)$$

这里,w 为工资,dw/w 为工资变化率,a 为自然变化率即劳动生产率变化率,α 为工资-物价系数,dp/p 为物价变化率。

要想使工资占全部收入的份额不变,即收入不发生有利于利润获得者的再分配,必须使工资水平的提高减去物价变动等于生产率的提高,即

$$\frac{dz}{z} = \left(\frac{dw}{w} - \frac{dp}{p}\right) - \frac{dr}{r}$$

这里,z 为工资占总收入的比重,dz/z 为工资比重的变化率,r 为劳动生产率,dr/r 为劳动

生产率变化率。有以下三种情况会导致工资占总收入比重的下降:

(1) 工资水平的提高慢于物价水平的提高,即 $dw/w < dp/p$,此时 dz/z 肯定为负。

(2) 一般情况下,工资增长只能在短期内低于物价上涨,但长期内还是高于物价上涨幅度的,因此导致工资占总收入比重下降的另一个原因将是 α。当 $\alpha > 1$ 时,由于 $dw/w = a + \alpha(dp/p)$,而 $a \geq 0$,所以 $dw/w > dp/p$。如果 $\alpha < 1$,工资占收入的比重就有可能下降,即 dz/z 出现负值。因为

$$dw/w - dp/p$$
$$= a + \alpha(dp/p) - dp/p$$
$$= a + dp/p(\alpha - 1)$$

当 $\alpha < 1$ 时,$dz/z = dw/w - dp/p - a$

$$dz/z = dp/p(\alpha - 1) < 0$$

(3) 假设工人工资的增长超过物价的上涨,并且单个工人工资的实际上涨率与劳动生产率增长率相同,即

$$dw/w - dp = dr/r = a$$

但如果就业总人口减少了,z 的数值还会下降,这是由工资总额的变化所导致的。

在通货膨胀中,工资与利润之间的关系变得非常微妙。只要实际工资增长赶不上劳动生产率的增长,就有可能发生有利于利润获得者的再分配。

由于经济学一般的假设是:随着人们收入的增多,人们用于储蓄的比率也会增加,也就是说,低收入阶层的储蓄率低于高收入阶层的储蓄率。英国经济学家 H. S. 休萨克(H. S. Houshakker)对 20 个国家的分析表明,从长期来看,工资收入平均储蓄率为 0.02,而非工资收入平均储蓄率为 0.24,两者相差 10 倍以上。他还认为,公司组织的利润的储蓄倾向最高而且稳定,而工资的储蓄倾向并不稳定。这一结论说明,如果发生有利于利润获得者的再分配,将提高一国的储蓄率。

通货膨胀的结果不但会使利润获得者集中资金(因为通货膨胀会发生有利于利润获得者的再分配),还能够刺激市场需求增加,为投资者带来良好的收入预期,从而刺激投资。这样就会有如下所示的良性循环:通货膨胀—储蓄—投资—经济增长。

(四) 收入在政府与私人部门中的再分配与通货膨胀促进论

在经济增长过程中,政府往往扮演非常重要的角色。政府要建设社会基础设施、扶植新兴产业的发展、调整经济结构。政府的上述行为都依赖其投资,而政府筹资主要包括政府本身的储蓄、举借内债和举借外债。20 世纪 60 年代后,通过货币扩张或通货膨胀政策来筹集投资来源变得越来越重要。在货币扩张中,正常发行的货币量的一部分直接转为财政收入。假设一国资源存货已经被充分利用,货币扩张只能转化为物价上涨,这本质上就是货币的财政发行。政府是这一政策的纯受益者,原因是货币贬值和物价上涨后,政府获得了对一部分资源的支配权,这实际上是政府向所有货币持有者非强迫征税——货

币税。货币税的税基是实际货币余额(M/P),税率则是货币贬值幅度,也就是通货膨胀率。货币税给政府带来的收入是税基乘以税率,即

$$\frac{M}{P}\frac{\mathrm{d}p}{p}$$

如果物价上涨幅度与货币增发的量一致,那么政府的新增收入就等于新发行的货币量。但通常情况下,政府通过货币税征收而得到的收入与通货膨胀率之间有比较复杂的关系,见图 12-6。[①]

图 12-6　通货膨胀率

在图 12-6 中,可以看出,在通货膨胀率为 0 时,货币税也为 0;当通货膨胀率上升后,政府货币税收入也开始上升,并在 C 点达到最大值 IR^*,此时通货膨胀率为 π^*。超过 C 点后,货币税反而下降,原因是实际货币余额下降的速度更快。

政府在收入中所占比重对一国储蓄率会有什么影响呢？休萨克认为,从长期看,政府的储蓄倾向高于私人部门平均的储蓄倾向,原因是公众因交税而削减的消费支出要大于政府因增税而增加的消费支出。那么,通货膨胀时,政府占收入的比率增加,社会的储蓄率提高,这对加快经济增长来讲是有利的。对经济的有利影响主要表现在以下方面:

第一,降低资本-产出系数。由于政府在进行投资决策时可以更多地考虑宏观经济平衡的需要,而宏观经济平衡能使生产能力得到更大限度的发挥。例如,政府可以向以下几方面增加投资:① 向瓶颈部门进行投资,使生产中的短线部门迅速发展,带动其他一系列部门生产的发展。② 向外部经济部门进行投资,改变整个生产结构。③ 吸收增加劳动密集型行业的技术,以减少资本投入,充分利用劳动力资源。政府的这些选择是私人投资所无法做到的。

第二,改变投资结构。在经济发展时期,会出现许多新兴的产业部门,这些部门是经济起飞的基础。但由于其新兴的性质,向这些部门投资往往周期长、风险大,而且原始投资的数额也非常大。如果所有投资都依赖私人部门,那么新兴产业将是投资的空白。在这一方面,只有政府才能平衡投资结构。政府通过货币扩张政策进行投资的产业应该是

[①] 参见 R. 多恩布什、S. 弗希尔:《宏观经济学》,中国人民大学出版社 1997 年版,第 479 页。

基础设施和重工业,只有这样,才能维持经济长期稳定发展。政府投资从表面上并不影响私人投资的总量和结构,但实际上却改变了社会投资的总量和结构。私人投资因货币扩张性政策而遭受的损失会从长期发展得到的利益中得到补偿。

第三,促进对外贸易的发展。在开放经济中,欲使计划投资超过计划储蓄,除国内实行温和的通货膨胀政策外,还可以采取扩大进口、吸收国外储蓄的办法。但发展中国家往往缺少外汇,要保持较高的进口率,就要想办法通过各种途径弥补国际收支逆差。从国际金融关系上看,弥补逆差的资金可以来自国际金融市场和国际金融机构的借款,也可以来自外国私人资本的流入。除了这些有形的外汇收入,还有一种无形的外汇收入渠道,即实行本币贬值政策。本币贬值可以促进出口,限制进口,从而弥补前一时期进口扩张而产生的外汇缺口。国内通货膨胀政策制造了这一外贸的循环,其结果是既提高了国内储蓄的总水平,又促进了对外贸易的发展。

通货膨胀促进论认为,通货膨胀是政府的一项政策,获得直接利益的肯定是政府,获利大小则完全取决于政府调控经济水平能力的高低。政府应努力提高自己的管理技能,最大限度地发挥通货膨胀政策的积极作用,并把它带来的各种利益转化为经济增长的动力。

二 通货膨胀促退论

概括地讲,西方学者对通货膨胀消极作用的论述主要包括以下几个方面:

(一)通货膨胀降低储蓄

通货膨胀减少了人们的实际可支配收入,从而削弱了人们的储蓄能力。通货膨胀造成本金贬值和储蓄的实际收益下降,使人们对储蓄和未来收益产生悲观的预期,储蓄的意愿降低。储蓄意愿的下降导致人们的即期消费增加,因而人们的储蓄率不是不变的,更不是上升的,而是下降的。

(二)通货膨胀减少投资

首先,在通货膨胀环境下,从事生产和投资的风险较大,而相比之下,进行投机会有利可图。这说明,在通货膨胀环境中,长期生产资本会向短期生产资本转化,短期生产资本会向投机资本转化。生产资本,特别是长期生产资本的减少对一个国家的长期发展是不利的。同时,短期资本,特别是投机资本增加会使各种财产价格上升,土地、房屋等所有者可以坐享其成,而对这类财产的过度投机对社会的利益要小于其害处。

其次,投资者是根据投资收益预期而从事投资的,当出现严重的通货膨胀时,价格上涨在各行业中是不一致的,投资者也无法判断价格上涨的结构,因此投资者行为就会变得盲目,而盲目的投资不利于产业结构的优化。

最后,在通货膨胀时期,会计标准很可能还沿用过去,对折旧的提取还是以固定资产原值和一定的折旧率为计算标准。折旧的提取大大低于实际水平,因此,企业成本中的很大一部分转变成了利润,这种虚假利润也被政府征税了,因此,企业未来发展的资金将会减少。

(三) 通货膨胀不利于社会公平

通货膨胀对经济力量强的阶层有利,而对贫困阶层不利。在通货膨胀中最能捞到好处的是利润获得者阶层,他们可以不断地从物价上涨中获得更多的超额利润。大部分雇员则发现在他们的货币工资增加之前物价就已经上涨了,而且货币工资刚增加,物价又上涨了。经过一番艰苦的斗争才补回一点损失,但其货币收入总是落后于物价上涨。而固定收入者的境况更糟,或许是通货膨胀已经发生了相当长的时间,或许在几轮的物价上涨之后,这些固定收入者的收入才增加。最凄惨的是靠养老金生活的退休者和穷人,他们既没有增加收入的希望,又得不到通货膨胀的好处。收入分配的不公,会造成一个社会的不安定,而安定的社会秩序则是一个国家经济发展的保证。

(四) 通货膨胀造成外贸逆差

当一个国家的货币贬值,国内商品的价格都已经大幅上涨时,如果该国货币的对外汇率下降幅度与国内价格的上升幅度相同,这种汇率变动就不会对一国贸易产生影响。原因是该国货币汇率下降后,假定单位产品的国际销售价格不变,出口者用外汇去换取的本国货币数量增加幅度与该产品国内销售所引起的收入增加幅度相同。因此,单纯地认为通货膨胀造成本国货币贬值从而能够促进出口是不成立的。只有本国物价稳定,而当时本国货币汇率下降才会有利于出口,因为这时出口企业净盈利增加。

当一国已经发生通货膨胀,而本国货币汇率调整没有及时跟上时,本国货币价值就会被高估,而高估的结果是不利于出口而有利于进口。

第四节 通货膨胀的治理

当一个国家采取通货膨胀政策以促进该国经济增长时,不存在对通货膨胀的治理问题。当一个国家由于各种原因而存在通货膨胀并且已经对宏观经济产生诸多不利影响时,才谈得上对通货膨胀的治理。因此,在持有通货膨胀促进论观点的学者那里,并没有通货膨胀对策,而在持有通货膨胀促退论观点的学者那里,对通货膨胀都有各自不同的治理措施。

一 抑制需求

无论是由哪种原因引起的通货膨胀,都表现为社会总需求超过社会总供给。因此,抑制社会总需求就是主要的治理措施。需求抑制包括货币紧缩、财政紧缩和收入紧缩三种政策。

(一) 货币紧缩政策

货币紧缩政策主要有两种措施,其一是减缓货币供应量的增长速度,其二是控制实际利率。减缓货币供应量有两种选择,一是减少中央银行基础货币的投放,包括通过公开市场出售政府债券,减少对商业银行的贴现贷款和其他贷款数量,减少对政府的透支等。二是降低货币乘数,包括提高法定准备金率等手段。

控制实际利率的手段包括:一是提高中央银行对商业银行的再贴现率,提高对商业银行的抵押贷款和信用贷款利率。中央银行通过影响商业银行的筹资成本进而控制市场利率。二是提高政府债券的利率,从而影响一般市场利率。

关于货币政策应采取"急刹车"的办法,还是"软着陆"的办法,不同的人有不同的看法。但一般的看法是,过急的货币政策将对生产、就业、投资造成比较大的破坏。

(二) 财政紧缩政策

财政紧缩政策就是调整财政支出结构,减少赤字。首先,削减财政赤字,控制政府支出。财政赤字对通货膨胀的影响是非常明显的,因此,削减甚至消除赤字是治理通货膨胀获得成功的重要措施。其次,对投资给予税收优惠,目的是强有力地刺激工商业投资,以增加有效供给。最后,当总失业率超过某一界限时,根据情况减少或停止发放失业津贴,因为在大量失业人口存在时,如果仍然给予失业补助,只会削弱他们寻找工作的意愿和要求,不利于扩大就业。

(三) 收入紧缩政策

收入紧缩政策实际上是采取工资-物价管理政策,以阻止工会和雇主协会两大集团互相抬价所引起的工资和物价轮番上涨的趋势。有以下三种选择:

第一,确定工资-物价指导线。所谓指导线就是政府在一定年份内允许货币总收入增长的目标数额线。对特定的工资或物价进行"权威性劝说",或政府施加压力,使工会与雇主让步;对一般性的工资和物价,由政府根据生产率的平均增长幅度确定工资和物价增长标准,并作为工会和雇主协会双方协商的指导线。

第二,管制或冻结工资和物价。这是特殊时期采取的一种特殊政策,即强行将工资或工资增长率以及物价增长率固定在一定的水平上。

第三,运用税收手段。政府以税收作为奖励和惩罚手段来限制工资-物价的增长。如果增长率保持在政府规定的幅度内,政府就以降低个人所得税税率和企业所得税税率为奖励;否则,就提高税率进行惩罚。

在历史上,西方发达国家都实行过收入紧缩政策。20世纪六七十年代,西欧和日本实行过上述收入政策。美国尼克松政府所实行的新经济政策中也包括了管制或冻结工资这种收入政策。

二 刺激供给

要治理通货膨胀,真正的治本方法是增加生产和供给。增加生产意味着经济增长,从而克服停滞;而增加供给则可以消除过剩的需求,从而克服通货膨胀,克服滞胀的手段则唯有增加生产和供给。要增加生产和供给,首先必须减税,以提高人们储蓄与投资的能力和积极性。其次,政府必须有相应的财政与货币政策,目的是稳定物价、排除对市场机制的干扰,保证人们储蓄与投资的实际收益,增强人们的信心和预期的乐观性。政府除了为增加供给提供良好的环境和必要的条件,不应对经济活动进行干预,而应由市场机制对经济进行自发调节。只有这样,才能充分发挥减税对供给的刺激作用。随着商品和劳务供给的增加,通货膨胀才会彻底消除。

三 改革收入分配制度

一些人认为,通货膨胀和失业都是一种灾难,但决策者容易接受通货膨胀更为严重的观点,于是用紧缩货币、压低就业的办法,即通货紧缩的办法制止通货膨胀,但结果却往往适得其反。紧缩货币政策提高了利率,减少于投资,降低了供给,增加了失业,但通货膨胀并不能因此而消除。由于没有调整国民收入分配结构,劳资双方的争斗不会停止,工资与物价相互追逐,通货膨胀不但不可能制止,还会带来物价与失业同时上升的滞胀局面。因此,用货币紧缩政策来抑制通货膨胀是一种治表不治里的办法。要治理通货膨胀,必须从深层次原因上入手。

改革收入分配制度是消除由工资推动的通货膨胀的根本方法。而改革收入分配制度与管制工资-物价的收入政策不同。改革收入分配制度是要实现收入的合理化和均等化,而不是维持现有的收入分配结构。管制政策一般是无效的,其结果只能使收入分配的失调状况用行政和法律的办法固定下来,除加剧通货膨胀和带来经济停滞之外,别无所获。

改革收入分配制度主要有以下措施:① 通过合理的税收制度,例如实行累进税率来改变收入分配不均的状况。通过提高遗产税等方法减轻私人财产的集中程度。② 给予低收入者以适当的补助。③ 提高失业者的文化技术水平,增加其就业机会。④ 制定逐步消除赤字的财政政策和实际工资增长率政策。⑤ 奖励出口,限制进口,为国内增加就业机会。

四 推行指数化政策

这一政策主要是针对开放经济的小国而言的。小国开放经济通常是世界通货膨胀的受害者而不是发源者。因此,对经济开放的小国而言,主要问题是如何抵御外来通货膨胀的侵袭和干扰。由于小国开放经济中,外贸部门很大,对外依赖程度高,通货膨胀主要是由外生变量所决定的,因此收入政策即阻止工资增长政策并不能有效地抵御世界通货膨胀的输入。况且,限制工资增长会受到工人或工会的强烈抵制。

对于小国开放经济,由于通货膨胀是由国外输入的,因此,稳定本国的货币供给增长率并不能防止世界通货膨胀的冲击,因此也不能用稳定国内货币供给政策来对付通货膨胀。

对小国开放经济而言,实行指数化政策是最佳选择。指数化是指主要经济变量如收入、利率等直接与物价指数挂钩,物价指数上涨,主要经济变量相应增加。由于收入和利率等与价格指数相联系,因此可以消除通货膨胀对经济发展、收入分配和资源配置等方面的影响。

五 改革货币制度

一些人认为,要彻底清除通货膨胀,必须改革货币制度,限制货币发行。持这种观点的以供给学派为代表。

如何对货币发行进行限制呢?他们认为,货币当局控制货币供给增长率的做法是靠不住的,唯一的选择是废除信用货币制度,恢复金本位。货币当局控制货币供给增长率为什么靠不住呢?有以下两个理由:

第一,在信用货币制度下,很难分清什么是货币,什么不是货币,因此真正控制货币数量几乎是不可能的。由于银行、金融机构、企业甚至个人随时随地巧妙地创造各种各样的信用工具来充当货币,因此货币的内涵变得越来越模糊。目前,连货币数量指标的定义都很难确定,更不用说进行有效控制了。货币当局所能控制的只是 M_1 和 M_2 这类狭义的货币供应量,却无法控制由众多因素决定的广义货币数量。因此,即使货币当局控制的货币数量的增长率下降了,实际流通的货币数量却不一定会减少。

第二,由于货币供给的控制缺乏有效的依据,因此货币当局往往难以恰当地确定货币供给增长率。又由于货币供给缺乏有效的约束,因此货币当局在各种压力下会随意提高货币供给增长率,致使货币当局失信于民,使人们产生通货膨胀预期。

为此,废除信用货币制度,恢复金本位,才是理想的选择。恢复金本位既使货币当局控制货币数量有据可依,又强化了货币供给的约束机制。同时,这样做还可以消除人们的通货膨胀预期,恢复其对法定货币的信心,从而稳定币值、降低利率、提高投资、扩大生产和供给。

如何恢复金本位呢?这些人认为有五个步骤:① 货币当局公开宣布与民间进行黄金法币兑换的政策措施。② 决定黄金价格与单位法币的含金量。③ 货币当局按照公布的金价和法币含金量与民间进行黄金买卖。④ 规定黄金准备金率。⑤ 设定中央银行黄金准备的上下限。

改革货币制度、恢复金本位只是一部分人的主张,这一主张的现实意义并不大,原因是金本位之所以消亡,是由于社会经济的变化剥夺了金本位存在的理由,而为解决通货膨胀再去恢复金本位则过于理想化了。

第五节　我国的通货膨胀

一　我国通货膨胀的过程分析

中华人民共和国成立至 2011 年,我国发生了五次较为明显的通货膨胀:

第一次是中华人民共和国成立之初(1949—1950 年),先后发生了四次大的物价上涨。上涨的核心区域是上海,主要表现为战后重建时期的物资短缺、投机活动以及管理相对混乱。原因在于国民党统治时期通货膨胀的滞后影响,以及因中华人民共和国成立之初物资极端缺乏而造成的物价上涨。

第二次是 1959—1961 年,由于三年自然灾害的影响和工作失误,供不应求,物价上涨,国内粮、油、肉、蛋、布等主要商品货源锐减,1961 年较 1957 年物价上涨了 7.5%。

第三次是 1988—1989 年的物价上涨。中央于 1984—1985 年采取的紧缩政策在尚未完全见到成效的情况下,1986 年又开始全面松动,国内的货币流量于 1987 年又一次迅速加大,年增长速度达 116%,导致需求严重膨胀。在此期间,1988 年和 1989 年,零售物价指数曾经高达 18.8% 和 18%。物价上涨和抢购风潮引发了一系列的社会问题。

第四次是 1993—1996 年的物价上涨,邓小平南方谈话后,我国经济进入高速增长的快车道,固定资产投资规模扩张、金融持续混乱。表现为房地产热、开发区热、集资热、股票热,由此导致了高投资膨胀、高工业增长、高货币发行和信贷投放以及高通货膨胀,1994 年消费物价指数曾经创下 24.10% 的纪录。这一时期,消费物价指数四年的平均水平高达 16%。尽管从 2003 年开始,我国的物价从负增长转变为正增长,但 2003 年消费物价上升 3.2%,2004 年上升 3.9%,都属于正常的物价上涨,不属于通货膨胀。

第五次是 2007 年下半年以来伴随次贷危机的演变而出现的通货膨胀。2008 年以后,全球为应对金融危机,实行相对宽松的财政和货币政策,美国和欧洲采取了多次量化宽松政策,我国既采取了四万亿元的经济刺激计划,同时还采取了信贷过度宽松的积极货币政策,客观上为通货膨胀的上行提供了催化剂,加上海外大宗商品价格上涨,导致了持续的通货膨胀。当然,推动通货膨胀上行的结构性因素方面,由于人口红利消失的成本上涨也不容忽视。在这一阶段,物价上涨非常明显,通货膨胀持续时间长达四年之久,其间消费物价指数曾经高达 6.5%,即使从 2011 年下半年开始回落,通货膨胀的压力仍然不容乐观。尤其是进入 2017 年,通货膨胀有重新抬头的趋势,滞涨已经成为人们的普遍担忧,也是货币当局面临的一大难题。

严格地讲,由于通货膨胀被定义为商品和劳务的货币价格总体水平的持续上涨,因此我国的通货膨胀一直存在,只是上述五个阶段物价上升得较快些罢了,尤其是第五个阶段,通货膨胀的压力空前加大,原因也更加复杂。尽管在改革开放前,我国除中华人民共和国成立之初和三年自然灾害期间物价上涨较快之外,物价保持稳定,但并不能说物价稳定就不存在通货膨胀。改革开放前的大部分时间内,我国商品供给奇缺,凭票供应、持币待购、货币沉淀等现象始终存在,这期间由于计划经济固定了产品价格,因此存在隐蔽性通货膨胀。

我国曾发生的五次较为明显的通货膨胀中,前两次属于特定历史环境下的物价上涨,缺乏一般意义。在这种特殊的历史环境下,通货膨胀不是由总需求扩张而造成的,而是由社会产品或商品供给极端缺乏而产生的。尽管我们可以称之为通货膨胀,但这种通货膨胀不具备一般通货膨胀的特点和意义。

改革开放后,尽管生产力获得了空前的解放,但人们对商品的需求却以更快的速度增长,总需求大于总供给的数量不是减少了,而是增加了。但在1979—1987年,我国的经济改革是以利益为导线的,但价格改革的程度却很小,因此,尽管存在较大的需求缺口,物价在受到严格的管制下却始终处于相对稳定的水平。1988—1989年的物价上涨,在很大程度上是由人们对通货膨胀的预期造成的。这期间的物价改革的步子还是很小的。而1993—1996年的物价上涨在很大程度上是由价格特别是初级产品价格的放开形成的。

具体而言,1988—1989年与1993—1996年的物价上涨有三个方面的不同。

第一,20世纪80年代,价格改革出台的措施较少,幅度较小,因而对价格上涨的推动也小。而90年代就不同了,这几年的价格改革迈出了较大的步伐,其出台的项目之多、步子之大是前所未有的。

第二,80年代大部分商品价格没有放开,即使放开的部分也不是完全的,而是双轨制的价格形式,价格上涨在相当程度上是由政府的调价行为所引起的。而90年代则不同,绝大部分商品,包括大部分重要的初级产品的价格,已经放开由市场去调节,并且每年放开价格的范围和比重都相当大。这期间价格水平的上涨主要是由市场价格自发上涨而形成的。

第三,90年代价格放开的商品多是曾经不宜放开或实行双轨制的能源、原材料等重要生产资料,这些产品的价格长期偏低,致使这些产品的生产部门发展滞后,并且成为我国经济发展的瓶颈部门。初级产品价格上涨的连锁效应大,从而推动了其他产品价格的上涨。

2007年以来的通货膨胀呈现出更加明显的不同特征。在这一阶段,中国经济已经由原来的封闭经济转变为开放经济,通货膨胀已经不再是单纯的结构性通货膨胀,而是供求结构性通货膨胀与输入性通货膨胀压力并存,维持巨额顺差和外汇储备成为通货膨胀的根源。前者是指来自实体经济的通货膨胀压力,与供求结构性失衡密不可分,片面压低汇率、追求刺激出口和贸易顺差的战略失误难辞其咎;后者则是指来自金融层面的通货膨胀压力,与热钱持续流入、外汇储备不断增加、外汇占款和基础货币被迫加大有关。正式由于这些复杂的原因,我国在抑制通货膨胀的努力方面也面临进退两难的境地。

从上述过程分析来看,我国物价上涨在各个阶段的客观环境是不同的。

二 我国通货膨胀的原因分析

(一) 总需求的扩张

首先,财政支出扩张。在我国,国家财政具有明显的公共财政职能。也就是说,国家财政要执行为经济和社会活动提供必要的外部环境和维护社会公平等职能。除这一功能之外,国家财政也有促进经济增长的职能。而促进经济增长,就需要有较高的投入。国家财政收入即使满足不了支出的需要,也要通过赤字财政手段实现对经济的较高的投入。因此,只要财政的上述两种职能不变,经常性赤字的财政政策就是不可避免的。

其次,中央银行的贷款扩张。在"货币政策"一章(第十一章)中,我们阐述了货币政策与最终宏观经济目标间的关系。我国中央银行的货币政策目标也是双重的,中央银行既负责经济稳定,又要追求经济增长。当然中央银行贷款扩张来自商业银行贷款扩张,而商业银行贷款扩张又来自投资主体的投资需求的扩张。银行体系与企业投资形成了自下而上的扩张连锁,当中央银行采取货币稳定政策时,企业生产或经济增长会受到伤害,因而迫使中央银行放松货币政策。

再次,企业投资需求扩张。我国企业投资需求扩张的原因主要有两个,一是由于我国经济增长速度快,投资收益较高。这种投资需求扩张是由利益动机所造成的。二是我国的主要投资主体——国有企业不承担投资风险,不自负盈亏。由于借钱可以拖欠,甚至可以不还,在这种背景下,投资需求的上限就是主观的投资需求,而主观的投资需求是无穷大的。虽然借入方有无穷大的投资需求,但如果贷出方有明显的硬的约束机制,贷款规模也不会过度膨胀,问题是过去商业银行也不是独立的自负盈亏的银行,银行不能根据效益和风险的原则来发放贷款,因此,在我国,投资需求在某种程度上决定了投资的供给。中央银行又不能执行自己独立的货币政策,这使得我国的投资膨胀成为现实。

最后,外汇储备增加,基础货币投放增大。1994年以来,我国外汇储备增长迅速,外汇储备最高峰曾经达到3.99万亿美元,外汇占款居高不下,由于外汇储备增加而投放的基础货币十分巨大,货币供给在货币乘数的作用下增加更多,由此推动了物价的上涨。

(二) 成本增加推动价格上升

首先,生产资料价格上升推动其他产品价格上升。由于原煤、钢铁、水泥、木材、铁路运输等价格在相当长的时间里价格定得偏低,而在20世纪90年代逐渐放开价格,致使这些短线产品的价格迅速上升,例如1993年许多生产资料的价格上涨了40%。原来完全是计划价格的原油也于1994年实现平价与高价合并,使原油的出厂价提高,并且增加了议价油的比重,这使得原油价格有较大幅度的上升。原油价格上升后,计划内的汽油、煤油、柴油及某些石化产品的价格都因成本增加而上升,而这些产品的价格上升,自然会增加石油加工、石油化工、化纤、电力、交通运输、农业等部门的生产成本。2003—2004年,我国生产资料(包括煤、电、油、钢材、水泥等)的价格都有一定幅度的上升,其中原油价格的上升,是由于国际原油价格的上升。我们在前面曾分析过,当成本增加而总需求曲线不变时,生产供给会萎缩。为了不使生产萎缩,中央银行自然要提供额外的基础货币,从而使货币供给增加,这又会使总需求上升。总需求上升之后,全社会的商品价格都会因需求拉动而上升。

其次,工资增加导致价格上升。在我国一般还不存在利润推动型的通货膨胀,因为我国企业很大一部分的利润被工资侵蚀了。我国的工资水平近些年已经有了较大幅度的增长。收入的增加自然要与劳动生产率的增加相一致,如果超过劳动生产率的增长,在单位产品中工资的含量就会增加,这就会在价格不变的前提下降低产品的获利能力。当产品的获利能力不变时,只有产品价格被提高才能满足工资的增长。

最后,外汇汇率上升推动进口成本增加。1994年年初,我国成功地实现了汇率并轨。所谓汇率并轨实际上结束了我国外汇价格的双轨制,官定汇率被市场调剂汇率取代。但原来官定汇率是决定进口成本最主要的汇率,而并轨之后统一的汇率为调剂汇率,调剂汇率高于官方汇率,致使进口成本增加。如果进口品的外币价格没有变,进口关税也稳定,那么汇率并轨会使进口成本上升近40%,因为并轨前官定汇率为5.7元/美元,而并轨后约为8.3元/美元。

(三) 结构性转换引发价格上涨

首先,工资攀比引发价格上涨。在我国,存在多种类型的企业,例如国有企业、集体企业、三资企业等,也存在效益好与效益差的企业。但由于工资的攀比,致使各种类型企业的职工工资有趋同的现象。例如,效益差的企业和效益好的企业攀比。在过去的分配体制下,即使企业是亏损的,职工工资也不能比效益好的企业职工的工资低。又比如,在我国,三资企业,特别是独资企业的职工收入较高,而国内同类部门就会想方设法地去追赶这些三资企业的职工工资。这种攀比本质上是北欧模型所揭示的内容,它促使产品成本中工资含量增加,最终引起价格上涨。

其次,产品结构转换引发物价上涨。我国是个发展中国家,消费需求在某些方面是超前的,而供给却不可能很快调整。这就会出现下面的情形:某些产品是供不应求的,这种产品的价格自然很快上涨;而另一些产品是供过于求的,按理说这种产品的价格应该下降。假如总供给与总需求是均衡的,即没有需求拉上型通货膨胀,但如果供过于求的产品价格不下降,或下降幅度达不到一定的水平,总物价水平必然上涨。当然,如果全社会的总需求曲线不变,总供给会受到影响,供不应求的产品生产也会受到制约,因此,中央银行又会采取宽松的货币政策,从而扩大了总需求。

以上分析表明,引发我国通货膨胀的最主要的原因是制度:首先,企业制度本身有投资扩张的冲动,企业制度中也有工资攀升的冲动;其次,财政制度中有财政支出扩张的冲动;最后,银行制度缺乏必要的硬约束,使银行贷款规模适应了企业与国家财政的需求扩张。

三 我国通货膨胀的效应分析

(一) 通货膨胀对经济增长的效应

经济增长与物价上涨有一定的相关性,这一相关性说明了中央银行货币政策选择的双重约束,即物价平稳与经济快速增长二者不可兼得。

物价上涨与经济增长间的相关性的理论解释是,我国经济是典型的非充分就业的经济,因此,总需求的上升必然带动总供给的增加。我国城市人口中就业是不充分的,很多国有企业开工不足,就业岗位少,而待业人员多,况且提前退休的现象司空见惯。我国农村就业更是不充分的,我国农村有上亿的闲置劳动力,其中的几千万人成为我国的流动人口大军。由于开工率不足,资本得不到有效的利用,许多自然资源也得不到及时的开发与利用,人力资源的闲置更是巨大的浪费。有的经济学家就曾指出,中国在隋朝,就动用两百万人修通了贯穿南北的大运河,而这条运河已经被我国人民使用了一千年。这是个非常大的工程。在我国目前的生产力水平下,有众多可建的项目,也有大量闲置的资源,而宽松的货币政策和财政政策,则是让闲置的资源尽早相互结合的政策。因此,执行宽松的货币政策与财政政策必然产生两个结果:一是就业量增加,生产供给增加;二是就业者收入增加,消费支出增加,投资者对投资品的需求也增加,从而投资品和消费品的价格也上升。

由于通货膨胀与经济增长间的正相关关系,我国不大可能实现在无通货膨胀或低通货膨胀下的高速经济增长。那种认为我国可以或应该在保持物价稳定的条件下去实现经济快速发展的观点,是不切实际的,或许只是一种美好的愿望。

(二) 通货膨胀对社会分配的效应

无论是哪种原因所导致的通货膨胀,最终都会表现在社会总需求的扩大上,而社会总需求增加的最初原因是财政赤字政策和货币宽松政策。由于中央银行是政府的银行,因此,总需求增加首先是政府需求扩张。在前一节的通货膨胀效应分析中已经阐述过,由于政府赤字政策所导致的政府需求增加,相当于政府的"货币税"增加,而税收增加无疑会导致社会分配向有利于政府的方向发展。也就是说,政府是通货膨胀最直接的受益者。由于政府的购买能力增加,意味着个人和企业的购买能力下降,因此,如果政府新增加的购买力用于社会投资,而此时个人和企业投资的数量不变或下降数量小于政府新增投资数量,全社会的总投资将会增加,这对经济增长是有利的。当个人和企业因通货膨胀而减少的投资数量超过政府新增投资数量时,对经济增长就是不利的。

通货膨胀对社会公众的收入分配也会产生影响。如果名义收入低于物价上涨,实际收入将下降。因此固定收入者受通货膨胀的危害最大。由于一般生产企业中工人的收入是与企业收入相关的,而企业收入因价格的上涨会有所增加,因而一般说来生产企业工人的名义所得会增加,但其实际收入是否增加要看名义收入增长与物价上涨率之间的关系。

由于在通货膨胀时,低收入者抵御通货膨胀的能力最为低下,因此低收入者能否经得起通货膨胀的侵害就成为决定一个国家通货膨胀率的最主要的因素。当低收入者因物价上涨而导致生活水准大幅下降以至于无法生存时,他们就会要求政府降低通货膨胀率或给他们以各种救济、保障或者补偿。而当他们的要求无法得到满足时,就会引起较为严重的社会问题。一般说来,低收入者所能承受的物价上涨率应成为一国通货膨胀的上限。若超过这一上限,该国的通货膨胀就应该被视为是恶性的。

我国的低收入者包括部分农民、全部退休的养老金领取者、失业工人和效益低下企业的工人等。因通货膨胀而导致的购买力下降对这些人的冲击最大,而这些人对通货膨胀的承受能力决定了我国通货膨胀率的上限。

高速的经济增长必然带来较高水平的物价上涨,而物价上涨却引起社会收入分配结构向不利于私人和企业、更不利于固定的低收入者的方向发展,那么政府在保证经济较高速发展的同时,必须想方设法保障固定的低收入者的生活,使这部分人的实际收入高于或至少不低于物价上涨前的水平。

四 我国通货膨胀的对策分析

(一) 避免恶性的通货膨胀

经济增长与通货膨胀的正相关关系,只是说在物价上涨水平的上限之内,较高的物价上涨会带来较快的经济增长。如果认为通货膨胀率越高,经济增长率也越高则是错误的,原因是过高的物价上涨或者恶性的通货膨胀将使经济增长停滞。因此,在制定通货膨胀政策时,首先应就恶性的通货膨胀给定一个尺度,而经济运行中要使通货膨胀不超过一定的水平。

有些人认为通货膨胀率在10%之内是可以接受的;有些人认为通货膨胀率在10%—20%就是严重的,而超过20%就是恶性的。这种划分没有任何依据。

通货膨胀是不是恶性的,并不是以通货膨胀率简单的高和低为标准的,而应该以通货膨胀的效应作为划分标准。这一标准包括三个:

第一,通货膨胀对经济增长的促进作用。当通货膨胀对经济增长有促进作用时,这种通货膨胀就不是恶性的。但通货膨胀失去了对经济增长的促进作用之后,无论多么低的通货膨胀都不能称为是良性的。本书认为,当社会中有闲置的生产要素,而且生产要素因总需求的扩张而得以结合并形成供给能力时,通货膨胀就有利于经济增长。而当经济中无闲置的生产要素,或无法使闲置的要素与其他生产要素相结合时,这时总需求的扩张就对经济增长不产生积极作用,甚至会使要素结合所形成的生产能力与总需求不一致,这时就会形成滞胀,而滞胀就是恶性的通货膨胀。

第二,恶性的通货膨胀会严重损害社会公平,致使经济增长的持续性受到制约。当通货膨胀发展到固定的低收入阶层的实际收入无法维持正常的生活甚至危及其生存时,稳定的社会生活秩序将受到破坏,而这必将使经济增长的持续性受到干扰。前面讲过,政府应该承担起保障这部分人基本生活水准的责任,而政府承担此责任的能力就成为一国通货膨胀率的上限。

第三,恶性的通货膨胀有极强的惯性力量,这一力量政府也无力抵御。当然,这种恶性的通货膨胀一般发生在极端的社会环境中。在和平建设时期,政府一般具备抑制通货膨胀的力量。

在避免恶性通货膨胀的前提下,政府要制定切实可行的各种改革措施,包括价格改革、企业制度、投资制度等改革措施。

(二) 价格改革措施

价格改革措施应包括两方面:第一是限制价格的措施,第二是放开价格的措施。

由于我国经济的产业结构不尽合理,有些产业发展超过了社会需求,即该产业的社会总供给大于社会总需求,因此对这类产业应该有严格的限制措施,包括投资限制和价格限制措施。结构性的通货膨胀就是由供大于求的产品价格不下降甚至上升所造成的,这种价格上升给产业结构向合理化发展提供了失真的价格信号,政府应该认清哪类行业是长线的,并要对这类产业的产品实行限价。价格改革不是减少了政府价格调控的责任,更不意味着政府对价格放任不管,实际上,对于供过于求的产品价格就应采取严格的限价措施。

有些产品特别是基础原材料和关系到国计民生的重要产品如粮食、棉花等,政府的价格改革决心不能动摇。由于价格定得过死,影响这些产品的供给调节,因此,政府应该有次序地、逐渐地放开这些产品的价格,同时制定相应的价格上涨指导线。这些产品价格上涨后,由于连锁效应强,政府也应对其相关产品在短期内实行限价,但长期内也应逐步放开。随着我国加入WTO,我国的市场经济将大大向前发展,受价格管制的商品将会变得越来越少。

(三) 企业制度和投资制度改革

企业是最重要的投资主体,但前面分析了我国通货膨胀成因的关键在于国有企业投资约束力不够,而这一约束力是受现行的企业运行机制制约的。偿还责任意识淡薄会无止境地扩张贷款需求,而这种需求与生产供给的增加是不成比例的,它对社会公平的破坏,进而对经济成长的负面作用是高于暂时增加的供给所带来的正效应的。而约束企业贷款需求最重要的是企业制度的改革,包括银行这种特殊的企业制度改革。企业制度改革的关键是产权制度的改革,不改革现存的产权制度就无法抑制企业不断扩张的贷款需求。我国已经在很多城市建立贷款担保公司,目的是帮助中小企业,特别是中小民营企业解决贷款需求问题。民营经济已经是我国经济增长最主要的力量,而我国资金市场中贷款使用者结构与之很不适应,这既造成贷款需求的无限扩张,也造成银行资产质量欠佳。解决我国资金市场的借款人结构问题,已经显得十分迫切了。

总之,抑制通货膨胀不是经济生活中最重要的目标,最重要的是避免恶性通货膨胀的发生,而避免恶性通货膨胀就要求政府认清经济运行中闲置生产要素以及闲置要素组合所能实现的对总供给的贡献;要认清固定的低收入者承受物价上涨的能力以及政府增加和保持这些低收入者实际收入的能力;还要认清必要时制止物价惯性上升的能力。经济中困难的不是抑制通货膨胀,而是在通货膨胀与经济增长中寻找最佳的组合。

第六节　我国的通货紧缩

一　通货紧缩的定义

与通货膨胀相对应,经济中也存在通货紧缩的现象。本书在上一章给通货膨胀的定义是,商品和劳务的货币价格总水平持续上升的过程。因此,本书关于通货紧缩的定义是,商品和劳务的货币价格总水平持续下降的过程。

从1998年到2002年,五年的时间里,我国商品和劳务的货币价格总水平疲软。消费价格指数的具体数据为,1998年-0.8%,1999年-1.4%,2000年0.4%,2001年0.7%,2002年-0.8%。可以肯定地讲,在这五年间,我国出现了较为严重的通货紧缩。除此之外,2009年,我国消费价格指数曾经创出-0.7%的水平,主要是次贷危机的滞后影响所致。

二　通货紧缩的原因

一般情况下,通货紧缩有以下四个原因:

(一) 货币供给减少

在前面分析治理通货膨胀时,提出了降低货币供给增长率、压缩财政支出等措施。货币手段和财政手段的使用,有利于控制物价的上涨。但也有负面作用,那就是过分压缩投资,并控制社会需求,会导致全社会总需求的增长缓慢,甚至出现下降。社会需求下降的结果就是市场疲软,进而影响到社会有效供给。那么,为什么货币当局和财政当局在控制通货膨胀时,当物价上涨率达到理想状态时,就要及时调整政策方向,以避免通货紧缩呢?原因在于政策的惯性。由于时滞的原因,通货膨胀率在货币政策和财政政策执行一段时间后才会发生作用。因此,在物价还在上涨时,就应该放松货币政策和财政政策,但由于时滞问题的存在,决策者很难发现。因此,在出现物价的绝对水平向下走的时候,立即执行宽松的货币政策和财政政策就已经有些来不及了。

(二) 货币需求因素

在我国的经济中,货币供给当然由货币当局控制。货币当局根据需求不断调整各种政策手段。但本书在分析货币供给问题时也曾经指出,全社会的货币供给在很大程度上是货币当局控制不了的。比如,中央银行调低了存款准备金率,但商业银行自己的超额准备金率如果以相同的幅度上升,那么存款准备金率的调整就不会有多大的作用。商业银行超额准备金率的调整,有时是被迫的,即商业银行不是出于谨慎的原因保留更多的准备金,而是银行可以动用的资金由于经济环境的恶化,无法顺利找到出口。因此,这些资金就只能滞留在银行的账上,无法变成获得理想收益的资产。这就是说,货币供给政策的调整需求通过货币需求的变化而实现。在通货膨胀期间,货币当局为了迅速降低通货膨胀率,也许采取过于猛烈的紧缩政策,包括提高利率、提高存款准备金率、在公开市场中卖出短期债券等。在我国的货币政策实践中,往往采取直接减少贷款指标的办法,即相当于急刹车的手段,使得那些正当的货币需求也无法得到满足。在通货膨胀得到抑制,但经济增长前景暗淡的情况下,货币当局采取相反的调控手段,即宽松的货币政策时,影响通货紧缩的就是货币需求了。由于物价有了向下走的趋势,因此投资者增加投资的积极性就会很弱,因为不投资即保持现金也能获得正的收益,况且投资者负债的成本即真实利率水平是高的。此时消费者的消费也受到影响,因为物价往下走有利于推迟消费,不利于提高消费。而投资者和需求者改变决策也需要一定的条件,而等待这些条件成熟当然需要一定的时间,这就说明,通货紧缩也会成为一个过程,而不是瞬间就停止的现象。

(三) 经济结构的失衡

人们的消费需求是变化着的,这就要求生产企业紧跟需求并迅速调整生产结构。但由于多种原因,生产者不可能迅速调整生产结构。这就会造成有的产品供不应求,有的产品供过于求。但在整体市场供过于求的情况下,供不应求的产品价格上升也不快,而供过于求的产品价格下跌的程度则很大。供过于求产品的生产企业则会减产或者裁员。而裁员的结果是使得全社会的收入下降,购买力下降,价格进一步下跌。

(四) 国际市场的冲击

对于开放程度很大的国家,在国际经济景气不好的情况下,会受到很大的影响,表现为出口下降,外资流入减少。出口下降会导致出口产品价格下降,而出口产品价格下降也会拉动国内可比产品价格的下降。外资流入的下降,对经济增长不利,而经济增长放慢自然会促使物价进一步下降。

在对外开放程度不高的国家,国际市场状况不好,也会给已经发生通货紧缩的经济雪上加霜。

三 通货紧缩与治理

如前所述,从1998年开始,我国出现了较为严重的通货紧缩。在这段时期,除了物价不断走低,居民消费水平、固定资产投资水平的增长速度都在下降,这导致了经济增长水平也不断放慢。为了解决中国通货紧缩的问题,我国政府在货币政策和财政政策方面进行了调整。积极财政政策和宽松货币政策的执行起到了明显的效果。这些政策的具体内容,本书在相关章节已经作了比较详尽的阐述,在此不再赘述。2014年和2015年,消费物价指数曾经走低,分别只有1.5%和1.4%,人们一度担忧我国有可能陷入通货紧缩的陷阱。从现在来看,政府有足够的政策工具和回旋余地,避免我国经济陷入通货紧缩的困境。

思考题

1. 通货膨胀有哪些类型?
2. 度量通货膨胀有哪几个指标? 其特点是什么?
3. 解释通货膨胀成因中的需求拉上学说。
4. 解释通货膨胀成因中的成本推动学说。
5. 解释通货膨胀成因中的结构转换学说。
6. 解释通货膨胀成因中的货币供给学说。
7. 通货膨胀促进论的主要理由是什么?
8. 通货膨胀促退论的主要理由是什么?
9. 治理通货膨胀的手段有哪些? 如何使用?
10. 20世纪90年代初我国通货膨胀的主要原因是什么? 治理这次通货膨胀我国采取了什么手段? 代价是什么?
11. 什么是通货紧缩? 主要形成原因是什么?

第四篇

涉外金融

第十三章　外汇与汇率

第一节　外汇的基本概念

一　外汇的特征与种类

(一) 外汇的定义与特征

世界上大多数国家都有自己的货币,中国是人民币,美国是美元,俄罗斯是卢布,日本是日元。任何对外经济交往都离不开外汇,各个国家之间的贸易关系引起不同货币之间的相互交换。例如,当中国的一个投资者购买外国的商品、劳务或者金融资产时,必须把人民币(通常是以人民币计值的银行存款)兑换成外国货币。在我国,随着改革开放的日益深入,对外经贸关系不断发展,涉及外汇的业务也越来越多。因此,学习涉外金融应当从了解什么是外汇开始。

所谓外汇是以外币表示的用于国际结算的支付手段。"外汇"一词有两个方面的含义。从名词来理解,指以外国货币表示的并且可以用于国际结算的信用票据、支付凭证、有价证券以及外币现钞。从动词来理解,相当于"国际汇兑"。其中,"汇"指货币资金在地域之间的移动,"兑"是指将一个国家的货币兑换成另一个国家的货币。国际汇兑通常与国际债权债务的清偿以及对外投资紧密地联系在一起。

根据国际货币基金组织的定义,所谓外汇是"货币行政当局(中央银行、货币管理机构、外汇平准基金组织及财政部)以银行存款、财政部债券、长短期政府债券等形式所保有的在国际收支失衡时可以使用的债权"。这一定义是从国家信用和银行信用的角度来给外汇下定义的,没有考虑风险较大的商业信用;并且将一国居民所持有的外币债权排斥于外汇概念之外;只适用于一国官方所持有的外汇储备,与我们平时所说的外汇具有不同的内涵。

根据我国实施执行的《中华人民共和国外汇管理暂行条例》,外汇包括:① 外国货币,包括钞票、铸币等;② 外币有价证券,包括政府公债、国库券、公司债券、股票、息票等;③ 外币支付凭证,包括票据、银行存款凭证、邮政储蓄凭证等;④ 特别提款权;⑤ 其他外汇资金,包括在国外的人寿保险金以及境内居民在境外的稿酬、版税、专利转让费等。显而易见,这一定义将外汇等同于外币资产。

任何货币自身都具有以一定的购买力表示的价值。因此,外汇相当于对外国商品(包括技术)和劳务的一种要求权。一般而言,外汇必须具备以下三个基本特征:① 外汇是以外币计值的金融资产,它具有金融资产的一切特征,即外汇具有收益性、风险性和流动性。如美元在美国以外的其他国家是外汇,但在美国则不是。② 外汇是以外币表示的支付手段,因此用本国货币表示的支付手段不能视为外汇。如我国从美国进口一批机器设备,以美元支付货款,那么,我国是支出了外汇,但作为美国出口商却不能说收到了外汇。同样,加拿大元对加拿大人、日元对日本人,都不能视为外汇。由于外汇是以外币表示的,因此,黄金虽然是国际支付的有效手段,却并不属于外汇这一范畴。③ 外汇的偿还必须有可靠的物质保证,并且能为各国所普遍承认和接受。一国的货币能够普遍地作为外汇被其他国家接受,意味着该国具有相当规模的生产能力和出口能力,或者该国拥有其他国家所缺乏的丰富资源。因此,该国货币在物质偿付上有充分的保证。④ 外汇必须具有充分的可兑换性。作为外汇的货币必须能够自由地兑换成其他国家的货币或购买其他信用工具以进行多边支付。由于各个国家(或地区)的货币制度不同,外汇管理制度各异,因此,一般而言,一个国家的货币不能直接在另一个国家自由流通。为了清偿由于对外经济交易而产生的国际债权、债务关系,为了在国与国之间进行某种形式的单方面转移(如经济援助、无偿捐赠和侨民汇款等),一种货币必须能够不受限制地按一定比例兑换成别的国家的货币及其他形式的支付手段,才能被其他国家普遍接受为外汇。一国货币的充分可兑换性,取决于该国进出口能力的大小及进出口贸易的自由程度。

根据各国货币在可兑换程度上存在的差异,国际货币基金组织对世界各国的货币大体作了如下分类:

(1) 可兑换货币(Convertible Currency),指对国际收支中的经常项目(包括货物、服务、收入和经常转移)收支不加任何限制,不采取差别性多重汇率,在另一个会员国的要求下随时履约换回对方在经常项目往来中积累起来的本国货币。根据国际货币基金组织的统计,目前有大约40种货币属于可兑换货币,包括美元、英镑、日元、澳元、瑞士法郎、加拿大元等。在这些国家中,保留的外汇管制基本上很少或者已经完全取消。

(2) 有限制的可兑换货币(Restricted Convertible Currency),对本国居民从事经常性项目往来的支付,仍然施加某些限制,对非居民原则上不施加限制;但对资本项目的交易一般仍然施以管制。根据国际货币基金组织的统计,目前有20—30种货币属于该类货币,在这些国家中,通常有一个以上的汇率。

(3) 不可兑换的货币(Non-convertible Currency),实行计划经济的社会主义国家和绝大多数发展中国家,对贸易收支、非贸易收支和资本项目的收支一般都实施严格的外汇管制。根据国际货币基金组织的统计,目前约有90种货币属于该类货币。

(二)外汇的种类

外汇的分类很复杂,根据不同的区分标准,外汇可以区分为不同的种类。

首先,根据外汇的来源或用途,外汇可以分为贸易外汇和非贸易外汇。贸易外汇是指通过出口贸易而取得的外汇以及用于购买进口商品的外汇;与此相反,非贸易外汇包括劳务、旅游、侨汇、捐赠及援助外汇以及属于资本流动性质的外汇等。

其次,根据对货币兑换是否施加限制,外汇可以分为自由外汇和记账外汇。自由外汇指不需要经过货币发行国的批准,就可以随时自由兑换成其他国家(或地区)的货币,用以向对方或第三国办理支付的外国货币及其支付手段;记账外汇又称双边外汇、协定外汇或清算外汇,指必须经过货币发行国的批准,否则不能自由兑换成其他国家的货币或对第三国进行支付的外汇。记账外汇只是在双边的基础上才具有外汇意义,它是在有关国家之间签订的"贸易支付(或清算)协定"的安排下,在双方国家的中央银行互立专门账户进行清算。一般是在年度终了时,双方银行对进出口贸易及有关费用进行账面轧抵,结出差额。发生的差额或者转入下一年度的贸易项目下去平衡,或者采用预先商定的自由外汇进行支付清偿。

再次,根据外汇交易的交割期限,外汇可以分为即期外汇和远期外汇。所谓交割是指外汇买卖中货币的实际收付或银行存款账户上金额的实际划转。按照这一分类标准,即期外汇是指外汇买卖成交后,在两个营业日内办理交割的外汇;而远期外汇则是外汇买卖合约签订时,预约在将来某一个日期办理交割的外汇。

最后,根据外汇与一国国际收支状况的关系,外汇可以分为硬通货与软货币。如一国国际收支持续出现顺差,外汇供给不断增加,外汇储备相应增加,本国货币对外国货币的比价随之提高,本币的国际地位日益增强,则成为国际市场上的硬通货(Hard Currency);反之,如一国国际收支持续出现逆差,外汇供给不断减少,外汇储备相应减少,本国货币对外国货币的比价随之降低,本币的国际地位日益削弱,则成为国际市场上的软货币(Soft Currency)。

二 外汇市场与外汇交易

(一) 外汇市场

外汇交易通常是在外汇市场上进行的,外汇市场是金融市场的一个重要组成部分。所谓外汇市场,是指本国货币与外国货币划转,更确切地说,是两种或两种以上货币相互兑换或买卖的交易场所。外汇市场上进行的交易决定了一种货币与另一种货币相互交换的比率,而这种比率又决定了购买外国商品、劳务和金融资产的成本。

从组织形态上来看,外汇市场基本上包括抽象的外汇市场和具体的外汇市场两种。前者没有具体的交易场所,所有买卖交易都通过连接银行和外汇经纪人的电话、电报、电传、计算机终端等通信网络来进行。外汇交易没有固定的开盘与收盘时间,买卖双方在安排成交时并不需要见面。后者拥有具体的交易场所,一般在证券交易所的建筑物内或交易大厅的一角设立外汇交易厅,由各银行的代表规定一定的时间,集中在交易厅内从事外汇交易。

外汇市场主要包括客户、外汇指定银行、外汇经纪人、其他非银行金融机构以及中央银行及其他官方机构等几个不同的角色。

1. 客户

根据交易行为的性质不同,客户可以分为三类,一是交易性的外汇买卖者,如进出口商、国际投资者、国际旅游者等;二是保值性的外汇买卖者,如套期保值者;三是投机性的外汇买卖者,如在不同国家货币市场上赚取利差、汇差的套利者或套汇者、外汇投机者等。此外,还有零星的外汇供求者,如出国留学生或接受外币捐赠的机构和个人。零星客户相互之间一般不直接进行交易,而是各自与商业银行或外汇指定银行做交易。

2. 外汇指定银行

是中央银行指定或授权经营外汇业务的银行,常称"外汇银行"。包括:① 以外汇为专营业务的本国专业银行;② 兼营外汇业务的本国商业银行;③ 外国银行在本国的分行与本国的合资银行。

外汇银行在零售和批发两个层次上从事外汇业务。其中,零售是指银行通过增减其在海外分支行或外国代理行里的有关币种存款账户上的营运资金余额,与客户买卖外汇。批发是指银行主动参与银行同业市场上的外汇买卖以调节"多""缺"头寸。若客户出售外汇,银行的外汇余额就会增加,形成多头头寸;而客户购买外汇,银行外汇余额就会减少,形成空头头寸。在前一种情形中,银行承担了外汇贬值的风险;在后一种情况下,银行则承担了外汇升值的风险。银行作为风险规避者,会进入同业市场,通过抛售(或补进)与某种货币的"多头头寸"(或"空头头寸")相等的数量,轧平外汇头寸敞口,使其售出的某种货币的数量与买入的相等,从而消除汇率风险。

银行利用外汇市场,除了进行"头寸管理",有时还积极制造头寸,谋取风险利润,进行外汇投机。

3. 外汇经纪人

外汇市场上的大部分交易活动都是在银行同业之间进行的,银行同业之间的交易占外汇交易总额的 90% 以上。银行之间的外汇交易常常由外汇经纪人充当中介安排成交,外汇经纪人向双方收取佣金作为报酬。由于外汇交易往往金额巨大,因此,尽管佣金率一般很低(如每英镑 0.001 美元),但佣金额却非常可观。外汇经纪人的存在提高了外汇交易的效率。

4. 其他非银行金融机构

自 20 世纪 80 年代初以来,金融市场日益非管制化和自由化,投资公司、保险公司、财务公司、信托公司等非银行金融机构越来越多地介入外汇市场。

5. 中央银行及其他官方机构

为了稳定汇率,防止国际短期资金大量而频繁的流动对外汇市场产生猛烈冲击,西方国家的政府通常由中央银行对外汇市场进行干预。为此,有些国家甚至设立了专门的机构。尽管当今的汇率制度已由固定汇率制转为浮动汇率制,但各个国家的中央银行仍然不时进入外汇市场进行干预。因此,尽管中央银行在外汇市场上的交易量并不很大,但其影响却是非常广泛的。除了中央银行,其他官方机构(如财政部)为了不同的经济目的,也会进入外汇市场进行交易。

(二) 外汇交易

国际间债权债务关系的清偿是运用各种各样的外汇交易来实现的。外汇交易是以一定的交易方式买卖以外币表示的支付手段或信用工具的活动。外汇交易可以分为以下几类:

1. 即期外汇交易

即期外汇交易又称现汇交易,指外汇买卖成交后,在两个营业日内办理交割的外汇业务。在即期外汇交易中采用的是即期汇率。例如,A公司有一笔到期需要支付的瑞士法郎现汇货款,它从B银行购入所需的瑞士法郎。在成交后的两个营业日内,B银行会将这笔瑞士法郎汇入A公司在法国的某家往来银行,同时A公司也会在B银行的存款账户上存入等值的本国货币。

在即期外汇交易中,按照交易惯例,交割必须在成交后的两个营业日内进行。两个营业日如何确定是即期外汇交易中的重要问题。国际外汇市场上遵循的是"价值抵偿原则",即一项外汇合约的双方,都必须在同一时间交割,以免任何一方因交割不同时而遭受损失。

在外汇交易中,"营业日"一般指实际交割的双方国家中银行都营业的日子。如果进行交易的两家银行有着同样的休息日,那么这个问题就很容易解决。例如,伦敦和纽约的银行都是在星期六和星期日休息,所以,如果一家纽约银行和一家伦敦银行之间的即期交易发生在星期五,两个营业日以后就是星期二。虽然理论上应在星期二进行交割,但这里往往还有各种复杂的情况。

首先,要遵守交割地点原则。所谓交割地点,是银行进行交易的货币的发行国,与之相对的是交易地点,当进行货币交易的双方所在地与他们所交易的货币的发行国不一致时,银行所在地称为交易地点。"交割地点原则"是指,如果位于交割地点的银行不营业,那么就不能进行这种货币的交割。上例中,若两家银行交易的是瑞士法郎,而星期二是瑞士银行的休假日,那么那天就不会发生瑞士法郎存款的转付,交割日应向后顺延。

其次,如果交割日(如上例中的星期二)是交割双方任何一方的休假日,就应顺延一天。

最后,还有一个关于星期一的问题。假如在纽约,星期一是假日,而在伦敦则不是,那么"两个营业日"后在纽约是指星期三,而在伦敦则指星期二,因此应以在市场上进行交易的银行的交割日为准。这样,如果纽约银行通知伦敦银行付款,就应以伦敦银行的交割日(星期二)为准;如果伦敦银行通知纽约银行付款,则以纽约银行的交割日(星期三)为准。

2. 远期外汇交易

远期外汇交易又称期汇交易,是指外汇交易成交时,双方先约定交易的细节,到未来约定的日期再进行交割的外汇交易。远期外汇交易的期限一般有1个月、2个月、3个月、6个月或1年。在远期外汇交易中采用的汇率是不同期限的远期汇率。

与即期外汇交易一样,远期外汇交易也存在交割日或交割日的确定问题。如果今天发生一笔远期外汇交易,要确定其一个月(或30天)后的远期交割日,首先应确定其即期交割日,然后将即期交割日顺延一个月,一个月后的同一天就是远期交易的交割日。例如,发生在7月26日的一笔交易,其即期交割日为7月28日,那么一个月后的远期交割日就应该是8月28日。

如果8月28日在那个交易中心正好是一个假日,或者交割地点的银行恰好不营业,那么,要将结算日推延到第一个合适的日子。但是绝不能延迟到下个月,上例中则是不能推迟到9月份。如果正好赶上月末,则应提前到第一个合适的日子。

如果即期交割日是当月的最后一个营业日,那么所有的远期交割日也都是相应月份的最后一个营业日。例如,如果发生在今天的即期交易的交割日是2月28日,是2月的最后一个营业日,那么今天发生的1个月远期合约的交割日应是3月的最后一个营业日,如果3月31日是最后一个营业日,则3月31日即为交割日,而不是3月28日(即使它也是营业日)。以上这些规则有时能使一系列的远期到期日相重合。

远期外汇交易的汇率与即期外汇交易的汇率是不同的,而且不同期限的远期外汇交易的汇率也不一样。远期汇率相对于即期汇率,会出现"升水"或"贴水"。远期汇率比即期汇率高的现象,称为远期升水;反之,则称为远期贴水;两者一致则称为平价。目前世界外汇市场上,对远期汇率的报价通常有两种方式。一是直接报出不同币种不同期限的远期汇率,日本、瑞士等国都采用这一方式;二是不直接报出远期汇率,而只公布不同期限的远期差价(即期汇率与远期汇率的差额),在具体交易时再由交易者根据当日即期汇率推算出远期汇率。英、美、法、德等国都采取这种报价方法。

人们利用远期外汇交易主要是为了套期保值和投机。套期保值(Hedging)指为了避免汇率变动的风险,对持有的资产和负债进行卖出或买入该种货币的远期交易。从事套期保值的主要是已达成进出口交易的贸易商、国际投资者,以及有外汇净头寸的银行。

(1)进出口商与国际投资者的套期保值。在国际贸易、国际投资等国际经济交易中,由于从合约签订到实际结算之间总存在一段时差,在这段时间内,汇率有可能向不利的方向变化,从而使持有外汇的一方蒙受风险损失。为了避免这种风险,进出口商等会在签订合约时,就向银行买入或卖出远期外汇,当合约到期时,即按已商定的远期汇率买卖所需外汇。

例:一家墨西哥公司从美国进口价值 1 000 000 美元的商品,双方达成协议:3 个月后付款,货款以美元结算。当时外汇市场上的即期汇率为 11.50 墨西哥比索/美元,3 个月远期汇率为 11.80 墨西哥比索/美元。如果预计 3 个月后墨西哥比索贬值到 15.50 墨西哥比索/美元,为了防范墨西哥比索贬值的风险,墨西哥进口商应当如何使用远期外汇合同套期保值?

对于墨西哥进口商来讲,该进口合同价值 11 500 000 墨西哥比索。如果 3 个月后墨西哥比索贬值到 15.50 墨西哥比索/美元,那么,进口商品价值 15 500 000 墨西哥比索。如果墨西哥进口商没有采取任何保值措施,他将支付 15 500 000 墨西哥比索进口货款。由于汇率的变动,该公司损失了 4 000 000 墨西哥比索。为了防范墨西哥比索贬值的风险,墨西哥进口商在签订进口合约的同时,与银行签订一份远期合约,以远期汇率 11.80 墨西哥比索/美元购入 1 000 000 美元。

如果 3 个月后比索果然贬值到 15.50 墨西哥比索/美元,该进口商履行远期合约需要支付 11 800 000 墨西哥比索。如果墨西哥进口商不进行套期保值,将损失 4 000 000 墨西哥比索;使用远期外汇合约套期保值后,该进口商的损失只有 300 000 墨西哥比索。当然,如果结算货币是墨西哥比索而不是美元,那么承担汇率风险的就是美国出口商,而不是墨西哥进口商。为了避免风险,美国出口商也会进行套期保值。

套期保值使汇率变动给当事人带来的损失局限在一定的范围内,预先确定了该项交易的成本或收益,有利于进行财务核算。当然,也有可能汇率的变动与交易者所担心的方向相反,如果不进行套期保值反而有利,这种可能也是套期保值必然的机会成本。

(2) 外汇银行为轧平外汇头寸而进行的套期保值。当面临汇率风险的客户与外汇银行进行远期外汇交易时,实际上是将汇率变动的风险转嫁给了外汇银行。而银行在它所进行的同种货币、同种期限的所有远期外汇交易不能买卖相抵时,就产生了外汇净头寸,面临风险损失。为了避免这种损失,银行需要抛出多头、补进空头,轧平各种币种、各种期限的头寸。如一家美国银行在 3 个月的远期交易中共买入 22 万瑞士法郎,卖出 16 万瑞士法郎,这家银行持有 6 万瑞士法郎期汇的多头,若瑞士法郎在这 3 个月内跌价,该银行就会蒙受损失。因此这家银行一定会向其他银行卖出 6 万瑞士法郎期汇。银行的这种外汇买卖被称作外汇头寸调整交易。

(3) 投机者在远期外汇市场上的活动。与套期保值者利用市场轧平风险头寸的动机不同,投机者是有意识地持有外汇头寸以获得风险利润。投机者是基于这样一种信念,即相信自己比大多数市场参与者更了解市场趋势,自己对汇率趋势的预期更为正确。外汇投机者与套期保值者的一大区别是前者没有已发生的商业或金融交易与之对应。因此外汇投机能否获得利润主要依赖于其预期是否正确。若预期正确,当然可以获得收益;若预期错误,则会蒙受损失。例如,如果投机者预期某种货币今后 3 个月会升值,他将在期汇市场上买入 3 个月该种货币期汇,若到期果然升值,他在期汇市场上买入该种货币,同时在现汇市场上高价卖出,获得风险收益。当然他也可以直接在现汇市场上投机,即预期某货币将升值,就在即期市场上买入,等到它果然升值了,再将之卖出,获得收益。但是在现汇市场上投机需要更多的资金。在期汇市场上先卖后买的投机交易被称作卖空;在期汇市场上先买后卖的投机交易被称作买空。有时,买空或卖空不需要真正进行买卖,只需交割汇率变动的差价即可。

3. 择期交易

择期交易指买卖双方在订立合约时,事先确定了交易价格和期限,但订约人可以在这一期限内的任何日期买进或卖出一定数量的外汇。可见,择期交易的交割日期是不确定的。

在国际贸易中,许多时候往往既不可能事先十分明确地知道货物运出或抵达的日期,也不可能肯定地知道付款或收款的确切日期,而只是知道大约在哪段时间之内。在这种情况下,若是采用通常的远期外汇交易,有可能产生不便,如外汇合约到期,却没能如期收回货款。

一方面,择期交易为贸易商提供了很大的方便,不论他何时收到货款,都可以根据择期合约中已规定好了的汇率买卖外汇,从而避免了外汇风险。如果一个出口商知道出口货款会在第三个月内到达,但具体哪天却不确定,他就可以与银行签订一份择期合约,卖出三个月期的外汇出口收入,择期在第三个月。他根据这一合约确定了汇率,并可选择他认为最方便的日期结算。如果他有可能在第二个月或第三个月收到出口货款,他也可以签订三个月期的合约,择期在第二个月或第三个月。如果他有可能在这三个月中的任何时候收到货款,那么他可以卖出三个月期的远期外汇,择期三个月。

另一方面,择期交易给银行带来了不便,因为客户有可能在择定期限的第一天,也有可能在最后一天,或者在中间的任何一天进行交割。这使银行在择定期限内总须持有这笔交易所需的资金,可能给银行带来风险。为了平衡客户与银行之间的有利与不利、收益与损失,银行总是会选择在择定期限中对客户最不利的汇率。

择期交易示例

4. 掉期交易

掉期交易(Swap)指同时买进并卖出同一种货币,买卖的金额相等,但交割期限不同。掉期交易最初是在银行同业之间进行外汇交易的过程中发展起来的,目的是使某种货币的净头寸在某一特定日期为零,以避免外汇风险,后来逐渐发展为具有独立运用价值的外汇交易活动。掉期业务在银行同业市场上占有重要地位,据调查,美国20世纪80年代银行同业外汇市场上,有近2/3的交易是即期交易,掉期交易占30%,而单纯的远期交易只占总交易量的6%。目前,掉期交易可以分为即期对远期和远期对远期两种类型。

(1) 即期对远期的掉期。即期对远期的掉期,指买进或卖出一笔即期外汇的同时,卖出或买入一笔远期外汇。远期外汇的交割期限可以是一周、一个月、两个月、三个月、六个月等,这是掉期交易中最常见的形式。

例:南洋银行在3个月内需要英镑,它可以与东亚银行签订一个掉期协议,买入即期英镑,同时卖出3个月的远期英镑,这样,既满足了对英镑的需求,又避免了持有外汇的风险。

对于参加掉期交易的人来说,他们关心的不是具体的即期汇率和远期汇率,而是二者之差,即掉期率。在上例中,如果即期汇率是1英镑=2.00美元,3个月期汇率是1英镑=2.10美元,那么三个月的掉期率是0.10,将它折算为年率如下:

$$0.10/2.00 \times 12/3 \times 100\% = 20\%$$

这意味着与银行可以选择的其他盈利机会相比,这笔掉期业务每年可以获得20%的收益。

银行可以利用掉期交易轧平外汇头寸。例如,一家公司从某银行买入6个月期远期英镑100 000,银行因出售远期英镑而有了空头英镑,为了轧平头寸,银行需买进远期英镑100 000。如果这笔远期交易是在银行同业市场上进行的,那么一般采用掉期的形式,银行可以做如下掉期:卖出即期英镑100 000,同时买入6个月远期英镑100 000。掉期后,远期英镑头寸轧平,但又有了即期英镑空头,因此该银行必须在即期市场上买入100 000英镑,轧平即期头寸。

(2) 远期对远期的掉期。远期对远期的掉期,指同时买入并卖出币种相同、金额相同但交割期限不同的远期外汇。这种掉期的原理与即期对远期相同,但不常使用。

例:一家美国银行一个月后将有100 000瑞士法郎的支出,而三个月后又将有100 000瑞士法郎的收入。为此,银行做一笔一个月对三个月的掉期,即买入一个月的远期瑞士法郎100 000,同时卖出三个月的远期瑞士法郎100 000。

掉期除可以为银行轧平外汇头寸提供方便之外,还可以作为外汇合约展期的方法,即当原来购买外汇的合约期限定得较短时,可以将这笔外汇卖出,同时买入新的期限的外汇;同样,若是原来出售外汇的合约期限定得较短,也可以通过买入近期、卖出远期的方法掉期以延展外汇合约的期限。

5. 套汇交易

套汇指人们利用同一时刻国际间汇率的不一致,以低价买入同时以高价卖出某种货币,以谋取利润的做法。套汇可以分为直接套汇和间接套汇两种。

(1) 直接套汇。又称双边套汇或两角套汇,指利用同一时刻两个外汇市场之间出现的汇率差异进行套汇。这是最简单的套汇方式。

例：×年×月×日，美国纽约外汇市场上1美元=1.2175/1.2185瑞士法郎，同时瑞士苏黎世外汇市场上1美元=1.2125/1.2135德国马克。这时，由于两地美元与瑞士法郎的汇价不一致，因此产生了套汇的机会。显然，美元在纽约的价格更贵，而在苏黎世则相对便宜。因此，在纽约卖出美元，同时在苏黎世买入美元，即可获得价差收益。具体如下，套汇者以1.2175瑞士法郎/美元的价格卖出美元，则卖出1美元，可以得到1.2175瑞士法郎；同时以1.2135瑞士法郎/美元的价格买入美元，即花1.2135瑞士法郎可以买入1美元，这样，只要动用1美元成本，就可以获得0.0040瑞士法郎的套汇收益。

(2) 间接套汇。也称三角套汇，指利用同一时刻三个外汇市场上的汇率差异进行的套汇。

例：×年×月×日，纽约外汇市场上1英镑=2.0112美元，伦敦外汇市场上1英镑=16.0051港币，同时，香港外汇市场上1美元=7.8017港币，那么，套汇者便可以在纽约市场上卖出1美元，得到0.4972英镑，然后将英镑在伦敦市场上卖出，得到7.9577港币，之后再将港币在香港市场上卖出，得到1.02美元，这样，以1美元套汇，最后获得0.02美元的收益。

判断三个市场或三个以上市场之间有无套汇机会会比较复杂。一个较简单的判断方法是将三个或更多外汇市场上的汇率按同一种标价方法即直接标价法或间接标价法列出，把它们依次连乘，如果乘积为1，说明没有套汇机会，如果不为1，则说明有套汇机会，即$e_{ab} \cdot e_{bc} \cdot e_{cd} \cdots e_{mn} \cdot e_{na} \neq 1$，便有可能套汇，其中$e_{ab}$表示1单位A国货币可以折算为多少B国货币，其他汇率的表示与此相同。

若以上例说明此方法，则先把三个外汇市场上的汇率用直接标价法列出：

纽约市场　1英镑=2.0112美元

伦敦市场　1港币=0.0625英镑

香港市场　1美元=7.8017港币

将这三个汇率连乘，得到$0.98 \neq 1$，说明有套汇机会。

或者，把三个外汇市场上的汇率用间接标价法列出：

纽约市场　1美元=0.4972英镑

伦敦市场　1英镑=16.0051港币

香港市场　1港币=0.1282美元

将这三个汇率连乘，得到$1.02 \neq 1$，说明有套汇机会。

由以上介绍可以看出，套汇产生于各个市场上汇率的不一致，使得在不同市场上贱买贵卖有利可图，而套汇活动本身又会使得市场不均衡消失，促使市场实现均衡。随着现代通信系统的发展，世界各地外汇市场上的信息传递得很快，使得套汇机会转瞬即逝。

6. 套利交易

套利指投资者根据两国金融市场上短期利率的差异，从利率较低的国家借入资金，在即期外汇市场上将其兑换成利率较高的国家的货币,并在那个国家进行投资,以获得利息差额的活动。

例:假定一个美国人手中拥有暂时闲置的资金100 000美元,此时美国货币市场上的一年期利率是5%,英国货币市场上一年期利率为10%,即期汇率为1英镑=2.00美元,12个月远期汇率为1英镑=1.96美元。该投资者可以有两种投资选择:既可以在美国投资(存美元),也可以在英国投资(存英镑)。

如果在美国投资,那么一年后,该投资者可以获得的本利和为

100 000美元×(1+5%)=105 000美元

如果在英国投资,则必须先将美元按照即期汇率兑换成英镑(50 000英镑),那么一年后,该投资者可以获得的本利和为

50 000英镑×(1+10%)=55 000英镑

如果汇率不变,他把在英国投资的收益换回美元,可以得到110 000美元,获得两国利差5 000美元。

如果汇率有所波动(上浮或下浮),该投资者在英国获得的英镑收益在换回美元时就面临不确定性,有可能遭受汇差损失或获得额外的汇差收益。

如果一年后,英镑相对美元升值,1英镑=2.10美元,则英镑收益相当于115 500美元,投资者不仅获得利差收益5 000美元,而且还获得汇差收益5 500美元;如果一年后,英镑相对美元贬值,1英镑=1.80美元,则英镑收益相当于99 000美元,投资者不仅未获得利差收益,汇率的损失(11 000美元)还超过了利率的优惠(5 000美元),净损失6 000美元。

可以看出,这种纯粹的套利行为面临汇率变动不确定性所带来的风险。由于投资者没有对外汇风险进行弥补,因此被称作"非抵补套利"。为了避免汇率在投资期内向不利方向变动而带来损失,投资者通常会对风险进行弥补,这就是"抵补套利"。

在此例中,该美国投资者在英国投资的同时,可以在远期外汇市场上将到期应获得的本利和55 000英镑按照1英镑=1.96美元的远期汇率卖出一年期外汇。这样,他从投资一开始就知道在英国投资将比在美国投资多赚多少,即

55 000英镑×1.96美元/英镑-105 000美元=2 800美元

从而抵补了汇率变动所可能带来的风险。

这种抵补套利的结果是使高利率货币的即期汇率不断提高,而远期汇率不断降低,即贴水额变大;而利率低的货币则即期汇率降低,远期汇率提高,即升水额变大。这种变动,会使套利收益逐渐减少,等到利差相互抵消时,套利活动即会停止。也就是说,如果市场上以套利为职业的交易者都很圆满地完成了任务,那么很快就不会再有套利机会了,交易商们这样做无异于使自己失业。

7. 投机交易

外汇投机交易是投机商利用外汇汇率的变动进行交易,并期望从中获利的外汇交易,它是建立在投机商对外汇市场的预期基础上的。投机交易一般是利用远期交易来进行的,如欧洲某投机商预计美元在未来3个月内有上涨的可能,便买入3个月美元远期外汇,当3个月后美元汇率真的上涨了,他则先按照远期合同规定的汇率买入美元外汇,再以上涨了的汇率在即期市场上卖出外汇,从而获取低进高出的差价收入,这种先买后卖称为"多头";相反,如果该投机商预计美元汇率在未来3个月内可能下跌,他会先卖出3个月美元远期外汇,当3个月后美元汇率下跌后,他再以下跌了的汇率在即期市场上买入与远期合同所规定的数量相同的美元去交割远期合同,从中获取利润,这种先卖后买称为"空头"。

以上介绍了常见的几种外汇交易业务。随着国际金融的不断发展,国际经济活动日益更新,出现了许多新的外汇交易种类,并已经有了很大的发展,如外汇期货、外汇期权交易等。

第二节 汇率

一 汇率的定义及其内涵

汇率又称汇价,是一种货币用另一种货币表示的价格,是一国货币兑换成另一国货币的比率或比价。由于汇率在外汇市场上是不断波动的,因此又称外汇行市。在我国,人民币对外币的汇率通常在中国银行挂牌对外公布,所以汇率又称外汇牌价。

汇率之所以重要,首先是因为汇率将同一种商品的国内价格与国外价格联系了起来。对于一个中国人来讲,美国商品的人民币价格是由两个因素的相互作用决定的:① 美国商品以美元计算的价格;② 美元对人民币的汇率。

例如,假定王先生想要购买一台 IBM 电脑,如果该品牌的电脑在美国市场的售价为 1 000 美元,而汇率是 1 美元 = 6.60 元人民币,则我们可以换算出,王先生需要支付 6 600 元人民币(= 1 000 美元 × 6.60)。现在,假定王先生由于财力困扰而不得不推迟两个月购买,此时美元的汇率已经上升到 1 美元 = 7.00 元人民币,此时尽管该电脑在美国生产的价格仍然是 1 000 美元,王先生却必须支付更多的人民币(7 000 元人民币),即外汇汇率上升使外国商品的人民币价格升高了。

与此同时,美元汇率上升却使中国商品在美国的价格变得较为便宜。在汇率为 1 美元 = 6.60 元人民币时,一台标价为 7 260 元人民币的海尔空调,美国消费者布朗先生需要花费 1 100 美元;如果汇率上升到 1 美元 = 7.00 元人民币,布朗先生只需要花费 1 037 美元,即外汇汇率上升使本国商品以外币表示的价格降低了。

相反,美元汇率下跌将降低美国商品在中国的价格,同时提高中国商品在美国的价格。如果美元对人民币的汇率从 1∶6.60 下降到 1∶6.40,那么,王先生购买上述一台 IBM 电脑只需花费 6 400 元人民币,而布朗先生购买上述一台海尔空调的支出却上升到 1 134 美元。

因此,在两国国内价格均保持不变的前提下,当一个国家的货币升值时,该国商品在国外就变得较为昂贵,而外国商品在该国则变得较为便宜。反之,当一国货币贬值时,该国商品在国外就变得较为便宜,而外国商品在该国则变得较为昂贵。汇率实际上是把一种货币单位表示的价格"翻译"成用另一种货币表示的价格,从而为比较进口商品和出口商品、贸易商品和非贸易商品的成本与价格提供了基础。

二 汇率的标价方法

按照汇率是以本国货币还是以外国货币作为折算标准,汇率的标价方式可区分为直接标价法和间接标价法两种。

(一) 直接标价法

直接标价法(Direct Quotation)又称价格标价法(Price Quotation)或应付标价法(Giving Quotation),是将一定单位(1 个或 100 个、10 000 个单位)的外国货币表示为一定数额的本国货币,汇率是单位外国货币以本国货币表示的价格。在直接标价法下,外国货币的数额保持不变,汇率的变动都以本币数额的相对变动来表示。如果汇率升高,意味着需要比原来更多的本币才能兑换到 1 个单位的外币,说明外币升值(本币贬值)或外汇汇率上涨(本币汇率下跌);反之,如果汇率下跌,意味着仅需要比原来更少的本币就能兑换到 1 个单位的外币,说明外币贬值(本币升值)或外汇汇率下跌(本币汇率上涨)。

(二) 间接标价法

间接标价法(Indirect Quotation)又称数量标价法(Quantity Quotation)或应收报价法(Receiving Quotation),是将一定单位的本国货币表示为一定数额的外国货币,汇率是单位本国货币以外币表示的价格。在间接标价法下,本国货币的数额不变,汇率的涨跌都以外国货币数量的相对变化来表示。如果汇率升高,意味着 1 个单位的本国货币可以兑换到比原来更多数额的外币,说明外币贬值(本币升值)或外汇汇率下跌(本币汇率上涨);反之,如果汇率下跌,意味着 1 个单位的本国货币只能兑换到比原来更少数额的外币,说明外币升值(本币贬值)或外汇汇率上涨(本币汇率下跌)。

目前,世界上大多数国家都采用直接标价法,采用间接标价法的国家很少。历史上,只有英国的英镑一直使用间接标价法;美国的美元原来采用直接标价法,后来伴随着美元取代英镑成为国际结算的主要货币,纽约外汇市场从 1978 年 9 月 1 日开始改用间接标价法,但美元兑英镑的汇率仍采用直接标价法。欧元兑大多数货币采用间接标价法,对英镑采用直接标价法。我国人民币目前采用直接标价法。

以直接标价法和间接标价法表示的汇率之间存在倒数关系。例如,2007年7月6日公布的按直接标价法报出的汇率100美元=761.3500元人民币,可推算出以间接标价法表示的汇率为1元人民币=0.1313美元(100÷761.3500)。

由于外汇报价涉及两种货币的价格,所以汇率的变动实际上意味着两种货币价格的同时变动。例如,假定某年某月某日在纽约市场上,瑞士法郎的汇率从原来的1美元=1.2170瑞士法郎变成1美元=1.2150瑞士法郎,这意味着1美元的瑞士法郎价格从原来的1.2170瑞士法郎下降到1.2150瑞士法郎;同时也意味着1瑞士法郎的美元价格从0.8217美元上升到0.8230美元。换言之,我们既可以说每美元对瑞士法郎下跌了0.0020,也可以说每瑞士法郎对美元上浮了0.0017。

三 汇率的种类

根据不同的分类标准,汇率可以划分为不同的种类。

(一) 买入汇率、卖出汇率和现钞汇率

从银行买卖外汇的角度,汇率可以划分为买入汇率、卖出汇率和现钞汇率。买入汇率(Buying Rate or Bid Price)也称买入价,是银行从同业或客户那里买入外汇时所使用的汇率;卖出汇率(Selling Rate or Offer Price)也称卖出价,是银行向同业或客户卖出外汇时使用的汇率。由于买入汇率、卖出汇率分别适用于出口商、进口商与银行间的外汇交易,因此二者又常常称为出口汇率、进口汇率。

买入价和卖出价是从报价银行的角度出发的。银行买卖外汇的目的是追求利润,即通过贱买贵卖赚取买卖差价。外汇买入价和卖出价的差额即是银行买卖外汇的收益,一般为所买卖外汇价值的1‰—5‰。在外汇市场上,买卖差价通常以"点"来表示,每一个点为0.0001。

外汇市场上挂牌的外汇牌价通常采用双向报价的方式同时报出买入价和卖出价。所报出的汇率尽管都是前一个数值较小,后一个数值较大,然而在不同的标价法下,其含义却不同。针对外汇汇率而言,采用直接标价法时,前一个数字是买入价,后一个数字是卖出价;采用间接标价法时,前一个数字是卖出价,后一个数字是买入价。

例:假定×年×月×日,瑞士苏黎世外汇市场上(采用直接标价法),美元的汇率是1美元=1.2179/1.2183瑞士法郎,前一个数字1.2179瑞士法郎/美元是美元的买入价,即银行买入1美元付出1.2179瑞士法郎;后一个数字1.2183瑞士法郎/美元是美元的卖出价,即银行卖出1美元收进1.2183瑞士法郎。同一天,假设纽约外汇市场上(采用间接标价法),日元的汇率是1美元=123.37/123.41日元,前一个数字123.37日元/美元是日元的卖出价,即银行卖出123.37日元收进1美元;后一个数字123.41日元/美元是日元的买入价,即银行买入123.41日元付出1美元。不论是在直接标价法下还是在间接标价法下,银行都是以低价买入外币,以高价卖出外币。

两种标价法的内在本质其实是相同的。因此,我们可以这样判断:在任何一个汇率报价中,针对作为折算标准的货币而言,前一个较小的数值为买入价,后一个较大的数值为卖出价;而针对作为折算单位的另一种货币来讲,前一个较小的数值为卖出价,后一个较大的数值为买入价。

买入汇率和卖出汇率的算术平均数称为中间汇率,其计算公式为:中间汇率=(买入汇率+卖出汇率)/2。中间汇率通常在计算远期升、贴水率和套算汇率中使用,各国政府规定和公布的官方汇率以及经济理论著作或报道中出现的汇率一般也是中间汇率,因此,中间汇率不是在外汇买卖业务中使用的实际成本价。

现钞汇率是指买卖外币现钞的兑换率。由于外国货币一般不能在本国流通,因此只能将之兑换成本国货币,才能购买本国的商品和劳务。尽管理论上买卖外币现钞的兑换率与外汇买入价和卖出价应该相同,但是,由于外币现钞只有运到发行国以后才能成为有效的支付手段,因此,银行在收兑外币现钞时,必须将运输、保险等费用考虑在内,给出一个较低的汇率,通常比外汇买入价低2%—3%,而卖出外币现钞的汇率和外汇卖出价相同。

(二) 同业汇率和商人汇率

按照买卖外汇的对象,汇率可以划分为同业汇率和商人汇率。所谓同业汇率(Interbank Rate),是银行与银行之间买卖外汇时采用的汇率。而商人汇率(Merchant Rate),则是银行与客户之间买卖外汇时采用的汇率。一般而言,在正常情况下,银行同业间买卖外汇所采用的汇率买卖差价比银行与一般客户交易的买卖差价要小。

(三) 固定汇率和浮动汇率

按照国际货币制度的演变,汇率可以划分为固定汇率和浮动汇率。固定汇率是指一国货币同他国货币的汇率基本固定,汇率的波动仅限制在一定幅度之内。在金本位制下,这种汇率可以在黄金输送点的界限内波动;在布雷顿森林体系下,汇率可在铸币平价上下1%的幅度内波动。而浮动汇率则是指一国货币当局不规定本国货币与他国货币的官方汇率,听任市场供求来决定汇率。在外汇市场上,如果外币供给大于需求,则外币贬值,本币升值;如果外币需求大于供给,则外币升值,本币贬值。

(四) 电汇汇率、信汇汇率和票汇汇率

按照银行的付汇方式可分为电汇汇率、信汇汇率和票汇汇率。

电汇汇率(Telegraphic Transfer Rate,简称T/T Rate),是经营外汇业务的本国银行,在卖出外汇后,立即以电报委托其海外分支机构或代理机构付款给收款人时所使用的汇率。电汇汇率是外汇市场的基准汇率,是计算其他各种汇率的基础。

信汇汇率(Mail Transfer Rate,简称 M/T Rate),是经营外汇业务的本国银行,在卖出外汇后,开具付款委托书,用信函方式通过邮局通知国外分支行或代理行解付所使用的

汇率。

票汇汇率(Demand Draft Rate,简称 D/D Rate,或 Sight Bill Rate),是指经营外汇业务的本国银行,在卖出外汇后,开立一张由其国外分支机构或代理行付款的汇票交给收款人,由其自带或寄往国外取款时所采用的汇率。票汇又分为短期票汇和长期票汇两种,由于银行能够更长时间地占用客户资金,因此长期票汇汇率低于短期票汇汇率。

(五) 即期汇率和远期汇率

按照外汇买卖交割期限,汇率可以划分为即期汇率和远期汇率。即期汇率(Spot Rate)又称现汇汇率,是买卖外汇的双方成交后,在两个营业日内办理外汇交割时所采用的汇率。即期汇率的高低取决于即期外汇市场上交易货币的供求状况。

远期汇率(Forward Rate)又称期汇汇率,是买卖双方预先签订合约,约定在未来某一日期按照协议交割所使用的汇率。远期汇率建立在即期汇率的基础上,反映即期汇率变化的趋势。一般说来,即期汇率与远期汇率是同方向变动的。

远期汇率与即期汇率之间的差额称为远期差价(Forward Margin)或掉期率(Swap Rate)。通常以远期汇率高于或低于即期汇率的点数来报出期汇汇率。若外国货币趋于坚挺,则其远期汇率大于即期汇率,差价称为"升水"(at Premium);若外国货币趋于疲软,则其远期汇率小于即期汇率,差价称为"贴水"(at Discount);若外国货币的远期汇率与即期汇率相等,则称"平价"(at Par)。

远期差价通常以点数来表示,在外汇市场上,每一个"点"为万分之一,即 0.0001。一般而言,远期外汇的买卖差价要大于即期外汇的买卖差价。如某日瑞士法郎的即期汇率为 1 美元 = 1.2153/1.2169 瑞士法郎,3 个月期的远期汇率为 1 美元 = 1.2172/1.2193 瑞士法郎,即期外汇的买卖差价为 16 个点,而远期外汇的买卖差价为 21 个点。

为了便于同汇率涉及的两国的利率差异作比较,远期升(贴)水通常换算成以百分比表示的年率:

$$远期升(贴)水年率 = \frac{远期汇率 - 即期汇率}{即期汇率} \times \frac{12}{远期合约期限} \times 100\%$$

例如,假定英镑的即期汇率为 2.0110 美元/英镑,三个月远期英镑的远期汇率为 2.0210 美元/英镑,则英镑三个月的升(贴)水年率为

$$\frac{2.0210 - 2.0110}{2.0110} \times \frac{12}{3} \times 100\% = 1.99\%$$

显然,以英镑为外汇的话,其他货币对英镑的汇率均采用直接标价法,因此,上述计算结果表示英镑的年升水率为 1.99%。

在不同的汇率标价方式下,根据即期汇率和远期差价来计算远期汇率的方法是不同的。在直接标价法下,远期汇率等于即期汇率加上升水或减去贴水;在间接标价法下,远期汇率等于即期汇率减去升水或加上升水。

远期汇率的计算示例

在实际计算远期汇率时,可以不必考虑汇率的标价方式以及是升水还是贴水,仅根据升(贴)水的排列即可进行计算。具体如下:如远期差价以小/大排列,则远期汇率等于即期汇率加上远期差价;如远期差价以大/小排列,则远期汇率等于即期汇率减去远期差价。

当然,有时远期汇率的报价也采取直接报价的方式,即将远期汇率按不同的交割期限直接报出期汇的买入价和卖出价。直接报价方法通常适用于银行对一般顾客的报价,而以远期差价表示的报价方法则通常适用于银行同业间的报价。在日本和瑞士等少数国家,银行同业间进行的外汇交易,远期汇率的报价也采用直接报价方式。而英、美、德、法等国都以报出远期差价的方式报出远期汇率。

(六)基本汇率和套算汇率

按照制定汇率的方法,汇率可以划分为基本汇率和套算汇率。基本汇率,是一国货币对其关键货币的汇率。套算汇率又称交叉汇率,是在各国基本汇率的基础上换算出来的各种货币之间的汇率。

由于外国货币种类繁多,因此一国若要制定出本国货币与每一种外国货币之间的汇率是非常麻烦的。为了简化起见,各国一般都选定一种在本国对外经济交往中最为常用的重要货币作为关键货币,制定出本国货币与该关键货币之间的汇率,这一汇率即为基本汇率。关键货币通常需要具备以下三个基本条件:① 是本国国际收支中使用最多的货币;② 是在该国外汇储备中占比最大的货币;③ 具有充分的可兑换性,能够被其他各个国家普遍承认和接受。

很多国家都选择美元作为关键货币,将本国货币与美元之间的汇率作为关键汇率。各国银行之间在报出汇率时,通常只报出基本汇率,至于其他外国货币与本国货币之间的汇率,则根据各国的基本汇率进行换算。常见的汇率套算方法有以下几种:

(1)按中间汇率套算。例如,假定×年×月×日,某外汇市场上汇率报价为 1 英镑 = 2.0115 美元,1 美元 = 1.2179 瑞士法郎。据此,我们可以套算出英镑与瑞士法郎之间的汇率:

1 英镑 = 2.0115 美元 = 1.2179 瑞士法郎/美元 × 2.0115 美元 = 2.4498 瑞士法郎

(2)交叉相除法。这种方法适用于关键货币相同的汇率。例如,假定×年×月×日,某外汇市场上汇率报价为 1 美元 = 1.2179/1.2183 美元,1 美元 = 123.37/123.41 日元。那么,我们可以使用交叉相除法计算日元和瑞士法郎之间的汇率。

假如一家银行想要以日元换瑞士法郎,即卖出日元买入瑞士法郎,那么这家银行可以以美元为中间货币来套算日元与瑞士法郎之间的汇率:卖出日元→买入美元→卖出美元→买入瑞士法郎。从这一过程的头尾来看,就实现了卖出日元买入瑞士法郎的交易目的。卖出1日元,可以买到1/123.37美元,卖出1/123.37美元,可以买到1.2183/123.37瑞士法郎,即日元的卖出价或瑞士法郎的买入价为

$$1.2183 \div 123.37 = 0.009875 \text{ 瑞士法郎/日元}$$

或 $123.37 \div 1.2183 = 101.26 \text{ 日元/瑞士法郎}$

假如这家银行想要以瑞士法郎换日元,即卖出瑞士法郎买入日元,则可以通过下面的过程达到目的:卖出瑞士法郎→买入美元→卖出美元→买入日元。以1瑞士法郎可买入1/1.2179美元,卖出1/1.2179美元可买得123.41/1.2179日元,因此瑞士法郎的卖出价或日元的买入价为

$$123.41 \div 1.2179 = 101.33 \text{ 日元/瑞士法郎}$$

或 $1.2179 \div 123.41 = 0.009869 \text{ 瑞士法郎/日元}$

综上所述,套算汇率可表示为

1 瑞士法郎 = 101.26/101.33 日元

或 1 瑞士法郎 = 0.009869/0.009875 瑞士法郎

总结套算规则,如表13-1所示。

表13-1 汇率的套算规则

(3)同边相乘法。这种方法适用于关键货币不同的汇率。例如,假定×年×月×日,某外汇市场上汇率报价为1美元=1.2179/1.2183瑞士法郎,1英镑=2.0115/2.0125美元。那么,我们可以使用同边相乘法计算英镑和瑞士法郎之间的汇率。

假如一银行想以瑞士法郎买入英镑,它可以通过美元作中间货币进行套算,过程如下:卖出瑞士法郎→买入美元→卖出美元→买入英镑。以1瑞士法郎可买入1/1.2179美元,卖出1/1.2179美元,可买入1/(2.0115×1.2179)英镑。因此,英镑的买入价或瑞士法郎的卖出价为

$$1/(2.0115 \times 1.2179) = 0.4082 \text{ 英镑/瑞士法郎}$$

或 $2.0115 \times 1.2179 = 2.4498 \text{ 瑞士法郎/英镑}$

若这家银行想以英镑买瑞士法郎,则可卖出英镑→买入美元→卖出美元→买入瑞士法郎。卖出1英镑,可买入2.0125美元,卖出2.0125美元,可买入(2.0125×1.2183)瑞士

法郎。因此,英镑的卖出价或瑞士法郎的买入价为

$2.0125 \times 1.2183 = 2.4518$ 瑞士法郎/英镑

或 $1/(2.0125 \times 1.2183) = 0.4079$ 英镑/瑞士法郎

综上所述,英镑与瑞士法郎的汇率为

1 英镑 = 2.4498/2.4518 瑞士法郎

1 瑞士法郎 = 0.4079/0.4082 英镑

总结套算规则,如表 13-2 所示。

表 13-2 汇率的套算规则

1 美元 = 1.2179—1.2183 瑞士法郎
↕   ↕
1 英镑 = 2.0115—2.0125 美元

(七) 官方汇率和市场汇率

按对外汇管理的宽严程度,汇率可以划分为官方汇率和市场汇率。官方汇率,是指由一国货币当局(财政部、中央银行或外汇管理当局)规定的汇率,一切外汇交易都必须按照这一汇率进行。例如,以前我国国家外汇管理局公布的牌价即为官方汇率。

官方汇率通常可以划分为单一汇率和多重汇率。单一汇率(Single Rate)是国家机构只规定一种汇率,所有外汇收支全部按此汇率计算;多重汇率(Multiple Rates)是一国政府对本国货币规定一种以上的汇率,是外汇管制的一种特殊形式。其目的在于限制资本的流入或流出,以改善国际收支状况。双重汇率(Dual Exchange Rates),是多重汇率的一种,是对本国货币与另一国货币的兑换同时规定两种不同的汇率。

市场汇率,是指在自由外汇市场上买卖外汇所使用的实际汇率,随着外汇市场上供求关系的变化而上下浮动,因此能够比较客观地反映本国货币的对外比价。在外汇管制较松的国家,官方汇率往往有行无市,只起中心汇率的作用,实际的外汇买卖则按市场汇率进行。由于政府干预的存在,市场汇率尽管通常高于官方汇率,却不会偏离官方汇率过远。

(八) 开盘汇率和收盘汇率

按银行营业时间,汇率可以划分为开盘汇率和收盘汇率。开盘汇率又叫开盘价,是指外汇银行在一个营业日刚开始营业进行外汇买卖时使用的汇率。收盘汇率又叫收盘价,是指外汇银行在一个营业日的外汇交易结束时使用的汇率。

四 汇率制度

汇率制度又称汇率安排,是指一国货币当局对其货币汇率的变动所做的一系列安排或规定。汇率制度作为有关汇率的一种基本原则,通常具有普遍适用和相对稳定的特点。

一种汇率制度应该包括以下几方面的内容:第一,规定确定汇率的依据;第二,规定汇率波动的界限;第三,规定维持汇率应采取的措施;第四,规定汇率应怎样调整。

根据汇率波动的剧烈程度和频繁程度,可以把汇率制度分为固定汇率制和浮动汇率制两大类型。前者指汇率取决于铸币平价,汇率的波动幅度被限制在一定范围内;后者指汇率不受铸币平价限制,而是取决于外汇市场上的供求关系。从历史发展来看,从19世纪末(约1880年)至1973年,世界主要国家采取的主要是固定汇率制;1973年以后,则主要采用浮动汇率制。

(一) 固定汇率制

固定汇率制包括金本位制下的固定汇率制和纸币流通条件下的固定汇率制。二者的共同点主要有:① 各国都对本国货币规定了金平价,各国货币的汇率由它们的金平价对比得到。② 外汇汇率比较稳定,围绕中心汇率上下波动的汇率的幅度较小。

它们之间的不同点在于:① 在金本位制下,各国规定了货币的法定含金量,金币可以自由兑换、自由铸造、自由输出入,汇率的波动幅度不会超过黄金输送点,固定汇率是自动形成的。在纸币流通条件下,固定汇率制是人为建立的,是通过各国之间的协议达成的,各国货币当局通过虚设的金平价来确定汇率,通过外汇干预或国内经济政策等措施来维持汇率,使它在较小的范围内波动。② 在金本位制下,各国货币的法定含金量是始终不变的,从而保障了各国货币间的汇率保持真正的稳定。而在纸币制度下,各国货币的金平价是可以变动的。因此,金本位制下的固定汇率是真正的固定汇率制,而纸币制度下的固定汇率制只可称为"可调整钉住汇率制"。

(二) 浮动汇率制

1973年2月后,西方主要工业国纷纷实行浮动汇率制。在浮动汇率制下,一国不再规定金平价,不再规定本国货币与其他国家货币之间的汇率平价,当然也就无所谓规定汇率波动的幅度以及货币当局对汇率维持义务。

根据货币当局是否干预可将浮动汇率制分为自由浮动和管理浮动。自由浮动也称清洁浮动(Clean Floating),即指货币当局对外汇市场不加任何干预,完全听任外汇供求关系影响汇率的变动。管理浮动又称肮脏浮动(Dirty Floating),指货币当局对外汇市场进行干预,以使汇率朝着有利于本国利益的方向发展。目前世界上各主要工业国所实行的都是管理浮动,绝对的自由浮动只是理论上的模式而已。管理浮动制从长期看可以反映各国经济实力的对比,在一定程度上避免了可调整钉住汇率制缺乏弹性的问题,从而避免了可能导致的破坏性的单向投机活动所带来的经济冲击。

浮动汇率制有不同的形式,可以分为单独浮动、钉住浮动和联合浮动三种形式。单独浮动是指本国货币不与其他任何国家的货币保持固定联系,其汇率按照外汇市场的供求状况单独浮动,美国、日本、新加坡、冰岛、新西兰等国均实行单独浮动汇率制。

钉住浮动是指本国(地区)货币与某一货币或一组货币保持固定联系,汇率与被钉住货币确定一个固定的比价并随被钉住货币汇率的变动而变动。采用钉住汇率制的多为发展中国家(地区)。我国香港地区执行的联系汇率制就是一种特殊形式的钉住汇率制。

联合浮动是指参加联合浮动的国家彼此间的汇率基本保持固定,而对联合体以外国家货币的汇率则采取共同浮动。

(三) 爬行钉住汇率制

爬行钉住汇率制是当今一些发展中国家采用的独具特色的汇率制度。在该汇率制度下,政府当局经常按一定时间间隔以事先宣布的百分比对汇率平价作小幅度的调整,直至达到均衡。例如,若某国需要对本国货币贬值6%,将汇率平价从2.00变为2.12。在可调整钉住汇率制下,汇率平价将在一夜之间发生变化,而在爬行钉住汇率制下,该国货币当局则会将这一贬值分在三个月内进行,每个月月末贬值2%。

实行爬行钉住汇率制的国家,其货币当局有义务维持某一汇率平价或将汇率波动维持在一定范围内,避免可调整钉住汇率制下汇率偶然地、大幅度地变动的情况。爬行钉住可分为消极爬行钉住和积极爬行钉住两种。若实行消极爬行钉住,政府根据国内外通货膨胀率等指标进行事后调整;若实行积极爬行钉往,政府根据自己的政策目标,对汇率平价进行经常的、小幅度的调整,诱导汇率上浮或下浮。

1983年10月15日,香港地区实行联系汇率制度。这是一种特殊的钉住汇率制。其主要内容包括:① 选定美元作为锚货币(Anchor Currency)。港币对美元的汇率锁定在1美元:7.8港币。② 港币完全可以兑换。③ 港币的发行要有100%的美元作准备。④ 香港金融管理局负责港币的发行,但其本身不发行货币,而是授权给三家商业银行(汇丰、渣打、中银)办理。这三家银行把相应规模的美元存入香港金融管理局,就可以获得港币的发行权。⑤ 香港金融管理局不得持有商业银行发行的债券,即使商业银行面临破产,金融管理局也不能出面干涉。也就是说,香港金融管理局没有"最后贷款者"的职能。

联系汇率的最大优点是有利于香港地区的金融稳定,特别是在20世纪80—90年代的过渡期内,联系汇率制起到了很大的作用。但这一制度也有其明显的缺点,那就是其经济行为过分地依赖于美国,严重削弱了香港当局利用货币手段调节经济的能力,也让香港当局失去了通过汇率来调节国际收支的能力。联系汇率制是一个颇有争议且很敏感的话题。

(四) 汇率制度的现状

根据国际货币基金组织的分类,汇率制度可分为三类:① 钉住汇率制度,包括钉住单一货币和钉住篮子货币。钉住单一货币时,这两种货币之间保持固定汇率,当被钉住的货币对其他货币的汇率变动时,则实行钉住制的国家的货币汇率也随之变动。当钉住篮子货币时,首先要选定一系列国家的货币,并按一定比例将它们组成一种复合货币。当这些国家的货币对其他货币的汇率发生变化时,该国货币的汇率也会发生变化。当今被钉住的单一货币主要是美元,钉住的篮子货币主要是特别提款权。② 有限灵活性汇率,包括对单一货币具有有限弹性和合作安排。③ 更灵活的汇率,包括根据一整套指标调整、其他管理浮动和独立浮动,这一类汇率制度包括了大多数发达工业国和发展中大国以及新兴工业国。

(五) 固定汇率制与浮动汇率制优劣之争

关于固定汇率制与浮动汇率制孰优孰劣,西方理论界一直争论不休。赞成固定汇率制反对浮动汇率制的人固然大有人在,赞成浮动汇率制反对固定汇率制的人也不在少数。随着固定汇率制与浮动汇率制的相继实行,尤其是两者都暴露出各自的弊端之后,对固定汇率制和浮动汇率制的争论更是愈演愈烈。

赞成浮动汇率制的理由主要有以下几个:

(1) 国际收支平衡不需要以牺牲国内经济为代价。在固定汇率制下,当一国发生国际收支失衡时,为维持汇率稳定,政府当局被迫采取紧缩性或扩张性的财政货币政策,从而使国内经济失去平衡,产生失业或通货膨胀。但是,在浮动汇率制下,这个问题不会出现。当一国发生国际收支失衡时,汇率会上下波动,从而消除失衡,使财政、货币政策免受影响,可专注于国内经济目标的实现。

(2) 保证了一国货币政策的自主性。在固定汇率制下,若一国企图通过采取扩张性货币政策来实现其经济目标,但是扩张的货币政策却带来了国际收支赤字,使该国货币面临贬值的压力,为了维持稳定的汇率,该国货币当局不得不在货币市场上抛售外币,回购本币,结果使初始的货币扩张半途而废,无法达到原来的目的。另有学者指出,在布雷顿森林体系下,各国货币政策都是由美国来制定的,全无自主性。当美国实行扩张性货币政策时,美元随着美国的国际收支赤字流入其他国家,使其他国家的货币对美元的汇率有上浮的压力。为维持汇率稳定,世界各国须购进美元、出售本币,导致本国货币供给量的增加,而这一货币供给量的增加并不是自愿的。然而,在浮动汇率制下,由于一国无须维持汇率稳定,可听任汇率上下浮动,因此不必通过在外汇市场上的干预而影响货币供给量了。

(3) 避免了通货膨胀的国际间传递。在固定汇率制下,国外发生通货膨胀,可通过以下途径传递到国内:① 根据一价定律,当汇率保持固定不变时,国外物价水平上涨直接影响国内物价水平的上涨。② 国外通货膨胀将带来本国的国际收支盈余,增加本国的外汇储备,从而使本国的货币供给量增加,间接引起国内通货膨胀,而在浮动汇率制下,国外通货膨胀将通过本国货币汇率上浮得以抵消,不会带来国内通货膨胀。

(4) 提高了资源配置效率。浮动汇率制下的汇率根据外汇市场上外汇的供求关系而定,并随外汇的供求对比变动而变动,因此,最能体现经济的真实要求,实行浮动汇率,一国便不需要竭力维护固定汇率,也不需要采取为维持国际收支平衡所采取的贸易管制,从而避免了资源配置的扭曲,提高了经济效率。

(5) 增加了国际货币制度的稳定。如前所述,在固定汇率制下,各国汇率一般保持稳定,但在迫不得已时,也会宣布法定贬值。在这种情况下,往往会造成单向投机,使得贬值更快也更严重。而在浮动汇率制下,各国的国际收支可自动恢复平衡,不至于出现累积性的国际收支盈余或赤字,从而避免了巨大的国际金融恐慌。

反对浮动汇率制的理由,主要有以下几个:

(1) 使汇率变得更加不稳定,给国际贸易和投资带来很大的不确定性,降低了世界范围内资源的配置效率。浮动汇率制使出口商无法确定未来汇率的变化,增加了进入国际贸易、国际投资市场的成本,使进出口商和投资者倾向于固守国内市场。从贸易来看,虽然进出口商可利用远期汇率来避免风险,但这一措施不能消除所有的风险。对投资来说,汇率变动也可能抵消资本收益,使投资受损。而汇率的频繁波动又不断改变着国际相对价格,从而使对国际贸易、国际投资至关重要的价格信号变得飘忽不定。

(2) 浮动汇率制同样会引起外汇投机。尽管在浮动汇率制下的外汇投机,不是在布雷顿森林体系下的单向投机,但当外汇市场上的供求关系导致货币汇率下跌时,往往也会使人们产生该货币汇率会进一步下跌的预期,这时就会有投机者"跳船"(Jumping Ship),该货币的价格必然会下跌。反之,汇率上浮时也会出现因投机而导致的"矫枉过正"。虽然在一个较长的时期内,货币汇率会由市场机制调节至均衡,但汇率在短期内的暴涨暴跌无疑会给国际经济带来不利影响。

(3) 更易传递通货膨胀。在固定汇率制下,政府推行膨胀性政策会导致国际收支赤字,形成贬值的压力。为维护汇率稳定,中央银行又不得不抛出国际储备,购进本币,这实际上是一个自我纠正的机制。然而,在浮动汇率制下,各国政府不再受国际收支的"纪律约束",这一机制不再起作用。一些具有膨胀倾向的政府就可大胆地膨胀国内经济,让汇率去承担国际收支失衡的后果。若汇率下跌,进口价格上升,货币当局仍采取迁就性货币政策,国内物价水平就会进一步上涨。另外,在工资和物价呈下降刚性的情况下,实行浮动汇率制便会产生"棘轮效应"(Ratchet Effect),即货币汇率上浮的国家物价水平下降的速度小于货币汇率下浮国家的物价水平上升的速度,结果导致世界通货膨胀率的加速。

既然浮动汇率制、固定汇率制各自都有优势和劣势,那么一国应该采用哪种汇率制度呢?这个决策应根据各国的具体情况而定。1978年国际货币基金组织协定的第二次修正案承认各会员国有权自由选择本国的汇率制度。关于汇率制度的选择,比较著名的理论主要有罗伯特·赫勒(Robert Heller)提出的"经济论"和发展中国家经济学家们提出的"依附论"。

"经济论"认为,影响汇率制度选择的主要是经济因素,比如一国经济的开放程度、经济规模、进出口的商品结构和地区结构、其金融市场的发达程度以及与国际金融市场的密切程度,以及国内通货膨胀率的高低。如果一国的经济开放程度高(即一国进出口额占GDP的比重大),经济规模小,或者进出口集中于某些产品或某几个国家,一般倾向于采取固定汇率制或钉住汇率制。相反,经济开放程度低,经济规模大,进出口分散而且多样化,国内金融市场发达,与国际金融市场一体化程度高,资本流动性好,或者国内通货膨胀率与其他主要国家不同,一般倾向于采用浮动汇率制。

"依附论"则认为,发展中国家汇率制度的选择取决于其对外经济、政治、军事等多方面的因素。尤其是钉住汇率制,在选择钉住哪种货币时更需考虑该国对外经济、政治的集中程度和依附关系。从国际货币基金组织的统计报告中可以看出这一论点实际运行的情况。当一国与美国关系密切,进出口中大多数是针对美国的,或需从美国获得大量捐赠援助时,往往会钉住美元。如果与数个国家都有较密切的关系,则可钉住由这些国家的货币所组成的复合货币。

第三节 汇率决定理论

一 汇率决定理论及其发展脉络

汇率决定理论所阐述的是什么因素决定汇率的大小,又有哪些因素影响汇率的上下波动。汇率理论与国际收支理论一样,是国际金融理论的基础与核心,同时,它们也是随着经济学理论的发展而发展的,是一国货币当局制定宏观经济政策的理论依据。

汇率决定理论在不同的经济时期经历了不同的发展阶段,主要有国际借贷说、购买力平价说、汇兑心理说、国际收支说和资产市场说等。

国际借贷说是由英国学者 G. L. 葛逊(G. L. Goschen)于 1861 年提出的,在第一次世界大战前颇为流行。当时处于金本位盛行的时期,因此该理论实际上是解释汇率波动原因的学说。葛逊认为,汇率变动是由外汇的供给与需求引起的,而外汇的供求又是由国际借贷引起的。商品的进出口、资本的国际转移、利润的汇出入和捐赠的收付,以及旅游和公务等收支都会引起国际借贷关系。在国际借贷关系中,只有已进入支付阶段的借贷,即流动借贷才会影响外汇的供求关系。当一国外汇收入多于支出时,汇率下降;反之,汇率上升。借贷平衡,汇率便不会发生变动。

第一次世界大战之后,金本位制崩溃,各国大量发行货币,造成物价上涨,汇率也急剧波动。瑞典经济学家古斯塔夫·卡塞尔(Gustav Cassel)于 1922 年出版《1914 年以后的货币与外汇理论》一书,提出了著名的购买力平价说。该理论认为两种货币的汇率取决于它们各自所代表的购买能力,汇率的变动也是由货币的购买能力产生了相对变化而导致的。

在卡塞尔之后,法国学者 A. 阿夫达里昂(A. Aftalion)于 1927 年提出了汇兑心理说,以此解释法国和欧洲其他国家的统计资料中出现的货币、物价和汇率变动之间所出现的不一致。汇兑心理说认为人们之所以对外国货币有需求,是因为外汇除了能让人们购买外国商品,还能满足人们的其他欲望,如对外支付、国际投资、外汇投机和资本逃避等。这种欲望是使外国货币具有价值的基础。因此,两种货币的汇率也就取决于人们对这两种货币价值的主观评价,而外币价值的高低又是以人们主观评价中的边际效用的大小为转移的。外汇供给增加,其边际效用递减,汇率下浮;反之,边际效用递增,汇率上浮。汇兑心理说因阐述了主观心理因素对汇率的影响而被视作独树一帜的汇率理论。

随着国际贸易的发展和汇率的剧烈波动,远期外汇业务也发展起来。1923年凯恩斯首次系统提出了远期汇率决定的利率平价理论,1931年英国学者P.爱因齐格(P. Einzig)出版了《远期外汇理论》一书,进一步阐述了远期差价与利率之间的关系。

第二次世界大战后,各国实行固定汇率制,对汇率的研究暂时没有重大发展。布雷顿森林体系解体后,各国普遍采取浮动汇率制,汇率的波动又趋于剧烈,对世界经济和贸易产生了重大影响,于是对汇率的研究又一次蓬勃发展起来。首先是一些学者在国际借贷说的基础上,将凯恩斯的国际收支均衡分析应用到汇率决定理论中,提出了现代的国际收支说。同时,由于20世纪70年代开始的国际资本流动的迅速发展,对此重视的西方学者提出了资产市场说。这其中有弗兰克尔(Frenkel)等提出的弹性价格货币论,有多恩布什(Dornbusch)提出的短期内的黏性价格货币论,以及布兰森(Branson)等提出的资产组合平衡理论。下面我们对目前仍有重大影响的几种汇率理论做较详细的介绍。

二 购买力平价理论

购买力平价理论,是西方众多汇率决定理论中最有影响的理论。自1916年起,瑞典经济学家古斯塔夫·卡塞尔提出并发展了这一理论。在1922年出版的《1914年以后的货币与外汇》一书中,卡塞尔进一步论述了该理论。

购买力平价说认为,人们之所以需要外国货币是因为用它可以购买国外的商品、劳务和技术等;而外国人之所以需要本国商品,是因为外国人用它可以购买本国的商品、劳务和技术等。因此,两国货币的交换实质上是两国货币所代表的购买力的交换,即汇率是两国货币在各自国家中所具有的购买力的对比。

购买力平价说有两种形式:绝对购买力平价说和相对购买力平价说。前者解释某一时点上汇率决定的基础,后者解释某一时间段上汇率变动的原因。

(一) 绝对购买力平价

这一学说认为,在某一时点上,两国货币之间的兑换比率取决于两国货币的购买力对比,而货币的购买力指数则是某一时点物价水平指数的倒数,所以绝对购买力平价说可以将汇率表示为

$$e = P_a/P_b$$

这里,e 是汇率,即一单位B国货币可以折算为多少单位A国货币;P_a 代表A国的一般物价指数;P_b 代表B国的一般物价指数。

实际上,上述公式暗含着一个重要假设,就是在自由贸易条件下,同一种商品在世界

各地的价格是等值的。由于各国所采用的货币单位不同,同一商品以不同货币表示的价格经过均衡汇率的折算,最终是相等的,即 $P_a = eP_b$,这就是著名的"一价定律"。

如果汇率无法使"一价定律"成立,那么国际间就会产生商品套购,即套购者根据贱买贵卖的原则,在低价国购买,运到高价国出售,以获取无风险的套购利润。例如,同一匹布在英国价值 1 英镑,在美国价值 2 美元,则根据绝对购买力平价说:1 英镑 = 2 美元。如果此时的汇率不是 1 英镑 = 2 美元,而是 1 英镑 = 2.5 美元,那么,人们就会发现套购商品是有利可图的,即从美国买入 1 匹布,花费 2 美元;运至英国出售,收入 1 英镑,将英镑在外汇市场上卖出,则可以得到 2.5 美元,净赚 0.5 美元。套购商不断在美国买入布匹,在英国卖出布匹,会使布的价格差异在两国发生变化;另外,套购商不断在外汇市场上卖出英镑,买入美元,又会使英镑贬值,美元升值,这些变化将一直持续到绝对购买力平价成立为止。

汇率取决于可贸易商品价格水平之比,即不同货币对可贸易商品的购买力之比。这一理论的前提是,第一,对于任何一种可贸易商品,一价定律都成立;第二,在两国中,各种可贸易商品所占的权重相等。

购买力平价理论的支持者认为,尽管一价定律不一定严格成立,但价格和汇率不会与购买力平价所预测的关系偏离太远。原因是一国商品和劳务的价格比其他国家高时,对该国货币和商品的需求就会下降,这一力量会使其国内价格拉回到购买力平价所预测的水平上,这会使各国货币的购买力与其汇率相一致。

(二) 相对购买力平价

在纸币流通的条件下,由于各国经济状况的变化,各国货币的购买力必然会经常变化,相对购买力平价说就是要使汇率反映这种变化,汇率的变化与同一时期内两国物价水平的相对变动成比例。以公式表示为

$$e_1 = \frac{P_a^1/P_a^0}{P_b^1/P_b^0} \times e_0$$

这里,e_1 和 e_0 分别代表当前时期和基期的汇率水平;P_a^1 和 P_a^0 分别代表当前时期和基期的 A 国物价指数;P_b^1 和 P_b^0 分别代表当前时期和基期的 B 国物价指数。

续上例,假如一匹布的价格在英国由 1 英镑上涨到 2 英镑,而在美国由 2 美元上涨到 6 美元,那么英镑与美元之间的汇率就会由 1 英镑 = 2 美元,上升到 1 英镑 = 3 美元。

$$e_1 = \frac{6/2}{2/1} \times 2 = 3$$

相对购买力平价说明,汇率的升值与贬值是由两国物价上升水平的差异来决定的。当 A 国发生通货膨胀时,其货币的国内购买力降低,若同时,B 国的物价水平维持不变,或涨幅小于 A 国,则 A 国货币对 B 国货币的汇率就会降低;反之,B 国的物价水平涨幅比 A 国大,则 A 国货币对 B 国货币的汇率就会上升;若两国都发生通货膨胀且幅度相等,则汇

率不变。相对购买力平价突破了交易成本为零的假定,这是一价定律的前提。相对购买力平价针对的是跨期分析,可以通过比较两国价格指数的变化得出,而不必假定两国贸易品的权重相等。

(三) 购买力平价辨析

购买力平价说提出后,在西方理论界引起了很大的反响,直到现在,它仍在外汇理论方面占有重要地位。购买力平价理论从货币的基本功能出发,把汇率这一复杂的问题简化为价格或价格变化的问题。这一理论对政府的汇率政策产生了很大的影响,也大量地被应用在汇率分析与预测中。

购买力平价理论所牵涉的问题,都是汇率的核心问题,尽管实证研究很少支持购买力平价理论。例如,通过对美国、日本、德国、加拿大四国 1981—1996 年通货膨胀率之差与汇率变化百分比的分析,可以看出汇率变化的百分比比通货膨胀差额的波动幅度更大,所以,汇率比购买力平价预期的变化幅度更大。

经验研究不支持购买力平价的主要原因是一价定律存在一定的问题:① 运输费用和贸易管制是存在的,这使商品和劳务在国家间的贸易受到影响;② 存在大量的非贸易品,两国间的非贸易品没有多大的联系,就算是相对购买力平价,也会存在相当大的偏差;③ 商品市场中的垄断和寡头竞争进一步损害了商品价格之间的联系;④ 物价指数计算的依据不同,可比性变弱。

购买力平价说在理论上存在一些缺陷。在购买力平价理论中,决定两国货币汇率的两国相对物价水平用什么来代表,是用一般物价水平还是用贸易品物价水平? 对这一问题,卡塞尔当年并未给予详尽说明。很显然,所用物价指数不同直接影响到以此计算出的汇率水平。而不论采用一般物价水平还是采用贸易品物价水平,从理论上讲也都不能令人满意。若采用一般物价水平,显然包括了贸易品和非贸易品两部分,非贸易品是不会被套购的,因此世界上不会形成统一的价格。将非贸易品包括在内的物价指数失去了购买力平价说得以实现的"一价定律"的基础。反之,只用贸易品价格水平来决定汇率,又不能全面反映一国的物价水平。第一次世界大战后,丘吉尔曾采用贸易商品指数来决定英镑汇率,凯恩斯认为这使英镑价值被高估,并导致了属于外向型的英国经济在整个 20 世纪 20 年代陷于萧条。此外,即使是贸易品,由于在国际贸易中存在贸易成本和贸易壁垒,两国的同种商品也不存在完全的替代性,其价格也很难通过商品套购而趋于相等。因此,在使用购买力平价确定汇率时,存在一系列技术性困难。

三 利率平价理论

利率平价理论认为,某种货币的远期汇率是由两个国家金融市场中的利率水平所决定的。如果不考虑其他因素,则远期汇率与即期汇率之差等于两国利率之差。两国利率水平的变化,一定会影响远期汇率的变化。这是因为国际上资本流动的主要目的是获取投资收益,而高利率将吸引外国资本流入,而低利率会促使本国货币外流。资本的流入流出使汇率产生变化,最终使任何一处的投资都获得相同的回报。也就是说,两国间的利率之差,由两国货币之间即期汇率与远期汇率之差所抵消。利率平价理论可以分为抵补利率平价(Covered Interest Parity)和非抵补利率平价(Uncovered Interest Parity)。

(一) 抵补利率平价

假设世界有两个国家 A 和 B,资本流动没有任何成本,投资也没有任何限制。本国(A)的一个投资者持有一笔资金,而收益率是他唯一考虑的因素。假设本国一年期存款利率为 i_A,外国利率为 i_B,即期汇率为直接标价法 R。如果投资于本国,则一年后的收益为

$$1 \times (1 + i_A) = 1 + i_A$$

如果投资于国外,投资者应首先把本国货币兑换成外国货币,然后再投到国外。一年后再兑换成本国货币。当前,每一单位本币在金融市场上兑换 $\frac{1}{e}$ 单位的外国货币。一年后,投资国外的收益为

$$\frac{1}{e}(1 + i_B)$$

假定一年后的即期汇率为 e_f,则把外币兑换成本币的数额为

$$\frac{1}{e}(1 + i_B) \times e_f = \frac{e_f}{e}(1 + i_B)$$

由于一年后的汇率 e_f 是不确定的,因此这笔投资的收益也难以准确计算。这就说明该项投资有很大的风险。为了回避风险,投资者可以购买一年后交割的远期合约,假设远期合约规定的汇率为 f。这样,这笔投资将没有任何风险,一年后的收益为

$$\frac{f}{e}(1 + i_B)$$

如果国内与国外的投资都取得相同的收益,投资者将有双重选择,他既可以投资国内,也可以投资国外。如果国内投资的收益较高,当然投资国内;如果国外投资的收益较高,则投资国外。

其他的投资者与该投资者一样,决策标准完全相同。也就是说,当国内投资与国外投资都获得相同的收益时,市场才是均衡的,即

$$1 + i_A = \frac{f}{e}(1 + i_B)$$

$$\frac{f}{e} = \frac{1 + i_A}{1 + i_B}$$

如果用 α 表示即期汇率与远期汇率的升(贴)水率,则

$$\alpha = \frac{f - e}{e} = \frac{f}{e} - 1 = \frac{1 + i_A}{1 + i_B} - 1 = \frac{i_A - i_B}{1 + i_B}$$

由于 $1+i_B$ 大致等于1,所以 $\alpha = i_A - i_B$。该式为抵补利率平价的一般形式,其经济含义为,汇率的远期升(贴)水率等于两国货币的利率之差。如果本国利率高于外国利率,则本币远期贴水,外币远期升水;如果本国利率低于外国利率,则本币远期升水,外币远期贴水。

(二) 非抵补利率平价

投资者还可以选择另外一种方法来进行投资,即根据自己对汇率的预期,承担一定的汇率风险。假定投资者为风险中立者,且不进行远期交易。一年后,即期汇率为 e_1,那么在国外市场上投资者的总收益为

$$\frac{e_1}{e}(1+i_B)$$

如果与国内的收益有差异,那么会有套利行为发生,这会使市场出现平衡,则

$$1+i_A = \frac{e_1}{e}(1+i_B)$$

$$\frac{e_1}{e} = \frac{1+i_A}{1+i_B}$$

令 $E\alpha$ 为预期汇率变化率。

令 $E\alpha = \frac{e_1-e}{e}$,则

$$E\alpha = \frac{e_1-e}{e} = \frac{e_1}{e} - 1 = \frac{1+i_A}{1+i_B} - 1 = \frac{i_A-i_B}{1+i_B}$$

$$E\alpha \approx i_A - i_B$$

上式为非抵补利率平价,其经济含义为:预期汇率变化率等于两国货币利率之差。在非抵补利率平价成立时,如果本国利率高于外国利率,则市场预期本币将会贬值;反之,预期本币远期升值。如果本国政府提高利率,则当市场预期未来的即期汇率不变时,本币的即期汇率将升值。

(三) 利率、通货膨胀与汇率

由于实际利率等于名义利率减掉通货膨胀率,而这一简单的原因在本国和外国都运用,则对本国而言,

$$r_A = i_A - \pi_A^e$$

这里,r_A 为本国实际利率,i_A 为本国名义利率,π_A^e 为本国预期通货膨胀率。

$$r_B = i_B - \pi_B^e$$

这里,r_B 为外国实际利率,i_B 为外国名义利率,π_B^e 为外国预期通货膨胀率。

根据美国经济学家欧文·费雪(Irving Fisher)的假设,当各国不存在资本管制时,国际资本的完全自由流动最终必然导致两国实际利率相等,即

$$r_A = r_B$$

因此有

$$i_A - \pi_A^e = i_B - \pi_B^e$$

$$i_A - i_B = \pi_A^e - \pi_B^e$$

如果将这一公式与利率平价结合起来,就可以得到利率、通货膨胀与汇率之间的关系

$$\alpha = \frac{f-e}{e} = i_A - i_B = \pi_A^e - \pi_B^e$$

这表明,在完全竞争和没有任何管制的条件下,即期汇率和远期汇率之间的关系,由两国预期的物价上升速度来决定,而两国物价变化的差异又等于两国名义利率的差额。

利率平价理论将汇率的决定由商品市场转到了金融市场,汇率与利率之间有联动关系。这一理论有较强的实际应用价值,对汇率政策的制定也有很强的指导意义。现实中利率平价方程成立的情况如何呢？实证研究的结果显示,小幅度偏离利率平价的现象确实存在,但这不一定都是可以被利用的套利机会。一个最明显的原因是市场上存在交易成本。在外汇市场上的每一笔交易都需花费交易成本。因此,当市场上虽存在偏离利率平价的情况但偏离程度小于或等于这些交易成本时,不会有套利活动出现。因为这时套利无利可图。另外,政府对资本的控制使人们不能自由买卖货币和证券,也就无法对市场上的收益差异作出正确的反应。各国的差别税收也是一个原因。因为不同的税收会使同样的投资机会给不同国家的居民带来不同的收益。仅根据税前收益来判断投资盈利的可能性,是会误入歧途的。此外,政治风险、从觉察盈利机会到实际进行交易之间的时滞等都是导致现实中出现对利率平价的偏离的原因。

四 国际收支决定论

随着生产与资本国际化的不断发展,国际间资本移动的规模日益扩大,并成为影响货币汇率(尤其是短期汇率)决定的一个重要因素。国际收支决定论就是适应这种需要而产生和发展起来的。国际收支决定论是由英国经济学家凯恩斯首先提出的,后经西方国家学者的发展而成为一种比较成熟的理论。

国际收支决定论认为,汇率主要取决于外汇资金流量的供给和需求。从需求方面来说,当外汇的需求增加而供给不变时,外汇汇率上升;当外汇需求减少而供给不变时,外汇汇率下跌。从供给方面来看,外汇供给增加而需求保持不变时,外汇汇率趋于下跌;反之,外汇汇率则上升。只有当外汇供给正好等于需求时,汇率才将是均衡的。由于外汇的供给和需求是"派生的",即它们来源于国际商品和劳务的交易,外汇供给与需求的均衡,不过是国际收支均衡的另一种表现。因此,这种理论在分析汇率形成机制时,集中分析国际收支的均衡条件,并将这种条件看作均衡汇率最直接的决定因素。

假设国际收支的最终目标是国际收支平衡,即经常项目差额与资本和金融项目差额之和为零,即

$$BP = CA + KA$$

这里,BP 代表国际收支差额,CA 代表经常项目差额,KA 代表资本项目差额。

经常项目中最主要的项目是贸易项目,如果忽略其他经常项目,那么贸易项目差额取决于进口数额和出口数额。进口数额取决于外国收入和实际汇率,出口数额取决于本国收入和实际汇率,因此贸易差额取决于外国收入、本国收入、外国物价、本国物价、名义汇率。其中后面三个因素决定了实际汇率。用数学符号来表示:

$$CA = f(Y_A, Y_B, P_A, P_B, E)$$

这里,Y 代表收入,P 代表物价,Z 为名义汇率。A 代表国内,B 代表国外。

资本项目和金融项目的影响因素很复杂,取决于政治、安全、经济、社会等诸多因素,为简化起见,本书用两个因素来说明:一是利率差别,二是汇率的预期变化,即

$$KA = g(i_A, i_B, \Delta E)$$

这里,i 表示利率,ΔE 表示未来的汇率变化。

综合经常项目和资本项目,有

$$BP = h(Y_A, Y_B, P_A, P_B, i_A, i_B, E, \Delta E)$$

如果把汇率以外的变量视为外生变量,那么影响国际收支平衡的就只剩下汇率了。反过来讲,汇率将在国际收支平衡的前提下由众多因素决定,即

$$E = E(Y_A, Y_B, P_A, P_B, i_A, i_B, \Delta E)$$

根据该公式可以得到汇率的决定因素和决定方式:① 本国收入。本国收入增加,进口增加,外汇需求增加,外汇供给减少,本国货币汇率下降。相反,本国收入减少,则通过相同的传递方式,导致本国货币汇率上升。② 外国收入。外国收入增加,本国出口增加,外汇收入增长,本国货币汇率上升。③ 本国物价水平。本国物价上升,出口品国际竞争力下降,出口减少,进口增加,本国货币汇率下降。④ 外国物价水平。外国物价水平上升,外国的出口竞争力减弱,外国出口减少,而进口增加,引起其他国家货币的汇率上升。⑤ 本国对外国利率的差异。如果本国利率高于外国利率,国外资本流入增加,本国对外供给增加,本国货币汇率上升。⑥ 对汇率变动的预期。如果人们预期本国货币的汇率将上升,则会倾向于把外国货币兑换成本国货币,以获得更多的利益。如果人人都如此行动,那么会导致本国货币汇率上升。

国际收支说运用外汇供给分析方法,将影响国际收支的各种因素纳入对汇率的分析中,对于分析短期汇率变化有重要的指导意义。但该学说只是指出了汇率和其他各变量间存在联系,并没有明确说明到底是如何联系的。

此外,由于一国的财政政策和货币政策也能影响一国的收入水平、价格水平和利率水平,因此财政政策、货币政策也是影响汇率的因素。扩张的财政政策一方面扩大总需

求,使收入和价格水平上升,另一方面又提高了利率水平。前者有使本币贬值的压力,后者有使本币升值的压力,因此总的影响须视具体情况而定。扩张的货币政策既扩大了国内总需求,提高了国内收入水平,又降低了本国的利率水平,二者都会带来对外汇的超额需求,从而引起外汇升值,本币贬值。

国际收支说运用外汇的供给与需求分析,考察了影响汇率的种种因素,至今这一理论仍被广泛运用。国际收支说的分析主要在于汇率的短期决定和变化,综合了凯恩斯主义宏观经济理论、弹性论、利率平价说等理论的贡献。而对长期汇率的变化,该学说没有提供令人满意的解释,因而无法解释为什么第二次世界大战后国民收入增长最快的国家,如德国和日本,同时又是货币长期处于坚挺地位的国家。

五 汇率决定的资产市场说

资产市场说是 20 世纪 70 年代中期发展起来的一种重要的汇率理论。该理论一经问世便获得了从学术界到实践者的重视,成为国际货币基金组织、美国联邦储备银行和一些实力雄厚的跨国银行制定汇率政策或预测汇率变化的有力依据。资产市场说是在国际资本流动高度发展的背景下产生的,因此特别重视金融资产市场均衡对汇率的影响。它认为均衡汇率是两国资产市场供求均衡时两国货币之间的相对价格,如果两国资产市场的供求不均衡,则汇率发生变动,而汇率的变动又会消除资产市场上的超额供给或超额需求,有助于市场向均衡恢复。

资产市场说将商品市场、货币市场和证券市场结合起来对汇率进行分析,其大前提是资本在国际间的完全流动,由于对资产替代问题的不同假设,资产市场说可以分为"货币论"和"资产组合平衡论"。前者假设国外资产之间存在完全的替代关系,外汇风险升水(Risk Premium)为零,即远期汇率与预期的未来即期汇率相等。这时,公众对于持有外国资产还是本国资产是无所谓的。后者假设国内外资产之间不存在完全的替代关系,外汇风险升水不为零,即远期汇率与预期的未来即期汇率不相等。这时,投资者就需要根据"风险-收益"分析法在国内外资产间进行精心组合。在"货币论"与"资产组合平衡论"的思路下分别又发展出一些进一步放宽假设的模型,我们在这里仅选取影响较大的蒙代尔-弗莱明模型、货币主义者模型和汇率超调模型以及资产组合模型。

1. 蒙代尔·弗莱明模型

货币主义的汇率理论,是在 20 世纪 60 年代出现的,主要强调了货币市场在汇率决定过程中的作用。代表人物主要有约翰逊、蒙代尔、多恩布什等。其中蒙代尔因为其对不同汇率制度下的货币和财政政策的分析及最优货币的理论获得 1999 年诺贝尔经济学奖。

货币分析把汇率看作两国货币的相对价格,而不是两国商品的相对价格。它认为汇率是由货币市场上的存量均衡,即各国货币供给和货币需求的存量均衡来决定的。当两国货币存量同人们所愿持有的量相一致时,两国货币的汇率可以达到均衡。

本书在此介绍货币分析汇率理论的重要代表——蒙代尔-弗莱明模型。①

蒙代尔在其1963年发表的《资本流动与固定和浮动汇率下的稳定政策》中,运用了凯恩斯的总需求理论和一般均衡的分析方法,对封闭经济下的 IS-LM 模型进行拓展,引入了对外贸易和国际资本流动,着重研究了在开放经济下货币和财政政策的短期效应。几乎与此同时,马丘斯·弗莱明(Macus Fleming)也对开放经济下的稳定政策进行了类似的研究。他们的成果被合称为"蒙代尔-弗莱明模型"。

蒙代尔先设计了一个小国开放经济模型,并假设资本在国际间可以完全不受限制地流动,价格在短期内是黏性的。这个模型可以简单用下面三个等式来描述:

$$Y = G + A(Y, i, e) \tag{13-1}$$
$$D + R = L(Y, i) \tag{13-2}$$
$$i = i^* \tag{13-3}$$

等式(13-1)是商品市场的均衡条件。Y 为国民收入,同时也是总需求,由政府部门的支出 G 和私人部门的需求 A 两部分构成。而私人需求 A 由个人消费、私人投资和净出口组成,取决于国民收入、国内利率水平。由于价格黏性的假设,因此,国内外商品的相对价格即真实汇率就由名义汇率 e(间接标价法)决定。又由于商品的净出口与真实汇率成正相关的关系,因此私人需求 A 与汇率 e 也正相关。

等式(13-2)是货币市场均衡条件。货币供给为 D(中央银行持有的国内政府债券)和 R(中央银行持有的外汇储备)。货币需求与国民收入正相关,与利率负相关。

在资本充分流动的假设下,国内外资产是可以完全相互替代的。根据利率平价理论,国际金融市场的套利行为最终会导致国内利率水平 i 与国际利率水平 i^* 相一致,即等式(13-3)。

作为经济稳定政策工具的政府支出 G(财政政策)和中央银行持有的国内政府债券 D(货币政策),是此模型的外生变量,由一国政府和中央银行控制。而模型中的名义汇率 e 和外汇储备 R 之间的关系则取决于汇率制度的选择。蒙代尔模型正是由此展开了对不同汇率制度下经济稳定政策的讨论。

在固定汇率制下,中央银行有义务捍卫某一预先规定的汇率水平。央行在外汇市场上的干预行动是通过其外汇储备的变化来实现的。如果一国为了刺激经济而采取扩张性的财政政策,将导致国民收入增加;国民收入的增加引起了对货币需求的增加,使得利率上升;现在,由于国内资产收益率 i 大于国际利率水平 i^*,资本开始流入,外汇储备 R 上升;外汇储备上升导致货币供给增加,利率下降;当利率下降到国际水平时,调节过程完成。此时,国民收入已经达到了新的水平,所以,财政政策是非常有效的。

但运用货币政策来调节经济却是徒劳的。假如采取扩张性的货币政策,中央银行通

---

① 参见冯晓明:《开放经济下宏观稳定政策研究的奠基人——1999年经济学诺贝尔奖得主蒙代尔及其思路评述》,《国际经济评论》,1999年11—12月。

过在公开市场上进行债券的购买,增加货币供给 D,希望通过利率下降刺激投资来达到提高国民收入的目的。但利率下降会即刻引起资本外流。为了捍卫固定汇率,中央银行必须动用外汇储备在货币市场上进行干预,R 因此下降。而总的货币供给由 D 和 R 组成。D 上升的效应完全为 R 的下降所抵消,总的货币供给没有改变。利率仍然维持在原来的水平,刺激经济的目的没有达到。

相反,在浮动汇率制下,名义汇率由市场供求决定,中央银行只保持一定水平的外汇储备,不进行外汇干预。货币政策变成了最有效的工具。例如,当采取扩张性的货币政策时,国内利率下降,资本外流,在外汇市场上表现为本币的贬值;本币贬值刺激出口,增加了总需求,进而导致国民收入的上升。

在浮动汇率制下,财政政策失效。比如,扩张性的财政政策引起的国民收入的增加,导致货币需求增加,利率上升,触发资本流入,汇率升值;汇率升值减少了净出口。此时,财政政策只改变了总需求中公共部门和私人部门的构成比例,并没有改变需求总量,所以国民收入水平也没有改变。

2. 货币主义者模型

货币主义者模型也称弹性价格货币论。该模型假设国际资产市场上不存在障碍,即无交易成本和资本管制等,在投资者的需求函数中,国内债券与国外债券是完全替代的,即世界上只有一种资产。对于产品市场也有相似的假设:国际产品市场上也不存在障碍,即无运输成本和贸易管制等,在消费者需求函数中,国内产品和国外产品是完全替代的,即世界上只有一种商品。这一假设暗含着购买力平价:国内价格水平等于国外价格水平乘以汇率。

货币主义者的货币论是从货币供给等于需求的均衡条件开始的。货币需求是一国利率、收入和价格的函数。对货币供给与需求均衡的条件求对数,得:

$$m = P + \phi y - \lambda i \tag{13-4}$$

这里,m 是本国货币供给量的对数,P 是本国价格水平的对数,y 是本国实际收入水平的对数,i 是本国短期利率水平,φ 是货币需求的收入弹性,λ 是货币需求的利率半弹性(Semi-elasticity)。

假设外国有相似的货币需求函数,则有

$$m^* = P^* + \phi y^* - \lambda i^*$$

为简便起见,假定两国的货币需求的收入弹性和利率半弹性相同。

$$m - m^* = (P - P^*) + \phi(Y - Y^*) - \lambda(i - i^*) \tag{13-5}$$

有

$$P - P^* = (m - m^*) - \phi(Y - Y^*) + \lambda(i - i^*) \tag{13-6}$$

由单一资产假设可以知道非抵补的利率平价:

$$i - i^* = \Delta S^e \tag{13-7}$$

由单一产品假设可以得到购买力平价,有

$$S = P - P^* \tag{13-8}$$

将(13-8)式代入(13-7)式,得

$$S = (m - m^*) - \phi(Y - Y^*) + \lambda(i - i^*) \tag{13-9}$$

(13-9)式显示了弹性价格论的基本观点:第一,国内货币供给量增加1%,S就增加1%,即本币贬值。这一结论很直观。第二,收入增加使本币汇率上浮,这与国际收支说的结论大相径庭。第三,国内利率的提高将使本币汇率下跌,同样,这也与国际收支说相悖。

解决这些矛盾的关键是,在弹性价格论中,一切因素都是通过对货币需求产生影响然后影响汇率的。对于收入来说,收入增加,增加了对货币的需求,在货币供给不变的情况下,国内价格下降,在购买力平价成立的假设下,汇率一定会发生变化,本币升值。这个结论为日元和德国马克的汇率变化所证实。日本和德国都是收入增长相对较快的国家,日元和马克也相应地处于坚挺地位。对于国内利率水平来说,利率提高,降低了对货币的需求,在货币供给不变的情况下,国内价格水平上升,在购买力平价成立的假设下,本币汇率下跌。

另外,通过费雪平价关系也可以看出i与S的正向关系。

$$i = r + \Delta P^e \tag{13-10}$$

$$i^* = r^* + \Delta P^{e^*} \tag{13-10a}$$

这里,r是真实利率水平,ΔP^e是预期通货膨胀率,i是名义利率。假设本国和外国真实利率水平相等,则(13-9)式可以写成:

$$S = (m - m^*) - \phi(Y - Y^*) + \lambda(\Delta P^e - \Delta P^{e^*}) \tag{13-9a}$$

国内利率水平的增加反映在预期通货膨胀率的增加上。因此,给定一个外生的固定的货币供给量,当价格水平提高时,本币汇率会下跌。

3. 汇率超调模型

汇率超调模型最初由美国麻省理工学院教授多恩布什于1976年提出,也被称为"黏性价格货币论"。它同样强调货币市场均衡对汇率变动的作用。但它指出,在短期内,产品市场价格具有黏性,不会因货币市场的失衡而进行调整,但证券市场的反应极其灵敏,利率将立即进行调整,使货币市场恢复均衡。正是由于价格在短期内的黏性,使得利率必然超调,即调整幅度要超过长期均衡水平。在资本完全流动的假设下,利率的变动引起资本在国际间的迅速流动,由此带来汇率的变动。与利率的超调相适应,汇率也必然超调。

具体分析如下:如果由于货币供给量增加使得货币市场失衡,而短期内价格黏着不变,实际货币供给量会增加。为使货币需求量相应增加以达到货币市场的均衡,利率必然下降。在资本完全流动和替代的假设下,资金外流,导致本币贬值,外币升值。但是汇率不会永远处于这种状态。因为此时的商品市场未达到均衡。由于利率下降,国内总需求增加;由于本币贬值,世界需求转向本国商品。二者均将带来价格的上升。在价格上升的过程中,实际货币供给量相应下降,带来利率的回升,资本内流,外汇汇率下浮,本币汇率上浮,直到达到货币主义者模型的长期均衡。

超调模型仍然保留了"货币主义者模型"中的货币需求方程(13-4)和非抵补利率平价条件(13-7),但认为购买力平价只有在长期内才能成立,即

$$\bar{E} = \bar{P} - \bar{P}^* \tag{13-11}$$

字母上的横杠代表长期。这样,货币主义者的汇率方程(13-9.a)被改写为长期状态:

$$\bar{E} = (\bar{m} - \bar{m}^*) - \phi(\bar{Y} - \bar{Y}^*) + \lambda(\Delta\bar{P}^e - \Delta\bar{P}^{e*}) \tag{13-12}$$

假设预期是理性的,收入增长是外生的(或随机的,其平均值为零),货币增长是随机的。可知,理性预期的相对价格水平和汇率在长期内按现在的相对货币增长率 $\pi - \pi^*$ 变动。

$$\bar{E} = (m - m^*) - \phi(y - y^*) + \lambda(\pi - \pi^*) \tag{13-13}$$

这是长期的汇率决定。在短期内,汇率偏离了均衡点,需要有一个调整过程,使它在长期内能达到。设调整速度为 θ,有

$$E(\dot{e}) = -\theta(S - \bar{S}) + \pi - \pi^* \tag{13-14}$$

将(13-14)式与(13-7)式表示的未抵补利率平价条件相结合得到

$$E - \bar{E} = -1/\theta[(i - \pi) - (i^* - \pi^*)] \tag{13-15}$$

由(13-15)式可知,汇率与其长期均衡水平之间的差额同实际利率水平的差额有关。若一国实行紧缩的货币政策,将使名义利率上升,超过均衡水平,这将引起资本的内流,使本币汇率相应地上升,超过其均衡水平。

若将表示长期均衡汇率的(13-13)式与表示短期超调汇率的(13-15)式结合,可以得到一般的汇率决定方程:

$$E = (m - m^*) - \phi(y - y^*) + \lambda(\pi - \pi^*) - 1/\theta[(i - \pi) - (i^* - \pi^*)] \tag{13-16}$$

从(13-16)式中可以看出,当最后一项的系数为零,即调整速度 θ 为无穷大时,(13-16)式即为货币主义者模型的长期均衡表达式。

如果假设货币供给水平是随机的,可以得到预期的长期通货膨胀差异 $\pi - \pi^*$ 为零,有

$$E = (m - m^*) - \phi(y - y^*) - (1/\theta)(i - i^*) \tag{13-17}$$

(13-17)式即为多恩布什最初给出的方程。在此方程的基础上,又有许多学者进一步深入研究,如罗果夫(Rogoff,1979)对暂时性与永久性货币变动的研究,威尔森(Wilson,1979)等对预期的和未预期到的货币变动的研究,在此就不作介绍了。

4. 资产组合模型

资产组合决定理论是自国际货币体系进入浮动汇率制后所产生的一种新的汇率理论,在20世纪80年代受到了很大的关注。它偏重于从短期和中期的角度来分析汇率的

变化,确切地说,是托宾①在战后所倡导的资产组合学说在国际经济领域中的延伸。

在资产组合模型中,布兰森、库礼等学者认为,货币论关于国际间资产可以完全替代的假设过于严格,主张采用风险-收益法来分析国内外资产市场的失衡对汇率的影响。他们指出,短期内资产市场的失衡是通过对国内外各种资产的组合结构进行重新调整来消除的,而汇率正是使国内外资产市场的供求关系恢复并保持平衡所需要的关键变量。

资产组合模型来源于宏观经济学中托宾的"资产组合选择理论",该理论认为,理性的投资者会将其拥有的财富按照风险与收益的比较,配置于可供选择的各种资产上。在国际资本完全流动的前提下,一国居民所持有的金融资产不仅包括本国货币、本国证券,即本国资产,还包括外国货币和外国证券,即外国资产。一国私人部门(包括居民个人、企业和银行)的财富可以用以下方式表示:

$$W = M + B_P + e \cdot F_P$$

这里,W 是私人部门持有的财富净额,M 是私人部门持有的本国货币,B_P 是私人部门持有的本国证券,e 是以本币表示外币价格的汇率,F_P 是私人部门持有的外国资产。

私人部门会将以上净财富在本国资产和外国资产之间进行分配,分配的比例需视各类资产的预期收益率而定。本国货币的预期收益率是零,本国证券的预期收益率是国内利率(i),外国资产的预期收益率是外国利率(i^*)与预期外汇汇率上升(π^e)之和。各类资产选择的多少与其自身的预期收益率成正比,与其他资产的预期收益率成反比。因此,各类资产的数量是各类资产预期收益率的函数:

$$M = \alpha(i, i^*, \pi^e) \cdot W$$
$$B_P = \beta(i, i^*, \pi^e) \cdot W$$
$$eF_P = \gamma(i, i^*, \pi^e) \cdot W$$
$$\alpha + \beta + \gamma = 1$$

这里,α、β、γ 分别代表私人部门愿意以本国货币、本国证券和国外资产形式持有的财富比例。

如果某种资产的供给存量发生变化,或者预期收益率发生变化,私人部门实际持有的资产组合比例就会与其意愿持有的组合比例不吻合,资产组合出现不平衡,此时人们就会对各种资产的持有进行调整,以使资产组合符合意愿,恢复资产市场的平衡。在这一调整过程中,会产生本国资产与外国资产的替换,从而引起外汇供求的变化,带来汇率的变化。而汇率的变化,反过来又会影响国外资产的对比,对资产平衡又起着促进作用。下面我们看看资产组合的失衡是如何影响汇率的变动的。

(1)当外国资产市场失衡引起外国利率上升时,外国资产的预期收益率提高,γ 会增

---

① 参见 James Tobin, "Security Prices and Investment Criteria in Competitive Markets", *American Economic Review*, 1958。

大,而 α、β 则会下降。这样,在原来的资产组合中,国内资产会出现超额供给,直到达到资产市场的再次平衡。反之,当外国利率下降时,则会引起外汇汇率下降。

(2) 当一国国际收支经常项目出现盈余时,私人部门持有的净外国资产增加,使得实际持有外国资产的比例大于意愿比例。人们会将多余的外国资产转换为本国资产,从而使得外汇汇率下跌。反之,一国经常项目出现赤字时,外汇汇率则会上浮。

(3) 当一国政府增加财政赤字而增发政府债券时,本国证券供给量相应增加。这一变化使人们的资产组合失去平衡,人们对外国资产的需求增加,引起外汇汇率的上浮。但是,由于本国债券供给的增加,降低了债券价格,提高了利率水平,提高了人们对本国债券收益的预期,又诱使人们将资产需求转向本国,由此又会引起外汇汇率的下浮。最终的影响将取决于这两方面的影响孰大孰小。

(4) 当中央银行通过收购政府债券来增加货币供给量时,私人部门会发现本国货币供过于求,人们愿意以多余的货币去购买本国证券,使利率下降,从而引起人们对国外资产的需求,导致外汇汇率上升。

(5) 当各种因素引起私人部门的预期汇率将上升或下降时,他们将相应地增加或减少国外资产。在资产重新组合的过程中,人们会用本国资产去购买外国资产,或用外国资产去购买本国资产,从而导致外汇汇率的上升或下降。

综上所述,资产组合模型中关于各因素对汇率的影响可以用以下方程表示:

$$e = e(i^*, M, B, F, \pi^e)$$

资产组合决定理论的主要贡献在于避开人们对利率平价说的攻击,并将传统理论所强调的经常账户收支纳入该学说中,对汇率研究方法进行了重大改革。它用一般均衡分析代替了局部均衡分析,用存量分析代替了流量分析,用动态分析代替了静态分析,并将长短期分析结合起来。

第四节　汇率的作用

一　汇率波动对国际收支的影响

汇率波动对经济增长和国际收支的各个方面都会产生影响。

(一) 汇率波动对贸易收支的影响

从理论上讲,一国汇率下调,出口商在国际市场上销售商品所获得的外汇能够更多地换取本国货币,使出口商获利增加。同时,出口商可以按照更低的价格出口商品,增强出口商品的竞争能力,获得更多的外汇和利润。因此,汇率下调有利于出口扩张。对进口商来说,由于汇率下调,购买同等外币价值的商品需要更多的本国货币,即进口价格上涨,因而对进口有抑制作用。因此,在理论上,本币汇率下调有利于出口,不利于进口,从而有利于贸易收支的改善。但从实际情况来看,并不一定如此。许多国家的货币贬值之后,贸易收支不但没有改善,反而恶化了,主要原因是出口和进口弹性的变化。

在国际市场上,由于买方市场的存在,需求对生产有导向作用。当出口商品的需求弹性小或者无弹性时,本币贬值对需求不会产生明显的作用,也就是说,汇率下调对增加出口的作用不大。除出口的需求弹性之外,出口的供给弹性也是影响出口增加的一个重要因素。在需求有较大弹性的情况下,如果出口的供给弹性很小,生产能力不能因需求扩张而及时扩大,汇率下调对出口的刺激作用就会受到严重的影响。例如,一国的出口产品是大米,当大米的出口价格降低时,国际市场的需求增大,但需求增大后,决定出口的因素就是供给能力。尽管国内大米的收购价格上升,但及时增加大米的供给也是困难的。因为水稻的生产受到多种因素的影响,况且,在短期内增加水稻供给几乎是不可能的,因为水稻的生产是有周期的。总之,汇率下调对出口的促进作用要以足够大的出口供给弹性为前提。

进口商品的需求弹性是汇率下调对进口产生抑制作用的关键。进口商品的需求弹性越大,外汇汇率上升对进口的抑制作用就越大。如果进口商品的需求弹性很小或无弹性,本币汇率下调对进口的抑制作用就低。进口商品的供给弹性对以外币表示的进口商品的价值有一定的影响。假定进口商品的供给弹性较小或无弹性,则供给者无法及时调整供给,在需求减少的情况下,有可能降低进口商品的供给价格,使进口国获得好处。

从以上分析可知,如果想要改善贸易收支,则希望出口商品、进口商品的需求弹性及出口商品的供给弹性越大越好,而进口商品的供给弹性越小越好。那么,这四个弹性值到底应该满足什么样的条件才能改善贸易收支呢?如果根据弹性理论,假设进口商品的供给弹性趋于无穷大,汇率下调前贸易收支基本平衡,则当进出口商品的需求弹性之和的绝对值大于1时,汇率下调能改善一国的贸易收支。这就是马歇尔-勒纳条件。[①]

通常情况下,在汇率下调初期,以本币表示的出口价格和出口量的增长速度较慢,生产者在汇率下调后调整生产、组织供给需要一段相当长的时期,因此,汇率下调后出口的增长不会很明显。汇率下调后,以本币表示的进口商品的价格会立即上涨,原因是既定的生产计划不能立即调整,签订的进口合同必须履行,从而形成进口的需求刚性,使以本币表示的进口额增加。因此,在汇率下调初期,出口增加较少,而进口上升,国际收支不但没有改善,反而恶化了。但当进口惯性消失以后,进口受到抑制,同时经过一段时间的调整,出口扩大,这时国际收支才得到改善。

(二) 汇率波动对资本项目的影响

利用外资是我国对外开放的重要组成部分,人民币汇率下调使得相等的外币投资以人民币计算的投资额增大了,外商觉得在此时投资比在汇率调整前更合算,从而促进其在

[①] 参见《新帕尔格雷夫经济学词典》(中译本),经济科学出版社1992年版,第392页。

华投资。但人民币汇率下调会使外商感到投资所经营的企业获利减少,从而不愿投资。对于已经在华投资的外资企业而言,在既定的利润前提下,人民币汇率下调,会使外商汇回的利润减少,因而外商将不愿意再增加投资,或者想要抽走资金。因而人民币汇率波动对外商投资的影响是不确定的。

汇率波动有可能成为一种倾向或趋势,当外商预期人民币汇率将进一步下降时,他将采取观望的态度,原因在于现在投资没有未来投资合算。相反,当预期人民币要升值时,会有大量的外国资本流入国内,这些资本可以流入股票市场、债券市场,也可以流入房地产市场。对于直接投资而言,人民币升值的预期会加速他们在国内的投资。

汇率的波动对短期资金也会产生影响。短期资金是为了投机、保值或盈利而发生的。为了避免货币贬值的损失,资金会逃往国外,造成资金外逃。由于人民币不能自由兑换,因此这些问题还不会那么严重,但随着金融市场的发展以及人民币的可自由兑换,这一问题将会暴露出来。

(三) 汇率波动对旅游收入的影响

我国的旅游收入占总外汇收入的比例较低,因此,汇率波动对旅游收入的影响也不大。

国际旅游业从本质上说是以劳务为中心的出口行业。因此,汇率波动对旅游收入来说,同样有个弹性问题。也就是说,人民币贬值后,相同数量的外币可以换得更多的人民币,更多的外国人可以到我国来旅游,但每个外国人在国内的花费减少,所以旅游外汇收入不一定会增加。况且来华旅游的外国人,并不是认为我国的物价低才来的,因为我国的物价水平已经很低了,他们更重视的是我国的文化和自然风光。

二 汇率波动对国内物价的影响

汇率可以从出口和进口两个方面对国内物价产生影响。

从出口方面来看,人民币汇率下调,使出口企业的人民币收入增加,从而引起对国内出口货源的需求增加。在汇率下调后的一段时间内,生产能力还来不及形成,因此,国内市场的供求矛盾加剧,从而造成出口企业抬价抢购,物价上升。

从进口方面来看,人民币汇率下调,进口商品的价格上升,并在国内市场迅速扩散,引起国内同等商品或替代商品价格上升。而我国进口商品中一半以上是生产资料,这些生产资料价格的上升,会造成制成品价格的上升并带动非外贸商品价格的上升。

如果汇率向上波动,情况又会怎样呢?结论是,物价不一定稳定。人民币升值,出口产品外币价格降低,出口会下降,而进口需求会增加。如果人民币升值是在国际储备比较充裕的前提下发生的,那么对国内物价稳定是有利的。由于出口下降,进口增加,国际储备继续下降,并且在逆差持续很长时间时,人民币汇价会自动下降,从而物价将上升。

三 汇率波动对经济增长的影响

由于汇率下降会起到增加出口的作用,因此这无疑会带动经济增长,因为出口是社会总需求中的重要部分。出口增加会带动投资、消费的增加,并且增加就业。但出口带动经济增长要受到国内供求关系的影响。

在国内资源闲置,并有大量劳动力剩余的情况下,出口增加使闲置的资源和劳动力得到利用,从而有利于经济增长。在国内已经处于充分就业的情况下,出口增加意味着总需求的增加,过度需求造成物价上涨,结果要通过增加进口来缓和供求矛盾。

在国内资源紧缺、人民币贬值后,大量初级产品出口,从而加剧了国内同类产品的供给紧张,出口增长对经济增长的作用不大,而且造成物价上升,对长久的经济增长和充分就业不利。

出口增加对经济增长的作用的关键是出口的结构,如果出口商品中加工产品比重大,则有利于经济增长;反之,如果初级产品比重大,并且国内的供给也非常紧张,则出口对经济增长的作用不大。

进口增加对经济增长的影响,要视一国的进口结构而定。如果进口商品是国内短缺的投资品,进口增加等于投资增加,无疑对经济增长有利;当进口商品是消费品,特别是高档的奢侈消费品时,进口增加等于消费增加,对经济增长的作用不大,甚至会产生负面作用。

第五节 我国的汇率制度

一 双轨制下人民币汇率的决定

从 1979 年开始,我国为扩大出口收入,把发展对外贸易提高到战略地位,对外贸体制进行了改革,改变了过去由外贸专业公司统一经营的体制,下放了一部分商品的进出口权,成立了一批由部门、地方、企业经营的工贸、技贸结合的贸易公司,允许生产出口产品的企业经营出口,并按照责权利相结合的原则,改革外贸财务体制。另外,我国为了解决国内建设资金不足和技术落后问题,从 1979 年开始,积极利用外资,外资产品外销,外汇自行平衡。这样,一方面,我国同意批准成立的进出口公司实行自负盈亏,另一方面,外商投资企业产品出口所得外汇换成人民币,必须能够抵补其产品成本,这两方面都需要有一个合理的汇率。

但当时人民币汇率不适应出口贸易发展的要求,特别是对扩大出口和引进外资不利。如 1979 年,我国出口 1 美元的商品,全国平均换汇成本为 2.65 元人民币,出口收汇按照官方汇率卖给银行只能得到 1.5 元人民币。这样,每出口 1 美元的商品,出口单位和外资企业要赔 1.15 元人民币,这就造成出口越多亏损越多的不合理现象。在这种条件下,为了鼓励出口,抑制进口,必须纠正人民币汇率定值过高的问题,发挥人民币汇率对进出口贸易的杠杆作用。但是,由于西方国家实行的是高物价、高工资和通货膨胀政策,因此从非贸易外汇的角度来看,人民币汇率又显得定值过低。要改变非贸易外汇兑换不合理的情况,增加旅游及其他非贸易外汇收入,反而要将人民币汇率上调。

一种汇率无法同时解决两方面的问题。1979 年 8 月,国务院颁发了《关于大力发展对外贸易增加外汇收入若干问题的规定》,决定从 1981 年 1 月 1 日起,除继续保留人民币的公开牌价,用于非贸易收支之外,规定另一种适用于进出口贸易结算和外贸单位经济效益核算的汇率,称为贸易外汇内部结算价格。内部结算价为 1 美元合 2.8 元人民币,这一数值是根据 1978 年全国平均出口换汇成本 2.53 元再加 10% 的利润计算出来的。内部结算价与官方汇价相比,实际上是对人民币实行了贬值。这在一定程度上鼓励了出口、抑制了进口,加上当时外贸经营权的下放,致使 1981—1983 年间,我国出现了前所未有的巨额贸易盈余。

但是,实行两种汇率,由于难以严格划分贸易外汇和非贸易外汇范围而出现混乱,管理上出现了不少困难;同时,在对外关系上,国际货币基金组织认为双重汇率不符合国际货币基金协定,建议取消;还有些国家认为双重汇率是政府对出口的补贴,对从我国进口的商品征收反补贴税。为了解决双重汇率问题,我国在国际市场上美元汇率上浮的情况下,逐步调低对外公布的人民币汇率,使之同贸易外汇内部结算价相接近。1984 年年底,人民币汇率已经调至 1 美元合 2.80 元人民币,与贸易外汇内部结算价相同。1985 年 1 月 1 日起取消贸易外汇内部结算价,恢复单一的汇率制度,并按 1 美元合 2.80 元人民币结算。

1985 年以后,我国外汇调剂业务发展得很快,形成了外汇调剂市场及相应的外汇调剂价格,因此又出现了官方汇率和外汇调剂价格并存的新的双轨汇率制度。

就官方汇率而言,1985 年以来,人民币汇率 4 次下调,主要是参考全国出口平均换汇成本的变化。另外,由于国内出现了明显的通货膨胀,物价上涨,人民币对内价值下降。在这种情况下,我国调低人民币汇率是很合理的。

人民币官方汇率的下调也是深化外贸体制改革的需要。1988 年,我国全面推行对外贸易承包责任制,实行以补贴包干为主的外贸体制改革。同时,对轻工、工艺、服装三个出口行业进行自负盈亏、放开经营的试点。1991 年,我国按照有利于调动中央、地方、企业三方的积极性,更有成效地扩大对外开放的原则,把外贸企业的补贴机制转为自负盈亏的机制,在汇价进一步下调的基础上取消补贴,使各类外贸企业实行自负盈亏的管理机制。外贸体制改革要求对人民币汇率作相应的改革。可以说,人民币汇率的每次下调都与我国外贸发展和外贸体制的改革分不开。人民币汇率的下调,减轻了财政负担,为外贸企业自主经营、自负盈亏创造了条件,促进了出口的稳步增长,改善了国际收支状况。在此期间,随着外贸外汇管理体制的改革,我国逐步建立和健全了外汇调剂市场。1988年以来,各省、自治区、直辖市、计划单列城市、经济特区都建立了外汇调剂中心,在北京设立了全国外汇调剂中心。当时,外汇调剂价确定比官方汇价高1元人民币,外汇调剂量迅速增长。到1990年,随着进出口业务的发展,并且以外汇调剂价的放开为标志,一个初具规模的外汇积聚和使用市场——外汇调剂市场真正形成。外汇调剂价,在人民币的贬值趋势中时高时低,最低时为5.5元,最高时突破了10元。到1993年12月,外汇调剂价为1美元兑8.7元人民币。

汇率作为我国内外经济活动的纽带,是宏观经济调控的重要手段之一。对外开放以来,我国引进了市场机制,实行了官方汇率与市场汇率并存的汇率制度,纠正了人民币汇率高估的状况,使之趋向合理,并适应当时计划经济和市场调节相结合的汇率运行机制,从而使过去只起编制计划和核算作用的人民币汇率逐步发挥对宏观经济的调节作用。这对于当时我国经济的改革开放,对外经济贸易的发展,利用外国资金,引进先进技术,都有促进作用。

二 并轨后的人民币汇率的决定

(一)并轨的原因分析

1994年1月1日开始,我国实行人民币汇率并轨。并轨后的人民币汇率,实行以市场供求为基础的、单一的、有管理的浮动制。由中国人民银行根据前一日银行间外汇交易市场形成的价格,每日公布人民币对其他主要货币的汇率。各外汇指定银行以此为依据,在中国人民银行规定的浮动幅度范围内,自行挂牌,对客户买卖外汇。在稳定境内通货的前提下,通过银行间外汇买卖和中国人民银行向外汇交易市场吞吐外汇,保持各银行挂牌汇率的基本一致和相对稳定。

人民币汇率的改革,是从1993年下半年开始酝酿的,进行这一改革主要有三个方面的原因:

第一,随着社会主义市场经济体制的建立,我国进行了一系列的改革,包括价格改革、企业制度改革、财政金融改革等。改革已经达到一定的深度,因此,人民币汇率并轨的时机逐渐成熟。

第二,我国坚定地推行对外开放政策,进一步深化对外开放。我国经济要开放,必须对汇率制度进行改革,使人民币逐步走向可兑换,否则就与开放型经济的基本特征不符合,并影响我国对外开放的进程。开放型经济的基本特征是把国内经济融合到国外经济中去,更多地参与国际分工,使国内经济资源配置更多地和国际市场上的资源配置联系在一起,实现经济一体化。开放经济的发展必然要求本国货币逐步变为可兑换货币。

第三,外汇管制的松弛和投机因素的增加。1993年,由于经济政策变化、心理预期和外汇投机因素增加,人民币调剂汇率连续发生4次剧烈的市场波动,每次都在20%以上,波动的频繁和激烈程度是前所未有的。这说明,人民币汇率制度已经不适应经济发展的要求了。

(二) 并轨之后的汇率的特点

并轨后的人民币汇率有以下几个特点:

第一,人民币不再由官方行政当局直接制定和公布,而是由外汇指定银行自行确定和调整。

第二,由外汇指定银行制定出的汇率是以市场供求为基础的。这是因为:① 新体制实行外汇收入结汇制,取消了外汇留成和上缴,一般企业在通常情况下,不得持有外汇账户,所有经常账户项目下的外汇供给均进入外汇市场;② 实行银行售汇制,取消经常账户项目下支付用汇的经常性计划审批,同时取消外汇收支的指令性计划,这意味着经常账户下的绝大部分外汇需求都通过外汇市场来满足。

第三,以市场供求为基础而形成的汇率是统一的。新的体制实施后,官方汇率自然不复存在,同时在结售汇制下,外汇的供求均以外汇指定银行为中介,企业之间不得直接相互买卖外汇,外汇调剂市场也就完成了历史使命,外汇调剂价也相应地演变成市场汇率。由于汇率是各外汇指定银行自行确定的,但外汇供求在各银行的业务范围内的分布又是不平均的,因此人民币汇率的全国统一,就必须通过建立全国银行同业间的外汇交易市场来实现。

从1994年人民币汇率并轨至2004年12月底,我国外汇汇率一直维持在1美元兑换8.30元人民币左右。从2005年7月开始,随着中国经济实力的不断上升,人民币汇率机制改革开始启动。从此,人民币汇率形成已经从固定汇率转为以市场供求为基础、参考一篮子货币进行调节、有管理的浮动汇率制度。人民币币值从"兑美元汇率"转为"兑一篮子货币汇率"。中国人民银行每个工作日闭市后公布当日银行间外汇市场美元等交易货币对人民币汇率的收盘价,作为下一个工作日该货币对人民币交易的中间价格。每日银行间外汇市场美元对人民币的交易价格仍在人民银行公布的美元交易中间价上下千分之三的幅度内波动,非美元货币对人民币的交易价在人民银行公布的该货币交易中间价上下一定幅度内浮动。在这段时期,虽然次贷危机发生以后,人民币汇率机制改革的步伐有所放慢,但是总的趋势是非常明晰的;2010年6月19日新的汇率改革重新启动以后,人民币汇率的弹性更加敏感,波幅扩大,市场化取向更加明显;尤其是"十二五"战略规划强调要减少对出口的依赖,强调国际收支的平衡,为此必须减顺差、压缩外汇储备规模,人民币汇率作为政策工具施展作用的空间逐步拓展。2015年8月以后,伴随着人民币国际化的步伐不断加快,人民币汇率市场化程度进一步提高,这一趋势已经不可逆转。

三 人民币经常项目下的可自由兑换

从1996年12月1日起,我国履行国际货币基金协定第八条款的义务,实现了国际收支经常项目下的可自由兑换。国际货币基金协定第八条款中对基金成员国在可兑换性方面应承担的义务作了具体的规定：① 避免对经常性支付的限制,各会员国未经国际货币基金组织的同意,不得对国际经常往来支付和资金转移施加汇兑限制。② 不得实行歧视性的货币措施或多种汇率措施。歧视性的货币措施主要是指双边支付安排,它有可能导致对非居民转移的限制以及多重货币的做法。③ 兑付外国持有的本国货币,任何一个成员国均有义务购买其他成员国所持有的本国货币结存,但要求兑换的国家能证明。总之,经常项目可兑换,是指一国对经常项目国际支付和转移不予限制,并不得实行歧视性货币安排或者多重货币制度。

国际货币基金组织对经常性收支有这样的限定,包括：① 所有与对外贸易、其他经济性业务包括服务在内以及正常的短期银行信贷业务有关的对外支付；② 应付的贷款利息和其他投资收入；③ 数额不大的贷款本金偿还或摊提直接投资折旧的支付；④ 数额不大的家庭生活费用汇款。

根据国际惯例,货币自由兑换分为四个层次：① 贸易项目的自由兑换；② 经常项目下的可自由兑换；③ 境内充分自由兑换；④ 境内外充分自由兑换。我国现阶段的经常项目可自由兑换也不是充分自由的,对劳务收支方面还有很多的限制。

与经常项目可自由兑换有密切关系的是我国的结售汇制度。我国在 1994 年汇率并轨后执行的是强制结售汇制度,即出口所得的外汇必须全部卖给中央银行指定的商业银行。出口企业在进口用汇时,只能再重新购买外汇。这种强制的结售汇制度,使得企业不得不承担外汇风险,同时还必须支付两次手续费。如果改变强制结售汇制度,那么可以降低企业的外汇风险和运营成本,增强市场竞争能力。

我国中央银行从 1997 年 10 月起,允许部分中资企业设立外汇账户,保留 15% 的经常项目外汇。2000 年 2 月,我国又把保留的外汇限额增加到 30%。2005 年 2 月,我国结售汇制中的超限额的结汇期由现行的 10 个工作日,延长到 90 个工作日,这使企业自主使用外汇有了更大的空间。强制结售汇制度是过渡性措施,我国加入 WTO 以后,经常项目的自由兑换已经逐渐变得更加充分。值得强调的是,如果人民币贬值预期强化以及准备外流压力加剧,强制结售汇制度仍然有可能进一步强化。

四　我国资本项目可自由兑换的问题

资本项目可兑换意味着一国取消对一切外汇收支的管制,居民不仅可以通过经常账户交易,也可以自由地通过资本账户交易获得外汇,所获外汇既可以在外汇市场上出售,也可以自行在国内或国外持有；国内外居民也可以将本币换成外币在国内外持有,满足资产需求。

我国实现资本项目可自由兑换还需要一段不短的时间,因为实现资本项目可自由兑换需要宏观经济和微观经济主体都很健康,而我国在两个方面都还存在一定的缺陷。

资本项目可自由兑换需要宏观经济稳定并且健康,不存在发生严重金融危机的可能。尽管我国经济连续二十多年持续增长,但我国经济波动还是明显的。经济增长有波动,物价指数有波动,国际收支状况有波动。这些波动在个别年份还很强烈。另外,我国金融机构的资产状况不理想,银行经营效率低下,存在巨额的不良资产。这些不良的资产需要长期稳定的宏观环境来逐渐消化。我国资本市场的问题很多,上市公司管理不规范,作假行为严重,投机气氛浓烈,而且单个股票流通规模很小,经不起国际投机者的冲击。因此,放开资本项目的控制闸门,很可能影响我国的金融稳定。而一旦发生了金融风潮,甚至金融危机,那么,就像洪水来临一样,是很难阻挡的。

资本项目可自由兑换需要金融市场发育良好。在金融市场中,货币市场和资本市场协调发展,金融工具多,而且流动性好。也要求各种金融工具定价合理,竞争充分。放开资本项目,首先要允许外汇投机,而外汇投机要被控制在合理的程度内,则需要货币市场健康有序。货币市场中的短期债券市场和同业拆借市场要有很大的规模,并且参与者众多,因而价格波动小。我国外汇市场、同业拆借市场尽管已经建立,并且运行了多年,但还存在规模小、参与者受限制的情况。特别是我国的短期债券市场,由于各种原因该市场中的工具很少,发育程度还很初级。因此,从市场的角度来看,我国在资本项目放开后承受可能产生的冲击的能力还是不够的。

资本项目可自由兑换需要监管机构有很强的监控能力。我国货币当局的监管能力和监管水平与需要的还有很大的差距。中央银行的独立性也不是超然的,受到很多其他因素的左右。一旦出现金融动荡,金融当局的应付能力是无法适应的。

资本项目可自由兑换也需要企业、金融机构有很强的约束能力和抗风险能力。在加入WTO尤其是人民币纳入特别提款权以后,这些企业面临巨大的挑战,也有重要的机遇。我国企业和金融机构抗风险能力的增强,是我国实现资本项目自由兑换的重要条件。在各种货真价实的改革到位并取得成效之前,进行资本项目的完全自由兑换是不现实的。

近年来,随着我国金融体系与全球金融市场一体化程度的不断提高,随着金融监管能力和水平的不断完善,利率市场化和人民币国际化的必要性日益上升,资本项目可自由兑换的条件逐步具备,未来走向完全自由兑换是一个必然的选择。

五 我国汇率制度存在的主要问题

我国现行的汇率制度,成功地保持了人民币汇率的稳定,增强了国内外对人民币汇率水平的信心,有力地促进了我国对外贸易的发展,增强了外国投资者投资中国的信心。但以钉住美元为特色的汇率制度又存在严重的缺陷,主要表现在以下方面:

第一,汇率形成的市场机制没有真正发挥作用。强制的结售汇制属于强卖的性质,这种机制生成的汇率不是真正意义上的市场价格。同时,我国外汇市场上的交易主体过于集中,交易工具过于单一。目前我国外汇市场上的交易主体主要由国有商业银行、股份制银行、经批准的外资金融机构、少量资信较高的非银行金融机构和中央银行操作室构成。其中,中央银行是最大的买方,中国银行是最大的卖方。双方的交易额占市场总量的 60% 以上。交易主体的单一和交易的相对集中,使得外汇交易的市场色彩很淡。对于企业而言,相对固定的汇率,无法培养企业的风险防范意识。目前的汇率还要考虑到国有企业的换汇成本,还有照顾国有企业的色彩,这对国有企业增强汇率的风险意识是不利的。

第二,中央银行被动干预外汇市场,外汇管理与国际惯例格格不入。中央银行对外汇市场干预太多,外汇市场的出清成为中央银行干预下的人为平衡。政府要对外汇交易市场进行控制依赖于较为严厉的管制,主要手段是对经常性交易的事后真实性审验和资本项目交易的事前审批。国际经验表明,当经常项目可自由兑换后,即使资本项目依然管制,只要汇率预期调整后国内外实际汇率仍然存在差异,借助经常项目实现非法的资本转移就是无法避免的。我国的实际情况也是如此。如果外汇监管当局仅在处理资本非法流入和流出问题上疲于奔命的话,随着经常项目的大幅度增长,非法流动的规模也会迅速增加,外汇管理模式的有效性将受到挑战。

第三,汇率制度与宏观经济政策有一定的矛盾,影响政府解决国内问题的能力。钉住汇率制度在维持国际收支平衡和汇率稳定方面,与实现国内充分就业和物价稳定方面有一定的矛盾,会迫使政府在一定程度上牺牲内部均衡来换取外部的均衡。外汇储备的变化已经在非常大的程度上影响了我国的货币供给,使得我国货币政策的稳定和货币政策的独立性受到伤害。实际上的固定汇率制度,给政府解决国内问题带来了麻烦。例如,我国一些城市房地产价格上升过快,就与国际热钱赌人民币短期内会升值有很大的关系。

第四,现行的汇率制度可能助长投机。如果名义汇率与实际汇率有很大的差距,就会为国际游资提供巨大的想象空间。2004 年前后以及 2005 年人民币汇率形成机制改革以后,大量的国际投机资本进入我国。这些热钱虽然有助于缓解资本供给不足的矛盾,却也使我国经济产生了严重的过热压力。同样,2014 年以来,伴随着人民币贬值压力的上升,外资撤离与内资逃离的规模不断扩大,我国政府被迫加强外汇管制。因此,如何趋利避害始终是让我国货币当局颇为踌躇的难题。

关于人民币升值或贬值的争论

思考题

1. 外汇交易有哪些种类?

2. 外汇标价法有哪两种？与本币币值是什么关系？
3. 什么是浮动汇率制？与固定汇率制相比，浮动汇率制的优点与缺点是什么？
4. 简述香港的联系汇率制度。
5. 简述购买力平价理论。
6. 简述利率平价理论。
7. 关于汇率的国际收支决定论的主要观点是什么？
8. 分析汇率对国际收支的影响。
9. 人民币经常项目可自由兑换的含义是什么？
10. 我国汇率制度存在的主要问题是什么？

第十四章　国际收支与利用外资

第一节　国际收支

一　国际收支的定义

国际收支(Balance of Payments)是当今国际金融领域的重要课题之一,是一国对外经济交往的宏观反映,正确理解国际收支的概念对于掌握国际金融的基础知识有着极其重要的意义。

国际收支是指一国居民与其他国居民之间在一定时期内(通常为一年)进行的各种经济交易的系统记录。为了正确把握这一概念的内涵,须进一步对国际收支这一定义作些说明。

1. 国际收支与国际借贷

国际收支与国际借贷是两个不同的概念。国际借贷指的是一国在一定时期对外债权债务的余额,反映的是在一定时点上的一个具体的数值,是一个存量概念。国际收支说明的则是在一定时期内(一段时间)一国所发生的对外经济交易的动态状况,是一个流量概念,二者具有不同的属性。此外,国际收支与国际借贷所包含的内容也不完全一致。国际借贷仅仅包括产生债权和债务的经济交往,如商品、劳务的进出口,资本的流出流入等,但不产生债权债务的经济交往,如无偿援助、赠与、赔款、侨汇等都没有包括在内。但这些经济交易的存在,客观上对一国经济产生着一定的影响,是一国对外经济交往中不可忽视的一种因素。国际收支适应了这一形势的要求,不但反映了产生债权债务的经济交往,也包括了不产生债权债务的经济交往。

2. 居民与非居民的确定

国际收支概念中所讲的居民(Residents)是一个经济概念,是指在一个国家内永久或长期居住并受其法律管辖与保护的自然人和法人。判断是否为居民的标准,并不是以国籍为依据,而是要看居住地和居住时间,即在本国居住时间超过一年的自然人和法人,不论其国籍如何,均属本国居民。相反,凡在本国居住时间不足一年的自然人和法人,不论其是否拥有本国国籍,则一律为本国的非居民,因此,居民与公民的概念是不同的。

国际收支反映的是一国国际经济交易状况,因此只有居民与非居民之间的经济交往才是国际经济交往,属于国际收支的记录范围,居民与居民之间的经济交易则属于国内贸易的范畴,因此不能记录在国际收支当中。

3. 经济交易

国际收支概念中的经济交易,是指经济价值从一个经济实体向另一个经济实体转移。根据转移的内容和方向,经济交易可以划分为五类:① 金融资产与商品、劳务之间的交换,即商品、劳务买卖;② 商品、劳务之间的交换,即物物交换;③ 金融资产与金融资产之间的交换;④ 无偿的、单向的商品和劳务的转移;⑤ 无偿的、单向的金融资产的转移。

二 国际收支平衡表

一国的国际收支状况集中反映在该国的国际收支平衡表(Balance of Payment Presentation)当中。国际收支平衡表是按照一定的格式和原理,系统地记录国际收支各个项目的统计报表。由于各国的历史和经济发达程度的差异,以及所处经济环境的不同,各国依照自己的方法所编制的国际收支平衡表也各有千秋。按照国际货币基金组织的要求,各会员国必须按期向国际货币基金组织报送本国的国际收支平衡表。为了使各会员国报送的国际收支平衡表一致起来,便于对各国的国际收支状况进行对比分析,国际货币基金组织倡议各国在编制国际收支平衡表时遵守统一的原则,采用标准的形式。

(一) 编制原则

1. 记账原则

国际收支平衡表是按照会计复式记账的原理编制的,即将国际收支平衡表分为借方科目和贷方科目,同一笔经济交易要同时记入有关项目的借方和贷方,且金额相等,因此,原则上讲国际收支平衡表全部项目的借方总额与贷方总额总是相等的,其净差额为零。按照惯例,不论对于实际资源还是金融资产,借方都表示该经济体资产(资源)持有量的增加,贷方都表示资产(资源)持有量的减少。因此,记在借方的项目反映进口实际资源的经常项目,反映资产增加或负债减少的金融项目;记在贷方的项目表明进口实际资源的经常项目,反映资产减少或负债增加的金融项目。具体包括:① 进口商品属于借方,出口商品属于贷方;② 非本国居民为本国居民提供服务或从本国取得收入属于借方,本国居民为非本国居民提供服务或从他国取得收入属于贷方;③ 本国居民对他国居民的单方面转移属于贷方;④ 他国居民对本国居民的单方面转移属于借方;⑤ 本国居民偿还外国居民债务属于借方,非居民偿还本国居民属于贷方;⑥ 官方储备增加属于借方,储备减少属于贷方。

2. 所有权变更原则

在进行国际经济交易的过程中,与之有关的时间概念很多,如商务谈判、签订合同、发货、结算、交货、付款等,究竟以哪一个时间为标准来记录经济交易呢?国际货币基金组织倡议采取所有权变更原则,统一国际收支平衡表的记录时间。所谓所有权变更,是指交易的当事方在账目上放弃(获得)实际资产而获得(放弃)金融资产。所有权变更的时间即为国际收支的记录时间。根据这一原则,国际收支平衡表中记录的各种经济交易包括:在编表时期内全部结清的经济贸易;在这一时期内已经到期必须结清的经济交易(不管是否已经结清,如到期应支付的利息,不论实际是否已经支付,都要记录);这一时期内已经发生,但需跨年度结清的经济交易(如采取预付货款或延期付款方式进行的贸易,其期限如果跨越两个编表时期,则虽然这类交易还未最后结清,但其所有权已发生了转移,对于这类交易应依据其实际发生进行记录)。

3. 计价原则

在国际贸易中,由于存在多种形式的交易方式,使得交易价格千差万别,因此,如果没有一个统一的计价原则,各国编制的国际收支平衡表便没有可比性。国际货币基金组织规定一律用市场价格作为计入国际收支平衡表交易的记录价格。

4. 记账单位

记账单位选择得如何,直接关系到整个统计数字的真实性,因此,汇率稳定而又属于国际通用的货币,是可供选择的最好记账单位。

(二) 主要内容

国际收支平衡表所包括的内容十分广泛,世界各国根据自身的对外经济情况编制的国际收支平衡表的内容的详简程度也不一样。国际货币基金组织在1993年出版了《国际收支手册》(第五版),目前我国编制的国际收支平衡表也是按照这一标准进行的。第五版的国际收支平衡表包括三个内容:经常账户、资本与金融账户、错误与遗漏账户。其中,经常账户、资本与金融账户是基本账户。

1. 经常账户

经常账户包括货物、服务、收益和经常性转移。

(1) 货物(Goods)。货物是指通过我国海关的进出口货物,以海关进出口统计资料为基础,根据国际收支统计口径的要求,出口、进口都以商品所有权变化为原则进行调整,均采用离岸价格(FOB)计价,即海关统计的到岸价进口额减去运输和保险费用统计为国际收支口径的进口;出口沿用海关的统计。此项目中还包括一些未经我国海关的转口贸易等,对商品退货也在此项目中进行了调整。

(2) 服务(Services)。服务包括运输、旅游、通信、建筑、保险、金融服务、计算机和信息服务、专有权使用费和特许费、各种商业服务、个人文化娱乐服务以及政府服务等。

(3) 收益(Income)。将服务交易与收益明确区分开来是《国际收支手册》第五版与第四版的重要差别。收益包括两大类交易:一是支付给非居民工人的报酬,二是投资有关金融资产产生的收益。职工报酬是指我国个人在国外工作(一年以下)而得到并汇回的收入以及我国支付在华外籍员工(一年以下)的工资。投资收益包括直接投资项下的利润、利息收支和再投资收益,证券投资收益(股息、利息等)和其他投资收益。其中,资本利得与资本损失不作为收益放在经常项目中,而是包括在金融项目中。

(4) 经常转移(Current Transfer)。经常转移包括侨汇、无偿捐赠和赔偿等项目,既含货物形式也含资金形式。

2. 资本与金融账户

资本与金融账户是指对资产所有权在国际间流动行为进行记录的账户,包括资本和金融两个账户。

(1) 资本账户。资本账户包括资本转移和非生产资产、非金融资产的收买与放弃。资本转移包括下面三项所有权转移:一是固定资产所有权转移,二是与固定资产购买和放弃相联系的或以其为条件的资产转移,三是债权人不索取任何回报而取消的债务。

(2) 金融账户。金融账户包括我国对外资产和负债的所有权变动的所有交易。按照投资方式分为直接投资、证券投资、其他投资、国际储备;按照债权债务划分为资产、负债。

- 直接投资是投资者对非居民企业的经营管理拥有有效控制权。它可以采取直接在国外投资建立企业的形式,也可以采取购买非居民企业一定比例股票的形式,还包括将投资利润进行再投资的形式。其中,购买股票而形成直接投资的比例,国际货币基金组织规定是10%,我国规定是25%。

- 证券投资是指购买非居民政府的长期债券和非居民企业的股票、债券、基金等形成的投资。

- 其他投资是指凡不包括直接投资、证券投资和储备的一切资本交易均在此记录。这些资本交易除政府贷款、银行贷款、贸易融资等长短期贷款之外,还包括货币、存款、短期票据等交易。

- 储备或国际储备是指官方或一国货币当局所拥有的,可以用于满足国际收支平衡需要的对外资产,包括货币性黄金、特别提款权、在国际货币基金组织中的储备头寸和外汇储备等资产。

3. 错误与遗漏账户

除了经常账户、资本与金融账户,国际收支平衡表中还有一个错误与遗漏账户。产生错误与遗漏的原因是多种多样的。包括资料来源不一,记录时间不同,虚假成分存在等。为了平衡就需要建立一个抵消账户。

国际收支平衡表的标准格式简表如表14-1所示。

表14-1 国际收支平衡表标准格式简表

项目	贷方(+)	借方(-)
一、经常账户		
1. 商品(FOB 计价)		
2. 服务		
3. 收入		
4. 经常转移		

(续表)

项　目	贷方(＋)	借方(－)
二、资本账户与金融账户		
1. 资本账户		
2. 金融账户		
(1) 直接投资		
(2) 证券投资		
(3) 其他投资		
(4) 储备资产		
① 货币性黄金		
② 特别提款权		
③ 在国际货币基金组织的储备头寸		
④ 外汇储备		
⑤ 其他债权		

国际收支平衡表的内容划分较细,项目较多,涵盖一国对外经济贸易与资本交易的众多活动。

三　国际收支差额

(一) 国际收支差额的种类

由于国际收支平衡表是根据复式记账原理而编制的,因此任何一笔资金往来都有两个记录。借贷双方在整体上是相等的,即国际收支平衡表的余额应该为零。那么,如何分析一国国际收支状况呢？通常情况下,对国际收支的分析是分析具体项目的平衡状况。而分析具体项目的平衡状况是通过各种差额的分析来实现的。通常有以下几个差额：

1. 贸易差额

贸易差额是指货物和服务出口与进口之间的差额。在传统上,贸易差额是一个国家国际收支的代表,因为贸易在整个国际收支平衡表中的地位是非常重要的,其占整个国际收支的比重很大。另外,贸易差额数据来源于海关,及时、可靠,有利于分析一国对外经济状况。贸易总量即进出口总额占整个国家的 GNP 的比重,通常被称为对外依存度,可以反映一国对外经济的总规模和相对规模。在市场经济条件下,贸易差额可以反映一国产品在国际市场上的竞争力。

2. 经常项目差额

经常项目除了包含贸易项目,还包括收益和经常性转移两个部分。如果不考虑经常性转移,那么经常项目差额与贸易差额之间的差别就在于收入账户差额。由于收入账户主要反映直接投资和间接投资所获得的收益,因此,收入账户总额与差额可以在很大程度上反映一国在外国的金融资产与负债的总规模,也可以反映外国在本国的金融资产与负债的总规模。外国净金融资产越多,从本国流出的收入就越多,相反,本国在外国的净金融资产越多,所得到的收益也就越多。如果收入差额为负,为了让经常项目出现平衡,就必须让贸易项目出现顺差。

3. 长期资本差额

长期资本差额是一国吸引外商直接投资与本国在外国的直接投资的差额,加上本国举借的长期外债与外债本金偿还的差额。通常的关系是,长期资本差额出现顺差,那么意味着得到净国外资金,这些国外资金的获得必然推动一国进口规模的增大,因此正常的情况下,在不考虑其他项目时,长期资本项目的顺差与贸易项目的逆差相对应。但如果在直接投资或外债使用项目的作用下,本国出口也有很大幅度的增加,那么就不一定出现长期资本项目顺差与贸易项目逆差并存的局面,也可能出现这两个项目都是顺差的情况。我国多年来就是贸易项目与长期资本项目同时出现顺差。这两个项目同时出现顺差会有力地推动国际储备的增大。

4. 短期资本差额

短期资本项目是指一年或一年以下的资本输出和输入。短期资本流动包括四种形式:① 贸易性短期资本流动,这是由国际贸易而引起的货币资金流动;② 金融性短期资本流动,这是基于各国经营外汇的银行及金融机构之间调拨头寸、拆放资金的需要而产生的;③ 保值性短期资本流动,这是为了避免外汇管制或避免货币风险而将资金从一国调往另一国,从而引起短期的资本流动;④ 投机性短期资本流动,这是指利用国际金融市场两种基本价格(利率和汇率)的不稳定或某些国际政治变故,对外汇、黄金和其他短期金融资产投机而形成的资本流动。

短期资本项目所具有的特征是不稳定,这与长期资本项目中直接投资和长期借款相对稳定的特性具有非常大的差别。在多起国际金融危机的发生过程中,短期资本项目的迅速变化都是重要的导火索。但在国际收支平衡表中,由于是以年为单位设计的,而短期资本项目的期限等于或小于一年,因此,有可能短期资本项目在一年间发生很大的变化,而在国际收支平衡表中却没有反映出来。

5. 基本差额

在《国际收支手册》第四版中,基本差额是指经常项目与长期资本差额之和。这一差额的稳定性较好,因此对于分析长期资本进出规模较大的国家分析和判断国际收支状况是很有用的指标。

6. 综合差额

综合差额是经常项目、资本与金融项目各种差额之和,即等于经常项目差额,加上资本转移差额、直接投资差额、证券投资差额、其他账户差额所得的最终差额。这一差额必然导致国际储备相反方向的变化。如果是在固定汇率制度中,政府为了维持汇率的稳定,就必须调整官方储备。因此,总差额在政府有义务维持固定汇率制度时是很重要的。

以上各种差额的内在关系可以用表 14-2 来反映。

表 14-2　国际收支各种差额间的内在关系

商品出口
− 商品进口
= 贸易差额
+ 无形收入
− 无形支付
+ 无偿转移收入
− 无偿转移支出
= 经常账户差额
+ 长期资本流入
− 长期资本流出
= 基本差额
+ 私人短期资本流入
− 私人短期资本流出
= 官方结算差额
+ 官方借款
− 官方贷款
= 综合差额
− 储备增加（+ 储备减少）
= 零

（二）国际收支失衡的原因

国际收支平衡表有很多项目，我们也计算出很多差额。在众多的交易项目中，可以划分为自主性交易与调节性交易。前者是企业、个人由于自身的需要而进行的各种交易，包括商品和服务的贸易、收益的转移，也包括直接投资、证券投资等。这些决策完全取决于交易者自身。调节性交易是指以调节收支而进行的补救性交易，包括借用短期国际资本、动用外汇储备等。如何判断一国的国际收支是否平衡，关键是看国际收支差额的解决是依靠哪种交易来实现的。如果是采用调节性交易来实现的平衡，那么，我们就可以称国际收支不平衡。

引起国际收支失衡的原因是多方面的，而且不同国家和地区以及同一国家和地区在不同时期引起国际收支失衡的原因也各不相同，概括起来主要有以下几种：

第一，季节性和偶然性因素。季节性因素导致国际收支不平衡是指由于商品供求的季节性而引起的进出口的淡旺季所产生的收支不平衡。偶然性因素主要是指因突发性事件而导致的国际收支的失衡，如政变、战争及自然灾害等。

第二，周期因素。在市场经济条件下，由于受市场供求机制的影响，在价值规律的作用下，经济会出现周期性的波动。一国在经济周期性波动过程中，经济变量会不同程度地发生变化,从而引起国际收支的不平衡。

第三,结构因素。这是指一国的经济结构不能适应国际市场变化而导致的国际收支不平衡。每个国家都有其固有的产品进出口结构,当国际市场产品供求结构发生巨大变化时,就会对该国传统的产品进出口结构产生冲击。如果该国不能适应这一变化,就会影响其国际收支的平衡。

第四,货币因素。这是指由于一国的货币政策,如利率的变化而导致的国际收支的不平衡。一国所采取的货币政策会直接影响该国的物价水平、成本、汇率等货币因素的变化,进而对该国产品的进出口成本及资本的流动产生影响,从而导致国际收支的不平衡。

第五,外汇投机。国际金融市场上存在的巨额游资,以追求投机利润为目的,在各国之间频繁地移动,这种移动带有很大的突发性,数额巨大,常常会导致一国国际收支的失衡。例如,1997—1998年的亚洲金融危机,在很大程度上,就是由外汇投机造成的。

(三) 国际收支失衡的调节

一般来讲,国际收支的不平衡是常见的现象。一定程度的收支失衡也有一定的好处,例如,贸易顺差会使外汇储备增加,增强对外支付的能力和应对国际热钱的冲击能力;而存在一定程度的贸易逆差时,可以利用国外资源,加快国内经济发展。但如果一个国家发生了持续性的国际收支失衡或者发生国际收支危机,那么无论是哪种方式的失衡都会对异国经济的发展产生不利的影响。国际收支逆差会使本国的经济增长受到影响,因为持续的逆差会造成外汇储备下降,影响生产资料的进口。国际收支逆差也会不利于一国的对外经济交往,损害一国的国际声誉。国际收支逆差还会引起进口产品价格上升,带动国内物价的上升,引发通货膨胀。

持续的、大量的国际收支顺差造成外汇储备上升,外汇占款增大,货币投放增加,引发物价上升。持续的贸易顺差,也会引起国际贸易摩擦,影响正常的国际经贸关系。

国际收支的调节主要有市场机制和政策调节机制。

1. 市场调节机制

市场调节机制包括货币价格机制、收入机制、利率机制。

货币价格机制的原理是,当一国国际收支出现逆差时,意味着对外支付大于收入,货币外流。如果其他条件不变,会导致物价下降,出口商品的价格也会下降,出口增长,国际收支状况得到改善。当发生国际收支顺差时,情况会完全相反。

收入机制是指当国际收支失衡时,国民收入的水平也会随之改变,从而通过影响总需求及进口需求改善贸易收支,即国际收支逆差→对外支付增加→国民收入下降→社会总需求下降→进口需求下降→贸易收支改善。

利率机制主要是通过调节资本和金融项目而实现的。作用机制是,国际收支逆差→本币供应量减少→本国相对利率上升→资金外流减少→逆差改善。

2. 政策调节机制

政策调节机制主要包括财政与货币政策、汇率政策、直接管制、国际协调等。

财政与货币政策。财政政策主要通过调整国家的财政支出政策和税收政策来调整政府与私人的支出，使总供给和总需求保持一致，从而恢复国际收支平衡。当出现大量顺差，外汇储备过多时，可以通过扩大财政预算，增加财政支出，并且降低税率来刺激投资和消费，这样会使国内物价上升，带动进口增加，减少贸易顺差。当发生严重的逆差时，政府可以减少财政支出，增加税收，使国内物价下降，带动出口增加，消除逆差。

货币政策包括调整再贴现率、存款准备金率，进行公开市场操作等。通过货币政策的实施改变利率、物价和国民收入，间接影响国际收支。

汇率政策。在固定汇率的背景下，当国际收支出现严重的逆差时，让本币贬值，则有利于出口，不利于进口；当出现过多的顺差时，让本币升值，则有利于进口，不利于出口。这都可以改善国际收支状况。在浮动汇率的背景下汇率由市场决定，政府是通过参与外汇市场交易来调节汇率的高低的。

直接管制。直接管制是政府直接干预对外经济往来，包括外汇管制和贸易管制。外汇管制措施包括限制私人持有外汇，限制私人购买外汇，限制资本进出，实行复汇率制等。贸易管制包括进行进口配额管理、许可证管理，制定严格的进口标准和歧视性的采购政策，实行国际垄断贸易等。

国际协调。为了维持国际经济的正常秩序，各个国家间制定了关于国际收支的一般规则，建立国际组织或者国际协定来为逆差国提供资金；建立区域一体化来协调各国的经济政策，特别是国际收支政策。实践表明，各国间经济政策的相互协调，可以提升政策的效力。著名的西方七国定期举行的最高级别的会议（G7），在这些国家间对财政、货币、汇率等多种政策进行协调，在一定程度上缓解了发达国家间的矛盾，促进了国际经济的稳健发展。

四 国际储备

（一）国际储备的定义与构成

世界银行对国际储备所下的定义是，国际储备是一国货币当局占有的，当国际收支发生逆差时可以直接或者通过有保障的机制，兑换成其他资产以稳定该国汇率的资产。根据上述定义，国际储备资产应该具有以下特征：① 国际性，即国际储备资产应该是国际上普遍认可和接受的资产；② 官方性，国际储备资产应该是一国政府所持有的、无条件支配的官方资产；③ 流动性，即资产可以随时转换成支付手段；④ 稳定性，也就是国际储备资产的内在价值要稳定，不能有太大的波动。

根据国际货币基金组织的计算方法，会员国的国际储备包括四个部分：① 黄金储备，即由会员国货币当局储备的那部分黄金；② 外汇储备，即会员国货币当局所能控制的国外存款和其他短期金融资产;③ 分配到而尚未使用的特别提款权,特别提款权是国际货币基金组织对会员国根据其份额分配的,可以用来归还国际货币基金组织和会员国政府之间偿付国际收支赤字的一种账面资产;④ 会员国在国际货币基金组织的储备头寸,即在国际货币基金组织普通账户中会员国可自由提取使用的资产。

(二) 国际储备的作用

国际储备有四大功能:① 在国际收支出现临时性逆差时,可以动用储备资产弥补逆差,而不必压缩进口和借用外债。② 维护国内外对本国货币的信心,支持本国货币汇率。③ 作为国家向外借债的保证。国外债权人,不论是政府、多边国际金融机构,还是国际财团等,在提供贷款时,首先要考虑债务国的偿还能力。关于偿还能力最重要的也是最实际的标志,就是借款国的国际储备,这是到期偿还外债本息最可靠的保证。④ 对友好国家和遭受灾害的国家进行无偿援助。

(三) 国际储备管理的原则

国际储备是一国非常重要的资产,其管理是很重要的。一般说来,国际储备的管理要遵循以下原则:

第一,安全性原则。一国经济要发展,需要大量的国内及国际资源,也会发生难以预料的重大灾害。因此,我们必须存有相当数量的黄金和外汇储备,以应付由各种原因引起的国际收支逆差,以及应付国际经济与政治不可测的事件。必须使储备资产总量保持在安全水平以上。国际储备的安全水平是一个不断变动的量,它取决于经济结构、国际经济状况、经济开放程度、资金流出流入以及季节性因素等。确定一国储备资产的安全水平时,主要应考虑国际收支情况,但总的来说,储备资产应随着一国国际收支的扩大而逐年增长。

第二,适量性原则。储备资产应高于安全水平,并不意味着越多越好。因为储备资产是一种后备资产,如果储备过多而不加以利用,对经济发展是不利的。这主要表现在两个方面:一是外汇资金存而不用,不能更多引进先进技术和设备,从而不能充分利用国外资源,而且由于国际通货膨胀,会引起外汇储备的损失。二是对国内经济来说,由于国内经济单位的外汇收入都要卖给银行,黄金储备也需用本币收购,因此,黄金和外汇储备增加,就会多投放基础货币,使国内的通货膨胀加剧。所以,必须使储备资产量保持在适当的水平上。

第三,流动性原则。根据国际收支情况和国际国内经济状况,适当保持储备资产的流动性,对经济发展是有利的。当储备资产超过安全水平时,可以采取合适的方式进行国际投资,以达到保值和获利的目的。当国际黄金价格上涨时,可以抛售一部分黄金换取外汇;反之,就抛售外汇换取黄金。在国内,当黄金储备大量增加时,可以采取"藏金于民"的政策,出售黄金制品,回笼一部分货币。

第四,多样性原则。这主要是指黄金和外汇的储备应保持适当的比例,以达到我国储备资产保值的目的。外汇储备的优点是在国际收支中划拨灵活,外汇资金存放款有利息收入,但是,单一外汇储备容易遭受外汇贬值的损失,过多保持单一币种的外汇储备,必然要承担较大的风险。因此,储备中的外汇种类也应该多样,形成一个由多种货币组成的储备组合,以降低汇率风险。

对我国外汇储备规模的分析

第二节 利用外资

利用外资主要有两种方式:一是利用外商直接投资,二是借用外债。

一 直接投资

(一)利用外商直接投资的方式

利用外商直接投资有许多方式,包括设立外商独资企业、合资企业、合作企业,允许外商并购国内企业,允许国内企业境外上市、进行项目融资等。

1. 外商独资企业

外商独资企业,是指外国的公司、企业、其他经济组织或者个人,依照我国法律,在我国境内设立的,全部资本由外国投资者投资的企业。根据外资企业法的规定,设立外资企业必须有利于我国国民经济的发展,并至少符合下列一项条件,即采用国际先进技术和设备,产品全部或者大部分出口。外资企业的组织形式一般为有限责任公司。也有少数外资企业采用股份有限公司的形式,并且符合条件的外资企业已经被允许在我国 A 股市场上市。

2. 中外合资经营企业

中外合资经营企业是由外国公司、企业和其他经济组织或个人同我国的公司、企业或其他经济组织在我国境内共同投资创办的企业。其特点是合营各方共同投资、共同经营,按照各自的比例共担风险、共负盈亏。合营各方可以用货币出资,也可以用建筑物、机器设备、场地使用权、工业产权、专有技术出资。各方出资折算成一定的出资比例,外国合营者的出资比率一般不低于25%。合资经营企业的组织形式为有限责任公司,董事会为最高权力机构。

中外合资经营企业是我国利用外商直接投资各种方式中最早兴办、数量最多的一种,遍布各行各业。

3. 中外合作经营企业

中外合作经营企业亦称契约式合营企业。它是由外国公司、企业和其他经济组织或个人同我国的公司、企业或其他经济组织在我国境内共同投资或提供合作条件而创办的企业。它与中外合资经营企业最大的不同,在于中外各方的投资一般不折算成出资比例,利润也不按出资比例分配。各方的权利和义务,包括投资或者提供合作条件、利润或者产品的分配、风险和亏损的分担、经营管理的方式和合同终止的财产的归属等事项,都在各方签订的合同中确定。

4. 外资金融机构

外资金融机构包括外资银行、外资保险公司、外资证券公司、外资基金管理公司等。外资金融机构既包括外资独资金融机构,也包括外资合资金融机构。本书在第二篇中已经阐述过,在此不再多言。

5. 合作开发

合作开发是海上和陆上石油合作勘探开发的简称。它是目前国际上在自然资源领域广泛采用的一种经济合作方式,其最大的特点是高风险、高投入、高收益。我国在石油资源开采领域的对外合作中,都采用这种方式。

合作开发一般采用国际招标方式,外国公司可以单独也可以组成集团参与投标,中标者与中方签订石油合作勘探开发合同,确定双方的权利和义务,合同期一般不超过30年。该合同须经过对外经济贸易主管部门批准后才能生效。合作开发一般分为三个阶段,即勘探、开发和生产阶段。勘探阶段由外方承担全部勘探费用,并承担勘探阶段的全部风险。如果在勘探期内,在合同确定的区域里没有发现有开发价值的油气田,合同即告终止,中方不承担任何补偿责任。如果在合同区发现有开发价值的油气田,合同即进入开发阶段,中方可以参股与外方共同开发,由双方按照商定的投资比例共同出资,但中方参股比例一般最高不超过51%。油田在投入商业性生产后,首先须按照政府规定缴纳有关税收和矿区使用费,然后中外双方按照合同确定的分油比例,以实物形式回收投资和分配利润。如所得不足以回收全部投资,由各方各自承担风险。

我国石油开采对外合作统一由中国海洋石油总公司和中国石油天然气总公司负责。

6. 补偿贸易

补偿贸易是技术贸易、商品贸易和信贷相结合的一种利用外资的形式。其基本含义是,由外商直接提供或在信贷基础上提供机器设备给我国企业,我国企业用该设备、技术生产的产品或其他产品,分期偿还进口设备、技术的价款和利息。补偿贸易的主要形式包括直接补偿、间接补偿、综合补偿和劳务补偿。直接补偿即用外商提供的设备、技术直接生产出来的产品来偿还外商提供的设备、技术的价款和利息,这是补偿贸易最基本的形式。间接补偿即返销的产品不是用外商提供的设备、技术生产出来的,而是用本企业的其他产品偿还。综合补偿即对外商提供的设备、技术等,一部分用这些机器设备、技术生产出来的产品直接偿还,另一部分用本企业的其他产品间接偿还。劳务补偿是指用于补偿的,不是产品,而是承接外商来料加工和来件装配的劳务费用。

7. 外资并购

允许外资并购国内企业,也是利用外资的重要方式。外资并购可以实现规模经济,并发挥杠杆效应,可以获取战略发展机会,实现诸如避税、筹资等财务上的协同效应。

8. 国内企业境外上市

国内企业在纽约、香港、伦敦等地上市,筹措资金,从而实现利用外资的目的。

(二) 我国利用外商投资的政策

1979—2011 年,我国外资政策的演变经历了三个阶段。

1. 第一阶段:1979—1985 年,我国外资政策的初创阶段

十一届三中全会以后,我国政府明确了利用外资在国民经济发展中的重要地位,制定出了积极采取多种方式利用外资的政策。这个时期主要的政策举措有:

(1) 转变指导方针,由排斥外资转向利用外资。1983 年 5 月,国务院在北京召开第一次利用外资工作会议,强调要统一思想认识,放宽政策,加强领导,办好中外合资企业。同年 9 月,国务院还发布了《关于加强利用外资工作的指示》。重申利用外资、引进先进技术对加快国民经济建设的重要意义,指出要把利用外资作为发展经济的长期方针,积极吸收外国政府和国际金融机构中低利率、中长期的贷款以用于重点项目和基础设施的建设,同时重视吸收外国直接投资以加快现有企业的技术改造。1984 年 2 月,邓小平南方谈话充分肯定了经济特区所取得的成绩和政策的正确性,明确了进一步扩大对外开放、加快利用外资、引进技术的战略方针。

(2) 设立经济特区和沿海经济开放区,作为我国对外开放和利用外资的窗口和试点地区。1979 年开始设立经济特区。经济特区的主要优惠措施包括:根据不同行业和用途,在土地使用年限、使用费数额、缴纳办法等方面给予外商投资企业优惠;特区企业进口生产所必需的机器设备、原材料等其他生产资料及生活必需品,免征进口税;特区企业所得税税率为 15%;外商的合法利润、特区企业外籍职工的工资和其他正当收入,可以按照特区外汇管理办法的规定,通过特区内的我国银行或其他银行汇出;外商将利润用于再投资,为期 5 年以上的,可以申请减免用于再投资部分的所得税;特区企业采用我国生产的机器设备、原材料和其他物资,其价格可以按照当时同类商品的出口价格给予优惠,以外汇结算;外商出入境简化手续,给予方便。

(3) 开始制定外资法规。1979 年 7 月,五届人大二次会议通过并颁布了《中华人民共和国中外合资经营企业法》,对合资企业的形式、中外各方投资方式、董事会的组成及职权、利润分配、生产经营计划、开户银行、合同终止和纠纷解决等作了规定。1983 年 9 月 20 日,国务院还发布了《中华人民共和国中外合资经营企业法实施条例》,使《中华人民共

和国中外合资经营企业法》的原则规定具体化,对其中一些未涉及而在实际工作中又迫切需要解决的问题,如合资经营企业的申请设立、经营管理、解散、清算、争端解决等都作了明确的规定。1985年3月,财政部还发布了《中华人民共和国中外合资经营企业会计制度》。

从上述内容来看,我国第一阶段的外资政策具有如下特点:① 开放伊始,由于传统意识惯性和经验不足等原因,外资政策是非常粗略的,而且许多政策都缺乏可操作性。② 尽管采取了一些鼓励和优惠政策,但对外资流入实行限制的特点非常突出。这主要表现在对外商直接投资采取诸多限制措施,如经营领域被严格限定为少数产业、投资方式主要限于中外合资经营企业等。③ 当时的外资政策的适用范围主要限于经济特区和沿海经济开放地区,尚没有形成全国统一的外资政策体系。

2. 第二阶段:1986—1993年,外资政策发展阶段

在这一阶段,通过总结第一阶段外资政策的经验教训,结合利用外资的新形势和新问题,我国政府制定了各种各样的外资法规和具体政策,并对以往的外资政策进行了修改和补充,最终形成了较为完整的外资政策体系。这个时期的主要政策举措有:

(1) 进一步明确利用外资的指导思想和战略部署。1987年3月,六届人大五次会议的《政府工作报告》提出了利用外资的三条原则:第一,借外债的总额要有控制,外债结构要合理,要同自己的偿还能力和消化能力相适应;第二,一定要用在生产建设上,重点是出口创汇企业、进口替代企业和先进技术企业;第三,利用外资要讲求经济效益,创造纯收入。1992年10月,党的十四大报告指出:必须进一步扩大对外开放,更多更好地利用国外资金、资源、技术和管理经验。对外开放的地域要扩大,形成多层次、多渠道、全方位开放的格局。利用外资的领域要拓宽。采取更灵活的方式,继续完善投资环境,为外商投资经营提供更方便的条件和更充分的法律保障。按照产业政策,积极吸引外商投资,引导外资主要投向基础设施、基础产业和企业的技术改造,投向资金、技术密集型产业,适当投向金融、商业、旅游、房地产等领域。

(2) 建立了利用外资的法规体系。在这一阶段,我国政府继续制定和出台了一系列新的关于外商投资的法律法规,并且对过去旧的法律法规进行了修订,基本建立起利用外资的法律法规体系。该阶段通过的法律法规主要包括:1986年颁布的《中华人民共和国外资企业法》、1988年颁布的《中华人民共和国中外合作经营企业法》、1990年修订并颁布的《中华人民共和国中外合资经营企业法》、1991年颁布的《中华人民共和国外商投资企业和外国企业所得税法》等。上述法律成为我国规范外商投资的基本法律。

(3) 对外资实行普遍的优惠政策。1986年10月,国务院发布了《关于鼓励外商投资的规定》。该规定对外商投资企业,特别是先进技术企业和产品出口企业在税收、土地使用费、劳务费、利润再投资、生产经营外部条件等方面给予特别优惠,并保障企业享有独立的经营自主权,按照国际上通行的办法进行经营管理。随后,全国各地方、各部门为吸引

和"争夺"外资,竞相出台各种各样的外资优惠政策,出现了"外资优惠竞争"。

由此可见,与第一阶段相比,我国第二阶段的外资政策发生了如下显著的变化:① 在指导思想上已经完全确立了积极利用外资的观念,对外资的限制不断取消,外资允许进入的规模和领域不断扩大;② 外资政策激励的重点由间接投资转向直接投资;③ 尽管仍然对外资实行一定的限制,但进行鼓励和实行优惠的特点更加明显;④ 形成了全国统一的外资政策体系。

3. 第三阶段,1994年至今,外资政策的完善阶段

在这一阶段,我国的外资政策主要针对以前特别是第二阶段利用外资实践中出现的种种问题,通过制定相应的政策来加以规范,同时根据加入WTO的需要,逐步取消对外资的一些限制,对外资实行一定程度的国民待遇,完善国内的投资环境。这个时期主要的政策举措有:

(1) 制定监管措施,规范"三资企业"行为。1995年6月9日,颁布《外商投资企业进口管理实施细则》,对外商投资企业投资额内进口的配额商品、外商投资企业为生产内销产品而进口的商品和外商投资企业为生产出口产品而进口的商品的管理作了明确的规定。1997年5月28日,颁布《外商投资企业投资者股权变更的若干规定》,其中规定,企业投资者股权变更必须符合我国法律法规对投资者资格的规定和产业政策的要求,并按照本规定经审批机关批准和登记机关变更登记,未经审批机关批准的股权变更无效。另外,对部分三资企业的走私、骗税、逃汇、套汇、侵犯知识产权等非法行为进行了严厉打击。

(2) 取消对外资的部分限制,实行一定程度的国民待遇。这主要包括:进一步放宽外资进入领域的限制,推进商业、外贸、金融、保险、证券、电信、旅游等领域的开放。允许符合条件的外商投资企业在A股、B股市场上市;扩大跨国公司在华设立的投资性公司的经营范围;简化外商投资企业设立的审批手续,对不涉及综合平衡的国家鼓励的外商投资企业,不论金额大小,均可以在省级政府审批;取消对外商独资企业进口设备的价值鉴定等;取消对外商投资企业的高价收费,废除对外籍人员购买飞机、车、船票,各种门票,公共文化设施的歧视性收费标准;修改《中华人民共和国中外合作经营企业法》《中华人民共和国外商投资企业法》和《中华人民共和国中外合资经营企业法》,废除对三资企业外汇平衡、当地含量、出口业绩和企业生产计划备案的要求。

(3) 适应新形势的变化,对外资实行新的鼓励政策。这主要包括两类:一是鼓励外商投资企业的技术开发和创新,对于外国企业向我国转让技术、三资企业的技术开发实行不同形式的所得税、关税、增值税减免;二是鼓励外商向中西部地区投资,除了对中西部地区有优势的外商投资项目给予税收优惠,还包括放宽中西部地区吸收外商投资的限制,允许沿海地区的外商投资企业到中西部地区承包经营和管理外商投资企业和内资企业等。

(4) 清理政策法规,完善投资环境。遵照WTO的规则和在双边协议中的对外承诺,修改或废止有关外商投资的法律法规,完善符合国际惯例的对外经济法律体系;开始建立

及时调整并公开发布外商投资政策的机制,提高吸收外商投资产业政策的透明度和统一性;建立健全保护知识产权的法律体制,加大执法力度,尤其是近些年不断在全国范围内采取大规模的打击侵权盗版、保护商标、专利的行动;通过完善立法和加强执法保障外商投资企业的经营管理自主权,维护投资各方的合法权益不受侵犯;完善社会服务体系,健全社会中介服务机构;提高政府部门的办事效率,减少管理层次,做到制度公开,政策透明。许多地方在审批外商投资项目时还实行联合办公制;坚决制止对外商投资企业一切形式的乱检查、乱收费、乱摊派、乱罚款。

在我国加入 WTO 后,根据 WTO 的规则和承诺,经国务院批准,我国发布了《外商投资产业指导目录》及附件,在投资准入方面进一步开放,其主要变动如下:① 将鼓励类目录由 186 条增加到 262 条,而限制类目录由 112 条减少到 75 条,大幅度放宽了行业准入限制;② 扩大投资领域,逐步开放金融、保险、电信、物流等知识密集型服务业;③ 投资地域多样化,鼓励外商投向中西部地区,参与正在实施的中部崛起、西部大开发战略;④ 投资方式多样化。

综上,第三阶段我国的外资政策具有如下特点:① 对外资的限制大幅度取消,国民待遇原则越来越明显;② 对外资的优惠仍然很突出,但相应的规范和管理有所加强;③ 外资政策逐步与国际惯例特别是 WTO 的规则接轨;④ 单纯依靠优惠政策来吸引外资的倾向有所缓和。

我国吸引外资的规模与竞争力分析

二 借用外债

(一) 国际金融机构与外债的种类

1. 世界银行贷款

世界银行是目前世界上最有影响力的国际金融组织之一。它成立于 1945 年,当时的正式名称是国际复兴开发银行,简称世界银行。以后随着国际形势的发展,又相继成立了国际开发协会、国际金融公司等机构,从而组成了现在的"世界银行集团"。目前的世界银行集团由国际复兴开发银行(IBRD)、国际开发协会(IDA)、国际金融公司(IFC)和多边投资担保机构(MIGA)所组成。

由于国际开发协会主要向低收入的发展中国家提供长期的无息贷款,因此习惯上把国际开发协会贷款称为"世界银行软贷款"。对于符合要求的低收入的发展中国家,国际开发协会贷款的条件十分优惠。贷款偿还期可以长达 50 年,其中宽限期 10 年。所谓宽限期就是在这期间只付息不还本。虽然自 1987 年起,世界银行对中国等发展中国家贷款的偿还期缩短为 35 年(宽限期仍为 10 年),但与其他形式的贷款相比,它的贷款条件仍很优惠。世界银行软贷款为无息贷款,但每年要对未偿还部分征收 0.75% 的手续费,另外还要征收 0—0.5% 的承诺费。所谓承诺费是对已由世界银行承诺但借款人还未支取部分的贷款征收的费用。自 1995 年起,国际开发协会已经不再给我国提供贷款。

国际复兴开发银行主要向发展中国家提供低于市场利率的中长期贷款,习惯上称为"世界银行硬贷款"。国际复兴开发银行的贷款期限为 20 年,宽限期 5 年,承诺费 0.25%—0.75%,利率为每季度调整一次的浮动利率。世界银行根据其筹资成本等情况,定期调整硬贷款的利率。由于国际复兴开发银行、国际开发协会是由相同的机构和人员经营的,因此习惯上又把上述两种贷款统称为世界银行贷款。

国际金融公司的贷款业务不同于国际复兴开发银行和国际开发协会。它的目的是促进私人资本的建立和发展,贷款的对象是成员国的私人企业,而且不需要政府担保。它的贷款利率一般高于世界银行贷款的利率,贷款偿还期一般为 7—15 年,并根据项目建设期的长短确定一定的宽限期,贷款的承诺费率为 1%。除贷款外,国际金融公司还对发展中国家的私人企业直接投资或入股。

我国于 1980 年恢复在世界银行的合法地位后,从 1981 年起开始利用世界银行贷款。自 1992 以来我国几乎都是世界银行的第一大借款国。世界银行已经成为我国对外借款的重要渠道。

2. 国际货币基金组织贷款

国际货币基金组织成立于 1945 年,是与世界银行同样重要的国际金融组织。它的宗旨是促进国际货币合作,支持国际贸易的发展和均衡增长,稳定国际汇兑,以及提供临时性融资,帮助成员国调整国际收支的暂时失调。

它不向成员国提供一般的项目贷款,而是在成员国出现国际收支暂时不平衡时,通过出售特别提款权或其他货币,换取成员国货币的方式,向成员国提供资金援助。国际货币基金组织贷款的条件比较严格,它按照成员国在基金中的份额、面临国际收支困难的程度及解决这些困难的政策能否奏效等条件来确定贷款的数额。

1981 年和 1986 年,我国在出现较大国际收支不平衡的情况下,曾经借用国际货币基金组织的贷款。1987 年至今,我国一直没有使用国际货币基金组织的贷款来平衡国际收支。

3. 亚洲开发银行贷款

亚洲开发银行成立于 1966 年,目的是促进亚洲及太平洋地区经济的增长与合作。亚洲开发银行的资金可以分为三类:普通资金贷款,即硬贷款;亚洲开发基金贷款,即软贷款;技术援助基金,即提供技术援助赠款。

从 1986 年下半年起,亚洲开发银行普通资金贷款实行浮动利率,每半年调整一次。

普通贷款的偿还期为 10—30 年,包括 2—7 年的宽限期,具体贷款的长短主要取决于国剧情况、贷款方式和贷款项目本身的财务状况。另外,亚洲开发银行对尚未支付的贷款部分收取 0.75% 的承诺费。

4. 国际农业发展基金组织贷款

国际农业发展基金组织是按照世界粮食会议决议,于 1977 年设立的联合国的一个专门机构,是专门为发展中国家提供优惠贷款发展粮食生产的国际组织。它以优惠条件帮助发展中国家发展农业,特别强调加强粮食方面的生产、消除贫困及营养不良这两个基本目标。

根据国际农业发展基金现行的贷款政策和标准,贷款条件分为三类:优惠贷款偿还期 50 年,含宽限期 10 年,每年收取 1% 的服务费;中等贷款偿还期 20 年,含宽限期 5 年,年利率 4%;普通贷款偿还期 15—18 年,含宽限期 3 年,年利率 8%。

目前,国际农业发展基金对我国的贷款采取 1% 和 4% 利率交替使用的办法。国际农业发展基金的资金有限,每年只向我国提供一两个中型项目的贷款。

5. 外国政府贷款

外国政府贷款是指外国政府向发展中国家提供的长期优惠性贷款。它具有政府间援助的性质,其赠予成分一般在 35% 以上。所谓赠予成分是与市场利率和一般偿还期相比较而计算出的贷款的优惠程度。目前我国已经与日本、比利时、丹麦、法国、英国、意大利、西班牙、德国、奥地利、瑞士、卢森堡、荷兰、挪威、瑞典、芬兰、加拿大、澳大利亚、科威特、韩国等国建立了双边政府贷款关系。

我国利用的外国政府贷款主要有:日本海外协力基金贷款、日本能源贷款、日本"黑字还流"贷款和其他外国政府贷款。

日本海外协力基金,是日本政府专为对外经济援助而设立的机构。它通过向广大发展中国家提供长期优惠性贷款,促进当地的产业发展和经济稳定。其贷款主要用于农业、水利、电力、交通、通信、化肥、环保及城市基础设施等项目。贷款偿还期 30 年,含 10 年宽限期,年利率为 2.5%—3.5%。

日本能源贷款由日本输出入银行提供,专门用于石油、天然气、煤炭等能源项目的开发。日本输出入银行是隶属于日本政府的官方金融机构,它通过提供多种形式的出口信贷,促进日本的对外贸易。由于它是官方金融机构,资金由日本政府提供,且需要双方政府谈判协商,因此我国把日本输出入银行贷款视为政府贷款,由国家统一安排。日本能源贷款是日本输出入银行为促进与能源有关的贸易,为我国能源行业提供的"资源开发项目贷款",其贷款偿还期为 15—18 年,含 5—7 年的宽限期,年利率为日本输出入银行在向日本大藏省筹资的成本上加一定的手续费,约 5%。

所谓"黑字"是指外贸中的顾差。日本政府向我国提供的"黑字还流"贷款由两部分组成:一部分是海外协力基金贷款,年利率 3% 左右;另一部分是输出入银行贷款,年利率

5%左右。"黑字还流"贷款可以用于能源开发、技术改造、出口项目等。

其他外国政府贷款是指除日本政府以外的外国政府贷款和混合贷款。外国政府贷款的资金来源一般分为两部分：一部分为政府财政预算资金，另一部分为商业银行的商业性资金。外国政府贷款条件与商业性贷款相比，具有一定的优惠性。

6. 国外商业银行和其他金融机构贷款

国外商业银行和其他金融机构贷款是一国国内机构从国外的商业银行和其他金融机构以借贷方式筹措的资金。它一般包括两种形式：一种是由一两家国外金融机构提供的贷款；另一种是由一家金融机构牵头、多家国外金融机构组成银团，联合向某借款人提供较大金额的长期贷款，通常称为国际银团贷款（亦称为辛迪加贷款）。

国际银团贷款现在已经成为国际上筹集巨额中长期资金的主要形式。它的金额一般为几千万或几亿美元，有的多达十几亿美元。贷款用途十分明确，如购买成套设备、飞机或船舶等。它的借款人往往是各国中央或地方政府、中央银行、官方金融机构、开发银行、进出口银行和跨国公司等。

国外银行和其他金融机构贷款分短期贷款和中长期贷款两种。短期贷款为一年以下的贷款，一般用于解决短期性资金不足。中长期贷款为一年以上的贷款，短则2年或3年，长者达15年，一般为5—10年。它一般作为项目贷款，主要解决中长期资金的不足。

中长期贷款，在国际金融市场上其利率普遍为在伦敦同业银行拆借利率（LIBOR）的基础上，视金额大小、期限长短、市场资金供求、货币风险和客户资信情况分别加上一定的利差，利差一般为0.25%—1.25%。

国外银行贷款方式灵活、手续简便，使用方向基本不受限制，不仅可以购置设备和技术，还可以购买材料、一般商品及支付定金等。

7. 出口信贷

出口信贷是以出口国政府为后盾，通过银行对出口贸易提供的信贷。世界各国为支持和扩大本国出口，通过对本国出口信贷给予利息贴补并提供担保的方法，鼓励本国商业银行对本国出口商或外国进口商（或银行）提供较低利率的贷款，以解决买方支付的需要。对于出口贸易中金额较大、付款期限较长，如成套设备的出口，经常采用提供出口信贷的方法。出口信贷在国际贸易业务中具有十分重要的作用。

出口信贷按照接受对象的不同分为买方信贷和卖方信贷。买方信贷是出口方银行直接向进口商或进口方银行提供的商业信贷。买方信贷一般限于合同金额的85%，并以合同金额的15%作为定金，在签订合同后一个月内支付。卖方交货完毕或工厂建成投产，进口商或进口方银行再向出口方银行分次还款，每半年还款一次。

卖方信贷是出口方银行向本国出口商（即卖方）提供的商业信贷，也是出口商向国外进口商提供延期付款的一种信贷方式。出口商为销售产品，与出口方银行签订信贷合同，得到出口信贷作为对进口商购买自己产品的垫付资金，从而允许买方赊购、分期付款。使用卖方信贷,进口商在订货时一般先付合同金额15%的定金,其余贷款在全部交货或工厂开工投产后陆续偿还。进口商还款后,出口商把货款归还给出口方银行。

出口信贷的期限视合同的具体情况而定,一般从18个月到10年,建设期为宽限期。出口信贷利率一般按照经济合作与发展组织的规定执行。该组织的出口信贷利率,半年调整一次,按照签约时的固定利率计息。除利息外,借款人还要支付银行办理托收的手续费,支付贷款国出口信贷保险机构的保险费、承诺费和印花税等。

由于出口国政府有一定的政策补贴,出口信贷的利率比市场利率略低,通过这种方式可以筹借到购置成套设备、大型设备所需要的巨额资金,而且出口商的竞争可以使借款人有多个选择机会。但是由于出口信贷必须与购买货物相联系,因此有时出口信贷的条件较好,但该国设备不一定适用,或设备虽适用,但价格往往比公开招标高,而且出口信贷只能提供购买设备部分的资金,不能用于进口原材料和支付当地费用。

8. 发行境外债券

发行境外债券是一国政府、机构或企业等在境外向投资者发行的到期偿还、有一定收益的有价证券。目前这种方式在国际金融市场筹资活动中日益重要。

境外债券按照利率划分,有固定利率债券和浮动利率债券两种;按照偿还期限分有短期债券、中期债券、长期债券等多种。

境外债券发行的当事人包括发行人、投资人和承销团等。发行人即发行债券的主体,它可以是政府、金融机构或企业。投资人即实际购买债券的主体。承销团一般由一家金融机构牵头,若干金融机构参加,负责所发行债券的承购包销。

发行境外债券前,发行人首先需经过国外评级机构的评级,然后确定发行条件。发行条件包括发行额、发行货币的选择、偿还期限、利率、发行价格、发行费用等。

发行后的债券可以在二级市场上流通,二级市场的价格随着国际金融市场行情的变化而变化。

目前世界上主要的国际债券市场,有美国美元债券市场(纽约)、欧洲美元债券市场(伦敦、卢森堡)、亚洲美元债券市场(新加坡、香港)、瑞士法郎债券市场(苏黎世)、日本日元债券市场(东京)等。

9. 国际金融租赁

国际金融租赁是又一种广泛采用的利用国际商业贷款的形式。在这种形式中,外国租赁公司从国外商业银行获得贷款购买用户选定的设备,然后按照契约规定将设备租赁给国内承租人使用,承租人向出租人定期缴纳一定的租金,取得设备的使用权。租金实际上是在租赁期内分摊租赁公司购买设备的成本和利润。租赁实际上是租赁公司给予承租人的长期信贷,是商品信贷和货币信贷相结合的一种融资方式。国际金融租赁是一种以租金偿付全部投资额的不可撤销的租赁方式,它适宜办理长期、大型、巨额的设备租赁,如电子计算机、成套设备、建筑机械、飞机、轮船等。国际金融租赁由外国租赁公司融资并保持设备所有权,为国内承租人提供设备的使用权。这有利于用户根据自己的需要确定设备、租期、租金支付方式等,以便早日获得经济效益,避免购置设备造成的资金占用。在租赁期满后,一般根据双方事先的商定,承租人按照残值作价买下设备。

10. 项目融资

项目融资是指为一个特定经济实体所安排的融资,其贷款人在最初考虑安排贷款时允许由这一经济实体的现金流作为偿还来源,也允许由这一经济实体的资产作为贷款的安全保障。项目融资属于项目导向,债权有限追索,风险分担,而且属于借款者的表外融资。项目融资有很多形式,典型的是 BOT(Build-Operate-Transfer),还有 BT(Build-Transfere)、TOT(Transfer-Operate-Transfor)、BTO(Build-Transfer-Operate)、BBO(Buy-Build-Operate)等形式。项目融资对于诸如港口、铁路、公路、地铁、电站等基础设施领域有较大的应用空间。

(二)我国的外债规模与政策分析

我国外债的举借规模不断扩大,从绝对数额来讲,1985 年我国外债余额为 158.3 亿美元,到 1990 年增长到 525.5 亿美元,后又增长到 1995 年的 1066 亿美元,1999 年的 1518 亿美元,2003 年的 1936 亿美元,2011 年的 6949.97 亿美元。根据国家外汇管理局披露的信息,2016 年年末我国外债余额为 14207 亿美元(98551 亿元人民币),其中中长期外债余额为 5540.73 亿美元,占外债余额的 39%;短期外债余额为 8666.27 亿美元,占外债余额的 61%。

总体来看,2016 年年末我国全口径外债余额呈稳步回升态势,风险总体可控。2016 年年末我国全口径外债余额较 2015 年年末增加 377 亿美元,增幅为 2.7%,外债总规模连续三个季度稳步增长。从机构部门看,广义政府债务余额占 9%;中央银行债务余额占 4%;银行债务余额占 42%;其他部门债务余额占 30%;直接投资公司间贷款债务余额占 15%。据初步计算,2016 年年末我国负债率为 13%,债务率为 65%,偿债率为 6%,短期外债和外汇储备比为 29%,以上各项外债风险指标均在国际公认的安全线以内,我国外债风险总体可控。

从相对指标来讲,关于外债有几个重要指标:债务率、负债率、偿债率、偿息率。债务率是外债余额与货物、服务贸易外汇收入之比。负债率是外债余额与 GDP 之比。偿债率是当年中长期外债还本付息额加上短期外债付息额,再除以当年的外汇收入。偿息率是债务付息总额除以货物、服务贸易外汇收入。

一般来讲,国际上对债务率、负债率、偿债率设置了关键值,即债务率 275%、负债率 50%、偿债率 30%、偿息率 20%。如果某一国家的债务指标超过了关键值,就被认定为严重负债的国家。如果一个国家不属于严重负债国家,但四个指标中最少有三个超过了关键值的 60%,即债务率 165%、负债率 30%、偿债率 18%、偿息率 12%,则视为中等负债国家。

除了上述指标,短期外债与外汇储备的比率,也是很重要的指标。短期外债与外汇储备的比率是短期外债余额占当年外汇储备的比例。外债对我国经济起着积极的作用。这些作用表现在:

第一,外债的使用,扩大了我国对外国资本的使用,加快了我国经济建设的步伐。我国在铁路、公路、港口、机场、能源、通信、河流改造、农田水利等领域使用外债的规模较大。基础设施领域建设的加快,推动了我国加工工业的发展。

第二,外债的使用推动了我国项目管理水平的提升。利用外债项目,必须按照规范的国际项目管理的程序进行。包括项目事前分析、招标与投标、项目监理等一系列国际规范做法被引入我国,并且被用在非外债项目上。项目管理水平的提高,促进了我国经济的高速发展。另外,外债项目由于有外债偿还这一硬约束,使用外债的国有企业的效益水平比使用国内外汇贷款的国有企业的效益水平高。

第三,外债项目促进了我国出口能力的增强。我国不少外债项目直接或间接地增强了我国出口企业的竞争能力。因此,看上去,我国使用了外债,外债偿还负担加重,但实际上,由于出口能力增强,外债偿还负担就显得不是那么重了。

虽然外债的使用有各种各样的好处,但外债使用,有一个无法回避的问题,即外债的偿还。而如果外债偿还出现问题,就会引起较为严重的偿还危机。在外债种类中,国际金融组织贷款和外国政府贷款的期限较长,利率也相对优惠。而商业贷款的期限较短,利率大多是浮动利率,因此,还本负担较重,利率风险较高。而且在国际惯例中,通常有加速偿还的条款,即如果到期的本金和利息的偿还发生违约,那么那些没有到期的本金也自动视为到期。这样,偿还负担将变得非常沉重。在国际金融危机中,尽管有各种各样的内在原因,但导火索通常都是外债偿还出现问题。例如,亚洲金融危机中,韩国的金融危机实际上就是由外债的偿还危机引发的。由于韩国债务中商业银行的短期贷款占有很大的比重,而这些商业贷款通常都有提前到期的条款,即如果对应该到期的本金和利息的偿还出现困难,那么那些没有到期的本金也自动视为到期,因此,一旦出现外债偿还的困难,这一困难会自动增大很多倍。

由于外债存在引发金融危机的不利影响,因此,我国对使用外债一直采取审慎的态度,在尽量争取国际金融机构优惠贷款的同时,严格控制商业贷款,特别是短期贷款,使我国外债的期限结构保持非常合理的状态。我国也十分重视外债使用的管理和监督,外债使用项目的效益水平一直达到国际上很高的水准。这是由于我国外债管理严格,并且效益明显,包括世界银行在内的国际金融机构提供给我国的贷款规模一直在世界各国中名列前茅。从我国使用外债二十多年的实际情况来看,我国外债的使用从整体上讲是成功的。

思考题

1. 什么是国际收支？国际收支平衡表的主要内容和结构有哪些？
2. 国际收支的差额主要有哪些？其相互关系是什么？
3. 如何理解国际收支的平衡与失衡？如何调节国际收支的失衡。
4. 国际储备是如何构成的？国际储备的基本功能是什么？
5. 分析我国外汇储备迅速增加的原因。我国的外汇储备规模是否合理？为什么？
6. 我国利用外资经历了哪几个主要阶段？在每一阶段，我国在利用外资上出台了哪些重大的政策？

教辅申请说明

　　北京大学出版社本着"教材优先、学术为本"的出版宗旨，竭诚为广大高等院校师生服务。为更有针对性地提供服务，请您按照以下步骤在微信后台提交教辅申请，我们会在1~2个工作日内将配套教辅资料，发送到您的邮箱。

◎手机扫描下方二维码，或直接微信搜索公众号"北京大学经管书苑"，进行关注；

◎点击菜单栏"在线申请"—"教辅申请"，出现如右下界面：

◎将表格上的信息填写准确、完整后，点击提交；

◎信息核对无误后，教辅资源会及时发送给您；如果填写有问题，工作人员会同您联系。

温馨提示：如果您不使用微信，您可以通过下方的联系方式（任选其一），将您的姓名、院校、邮箱及教材使用信息反馈给我们，工作人员会同您进一步联系。

我们的联系方式：

北京大学出版社经济与管理图书事业部
北京市海淀区成府路205号，100871
联 系 人： 周莹
电　　话： 010-62767312 /62757146
电子邮件： em@pup.cn
Q Q： 5520 63295（推荐使用）
微信：北京大学经管书苑（pupembook）
网址：www.pup.cn